예제 ▶ 유제 ▶ 연습 문제

문제로 풀어 보는

C언어 정석

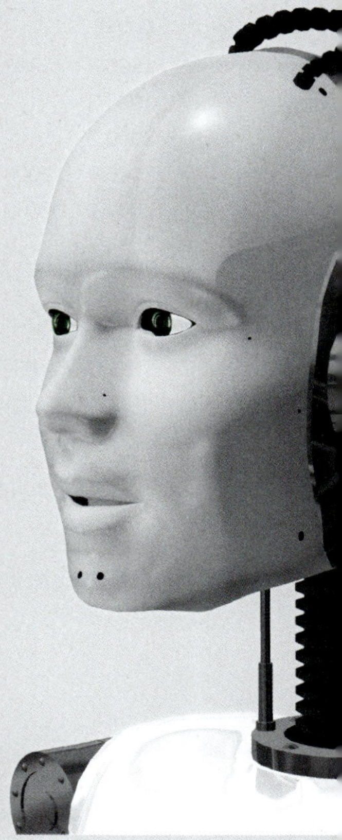

홍경호 지음

생능출판

저자 소개

홍경호

1996.3 ~ 1998.2 협성대학교 경영정보학과 교수
1998.3 ~ 백석대학교 정보통신학부 교수
2000.2 영남대학교 대학원 컴퓨터공학과 공학박사
2005.9 ~ 2006. 8 University of Missouri Kansas City 방문교수
2007.1 ~ 2009.12 공학교육인증 평가위원
2014.7 ~ 한국교육학술정보원 대학공개강의 서비스 운영위원회 위원
2014.9 ~ 백석대학교 교수학습개발원 원장

저서

YES C(생능출판사), 디지털 논리회로(한빛미디어), 디지털 논리회로 실험(한빛미디어)
순서도 for C(정익사), 디지털 논리회로(고등학교 검정교과서, 서울교과서)

역서

컴퓨터구조론(한티미디어)

관심분야

Computer Architecture, Embedded System, Bio-Informatics

문제로 풀어 보는 C언어 정석

초판발행 2014년 11월 25일
제1판4쇄 2019년 8월 31일

지은이 홍경호
펴낸이 김승기
펴낸곳 (주)생능출판사 / **주소** 경기도 파주시 광인사길 143
출판사 등록일 2005년 1월 21일 / **신고번호** 제406-2005-000002호
대표전화 (031)955-0761 / **팩스** (031)955-0768
홈페이지 www.booksr.co.kr

책임편집 손정희 / **편집** 신성민, 김민보, 정수정 / **디자인** 유준범
마케팅 최복락, 최일연, 김민수, 심수경, 차종필, 백수정, 최태웅, 김범용, 김민정
인쇄 성광인쇄(주) / **제본** 은정제책사

ISBN 978-89-7050-820-7 93000
정가 26,000원

- 이 도서의 국립중앙도서관 출판예정도서목록(CIP)은 서지정보유통지원시스템 홈페이지(http://seoji.nl.go.kr)와 국가자료공동목록시스템(http://www.nl.go.kr/kolisnet)에서 이용하실 수 있습니다.
(CIP제어번호: CIP2014032101)

머 리 말

>>> P R E F A C E

프로그래밍을 잘하는 방법은 다양하고 많은 예를 가지고 직접 실행해보는 방법 밖에는 없다. **百聞不如一見**이란 말이 있다. 이 말은 한 번 보는 것이 백번 듣는 것보다 낫다는 뜻이다. 프로그래밍을 하는 것을 **百見不如一行**이란 말로 대변하고자 한다. 한 번 코딩해서 실행해 보는 것이 눈으로 백 번 보는 것보다 낫다. 컴퓨터 앞에서 직접 코드를 입력하고 실행시켜 보는 것만이 유일하게 프로그래밍 실력을 키우는 방법이다.

이 책은 C언어를 통해 프로그래밍 실력을 향상시킬 수 있도록 가능한 많은 예제를 담았다. 기본 문법은 단순히 몇 시간이면 배울 수 있다. 그러나 문법만 안다고 결코 프로그래밍을 할 수 있는 것은 아니다. 문법을 기반으로 적재적소에 적용하고, 프로그램의 흐름을 파악하여 정확하게 코딩할 수 있는 실력을 키우는 것이 진정한 프로그래밍 언어를 배우는 목적이다.

이 책의 특징은 문법을 간단히 소개하고 이러한 문법이 어떻게 프로그래밍에 적용되고 동작하는지를 다양한 예를 통하여 이해할 수 있도록 기술하였고, 각 절마다 유제문제를 두어 확인학습을 할 수 있게 하였으며, 각 장에는 다양한 연습문제를 실어 프로그래밍 실력을 향상시킬 수 있도록 하였다.

이 책의 배치를 다른 C언어 책들과는 조금 다르게 구성하였다. 2장에서 표준입출력함수, 상수, 변수 및 정수와 실수의 산술연산에 대해서 설명하고, 또 수학함수에 대해서도 설명을 한다. 수학함수를 앞에 둔 이유는 사용방법이 그리 어렵지 않으며, 산술연산자와 함수를 이용하여 수학적인 식을 C언어로 어떻게 표현하고 사용하는지를 배움으로써 다양한 수식을 프로그래밍에 적용할 수 있도록 하기 위함이다.

3장은 연산자와 제어문을 실었다. 2장에서 다루지 않은 연산자들을 다루었으며, 프로그래밍의 첫 번째가 연산자를 잘 사용하는 것이다. 연산자와 제어문을 같이 다룬 이유는 연산자 중에서 제어문과 같이 사용하는 것들이 많기 때문이다.

그래서 연산자와 제어문을 같이 사용하는 예들을 보면서 실제 응용에 잘 적용할 수 있도록 구성해 놓았다. 4장에는 매크로와 **typedef** 기능에 대해서 다루었으며 이것들을 앞에 둔 이유는 이것들이 프로그래밍을 편리하게 하는 기능을 가지고 있기 때문이다.

5장 반복문, 6장 배열과 문자열, 7장 포인터, 8장 함수 순으로 순차적으로 구성하였으며, 특히 9장은 구조체, 공용체, 열거형을 설명하고 이들을 응용할 수 있는 자료 구조 예제들을 넣었고, 재미있는 응용 기능들도 실어 놓았다. 마지막으로 파일을 10장에서 다루었다.

유제 풀이는 분량이 많아 이 책에는 싣지 않고 따로 파일로 제공하며, 연습문제는 풀이를 제공하지 않고 독자들의 몫으로 남긴다. 모든 풀이를 제공하는 것은 독자의 프로그래밍 실력을 기르는 데 도움이 되지 못하며, 다른 사람이 작성해 놓은 코드를 단순히 실행해 보는 것이 중요한 것이 아니라 자신의 것으로 만드는 것이 무엇보다도 중요하기 때문이다. 프로그래밍을 시작할 때는 예제를 보고 따라해 보는 것이 필요하지만 점차 스스로 할 수 있도록 훈련하는 습관을 기르는 것이 더 중요하다.

이 책을 집필하는 데 많은 시간과 노력을 투자하였다. 이런 노력들이 헛되지 않도록 좋은 책으로 만들어 주신 생능출판사 관계자 여러분들께 감사한 마음을 전한다.

Practice makes perfect(연습이 완전함을 만든다)!

2014년 11월
홍경호

차 례

CHAPTER 01 C언어 소개

01-01. 왜 C언어를 사용하는가? 12

01-02. 언어의 역사 14

01-03. 프로그램 개발 준비 15

01-04. 프로그램 개발 과정 16

01-04-01 소스 코드 생성 17

01-04-02 편집기 사용 18

01-04-03 소스 코드 컴파일 18

01-04-04 함수 라이브러리의 링킹 23

01-04-05 프로그램 개발 완료 23

01-04-06 C 프로그램 개발 과정 정리 24

01-05. C의 구성 요소 24

01-05-01 전처리기 25

01-05-02 main 함수 26

01-05-03 변수 및 상수 26

01-05-04 연산자 26

01-05-05 제어문 26

01-05-06 사용자 정의 함수 26

01-05-07 배열과 포인터 27

01-05-08 사용자 정의 데이터형 27

01-05-09 파일 처리 27

01-05-10 주석 27

01-05-11 들여쓰기 28

CONTENTS

01-05-12 프로그램을 잘 하는 법 28

01-06. 컴파일러와 인터프리터 28

01-06-01 컴파일러 29

01-06-02 인터프리터 29

CHAPTER >>> 02 표준입출력함수와 산술연산자

02-01. 표준출력함수 printf와 상수 데이터 32

02-01-01 printf 함수 33

02-01-02 상수 35

02-02. C언어 데이터형 및 변수 41

02-02-1 기본 데이터형의 종류 42

02-02-2 변수 43

02-02-3 예제 프로그램 44

02-03. 정수의 산술 연산 51

02-04. 실수의 산술 연산 및 수학함수 58

02-05. 표준입력함수 scanf() 66

02-06. scanf 응용 71

02-07. printf의 출력형식의 다양한 사용법 73

02-08. 데이터형 변환 79

02-09. 문자와 문자열 입출력 함수 83

02-10. 표준입력함수 sscanf와 sprintf함수 87

■ 연습문제 91

CHAPTER >>> 03 연산자와 제어문

03-01. 비교 및 논리연산자 96

03-02. 조건연산자 99

03-03. 비트연산자 102
03-04. 대입연산자와 데이터 교환 104
03-05. if문 109
03-06. 다중 if와 중첩 if 113
03-07. switch ~ case 조건문 122
03-08. goto 문 127
■ 연습문제 137

CHAPTER >>> 04 매크로와 typedef

04-01. 객체형 매크로 146
04-02. 조건부 매크로 152
04-03. typedef 156
04-04. 함수형 매크로 159
■ 연습문제 163

CHAPTER >>> 05 반복문

05-01. while 루프 167
05-02. while 무한 루프 172
05-03. while 중첩 루프 177
05-04. do ~ while 루프 182
05-05. for 루프 189
05-06. for 무한 루프 194
05-07. for 중첩 루프 197
05-08. 난수 발생 함수 208
05-09. 루프 종합 210
■ 연습문제 215

CONTENTS

CHAPTER 06 배열과 문자열

06-01. 1차원 배열 238
06-02. 2차원 배열 248
06-03. 문자배열 256
06-04. 문자함수 265
06-05. 문자열함수 270
■ 연습문제 287

CHAPTER 07 포인터

07-01. 정수 포인터 300
07-02. 실수 포인터 308
07-03. 문자/문자열 포인터 313
07-04. 포인터 응용 323
■ 연습문제 336

CHAPTER 08 함수

08-01. 사용자정의 함수 342
08-02. 함수에 포인터 전달 359
08-03. 함수에 배열 전달 366
08-04. 함수에 문자열 전달 370
08-05. 재귀함수 384
08-06. main 함수의 매개변수 389
08-07. 스토리지 클래스 395
08-08. 표준함수 qsort와 bsearch 사용하는 방법 402
08-09. 가변 인수를 사용하는 함수 410

08-10. 시간 관련 함수 415
08-11. inline 함수 426
■ 연습문제 429

CHAPTER 09 구조체, 공용체, 열거형

09-01. 구조체 438
09-02. 구조체 포인터 443
09-03. 열거형 450
09-04. 공용체 454
09-05. 구조체를 이용한 자료구조 표현 459
09-06. 구조체 비트 필드 470
■ 연습문제 476

CHAPTER 10 파일

10-01. 파일 관련 기초함수 및 파일 읽기 480
10-02. 파일에 데이터 쓰기 490
10-03. 바이너리 파일 입출력 504
10-04. 바이너리 파일 BMP 그림 처리하기 510
10-05. 파일 응용 513
10-06. 임시 파일 사용하기 520
10-07. 랜덤 파일 525
10-08. 기타 파일 관련함수 530
■ 연습문제 538

■ 부록 543
■ 찾아보기 555

CONTENTS

C programming language

CHAPTER 01

C언어 소개

01-01. 왜 C언어를 사용하는가?

01-02. 언어의 역사

01-03. 프로그램 개발 준비

01-04. 프로그램 개발 과정

01-05. C의 구성 요소

01-06. 컴파일러와 인터프리터

CHAPTER 01

C언어 소개

01-01. 왜 C언어를 사용하는가?

오늘날 주로 사용되는 컴퓨터 프로그램 언어에는 C, C++, BASIC, Java, C#, ASP, PHP, Perl 등과 같은 것들이 있다. 이들 대부분은 프로그램 업무에 적합한 우수한 언어들이다. 컴퓨터 프로그래머들 사이에서 C언어가 가장 기본이 된다고 느끼는 이유는 무엇일까?

C언어는 강력하고 유연한 언어이다(robust and compatibility). C로 할 수 있는 것은 여러분의 상상에 의해서만 제한된다. 언어 자체는 여러분에게 아무 제한도 두지 않는다. C는 운영체제, 워드 프로세서, 그래픽스, 스프레드시트 및 컴파일러 등의 개발 프로젝트에 많이 사용된다.

C는 전문 프로그래머에 적합하고 널리 사용되는 대중적인(popularity) 언어이다. 그 결과, 다양한 C 컴파일러와 여러 가지 유용한 액세서리들이 많다.

C는 이식성(portability)이 우수한 언어이다. 이식성이란 한 종류의 컴퓨터 시스템에서 작성된 C 프로그램을 거의 수정하지 않거나 극히 일부분만 변경하여 다른 종류의 시스템에서 컴파일한 후 사용할 수 있다는 것이다. 예컨대 IBM PC에서 작성한 소스를 매킨토시 시스템에서 컴파일한 후 실행시킬 수도 있다. C 컴파일러의 규정이 ANSI C 표준으로 채택됨으로써 이식성이 강화되었다.

C는 적은 수의 키워드(keyword)로 구성된 언어이다. C는 미리 작성된 함수에 기반한 키워드라는 소수의 단어들로 구성되어 있다. 많은 키워드를 가진 언어가 더 강력할 것이라고 생각할 수도 있다. 그러나 이것은 진실이 아니다. 독자 여러분은 C로 어떤 종류의 작업도 프로그래밍할 수 있다는 것을 알게 될 것이다.

C는 규격화(formalization)되어 있다. C 코드는 함수라고 하는 루틴으

로 만들 수 있다. 이들 함수들은 다른 응용이나 프로그램에 재사용될 수 있다(reusability). 함수에 약간의 수정만 가하면 재사용한 코드를 만들어서 유용하게 사용할 수 있다.

❖ C언어의 특징

- 작고, 빠르며 강력하다.
- "중간 단계" 언어이다.
- 프로그램 개발의 표준(광범위한 용도)
- 어디서든지 가능하다(이식성: portable)!
- 모듈러 프로그래밍 스타일을 지원한다.
- 모든 응용 프로그램에 유용하다.
- C는 UNIX의 native 언어이다.
- 시스템 장치/어셈블리 루틴과 인터페이스가 쉽다.
- C는 간결하다.

이와 같은 특징으로 인해 C는 여러분의 첫 번째 프로그래밍 언어로서 충분한 자격을 갖추고 있다. C++는 어떤가? 여러분은 C++와 객체지향 프로그래밍이라는 용어를 들어 봤을 것이다. C와 C++가 무엇이 다른가? 또는 C 대신에 C++를 공부해 보는 것을 어떨까라는 의문이 들지도 모른다. 걱정하지 마라! C++는 C의 모든 내용을 포함하고 있을 뿐만 아니라 거기에 객체지향 프로그래밍 개념을 추가한 것이다. C++를 배우기 원한다면 C를 배운 다음에 C++로 가면 된다. C는 오늘날 가장 강력하고 대중적인 언어일 뿐만 아니라 향후 C++를 배우기 위한 초석이다.

많은 주목을 받고 있는 또 다른 언어는 Java이다. Java는 C++와 유사하며 C를 기반으로 한다. 나중에 Java를 배우기 시작하면 C에서 배운 것이 Java에도 대부분 적용됨을 알게 될 것이다.

01-02. C언어의 역사

Brian W. Kernighan

Dennis M. Ritchie

C언어는 PDP-11 유닉스 시스템에서 사용할 목적으로 1972년에 AT&T 벨 연구소(Bell Lab.)의 데니스 리치(Dennis Ritchie)에 의해 개발되었다. C는 많은 다른 프로그래밍 언어 개발에 영향을 주었다. C라는 명칭은 B라는 이전 언어에서 많은 특징을 가져왔기 때문이다. B언어의 부족한 기능을 보충하여 개발되었다. 원래의 PDP-11 유닉스 시스템은 어셈블리어로 개발되었으나, C언어가 개발됨으로써 유닉스 커널이 C로 다시 만들어졌다. 이것이 어셈블리어가 아닌 언어로 만들어진 최초의 운영체제이다.

브라이언 커니건(Brian W. Kernighan)과 데니스 리치(Dennis M. Ritchie)가 최초의 C언어 서적을 1978년에 발간하였다. 이 책은 "K&R"이라는 이름으로 C 프로그래머들 사이에 잘 알려져 있다.

1970년대 후반과 1980년대에 C언어는 메인프레임 컴퓨터, 미니컴퓨터, 마이크로컴퓨터 등에서 아주 광범위하게 사용되면서 그 중요성이 높아지기 시작했다. 1983년 ANSI(American National Standards Institute)에서 X3J11이라는 위원회를 구성하여 C의 표준 명세서를 제작하였다. 1989년 ANSI X3.159-1989 "Programming Language C"를 비준하게 되었다. 이 버전의 C언어를 ANSI C, 표준 C 또는 C89라 한다.

1990년에는 ANSI C 표준이 ISO/IEC 9899:1990라는 이름으로 ISO(International Organization for Standardization)에 의해 채택되었다. 이를 C90이라 한다. C89와 C90은 같은 프로그래밍 언어이다.

1999년에 ISO/IEC 9899:1999에서 C의 세부 형식을 수정하고 국제 문자 세트를 지원할 수 있게 확장되었다. 이를 C99라 한다. C99는 몇 가지 새로운 기능이 추가되었는데, 인라인 함수, 데이터형 추가(64비트 정수 데이터형 long long int, 논리 데이터형 _Bool, 복소수 데이터형 _Complex), 가변적인 배열,

variadic 매크로(매크로에 매개변수를 가변적으로 사용할 수 있게 함), 한 줄 주석(//) 등이다. 현재 많은 C 컴파일러들은 이 기능들을 지원하고 있다.

❖ C언어와 관련된 언어

- C에 영향을 끼친 언어 : B 언어
- C의 영향을 받은 언어: Java, C#, Perl, PHP, JavaScript, LPC, Unix's C Shell.
- D 언어 : 2007년 발표
- C++는 C에 object-oriented 기능을 추가한 것으로 기본 문법은 동일하다.

초판 초판 원서 국내 판매용 2판 원본 2판 한국어 번역서

[그림 1.1] "K&R"의 C언어 저서

01-03. 프로그램 개발 준비

여러분이 한 가지 문제를 해결하고자 할 때 여러 단계로 나눌 수 있다. 가장 먼저 문제를 정의한다. 문제가 무엇인지 알지 못한다면 해답을 찾을 수 없다. 문제가 무엇인지 알기만 하면 문제를 해결할 계획을 수립할 수 있다. 계획이 수립되면 실행하면 된다. 계획이 실행되면 해결된 문제의 결과가 제대로 되는지 시험할 수 있다. 이와 같은 논리가 프로그래밍을 포함한 많은 분야에 적용될 수 있다.

C(다른 언어에서도 마찬가지로)로 프로그램을 작성할 때, 다음과 같은 과정으

로 할 수 있다.

❖ 프로그램 개발 과정

- 단계 1. 프로그램의 목표 설정
- 단계 2. 프로그램 작성에 필요한 방법 결정
- 단계 3. 문제 해결을 위한 프로그램 작성
- 단계 4. 검증을 위한 프로그램 실행

목표의 예로는 워드프로세서나 데이터베이스 프로그램을 작성하는 것일 수 있을 것이다. 더 간단한 목표는 여러분의 이름을 화면에 출력하는 것이다. 목표가 없다면 프로그램을 작성할 수 없으므로 무엇보다도 먼저 프로그램의 목표를 명확하게 결정해야 한다.

두 번째 단계는 프로그램 제작에 사용될 방법을 결정하는 것이다. 여러분이 그 문제를 해결하고자 할 때, '컴퓨터 프로그램을 이용하면 효율적인가?', '문제 해결에 필요한 정보는 무엇인가?', '어떤 식이 사용될 수 있는가?', '해법을 어떤 순서로 할 것인가?'를 결정하기 위해서 노력해야 한다.

예컨대 누가 원의 면적을 알아내는 프로그램을 여러분에게 물어 본다고 가정해 보자. 1단계는 목표가 뭔지 알고 있으므로 해결됐고, 2단계는 면적을 알기 위해서 무엇을 알아야 하는지를 결정하여야 한다. 프로그램 사용자가 원의 반지름을 제공할 수 있다고 가정하자. 이제 여러분이 필요한 정보를 가졌으므로 단계 3의 프로그램 작성과 단계 4의 검증 과정을 반복한다. 이것을 프로그램 개발 주기라 한다.

01-04. 프로그램 개발 과정

프로그램 개발 주기는 자체적인 단계가 있다. 첫 번째 단계는 소스 코드 파일을 편집기를 이용하여 작성하는 것이다. 두 번째 단계는 소스 코드(source code)를 컴파일(compile)하여 목적 코드(object code)를 만든다. 세 번째 단계는 컴파일된 코드를 링크(link)하여 실행 파일(execute file)을 만든다. 네 번째 단계는 원래의 계획대로 작동하는지 확인하기 위하여 프로그램을 실행(run)한다.

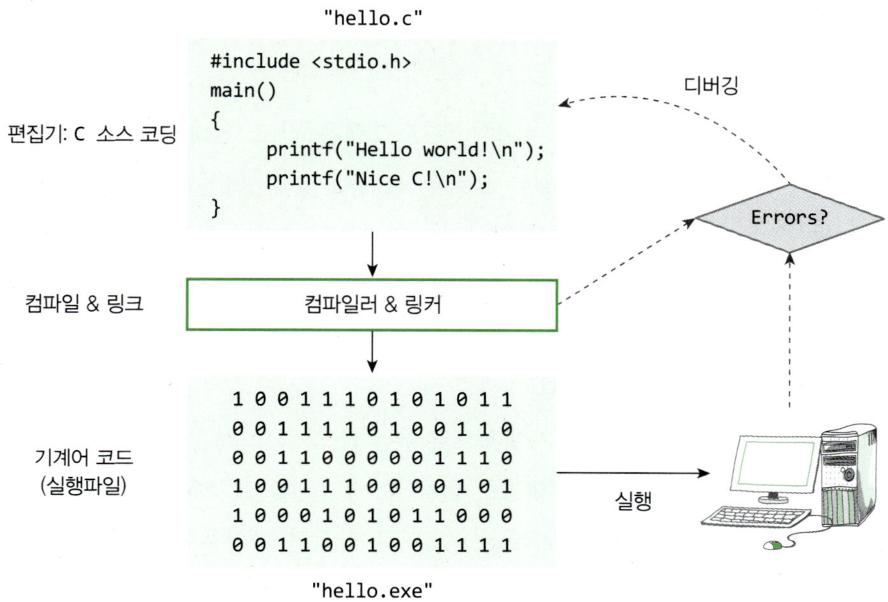

[그림 1.2] 실행 파일 생성 과정

01-04-01 소스 코드 생성

소스 코드는 원하는 일을 수행하기 위해서 컴퓨터에 명령하는 일련의 문장(statement)이나 명령(command)이다. 언급한 바와 같이 프로그램 개발 주기의 첫 번째 단계는 편집기를 이용하여 소스 코드를 생성하는 것이다. 예를 들어 다음과 같은 C 코드가 있다.

```
printf("Hello, world!");
```

이 문장은 "Hello world!"란 메시지를 화면에 출력하라고 컴퓨터에 명령한다. 이 명령이 컴퓨터 내부에서 어떻게 동작하는지를 구체적으로 모르더라도 프로그램 작성에는 별 지장이 없다.

01-04-02 편집기 사용

대부분의 C 컴파일러는 자체적으로 소스 코드를 입력하고 수정할 수 있는 편집기를 가지고 있다. 그러나 그렇지 않는 것도 있다. 컴파일러 매뉴얼을 보고 편집기를 제공하는지 알아보라. 자체 편집기가 없으면 다른 다양한 편집기를 이용할 수 있다.

대부분의 컴퓨터 시스템은 편집기 프로그램을 갖고 있다. 유닉스 시스템을 사용하고 있다면 ed, ex, edit, emacs, vi 등과 같은 편집기를 이용할 수 있다. 마이크로소프트 윈도우즈를 사용한다면 메모장(notepad) 또는 워드패드(wordpad)를 이용할 수 있다. MS/DOS 5.0 이후 버전에서는 Edit를, 이전 버전에서는 Edlin을 사용할 수 있고, PC/DOS 6.0 이후 버전에서는 E를, OS/2에서는 E와 EPM 편집기를 사용할 수 있다.

대부분의 워드 프로세서는 자체적으로 특수한 파일 형식을 가지고 있다. 이들 코드는 다른 프로그램에서 제대로 읽을 수 없다. ASCII(American Standard Code for Information Interchange) 코드로 작성된 파일은 표준 텍스트 형식을 제공한다. Word Perfect, AmiPro, MS Word, Word Pad, Word Star, 훈글(HWP) 등과 같은 많은 워드 프로세서는 소스 파일을 ASCII 형식으로 저장하는 것이 가능하다(문서 파일이 아닌 텍스트 파일로 저장). 워드 프로세서의 파일을 ASCII 파일로 저장할 때는 ASCII 또는 텍스트 옵션을 선택하면 된다.

이런 종류의 편집기가 없으면 다른 편집기를 구입하여 사용할 수도 있다. Edit Plus와 같이 소스 코드만을 위해서 특별히 제작된 다양한 상용 편집기나 셰어웨어(shareware)들이 있다.

소스 코드를 저장할 때 반드시 이름을 붙여야 한다. 이름은 프로그램이 어떤 동작 혹은 기능을 수행하는지 의미를 부여하는 것이 바람직하다. C 소스 파일을 저장할 때 확장자는 '.c'로 하여야 한다. 가령 'hello.c'를 그 예로 들 수 있다.

01-04-03 소스 코드 컴파일

여러분들이 코드를 이해한다고 해도 컴퓨터는 그렇지 못하다. 컴퓨터는 기계어로 된 명령어가 필요하다. C 프로그램이 컴퓨터에서 실행되기 위해서는 소스 코드를 기계어로 번역해야 한다.

프로그램 개발 두 번째 단계인 번역은 컴파일러(compiler)와 링커(linker)라는 프로그램에 의해서 수행된다. 컴파일러와 링커는 각각 소스 코드를 컴파일하고 링크하여 기계어 명령을 생성한다. 컴파일러에 의해서 만들어진 기계어 명령을 목적 코드라 한다. 각 컴파일러는 목적 파일을 만들 때 사용하는 자기 자신만의 명령어가 필요하다. Visual Studio와 같은 통합 개발 환경에서는 컴파일 메뉴나 아이콘을 사용하여 컴파일을 수행한다. 반면에 명령어 라인 환경에서 컴파일러를 실행시킬 때는 컴파일 명령어 뒤에 소스 파일명을 붙인다. 다음은 이름이 'radius.c'인 소스 파일을 다양한 컴파일러로 컴파일하는 예이다.

<표 1.1> 컴파일러에 따른 컴파일 명령

컴파일러	컴파일 명령
Microsoft C	cl radius.c
Borland's Turbo C	tcc radius.c
Borland C	bcc radius.c
Zortec C	ztc radius.c
UNIX, Linux	cc radius.c 또는 gcc radius.c

컴파일러 매뉴얼을 참고하여 해당 컴파일러의 정확한 사용법을 익혀두는 것이 중요하다. 통합 개발 환경을 사용한다면 컴파일은 훨씬 간단하다. 대부분의 통합 개발 환경에서는 아이콘을 클릭하거나 메뉴에서 컴파일 명령을 선택하여 컴파일할 수 있다. 일단 소스 코드가 컴파일되면 실행 아이콘이나 메뉴를 선택하여 프로그램을 실행시킬 수 있다.

컴파일이 끝나면 디렉터리(directory)나 폴더(folder)에 확장자가 '.obj'인 목적 파일이 생성된다. '.obj' 확장자는 목적 파일이며 이것을 링커(linker)가 사용한다. 유닉스 시스템에서는 '.obj' 대신에 '.o'라는 확장자를 사용한다. 하나의 프로그램은 여러 개의 소스 파일들로 구성될 수도 있다. 이 소스 코드들을 컴파일하면 각각의 목적 파일이 생성되는데, 이 목적 파일들을 결합(linking)하여 하나의 실행파일을 만들어 주는 프로그램이 바로 링커이다. 링커가 링킹(linking)을 수행할 시에는 목적 파일들을 결합하는 것 외에도 표준 라이브러리에 포함된 함수들도 함께 결합하여 실행 파일을 생성한다.

무료로 제공되는 프리웨어(freeware)이면서 편리하게 사용할 수 있는 C/C++ 컴파일러는 Dev-C++(http://orwelldevcpp.blogspot.kr/)가 대표적이다. 프로그램 개발 환경은 그림 1.3과 같다. 사용법이 간단하고 프로그램 크기도 작아서 C언어와 C++언어를 공부하기에 좋은 개발 도구이다. 자세한 내용은 Dev-C++ 도움말을 참고하기 바란다.

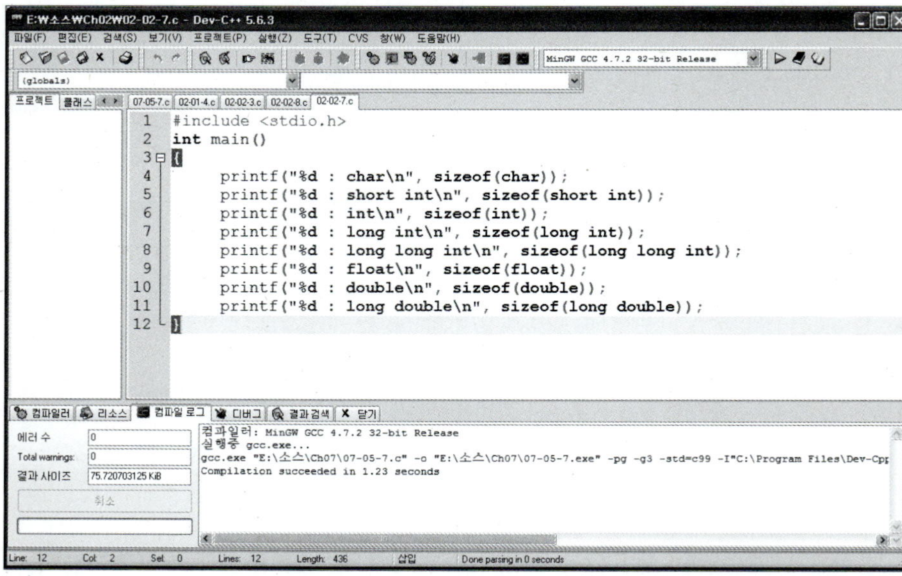

[그림 1.3] Dev-C++ 개발환경 화면

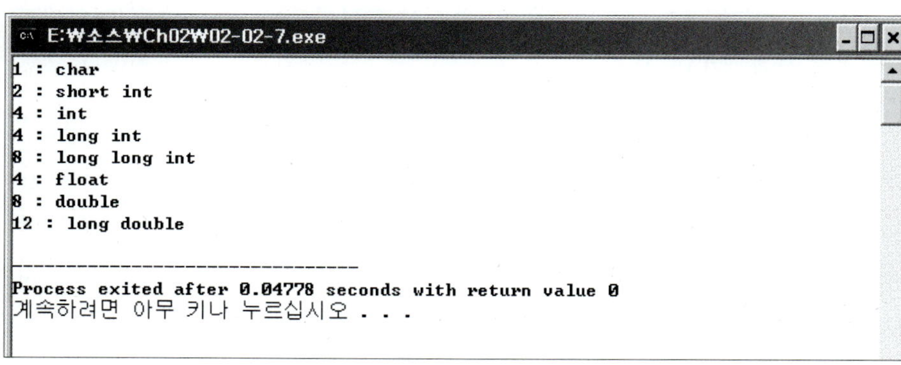

[그림 1.4] Dev-C++ 실행 결과 화면

[그림 1.5]는 Microsoft Visual C++ 2013의 통합 개발 환경이다. 기본적으로 C++ 개발 환경이지만 C 프로그램을 개발할 수도 있다. 컴파일, 링크 및 실행은 Ctrl+F5이다.

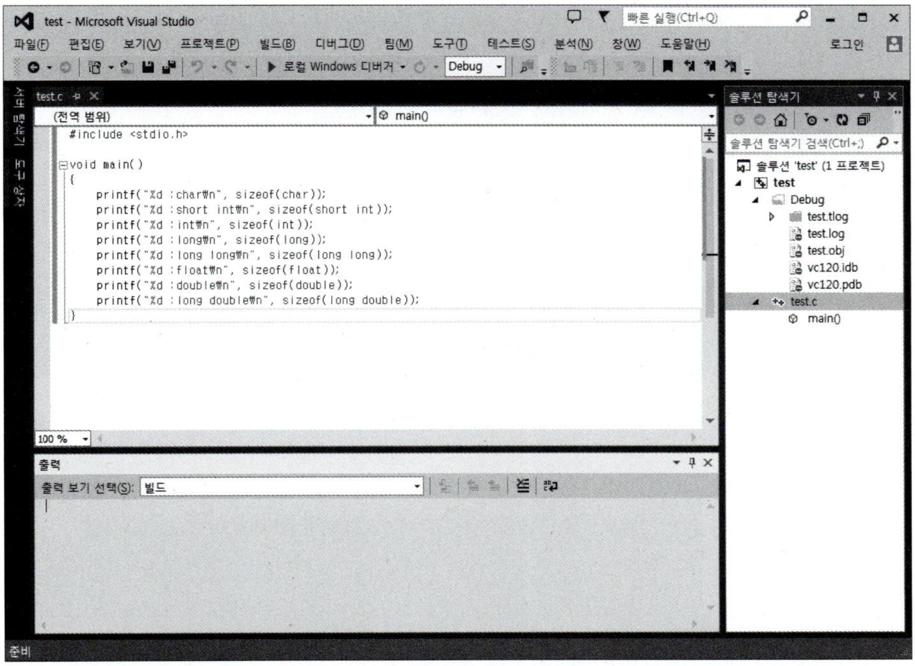

[그림 1.5] Microsoft Visual C++ 2013 개발환경 화면

[그림 1.6] Microsoft Visual C++ 2013 실행결과 화면

```
infocom:/home/khhong> cat test1031.c
 #include <stdio.h>
 main() {
        printf("%d : char₩n", sizeof(char));
        printf("%d : short int₩n", sizeof(short int));
        printf("%d : int₩n", sizeof(int));
        printf("%d : long int₩n", sizeof(long int));
        printf("%d : float₩n", sizeof(float));
        printf("%d : double₩n", sizeof(double));
        printf("%d : long double₩n", sizeof(long double));
 }
infocom:/home/khhong> gcc test1031.c -o t1031
infocom:/home/khhong> t1031
1 : char
2 : short int
4 : int
4 : long int
4 : float
8 : double
16 : long double
infocom:/home/khhong>
infocom:/home/khhong>
infocom:/home/khhong>
infocom:/home/khhong>
```

[그림 1.7] UNIX에서 C 소스와 gcc를 이용한 컴파일 및 실행

```
~/C-language
$ cat test1031.c
 #include <stdio.h>
 main() {
        printf("%d : char₩n", sizeof(char));
        printf("%d : short int₩n", sizeof(short int));
        printf("%d : int₩n", sizeof(int));
        printf("%d : long int₩n", sizeof(long int));
        printf("%d : float₩n", sizeof(float));
        printf("%d : double₩n", sizeof(double));
        printf("%d : long double₩n", sizeof(long double));
 }

MyHome@laputa-xp ~/C-language
$ gcc test1031.c -o test1031

MyHome@laputa-xp ~/C-language
$ ./test1031
1 : char
2 : short int
4 : int
4 : long int
4 : float
8 : double
12 : long double

MyHome@laputa-xp ~/C-language
$ _
```

[그림 1.8] Cygwin에서 C 소스와 gcc를 이용한 컴파일 및 실행

앞의 네 가지의 개발 도구를 사용할 때 파일 이름의 확장자는 '.c'로 하여야 한다. 확장자를 '.cpp'로 했을 때는 C++로 인식하여 컴파일하기 때문에 극히 일부 문법적인 차이로 인해 오류(error)나 경고(warning)가 발생할 수 있다. 또한 모든 C 컴파일러는 데이터 형과 표준함수가 동일하지만 각 컴파일러마다 자체적으로 제공하는 함수가 있어서 약간의 차이를 보이기도 한다. [그림 1.3], [그림 1.5], [그림 1.7] 및 [그림 1.8]은 각각 Dev-C++, Microsoft Visual C++ 2010, UNIX gcc 및 Cygwin gcc의 실행 결과를 나타낸 것이다. 자세히 살펴보면 long double형 데이터의 경우 그 크기가 각각 다르다.

Cygwin(GNU+Cygnus+Windows, http://www.cygwin.com)은 윈도우즈에서 리눅스 환경을 사용할 수 있게 해 준다. Cygwin은 리눅스의 기능을 거의 모두 사용할 수 있다.

01-04-04 함수 라이브러리의 링킹

라이브러리(library)는 미리 정의된 함수의 목적 코드를 가지고 있는 파일이다. 일반적으로 표준 함수 라이브러리는 컴파일러 패키지 내에 포함되어 제공된다.

printf(), sacnf() 등과 같은 함수는 표준 함수로, 자료를 화면에 출력하거나 키보드로부터 자료를 입력받을 시에 사용하는 함수이다. 이들을 포함하는 표준 함수 라이브러리는 자주 사용된다. 실행 파일을 만들기 위해서는 소스 코드를 컴파일하여 생성한 목적 파일과 함수 라이브러리의 목적 코드를 링크해야 한다. 이 과정은 링커에 의해 수행되는데 이를 링킹이라 하며, 그 결과 실행 파일이 생성된다.

01-04-05 프로그램 개발 완료

실행 파일을 생성한 후 프로그램을 실행했을 때 의미론적 오류(semantics error)나 실행 오류(runtime error)로 인해 의도한 것과 다른 결과 또는 실행이 안 되는 경우가 발생하면 첫 단계로 되돌아가야 한다. 즉, 소스 코드에서 어떤 문제가 발생했는지 점검하고 수정(debugging)할 필요가 있다. 소스 코드를 변경하면 다시 컴파일과 링크를 수행하여 수정된 실행파일을 만든다. 원하는 실행 결과를 얻을 때까지 이 과정을 반복한다.

01-04-06 C 프로그램 개발 과정 정리

- 단계 1 : 편집기를 이용하여 소스 코드를 작성한다. 전통적인 C 소스 코드는 확장자가 '.c'이다(예를 들면, 'myprog.c', 'test.c' 등).
- 단계 2 : 컴파일러를 이용하여 컴파일한다. 컴파일러가 어떤 오류도 발견하지 못하면 목적 파일이 생성된다. 컴파일러가 만든 목적 파일은 확장자가 '.obj'이며 소스 코드의 파일과 이름은 같지만 확장자가 다르다. 예를 들면, 'myprog.c'를 컴파일하면 'myprog.obj'가 된다. 오류가 발견되면 오류에 관한 메시지가 출력되며, 단계 1로 되돌아가서 소스 코드를 수정한다(syntax error).
- 단계 3 : 링커를 이용하여 프로그램을 링크한다. 라이브러리에 없는 함수나 함수이름이 잘못된 경우 링킹 오류(linking error)가 발생한다. 이 때 오류가 발생하지 않으면 소스 코드와 이름이 같은 실행 파일 '.exe'가 생성된다. 예를 들면, 'myprog.c'는 컴파일과 링크를 거치고 나면 'myprog.exe'가 된다.
- 단계 4 : 프로그램을 실행한다. 기능들이 제대로 실행되는지 확인한다. 그렇지 않으면 단계 1로 되돌아가서 소스 코드를 수정한다(semantic or runtime error).

01-05. C의 구성 요소

C 소스 코드는 전처리기(preprocessor)와 함수(function)로 구성된다. 전처리기는 프로그램이 실제로 실행되기 전에 처리되는 부분이며, 함수는 실제 프로그램 실행 부분이다. 기본적인 C 프로그램의 구조는 [그림 1.9]와 같다.

```
#include <stdio.h>  } 헤더 파일 포함  } 전처리기
#include <math.h>   }
#define PI 3.141592

/* 설명문은 이렇게 한다. */  ←— 설명문: 프로그램의 도움말을 간단하게 된다

int main()          ←— C언어 프로그래밍의 시작은 main으로부터
{ // 여기도 설명문  ←— {에서부터 함수 블록 시작이다 //는 한 줄 설명문이다

        int i;                      ←— 변수 선언, 모든 코드는 ;으로 끝난다
    printf("Hello Dokdo!\n");       ←— 데이터를 화면에 출력한다. 출력하는 함수
    for(i=0; i<=180; i+=15)         ←— 일정한 횟수를 반복하는 루프
    {  ←— 루프 블록의 시작
       printf("sin(%d) = %f\n", i, sin(PI*i/180.));  ←— 계산 및 계산 결과 출력
    }  ←— 루프 블록의 끝
    return 0;  ←— 데이터 반환
}  ←— main 함수 블록의 끝
```

[그림 1.9] C 프로그램의 기본 구조

Keywords

auto	else	long	switch	_Atomic(C11)
break	enum	register	typedef	_Bool(C99)
case	extern	restrict(C99)	union	_Complex(C99)
char	float	return	unsigned	_Generic(C11)
const	for	short	void	_Imaginary(C99)
continue	goto	signed	volatile	_Noreturn(C11)
default	if	sizeof	while	_Static_assert(C11)
do	inline(C99)	static	_Alignas(C11)	_Thread_local(C11)
double	int	struct	_Alignof(C11)	

C99: 1999년 개정된 표준 C언어 규정 ISO/IEC 9899:1999
C11: 2011년 개정된 표준 C언어 규정 ISO/IEC 9899:2011

01-05-01 전처리기

전처리기는 표준함수를 정의하는 헤더 파일(*.h), 매크로(macro), 컴파일 옵션 등으로 구성된다. 헤더 파일은 표준 헤더 파일과 사용자 정의 헤더 파일로 구분할 수 있다. 매크로는 일반적으로 자주 사용되는 매크로 상수 또는 매크로 함수를 정의할 때 쓴다. 컴파일 옵션은 운영체제 및 컴파일 환경을 설정할 때 사용함

으로써 프로그램의 이식성을 높인다.

01-05-02 main 함수

함수는 C언어의 기본 틀이며 프로그램 처리는 이 부분에서 이루어진다. 특별히 main 함수는 C 프로그램의 시작점(entry point)으로 모든 프로그램은 main 함수를 기반으로 작동된다. C 프로그램은 main 함수를 중심으로 하여 여러 가지 함수들의 조합으로 작성될 수 있다.

01-05-03 변수 및 상수

변수(variable, 變數)는 가변적인 자료를 저장할 수 있는 기억공간인 반면에 상수(constant, 常數)는 고정된 값을 저장하는 있는 기억공간이다. 이들 변수와 상수는 각각의 서로 다른 이름을 붙여 식별한다. 변수 및 상수의 선언 위치는 함수의 외부 또는 함수 내부의 시작 부분 혹은 블록의 시작 부분에 정의될 수 있다. 변수나 상수는 사용되기 전에 반드시 선언되어야 한다. 저장 공간의 크기와 형식은 자료의 형에 따라 각각 다르다.

01-05-04 연산자

연산자(operator)는 자료를 가공할 때에 사용하는 연산 기호로서 C언어는 다양한 형태의 연산자들을 제공한다.

01-05-05 제어문

제어문(control statement)은 프로그램의 처리 순서나 실행 흐름을 제어하는 중요한 문장으로서 구조적 프로그래밍(structural programming)의 핵심구성 요소이다. 제어문은 반복, 선택, 조건 및 분기 등으로 그 유형이 다양하다.

01-05-06 사용자 정의 함수

사용자 정의 함수(user-defined function)는 컴파일러가 제공하는 함수 이외에 사용자가 필요하다고 판단되었을 때 정의하여 사용하는 함수이다. 프로그램을 구조적으로 잘 만들려면 함수를 적절히 사용하여야 한다. 표준함수는 많이 사용될 것으로 예측되는 함수들을 미리 만들어 놓은 것이며, 사용자 정의함수는 프로그래머가 직접 만들어 쓰는 함수이다.

01-05-07 배열과 포인터

배열(array, dimension)은 같은 유형의 데이터가 여러 개 필요할 때 사용하는 변수 묶음으로, 일련의 저장장소에 여러 개의 자료를 보관할 수 있도록 저장공간을 할당한 자료형이다. 포인터(pointers)는 자료가 저장되어 있는 위치를 가리키는 자료형이다. 즉 실제로 데이터를 가지고 있는 것이 아니라 데이터가 저장되어 있는 장소(메모리 주소)를 가리킨다.

01-05-08 사용자 정의 데이터형

사용자 정의 데이터형(user-defined data type)은 구조체(structure), 공용체(union), 열거형(enumerate) 등이 있으며, 기본 자료형 또는 사용자 정의 자료형을 조합하여 새로운 자료형을 정의할 때 사용한다. 보통은 데이터베이스를 구축하거나 연결리스트, 트리, 스택, 큐, 그래프 등의 다소 복잡한 자료구조를 생성할 때 많이 사용된다.

01-05-09 파일 처리

파일 처리는 파일 포인터(file pointer)나 파일 디스크립터(file descriptor)를 이용하여 파일에 접근(access)하는 것을 말한다. 통상적으로 C언어에서는 표준 입출력함수(standard input output function)를 이용하여 파일 처리를 수행한다.

01-05-10 주석

프로그램을 작성하면서 설명이 필요한 부분에 주석(comment, 설명)을 달아 둠으로써 자신뿐만 아니라 다른 사람이 프로그램을 이해하는 데 도움을 주기 위한 문서작업이라 할 수 있다. 주석을 잘 다는 것도 프로그래밍의 중요한 요소 중 하나다.

01-05-11 들여쓰기

들여쓰기(indentations)는 프로그램을 작성할 때 전용 편집기가 자동적으로 처리해 주는 것이 일반적이다. 자동 들여쓰기가 지원되지 않는 편집기를 사용하더라도 항상 들여쓰기 습관을 들여 프로그램을 보기 좋고 이해하기 쉽게(readability) 작성하는 것이 바람직하다. 들여쓰기도 프로그램의 중요한 요소이다. 블록을 구분하고 프로그램의 제어가 어디까지인지를 알 수 있게 해 준다.

01-05-12 프로그램을 잘 하는 법

- 끊임없이 반복 연습한다(Practice makes perfect!!!).
- 많은 예제를 분석하고 자기 것으로 만든다.
  - 다른 프로그래머의 의도가 무엇인지 알고, 왜 그렇게 했는지 분석한다.
- 논리적으로 생각한다.
- 스스로 문제를 만들고 C 프로그램으로 작성해 본다.
- C언어 책을 최소한 5권 이상 정독하고 완벽하게 분석한다.
  - 문법을 먼저 알고, 저자의 의도를 분석한다.
- 문제가 주어졌을 때 작은 것부터 하나씩 해결해 나간다.
  - 한꺼번에 모든 것을 해결하려 하지 않는다(Divide and conquer!: 분할 정복)
- 자신감

01-06. 컴파일러와 인터프리터

컴파일러(compiler)와 인터프리터(interpreter)에 해당하는 언어를 정확하게 구분하기는 힘들다. 일반적으로 BASIC을 인터프리터 언어, C를 컴파일러 언어라고 분류하지만, BASIC 컴파일러도 있고, C 인터프리터도 존재하기 때문이다. 컴파일러와 인터프리터가 무엇인지 살펴보자.

01-06-01 컴파일러

컴파일러는 텍스트로 작성된 소스 코드를 기계어로 번역해 주는 역할을 한다. 텍스트로 작성된 프로그램을 소스 코드(source code)라 하고, 컴파일러에 의해서 번역된 기계어 코드를 목적 코드(object code)라 한다. 목적 코드는 링커에 의해서 각종 함수나 서브루틴과 결합되어 최종적으로 실행 코드가 된다. 실행 코드는 사람이 읽을 수 있는 텍스트 코드가 아니다. 컴파일러는 한 번에 전체를 컴파일하여 실행 파일을 만들어 두고 사용하기 때문에 다음에 실행할 때는 또 다시 컴파일할 필요가 없다.

최초의 컴파일러는 1952년에 Grace Hopper가 개발한 A-0 프로그래밍 언어용 컴파일러다. 최초의 완벽한 컴파일러는 1957년 IBM의 John Backus가 FORTRAN용으로 개발한 것이고, 다양한 플랫폼에서 사용할 수 있는 컴파일러는 1960년에 개발된 COBOL 컴파일러이다.

01-06-02 인터프리터

인터프리터는 텍스트로 작성된 프로그래밍 언어를 통상 라인 단위로 실행하는 일종의 컴퓨터 프로그램을 말한다. 즉, 실행 코드를 작성하지 않고 소스 코드를 직접 실행해 주는 프로그램이다. 인터프리터는 다음과 같은 유형이 있다.

- 유형 1. 소스 코드를 직접 실행한다.
- 유형 2. 소스 코드를 중간 형태의 코드로 변환한 다음에 그것을 실행한다.
- 유형 3. 인터프리터 시스템에 포함된 컴파일러가 컴파일된 코드를 따로 저장한 뒤 실행한다.

Perl, Python, MATLAB 및 Ruby 등과 같은 언어는 유형 2에 해당된다. UCSD Pascal 및 Java는 유형 3으로, 소스 코드를 플랫폼에 의존하지 않는 코드로 미리 컴파일하여 저장해 두었다가 실행 시간에 인터프리터 또는 컴파일러에 의해 링크되어 실행된다(JIT system). Smalltalk와 같은 몇몇 시스템은 유형 2와 유형 3을 결합한 형태이다.

인터프리터는 실행 파일을 만들지 않고 매번 소스 코드를 직접 번역하여 실행하기 때문에 반드시 소스 코드를 실행하는 인터프리터 프로그램이 컴퓨터에 있어야 한다. 웹 브라우저처럼 HTML 파일을 서버에서 읽어온 후 사용자 컴퓨터 화면에 출력해 주는 것을 생각하면 된다. 다시 말해서 인터프리터 프로그램 역할을 담당하는 웹 브라우저가 없으면 HTML 파일을 정상적으로 볼 수 없다.

C programming language

CHAPTER

02

표준입출력함수와 산술연산자

02-01. 표준출력함수 printf와 상수 데이터

02-02. C언어 데이터형 및 변수

02-03. 정수의 산술 연산

02-04. 실수의 산술 연산 및 수학함수

02-05. 표준입력함수 scanf()

02-06. scanf 응용

02-07. printf의 출력형식의 다양한 사용법

02-08. 데이터형 변환

02-09. 문자와 문자열 입출력 함수

02-10. 표준입력함수 sscanf와 sprintf함수

CHAPTER

02 표준입출력함수와 산술연산자

2장에서는 C언어를 시작하는 데 가장 기초적인 표준입출력함수, 상수, 변수 및 데이터형에 관한 내용을 학습한다. C언어는 입출력을 실행하는 키워드(명령)가 없으며, 입출력을 수행하는 표준함수를 제공하여 이 기능을 대신한다. C언어에서 사용하는 기본 데이터형은 크게 정수와 실수로 구분할 수 있다. 기본 데이터형을 이해하고, 이들 데이터형을 컴퓨터 프로그램에서 표현하는 방법을 알아보고, 수치 데이터를 처리하는 산술연산과 수식계산을 위한 수학함수를 C 프로그램으로 표현하는 방법을 살펴본다.

- 상수(constant) : 미리 정해져서 고정된 불변의 수
- 변수(variable) : 수시로 값이 변하는 수
- 입출력함수(I/O function) : 데이터를 입력하고 출력하는 기능을 수행하는 함수
- 데이터형(data type) : 컴퓨터에서 데이터를 표시하기 위하여 정해진 일정한 형태

02-01. 표준출력함수 printf와 상수 데이터

printf는 프로그래머가 지정하는 형식에 맞추어 화면에 데이터를 출력하는 함수이다. 데이터형에 따라 출력 형식을 지정해 주어야 한다. 출력 형식을 지정할 때는 %와 함께 출력할 데이터형에 맞게 다양한 형식을 지정할 수 있다.

상수 데이터는 기호로 정의할 수도 있고 단순히 숫자나 문자(열)로 나타낼 수

도 있다. 기호로 정의하는 상수는 여러 번 사용할 상수를 지정하고, 단순 숫자나 문자(열)는 한 번 사용하는 경우에 주로 사용한다.

02-01-01 printf 함수

printf 함수는 원하는 결과를 기본 출력장치인 모니터로 보여주는 표준함수이다. 표준함수의 사용방법은 단순히 함수의 이름과 함수에 전달될 데이터가 어떻게 구성되는지만 알면 상세한 처리과정은 알 필요가 없다.

먼저 printf 함수를 사용하여 상수를 출력하는 간단한 프로그램을 하나 보자.

프로그램 예

```c
#include <stdio.h>
int main()
{
    printf("printf 함수 예\n");         // %가 없으면 단순 내용 출력
    printf("%d\n", 455);                // 정수(int) 상수 455 출력
    printf("%f\n", 3.14159);            // 실수(double) 상수 3.14159출력
    printf("%s\n", "C program language");   // 문자열 상수 출력
}
```

실행 결과

```
E:₩소스₩Ch02₩ex2_1_printf.exe
printf 함수 예
455
3.141590
C program language
```

printf 함수를 사용하려면 먼저 printf 함수의 원형(prototype)이 정의되어 있는 헤더파일 #include <stdio.h>을 포함하여야 하며, 프로그램을 시작하기 전에 지정한다. 표준함수 또는 컴파일러가 제공하는 헤더파일은 <xxx.h>와 같이 삼각괄호(< ... >)를 사용한다.

데이터를 화면에 출력할 때는 표준출력함수인 printf 함수를 주로 이용한다. printf 함수의 괄호() 속에 출력하고자 하는 형식과 데이터를 나열한다. 괄호 속의 데이터를 매개변수(argument)라고 하며, printf함수의 매개변수는 두

영역으로 구분한다. 앞의 예에서 보는 바와 같이 앞부분(""속)에는 출력 형식(format)을 지정하고, 뒷부분에는 출력할 데이터(변수, 상수, 식 등)를 나열한다. 출력형식은 큰따옴표("") 속에 문자열로 나타내고, 출력할 데이터는 뒤에 순서대로 콤마로 구분하여 나열한다. 첫 번째 printf에서처럼 단순한 문자열을 쓰면 그대로 화면에 출력되며, 데이터를 지정하지 않아도 된다. 나머지 5, 6, 7번 줄은 ""속에 형식(%d, %f, %s)을, 뒷부분에는 출력할 데이터를 지정한 것이다. '\n'은 제어문자로 줄 바꿈(new line)을 의미한다.

printf 함수의 원형은 다음과 같다.

printf 함수의 원형 :

```
int printf(const char * format, ... );
```

int	printf	(	const char *	format	,	...	)	;
①	②	③	④	⑤	⑥	⑦	⑧	⑨

①	int	함수를 실행한 뒤 반환하는 값의 데이터형
②	printf	함수명
③	(	함수에 전달할 매개변수의 시작
④	const char *	첫 번째 매개변수의 데이터형
⑤	format	첫 번째 매개변수의 이름. 이 이름은 큰 의미는 없다.
⑥	,	매개변수 구분 문자
⑦	...	여러 개의 매개변수가 가능하다는 것을 표시(가변 매개변수)
⑧	)	매개변수의 끝
⑨	;	문장의 끝 표시

※ printf 함수의 실행 결과 반환 값은 출력된 문자의 개수, 출력을 실패하면 음수 값

다음 <표 2-1>은 형식지정문자 중 일부를 나타낸 것이며, 2장 후반부에 나머지 더 상세한 내용을 살펴본다. 형식지정문자는 %와 함께 사용하며, 변수 또는 상수를 지정된 형식으로 출력한다. 형식지정문자와 데이터형이 일치하지 않을 때는 원하는 결과를 얻을 수 없다. 단, 형식지정문자가 아닌 문자는 그대로 출력된다.

<표 2-1> printf에 사용하는 형식지정문자(일부)

형식지정문자	적용 데이터	형식지정문자	적용 데이터
s (string)	문자열	x (hexadecimal)	16진수 정수(소문자)
c (character)	문자	X (Hexadecimal)	16진수 정수(대문자)
d (decimal)	10진수 정수	u (unsigned int)	0과 양의 정수
o (octal)	8진수 정수	f (floating-point)	실수

02-01-02 상수

프로그램에서 데이터를 표시하는 방법은 상수(常數: constants)와 변수(變數: variables) 두 가지가 있다. 상수는 고정된 데이터를 나타낼 때 사용한다. 상수를 표현하는 방법은 직접 값을 나타내는 방법과 상수 기호를 이용하여 나타내는 방법이 있다.

<표 2-2> 상수

방법	예
직접 값을 지정	정수상수 : 0, 128, 65535, -10, 01736, 0x248ff, 0XAB09 실수상수 : 3.141592, 0.0f, -273.0, 2.39E5 문자상수 : 'a', '\n', '\007' 문자열상수 : "This is string.", "독도는 우리 땅"
상수 기호를 이용하여 값 지정	const int x=3; const double pi=3.141592;

정수상수는 10진수, 8진수, 16진수의 세 가지로 나타낼 수 있다. 컴퓨터에서 모든 데이터는 내부적으로 2진수로 나타내지만, 화면에 보이기 위해서는 10, 8, 16진수로 바꾸어 나타내며, 2진수로는 보여주지 않는다. 2진수로 보기 위해서는 다른 방법을 사용하여야 한다. 10, 8, 16진수 상수를 구별하기 위해서 시작하는 숫자를 다르게 표시한다.

- 8진수
  - 0123처럼 0으로 시작
  - 0에서 7 사이의 수로 표시

- 8이나 9가 포함되면 안 됨 : 0139와 같이 8진수가 아닌 9가 포함되어 있으므로 에러 발생

- 16진수
  - 0x 또는 0X로 시작
  - 0~9 및 a(A)~f(F)의 16개의 기호 사용
- 10진수
  - 0에서 9까지의 수로 표시
  - 0을 제외한 수로 시작 : 0으로 시작하면 8진수로 취급하기 때문

실수상수는 항상 10진수로만 표시하며 반드시 소수점을 포함하여야 한다. 지수(exponent)를 나타내고자 할 때는 e나 E를 뒤에 추가한다. 실수값 0을 표시할 때는 0.0, 0., .0과 같이 소수점을 포함하여야 하고 0이 최소한 한 개는 있어야 한다. 실수 상수는 일반적으로 float(32비트)형과 double(64비트)형이 있으며, double형이 기본형이다. float형은 0.0f와 같이 끝에 f를 추가하여 표시하며, 끝에 아무 표시 없이 0.0으로 실수를 표시하면 기본형인 double형으로 인식한다.

문자 상수는 작은따옴표를 문자 앞뒤에 쓴다. 특수한 문자인 경우에는 <표 2-3>과 같이 역슬래시(\)를 따옴표 안에 표시하고 특수문자를 쓴다.

기호로 상수를 표시할 때는 사용하기 전에 기호상수를 선언하고 값을 저장한 다음 사용하여야 한다. 이 기호상수는 프로그램 실행 중에 값을 변경할 수 없으며, 값의 변경을 시도하면 에러가 발생한다. 따라서 기호상수는 값이 변하지 않는 데이터를 정의할 때 사용한다. 예를 들면 원주율(π=3.141592)과 같이 절대적으로 변하지 않는 값을 지정할 때 사용한다. 상수들은 과학이나 수학에 자주 등장하는데 이들을 프로그램에서 사용할 때 기호상수를 쓰면 유용하다.

<표 2-3> 특수문자

특수문자	의미
\a	경고음, bell, ^G
\b	백 스페이스(Backspace), ^H
\f	종이 넘김, 새 페이지, ^L
\n	줄 넘김, 캐리지 리턴과 줄 바꿈. ^M^J

\o	8진 상수, \oddd or \ddd
\r	캐리지 리턴, 줄바꿈하지 않음, ^M
\t	수평 탭, tab, ^I
\v	수직 탭, ^K
\x	16진 상수, \xdd, 0 <= d <= F
\0	널(NULL), 아무것도 없는 문자, ^@
\"	큰따옴표
\'	작은따옴표
\\	역 슬래시
\?	물음표
\ddd	8진수로 표현한 문자 값, 0 ≤ d ≤ 7

모든 데이터형은 상수로 지정할 수 있으며 필요한 경우에만 사용하고, 특별한 값이 아니라면 굳이 상수로 선언할 필요는 없다.

예제 02-01-1 문자열 상수의 표현과 표준출력함수를 이용한 문자열 상수 출력

```
1 #include <stdio.h>        // 표준입출력함수 원형을 포함하고 있는 헤더파일
2 int main()
3 {
4     // 문자열 상수 출력
5     printf("C programming Language!");
6 
7     // 형식지정자 %s를 이용한 문자열 상수 출력
8     printf("%s\n", "C programming Language!");
9 }
```

해설

1: 표준입출력함수 원형이 지정되어 있는 헤더파일이다. 이 문장을 쓰면 표준입출력함수를 사용할 수 있다. 이 문장은 C언어에서는 무조건 쓴다고 생각하면 된다.

5: 형식지정문자 없이 단순히 문자들만 출력한다.

8: 형식지정문자 %s를 사용하여 데이터("" 속)를 출력한다. 형식지정은 %로 시작하고 % 뒤에 출력 형식을 지정한다. \n은 줄 바꿈(new line)을 실행한다.

1, 4, 7: 설명(comment)문인데 프로그램의 설명을 달아준다. //으로 시작되는 줄은 한 줄 설명이고 여러 줄에 걸쳐 설명을 달고자 할 때는 <예제 02-01-2>와 같이 /* ... */ 사이에 설

명을 쓴다. 간단한 매뉴얼을 만든다고 생각하자. 설명문은 프로그램 실행에 영향을 주지 않는다.

Notice 들여쓰기(indentation)를 함으로써 프로그램의 가독성(readability)을 향상시키고 프로그램의 구성을 쉽게 파악할 수 있게 한다.

실행 결과

```
E:₩소스₩Ch02₩02-01-1.exe
C programming Language!C programming Language!
```

예제 02-01-2 정수의 표현과 표준출력함수를 이용한 정수 상수 출력

```
1  #include <stdio.h>        /* 표준입출력함수 원형을 포함하고 있는 헤더파일 */
2  int main()
3  {
4      printf("%d ", 75);          //10진수 정수 상수
5      printf("%d ", 0113);        //8진수 정수 상수(0으로 시작)를 10진수로 출력
6      printf("%d ", 0x4b);        //16진수 정수 상수(소문자 0x로 시작)를 10진수로 출력
7      printf("%d ", 0X4B);        //16진수 정수 상수(대문자 0X로 시작)를 10진수로 출력
8      printf("%u\n", -1);
9      /* unsigned %u형식(부호 없는 즉, 0과 양수)으로 정수 상수 출력
10        %x(%X), %o로 unsigned 정수를 한번 출력해 보자. */
11 }
```

해설

4: 75라는 10진수 상수를 %d, 즉 10진수로 모니터에 출력한다. 정수 상수는 소수점이 없다.

5: 0113이라는 8진수 상수를 %d, 즉 10진수로 모니터에 출력한다. 숫자가 0으로 시작되면 8진수라는 것을 의미한다. 8진수는 0에서 7까지의 수만 사용하여야 한다.

6: 0X4b라는 16진수 상수를 10진수로 출력한다. 0x로 시작하면 소문자 16진수를 의미한다. 16진수는 0~9, a(A)에서 f(F)까지 16개의 기호로 나타낸다.

7: 0X4B라는 16진수 상수를 10진수로 출력한다. 0X로 시작하면 대문자 16진수를 의미하며, x와 X의 차이는 없음.

8: %u는 음수 값이지만 양수로 출력한다. \n(₩n)은 new line이란 의미로 줄을 바꾸라는 의미이다.

9, 10: 여러 줄에 걸친 설명문, /*로 시작해서 */로 끝낸다. 설명문을 프로그램에 영향을 주지 않는다.

Try %d를 %x, %X, %o 등으로 바꾸어 출력해 보자.

실행 결과

E:₩소스₩Ch02₩02-01-2.exe

```
75 75 75 75 4294967295
```

예제 02-01-3 실수의 표현과 표준출력함수를 이용한 실수 상수 출력

```c
1  #include <stdio.h>
2  int main()
3  {
4      const double pi=3.141592;      // 기호상수 선언
5      printf("%f ", 123.456);        // 실수 상수 출력
6      printf("%f ", 12.E4);          // 실수 상수 출력
7      printf("%f ", .0);             // 소수점 앞의 0은 생략 가능
8      printf("%f ", 0.);             // 소수점 뒤의 0은 생략 가능
9      printf("%f ", .2345);          // 소수점 앞의 0은 생략 가능
10     printf("%f\n", 0.23E-4);       // 실수 상수 출력
11     printf("%f\n", pi);            // 기호상수에 저장된 값 출력
12 }
```

해설

4: 상수는 단순히 값을 쓸 수도 있지만 상수기호에 저장할 수도 있다. 상수기호는 프로그램 도중에 값이 바뀔 수 없다. = 기호는 대입연산자로 우측의 값, 변수 또는 식을 좌측의 변수에 저장하라는 의미이다.

5: 실수 값(상수 또는 변수)을 출력할 때는 형식지정문자로 %f를 사용한다. 실수 상수를 나타내는 방법은 다양하다. 실수 상수를 타나낼 때는 소수점을 포함하여야 한다.

6: 실수 상수를 10의 지수 형태로 나타낼 때는 e 또는 E를 쓰고 뒤에 지수를 적는다. 지수는 정수이다.

7: 0.0일 때 앞의 0을 생략할 수 있다.

8: 0.0일 때 뒤의 0을 생략할 수 있다. 그러나 0을 모두 생략하여 소수점만으로는 나타낼 수 없다.

9: 0.2345에서 앞의 0을 생략할 수 있다.

10: E-4는 10의 음의 지수를 나타낸 것으로서, 10^{-4}을 의미한다.

11: 선언된 상수 pi를 출력한다.

Notice 상수와 변수는 다르며, 상수는 고정된 값, 변수는 변하는 값을 뜻한다. 변수는 02-02절 참조

실행 결과

E:₩소스₩Ch02₩02-01-3.exe

```
123.456000 120000.000000 0.000000 0.000000 0.234500 0.000023
3.141592
```

예제 02-01-4 문자의 표현과 printf를 이용한 문자 상수 출력

```c
1  #include <stdio.h>
2  int main()
3  {
4      const char x='a';
5      printf("%c ", 'A');        // 문자 상수 'A'
6      printf("%c ", x);          // 문자 상수 'a' 출력
7      printf("%c ", 74);         // 문자 상수 'J' 출력
8      // ASCII 코드 'J' = 74 = 0X4A = 0112
9  }
```

해설

4: 문자 상수 x 선언하고 초깃값 'a'저장, 상수이므로 변경이 불가능하다.

5: 문자 상수 'A' 출력

6: 문자 상수 x에 저장된 'a' 출력

7: ASCII값 74는 문자 'J'이다.

8: ASCII코드를 다양한 형태로 표현할 수 있다. 여기에 나타낸 값들은 모두 같은 의미이다.

Notice 문자(character)와 문자열(string)은 다르다. 문자는 하나의 ASCII문자를 '' 속에 나타내고 문자열은 ""속에 나타낸다. 문자열에 대해서는 6장에서 자세히 다룰 것이다.

실행 결과

```
E:₩소스₩Ch02₩02-01-4.exe
A a J
```

유제 02-01-1 다음 출력 문장을 이해하고 잘못된 문장은 정상적인 문장으로 고쳐라.

```c
#include <stdio.h>
int main()
{
    printf("%c ", A);                      // 무엇이 문제인가?
    printf("%s ", This is string);         // 무엇이 문제인가?
    printf("%d ", 84.4);                   // 실행결과는?
    printf("%x ", 0123);                   // 무슨 의미인가?
}
```

유제 02-01-2 다음 프로그램을 실행해 보고 그 결과를 분석하라.

```
/* 문자 상수 출력 예 */
#include <stdio.h>

int main()
{
    const char w='A', x=65, y='\x41', z='\101';         // 기호상수(const) 선언
    printf("%c\n", w);         /* printf는 표준출력함수이다. */
    /* %c는 문자상수 또는 문자변수의 출력형식을 의미한다.
       w를 문자형식으로 출력하라는 의미이다.
       \n은 줄을 바꾸라는 의미로 w의 내용을 문자로 출력하고 줄을 바꾼다. */
    printf("%c\n", x);
    printf("%c", '\n');        /* printf("\n");와 같다. '\n'이라는 문자를 출력 */
    printf("%c\n", y);
    printf("%c\n", z);
    printf("%c\n", 'A');       /* 변수로 지정하지 않고 상수 'A'와 같이 사용할 수 있다. */
    printf("A\n");             /* 직접 문자 'A'를 출력한다. */
}
```

02-02. C언어 데이터형 및 변수

C언어의 기본 데이터형은 크게 정수형(고정소수점)과 실수형(부동소수점)으로 나눌 수 있다. 기본 데이터형은 컴퓨터 내부에서 표현하는 데이터형을 그대로 사용하여 데이터를 처리할 수 있도록 지정하는 것을 말한다. 따라서 기본 데이터형의 표현 범위는 프로세서(processor)에 의존적이며, 때로는 컴파일러(compiler)에 따라서도 다를 수 있다.

변수(變數: variables)는 상수와 달리 프로그램이 실행 중에 수시로 값이 변경될 수 있는 수를 말한다. 컴퓨터에서 데이터는 주기억장치(DRAM)에 저장된다. 데이터는 모두 2진수로 저장되며, 정수와 실수는 컴퓨터 내부에서 표시하는 방법이 전혀 다르다. 이들 데이터의 표현 방법은 부록을 참고하기 바란다. 그리고 실제 저장된 데이터를 2진수로 확인하는 방법에 대해서는 이후 여러 군데서 하나씩 설명한다.

02-02-1 기본 데이터형의 종류

데이터형은 크게 정수와 실수로 구분할 수 있다. 정수형에는 char(문자형), int(정수형), enum(열거형: 9장)이 있으며, 이들은 메모리에 저장되는 크기에 따라서 다양한 형태가 존재한다. 정수는 양수와 음수를 모두 표현할 수도 있고, 양수만으로 나타낼 수도 있다.

char은 문자를 표시하기 위한 방법을 제공하며, 이를 ASCII코드라 한다. 실제 문자는 2진수로 저장되며 표시하는 방법에 따라 문자로 바꾸어 표시하거나, 숫자로 표시하기도 한다. ASCII코드 표는 부록을 참고한다. 또한 unsigned 접두어를 앞에 붙여서 양수만 표시할 수도 있다. char은 문자 표시뿐만 아니라 작은 범위(-128~+127, or 0~255)의 정수를 나타낼 때도 유용하게 사용할 수 있으며, 계산에 사용할 수 있다. 문자열(string)은 기본 데이터형이 아니라 문자를 여러 개 정해진 순서에 따라 나열한 것으로서 문자배열이라고도 하며 6장에서 자세히 살펴본다.

정수를 나타내는 기본 데이터형은 4바이트(32비트) int이다. int형도 마찬가지로 양수와 음수를 모두 나타낼 수 있으며, 양수만 나타낼 수도 있다. 또한 접두어 short를 쓰면 2바이트 정수로 나타내고, long을 쓰면 8바이트로 나타낼 수 있게 한다. 그러나 long의 경우는 프로세서나 컴파일러에 따라 4바이트로 쓰는 경우도 있다. C99 버전에서는 long long(8바이트: 64비트 정수형)이 새로 추가되어 사용할 수 있다.

<표 2-4> 기본 데이터형

대분류	중분류	소분류	표현범위(10진수)	크기
정수형	char	char	정수: -128~+127, 문자:ASCII 코드	1Byte
		unsigned char	정수: 0~255, 문자:ASCII 코드	1Byte
	int	int	정수: -2147483648~2147483647	4Byte
		unsigned int	정수: 0~4294967295	4Byte
		short (int)	정수: -32768~32767	2Byte
		unsigned short (int)	정수: 0~65535	2Byte
		long (int)	정수: -2147483648~2147483647	4Byte
		unsigned long (int)	정수: 0~4294967295	4Byte

정수형	int	long long (int)	정수: -9223372036854775808 ~ 9223372036854775807	8Byte
	enum	enum	정수: -2147483648~2147483647	4Byte
실수형 double long double		float	실수: ±3.4E±38(~7 digits)	4Byte
		double	실수: ±1.7E±308(~15 digits)	8Byte
		long double	실수: ±1.9E±4932(~18 digits)	12Byte

Notice 괄호 속의 키워드는 생략할 수 있다. 정수형의 기본은 int이고, 실수형의 기본형은 double이다. 정수형은 2의 보수를 사용하고 실수형은 IEEE 754 표준을 따른다. 정수 long int, 실수 long double은 컴파일러에 따라 다를 수 있다.

enum(열거형)은 어떤 데이터를 정해진 순서에 따라 기호로 나열하고 그 기호에 번호를 붙여서 나타내며 기본적으로 정수형이다. 열거형에 대해서는 9장에서 설명한다.

실수형은 IEEE 754표준에 따라서 표시하며, 반정밀도(16비트), 단일정밀도(32비트), 복수정밀도(64비트), 4배정밀도(128비트)가 제시되어 있으나, 일반적으로 PC환경에서는 2가지(32비트, 64비트) 또는 3가지(32비트, 64비트, 80비트)가 쓰이기도 한다. 32비트 실수는 float, 64비트 실수는 double로 정의하여 사용하며, 기본형은 double이다.

문자의 기본형은 char, 정수의 기본형은 int, 실수의 기본형은 double이다. 기본형이란 상수를 지정할 때 'a', 123, 343.345와 같이 지정하면 기본형으로 취급한다는 의미이다. 즉, 문자는 부호를 가진 8비트 2의 보수로 -128에서 127까지 지정되며, 정수는 부호가 있는 32비트 2의 보수 데이터, 실수는 64비트 IEEE 754 표준 데이터로 지정된다는 것을 의미한다.

02-02-2 변수

변수(變數: variable number)란 변하는 값을 의미한다. 즉, 프로그램 실행 중에 값을 필요에 따라 변경할 수 있다는 의미이다. 변수는 특정한 메모리 위치에 이름(변수명)을 붙여 데이터가 저장될 장소(메모리의 위치)를 지정한 다음 그곳에 값을 저장한다. 따라서 변수를 사용하려면 먼저 그 위치를 나타내는 이름을 선언한 뒤 사용하여야 한다.

변수명은 식별자(identifier)라고 하며, 32글자 이내의 알파벳, 숫자, 밑줄

(_, underscore)로 구성되며, 이외의 문자는 사용할 수 없다. 또한 첫 글자에 숫자는 사용할 수 없으며, 키워드(keyword)도 변수명으로 사용할 수 없다. 변수는 상수와 달리 초깃값을 정해주지 않아도 된다. 즉, 데이터가 저장될 공간(위치)만 지정하고 나중에 값을 저장해도 된다. 모든 데이터형은 변수로 선언할 수 있다.

변수 선언은 프로그램의 시작 전에 선언하는 것이 일반적이며, 블록({ }) 내에서도 선언 가능하다. 다만 블록 내에서 선언한 경우에는 그 블록 안에서만 유효하다. C99 표준에서는 변수의 선언을 프로그램의 시작이 아닌 어디서나 선언할 수 있게 하였다. 같은 종류의 데이터는 콤마로 구분하여 여러 개를 나열할 수도 있으며, 따로따로 하나씩 개별적으로 선언할 수도 있다.

02-02-3 예제 프로그램

예제 02-02-1 변수 선언과 초깃값 지정 및 출력

```
1  #include <stdio.h>
2  int main()
3  {
4      int price = 35000;                 //정수변수 선언 및 초깃값 설정
5      double pi = 3.141592;              //실수변수 선언 및 초깃값 설정
6      char c = 'x';                      //문자변수 선언 및 초깃값 설정
7      char str[20] = "C language";       //문자열변수 선언 및 초깃값 설정
8      printf("%d, %f, %c, %s\n", price, pi, c, str);       // 변수의 값 출력
9  }
```

해설

4: 정수(int) 변수 price를 선언하고 초깃값 35000을 대입(=)한다. 대입연산자 =은 변수에 값을 저장한다. 변수에 값을 저장하면 기존의 값이 새로운 값으로 대체한다.

5: 실수(duble) 변수 pi를 선언하고 초깃값 3.141592를 대입한다.

6: 문자(char) 변수 c를 선언하고 초깃값 'x'를 대입한다.

7: 문자열(char []) 변수 str을 선언하고 초깃값 "C language"를 대입한다. 문자열은 문자의 배열로서 뒤에서 배운다.

8: 변수에 저장된 값을 출력한다.

Notice1 문자열의 끝에는 항상 NULL 문자가 들어간다. 출력할 때 이 널 문자 앞까지만 출력한다. 지정된 길이보다 문자열을 더 길게 대입하면 그 데이터를 보장할 수 없다. 문자열의 크기는 넉넉히 지정한다.

Notice2 정수의 기본형은 int, 실수의 기본형은 double이다. 위에서 실수 상수 3.141592는 double형이다. 만약 float로 값을 지정하고자 한다면 3.141592f로 하여야 한다. 즉, 상수 값 뒤에 f를 붙인다.

Notice3 변수에 값을 저장할 때는 대입연산자 =을 사용한다. '변수 = 식'. 여기서 식에는 상수, 변수 또는 다양한 식이 올 수 있다. 이 예에서는 변수를 선언하면서 상수를 변수에 대입하였다.

실행 결과

```
E:₩소스₩Ch02₩02-02-1.exe
35000, 3.141592, x, C language
```

예제 02-02-2 다양한 데이터를 정수 변수에 대입

```
1  #include <stdio.h>
2  int main()
3  {
4      int a, b=94, c=0112, d=0x9a, e='t';          // 변수 선언
5      printf("%d, ", a);
6      printf("%d, ", b);
7      printf("%d, ", c);
8      printf("%d, ", d);
9      printf("%d\n", e);
10 }
```

해설

4: a는 선언만 하고 값은 대입하지 않았고, b에는 10진수 94를, c에는 8진수 0112를, d에는 16진수 0x9a를 e에는 ASCII 문자 't'를 대입하였다.

5: 아무 값도 대입하지 않는 a는 어떤 값이 출력될지 알 수 없다.

6: b에 저장된 94가 출력된다.

7: 8진수 0112가 10진수(%d) 74로 출력된다.

8: 16진수 0x9a가 10진수(%d) 154로 출력된다.

9: 문자 't'의 ASCII코드 값인 116이 출력된다.

Notice 문자는 정수형 데이터이다. 작은 범위(-128~127)의 숫자를 쓸 때는 정수 변수로도 사용할 수 있다.

실행 결과

```
E:₩소스₩Ch02₩02-02-2.exe
4200926, 94, 74, 154, 116
```

예제 02-02-3 다양한 진법으로 출력

```
1  #include <stdio.h>
2  int main()
3  {
4      int a=30;                  // 변수 선언
5      printf("%d, ", a);         // 10진수로 출력
6      printf("%o, ", a);         // 8진수로 출력
7      printf("%x, ", a);         // 16진수 소문자로 출력
8      printf("%X\n", a);         // 16진수 대문자로 출력
9  }
```

해설

4: 정수 변수 a를 선언하고 초깃값 30 대입
5: 정수 변수 a의 값을 10진 정수(%d)로 출력
6: 정수 변수 a의 값을 8진 정수(%o)로 출력
7: 정수 변수 a의 값을 16진 정수 소문자(%x)로 출력
8: 정수 변수 a의 값을 16진 정수 대문자(%X)로 출력

실행 결과

```
E:₩소스₩Ch02₩02-02-3.exe
30, 36, 1e, 1E
```

예제 02-02-4 실수 값의 다양한 표현방법

```
1  #include <stdio.h>
2  int main()
3  {
4      double a=123.456, b=12.3e4, c=0.,
5             d=.0, e=.2345, f=0.23e-4;        // 변수 선언
6      printf("%f, %f, %f\n", a, b, c);
7      printf("%f, %f, %f\n", d, e, f);
8  }
```

해설

4, 5: 실수를 다양한 형태로 값을 지정할 수 있다. 일반형, 지수형 등. 0.0일 때는 앞이나 뒤의 0을 하나 생략할 수 있다. 지수는 양수 또는 음수가 가능하다. 변수를 선언하고 초깃값을 지정할 때는 대입연산자인 "="를 사용한다. 대입이란 변수에 값을 지정하는 것을 의미한다. 대입연

산은 기존의 값을 새로운 값으로 대체한다. 세미콜론을 만나기까지는 한 문장이 끝난 것이 아니다. 즉, 이 두 줄은 한 문장이다.
6, 7: 저장된 변수의 값을 실수(%f)형태로 출력한다.

실행 결과

```
E:₩소스₩Ch02₩02-02-4.exe
123.456000, 123000.000000, 0.000000
0.000000, 0.234500, 0.000023
```

예제 02-02-5 문자 변수와 문자 연산

```c
1  #include <stdio.h>
2  int main()
3  {
4      char x='a';
5      printf("%c, ", x-32);       // 32는 ASCII 코드에서 'a'와 'A' 사이의 거리이다.
6      printf("%c, ", x);
7      printf("%c, ", 65);         // 대문자 A는 ASCII코드 값 65이다.
8      printf("%d%c", x-'A', '\n');
9  }
```

해설

4: 문자 변수 x에 소문자 'a'를 저장한다.
5: 소문자 'a'에서 32를 빼면 대문자 'A'가 된다. ASCII 코드로 'a'는 97이며, 'A'는 65이다.
6: 소문자 'a'를 출력한다.
7: 정수 65를 문자로 출력하면 'A'가 된다.
8: 소문자 'a'와 대문자 'A' 사이의 거리는 32이다.
Notice 문자는 정수형의 한 종류이므로 연산을 정수처럼 할 수 있다. 정수형이라고 취급하면 된다. 단, 표현 범위가 작을 뿐이다.

실행 결과

```
E:₩소스₩Ch02₩02-02-5.exe
A, a, A, 32
```

예제 02-02-6 문자열(string) 변수의 선언

```c
1 #include <stdio.h>
2 int main()
3 {
4     char x[20] = "This is string!";          // 문자열 배열로 선언
5     char *y = "This is string too!";         // 문자열 포인터로 선언
6     printf("%s\n", x);
7     printf("%s\n", y);
8 }
```

해설

4: 문자열 변수를 선언하는 방법은 두 가지이다. 첫 번째 문자의 배열로 선언한다.

5: 문자열 변수를 포인터 변수로 선언한다. 문자열 변수는 6장, 포인터는 7장에서 다시 다룬다.

6, 7: 문자열을 출력할 때에는 형식지정자 %s를 사용한다.

Notice 특히 포인터 변수는 배열 변수와 약간의 차이가 있다. 여기서는 문자열 배열과 문자열 포인터 변수를 선언함과 동시에 값을 저장했지만 프로그램이 실행 중일 때는 이와 같이 직접 대입할 수 없다. 또한 포인터 변수는 더욱 사용할 때 신중을 기해야 한다. 포인터 변수를 선언만 하여서는 사용할 수 없다.

실행 결과

```
E:₩소스₩Ch02₩02-02-6.exe
This is string!
This is string too!
```

예제 02-02-7 기본 데이터형이 컴퓨터 내부에서 차지하는 크기 알아보기

```c
#include <stdio.h>
int main()
{
    printf("%d : char\n", sizeof(char));
    printf("%d : short int\n", sizeof(short int));
    printf("%d : int\n", sizeof(int));
    printf("%d : long int\n", sizeof(long int));
    printf("%d : long long int\n", sizeof(long long int));
    printf("%d : float\n", sizeof(float));
    printf("%d : double\n", sizeof(double));
    printf("%d : long double\n", sizeof(long double));
}
```

해설

4: sizeof는 함수처럼 보이지만 함수는 아니며 연산자 키워드이다. 이 키워드는 데이터형의 크기를 계산한다.

4~10: 각 데이터형의 크기를 바이트 단위로 계산하여 출력한다. 데이터형에 대한 크기를 구할 때는 괄호를 생략할 수 없다. 변수나 상수에 대한 크기는 괄호를 생략할 수 있다. <예제 02-02-8> 참조.

Notice sizeof는 기본 데이터형뿐만 아니라 사용자 정의 데이터형(응용데이터형)에 대한 크기도 알려준다. 데이터형의 크기(길이)는 컴파일러마다 약간 다를 수 있다.

실행 결과

```
E:₩소스₩Ch02₩02-02-7.exe
1 : char
2 : short int
4 : int
4 : long int
8 : long long int
4 : float
8 : double
12 : long double
```

예제 02-02-8 변수와 상수가 차지하는 컴퓨터 내부에서의 크기 알아보기

```
1 #include <stdio.h>
2 int main()
3 {
4     int x=5;
5     double y=10.0;
6     printf("%d, %d\n", sizeof x, sizeof y);
7     printf("size of constant: %d\n", sizeof 2);
8 }
```

해설

4, 5: 변수 선언

6: 변수가 차지하는 메모리의 크기를 출력한다. 여기서 변수일 경우 괄호를 생략할 수 있다. sizeof가 연산자이기 때문이다. 그러나 데이터형인 경우 괄호는 써야한다. <예제 02-02-7>참조.

7: sizeof에 상수를 사용할 수 있다. 2는 기본 정수형인 int이다.

실행 결과

```
E:₩소스₩Ch02₩02-02-8.exe
4, 8
size of constant: 4
```

예제 02-02-9 float, long long int, long double 데이터형의 상수 표현 및 출력

```c
1  #include <stdio.h>
2  int main()
3  {
4      float x = 3.14159f;
5      long long y = 546845696546532l5LL;
6      long double z = 98765431212.341E+1293L;
7      printf("float : %f\n", x);
8      printf("long long : %I64d\n", y);
9      printf("long double : %Le\n", z);
10 }
```

해설

4: float 형의 실수 상수를 쓸 때는 상수 뒤에 'f'를 적는다.
5: long long int 형의 정수 상수를 쓸 때는 상수 뒤에 'LL'을 적는다.
6: long double 형의 실수 상수를 쓸 때는 상수 뒤에 'L'을 적는다.
7: float 값을 출력할 때는 형식지정자 %f를 쓴다.
8: long long int 값을 출력할 때는 형식지정자 %I64d를 쓴다.
9: long double 값을 출력할 때는 형식지정자 %Lf, %Le 또는 %Lg 등을 쓴다.

Notice scanf로 float을 입력할 때는 %f, double을 입력할 때는 %lf, long double을 입력할 때는 %Lf를, long int를 입력할 때는 %ld, long long int를 입력할 때는 %I64d를 사용한다. 프로그램을 실행할 때는 C99표준으로 설정하여 컴파일하여야 한다. C99가 정상적으로 적용되지 않을 수도 있다.

실행 결과

```
E:₩소스₩Ch02₩02-02-9.exe
float : 3.141590
long long : 54684569654653215
long double : 9.876543e+1303
```

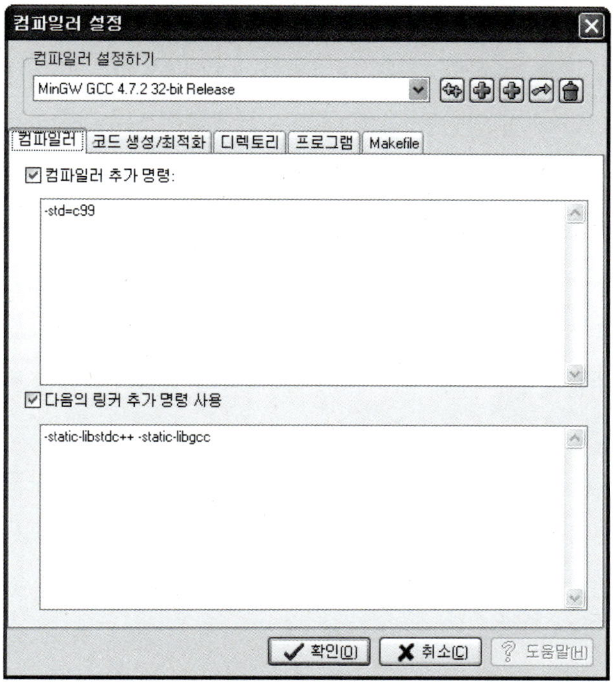

dev-c++에서 c99로 설정

유제 02-02-1 문자열의 크기를 알아보는 프로그램을 작성하라.

유제 02-02-2 다음 변수명 선언 중에서 정상적으로 선언된 부분과 잘못된 부분을 찾아라.

```
int 2bit, _float, disk.C, Dec2Bin, while;
double dot array, World_cup;
char Ascii+Unicode, cast?, Don't_Worry;
```

02-03. 정수의 산술 연산

C언어의 정수 연산에 대해서 살펴보자. C언어의 산술 연산자는 +, -, *, /의 연산자가 있으며, 이들 4칙연산은 정수와 실수 모두에 사용할 수 있다. 4칙연산은 수학에서와 같다. 단, 한 가지 주의할 점은 정수 데이터끼리 연산을 하면 결과도 정수가 된다는 것이다. 특히 나눗셈의 경우 계산결과는 소수점 이하가 절삭되어 정

수가 된다는 것에 주의하여야 한다. 정수 연산의 결과는 실수가 아니므로 원하는 결과를 얻으려면 실수연산을 하여야 한다. 물론 정수연산만 필요한 경우에는 편리할 수도 있다. 한 가지 프로그래밍 언어를 처음 배우는 학생들은 *를 생략하는 경우가 간혹 발생하는데 수학과 달리 곱셈기호를 생략할 수 없다.

C언어에서는 정수에만 사용할 수 있는 산술연산자는 %, ++, --의 3가지가 있다. %은 나머지 연산자로, 정수를 정수로 나누었을 때 나머지를 구해준다. % 연산은 특히 유용하므로 잘 알아두면 편리하게 사용할 곳이 아주 많다. 예를 들어 짝수와 홀수를 구분할 때 x%2의 결과를 이용하면 된다. 즉, x%2의 결과가 0이면 짝수, 1이면 음수이다.

++는 증가연산자로 정수 값을 1 증가시키는 데 사용하며, --는 감소연산자로 정수 값을 1 감소시키는 데 사용한다. 특히 5장에서 배울 반복문에 유용하게 사용할 수 있다. 증가 · 감소연산자는 피연산자(operand)의 앞이나 뒤에 올 수 있으며, 앞에 오면 정수 값을 먼저 증가 · 감소한 다음 다른 연산을 하고, 뒤에 올 경우에는 다른 연산을 다 처리한 다음 증가 · 감소한다. 그렇지만 독립적으로 사용할 경우에는 그 결과는 동일하다.

+, -는 부호로 사용할 수 있으며 이때는 부호를 먼저 적용하고 다른 연산을 처리한다.

연산자에는 2항(binary) 연산자와 단항(unary) 연산자가 있다. 2항 연산자는 피연산자(operand)가 2개 있는 연산자를 의미한다. 4칙연산자와 나머지(%) 연산자는 2항 연산자이며, 부호와 증가 · 감소연산자는 단항 연산자이다. 그 이외에도 단항 연산자가 몇 개 더 있는데 뒤에서 설명한다.

<표 2-5> 산술 연산자

연산자	연산자의 형식	용도	사용방법	적용 데이터형
+	binary	덧셈	x + y	정수형과 실수형 모두에 사용
	unary	부호	+x	
-	binary	뺄셈	x - y	
	unary	부호	-x	
*	binary	곱셈	x * y	
/	binary	나눗셈	x / y	

%	binary	나머지	x % y	정수형에만 사용
++	unary	선 1증가	++x	
		후 1증가	x++	
--	unary	선 1감소	--x	
		후 1감소	x--	

Notice ++와 —연산자는 변수 앞에 적용하느냐 뒤에 적용하느냐에 따라 결과가 달라진다. <예제 02-03-2>를 참고하기 바란다. binary: 2항 연산자, unary: 단항 연산자

연산자의 우선순위는 수학에서와 같으며, <표 2-6>에 나열하였다. 우선순위를 모두 알고 적용하기는 어렵다. 따라서 수식을 쓸 때는 프로그래머가 적절하게 괄호를 사용하여 우선순위를 정해주는 것이 프로그램 작성에도 좋으며, 보기에도 좋다. 그리고 가급적이면 복잡한 식을 사용하지 않는 것도 프로그램의 버그를 줄이는 좋은 방법이다.

표에서 결합 순서 LR 또는 RL은 결합의 방향을 나타낸다. 결합 순서란 같은 우선순위의 연산자들이 나열될 때 어느 쪽에서부터 결합을 할 것인가를 나타내는 것이다.

LR은 왼쪽에서 오른쪽으로 결합한다. 예를 들면 a - b + c + d;란 식에서 우선순위가 같으므로 왼쪽부터 하나씩 결합하여 연산한다는 의미이다. RL은 오른쪽에서 왼쪽으로 결합한다. 예를 들면 a = b = c = 5;에서는 모두 대입연산자로 같은 우선순위를 가지므로 오른쪽에서 왼쪽으로 결합이 이루어진다. 즉, 먼저 5를 c에 대입하고 다시 c를 b에, b를 a에 대입하는 순서대로 결합이 이루어진다.

<표 2-6> 연산자의 우선순위와 결합 순서

우선순위	결합순서	연산자	비고
1	LR	( ) [ ] -> . x++ x--	접미사
2	RL	! ~ - + ++x --x * & sizeof (typecast)	단항연산자
3	LR	* / %	곱셈연산자
4	LR	+ -	덧셈연산자
5	LR	<< >>	시프트연산자
6	LR	< <= > >=	관계연산자
7	LR	== !=	상등연산자

8	LR	&	비트AND
9	LR	^	비트XOR
10	LR	|	비트OR
11	LR	&&	논리AND
12	LR	||	논리OR
13	RL	? :	조건연산자
14	RL	= += -= *= /= %= >>= <<= &= ^= |=	대입연산자
15	LR	,	콤마

Notice LR은 왼쪽에서 오른쪽으로 결합하고, RL은 오른쪽에서 왼쪽으로 결합한다. 첫 번째 우선순위에서 ()는 괄호 또는 함수호출이며, []는 배열 인덱스, ->와 .은 구조체 멤버 호출이다. 두 번째 우선순위에서 *은 포인터, &을 주소 연산자이다. 또, (typecast)는 캐스트 연산자로 데이터형을 명시적으로 변환할 때 사용한다. 02-08절 참조

예제 02-03-1 정수의 4칙 연산

```
1  #include <stdio.h>
2  int main()
3  {
4      int x=19, y=5;          // 변수 선언 및 초깃값 설정
5      printf("%d + %d = %d\n", x, y, x+y);
6      printf("%d - %d = %d\n", x, y, x-y);
7      printf("%d * %d = %d\n", x, y, x*y);
8      printf("%d / %d = %d\n", x, y, x/y);
9  }
```

해설

4: 변수 x와 y를 선언하고 초깃값을 저장한다.
5: 변수 x, y 그리고 x+y의 결과를 출력한다. %d가 3개 이고, 뒤의 식(x, y, x+y)이 3개이다.
6, 7, 8: 뺄셈 연산, 곱셈 연산, 나눗셈 연산을 하여 출력한다.
8: 나눗셈 결과를 확인하기 바란다. 수학적으로 보면 결과가 정확하지 않지만, 컴퓨터에서는 정수끼리 연산하면 결과는 정수이다. 따라서 19/5는 3.8이 아니라 3이다. 즉, 정수에서 소수이하는 취급하지 않는다. 그러므로 몫을 구하고자 할 때 나누기 연산자를 쓴다.

Notice 정수끼리의 연산 결과는 항상 정수이다. 정수와 실수를 연산하면 실수이다. 뒤에서 확인하자.

실행 결과

```
E:₩소스₩Ch02₩02-03-1.exe
19 + 5 = 24
19 - 5 = 14
19 * 5 = 95
19 / 5 = 3
```

예제 02-03-2 증가 · 감소 연산자

```
1  #include <stdio.h>
2  int main()
3  {
4      int x=10;
5      printf("x = %d\n", ++x);        // 먼저 증가
6      x=10;                           // 다시 x에 10 대입
7      printf("x = %d\n", x++);        // 나중 증가
8      x=10;                           // 다시 x에 10 대입
9      printf("x = %d\n", --x);        // 먼저 감소
10     x=10;                           // 다시 x에 10 대입
11     printf("x = %d\n", x--);        // 나중 감소
12 }
```

해설

5: x를 먼저 1증가한 후에 출력한다.

7: x를 먼저 출력한 후에 1증가한다.

9: x를 먼저 1감소한 후에 출력한다.

11: x를 먼저 출력한 후에 1감소한다.

6, 7, 10: x의 값이 변경되었으므로 다시 10을 대입한 후 다음 연산을 한다.

Notice 연산 식에서도 같은 방법으로 적용된다. 증가 · 감소연산자의 위치에 따라 계산 결과가 달라질 수 있다.

실행 결과

```
E:₩소스₩Ch02₩02-03-2.exe
x = 11
x = 10
x = 9
x = 10
```

예제 02-03-3 나머지 연산자

```
1  #include <stdio.h>
2  int main()
3  {
4      int x=10, y=3;
5      printf("x를 y로 나눈 몫 = %d\n", x/y);
6      printf("x를 y로 나눈 나머지 = %d\n", x%y);
7  }
```

해설

4: x에 10, y에 3을 저장한다.

5: x/y의 연산 결과는 x를 y로 나눈 몫이 된다. 앞에서도 말했지만 정수끼리의 연산 결과는 정수이다.

6: x%y의 연산 결과는 x를 y로 나눈 나머지가 된다.

Notice 나머지 연산자는 정수형의 데이터에서만 가능하다.

실행 결과

```
E:\소스\Ch02\02-03-3.exe
x를 y로 나눈 몫 = 3
x를 y로 나눈 나머지 = 1
```

예제 02-03-4 연산자의 결합 순서와 대입, 증가 · 감소연산자의 예

```
1  #include <stdio.h>
2  int main()
3  {
4      int x=10, y=3, z;
5      x = x + y - (z = y);
6      printf("x = %d\n", x);
7      printf("z = %d\n", z);
8      z = x++ + --y;
9      printf("x++ + --y = %d\n", z);
10 }
```

해설

5: 연산자의 우선순위가 같을 경우에 결합의 순서는 좌에서 우로 이루어진다. 여기서는 x와 y를 더하고 뺄셈을 한다. 뺄셈을 하기 전에 y를 z에 먼저 대입하고 뺄셈을 한다. 따라서 x+y는 13이고 여기에서 z의 값을 뺀다. 따라서 결과는 10이 되며 계산이 모두 이루어진 후에 x에 10을 저장한다.

6: x를 출력하면 10이다.

7: z를 출력하면 30이다.

8: x값과 y를 1 감소한 값을 더한 후 z에 대입한다. 그 다음에 x가 1 증가한다. 따라서 이 식이 계산된 후의 각 변수의 값은 x는 11, y는 2, z는 12가 된다.

Notice 결합의 우선순위는 왼쪽에서 오른쪽으로, 지금까지 배운 연산자의 우선순위는 *, /, %가 높고, +,-가 그 다음이다. 물론 괄호가 있으면 괄호 안부터 먼저 계산한다. 또 피연산자와 결합된 부호는 가장 먼저 평가가 이루어진다. 수학에서의 우선순서와 같다.

실행 결과

```
E:₩소스₩Ch02₩02-03-4.exe
x = 10
z = 3
x++ + --y = 12
```

유제 02-03-1 다음 프로그램의 실행결과는 어떻게 될지 한번 생각해 보자. 03-04절에서 다시 설명한다.

```c
#include <stdio.h>
int main()
{
    int x=10, y=3;
    x = x + y - (y = x);
    printf("x = %d\n", x);
    printf("y = %d\n", y);
}
```

유제 02-03-2 5928초는 몇 시, 몇 분, 몇 초인가?

유제 02-03-3 % 연산자를 쓰지 않고 나머지를 구하라.

유제 02-03-4 억, 만, 단 단위로 끊어서 출력하라(예 238476935 => 2억 3847만 6935).

유제 02-03-5 1년 365일은 몇 주하고 며칠인가?

유제 02-03-6 다음 증가 · 감소 연산의 결과는?

```c
#include <stdio.h>
int main()
{
    int data1=10, data2=10;

    printf("original data %d, %d\n", data1, data2);
    printf("%d, %d\n", data1++, data2--);
```

```
    printf("%d, %d\n", data1++, data2--);

    data1=10, data2=10;
    printf("\noriginal data %d, %d\n", data1, data2);
    printf("%d, %d\n", ++data1, --data2);
    printf("%d, %d\n", ++data1, --data2);
}
```

02-04. 실수의 산술 연산 및 수학함수

C언어의 실수 연산과 수학함수에 대해서 살펴보자. 실수 연산자는 정수에서 사용하는 4칙 연산자(+, -, *, /)와 부호 연산자(+, -)가 있다. 이들은 정수에서와 같은 방법으로 사용한다. 정수와 실수를 혼합하여 계산할 수 있다. 정수와 실수가 혼합하여 계산이 이루어질 때는 정수 상수 및 정수 변수는 실수로 자동 변환되어 계산되며, 그 결과는 실수이다. 따라서 이러한 점을 잘 고려하여 계산식을 써야 한다.

실수 데이터를 처리하기 위한 다양한 수학기호 또는 함수를 표준함수로 제공하고 있으므로 이들을 사용하여 다양한 연산을 처리할 수 있다. 수학 함수를 사용하려면 표준 헤더파일인 <math.h>를 포함하여 컴파일하여야 한다. 수학 함수도 일반 함수처럼 사용하면 되므로 크게 어려운 점은 없다. 다만 삼각함수의 경우 각도를 사용하는 것이 아니라 라디안(radian)을 사용하므로 주의를 요하며, 매개변수의 개수와 용도를 정확하게 익혀둘 필요가 있다. <표 2-7>에 함수명과 사용하는 방법을 표시하여 두었으며, 필요한 곳에 적절하게 쓰기만 하면 된다.

프로그래밍에서는 수학 함수를 사용하는 방법만 알면 된다. 수학에서처럼 일일이 계산할 필요가 없으므로 수학에 대해서 잘 몰라도 함수의 사용방법만 알아도 프로그래밍할 수 있다.

<표 2-7> 수학 함수(<math.h>)

종류	함수명	의미	설명(PI=3.141593)
삼각함수 (주의: 라디안 사용) π 라디안 = 180도	cos	코사인(cosine) 라디안 = 각도*(PI/180)	cos(30.*PI/180.); // 코사인 30도
	sin	사인(sine)	sin(60.*PI/180.); // 사인 60도
	tan	탄젠트(tangent)	tan(45.*PI/180.); // 탄젠트 45도
	acos	역 코사인(arc cosine)	코사인 값에 해당하는 라디안 값
	asin	역 사인(arc sine)	사인 값에 해당하는 라디안 값
	atan	역 탄젠트(arc tangent)	탄젠트 값에 해당하는 라디안 값
	atan2	두 개의 파라미터를 가진 역 탄젠트	x와 y 두 값을 이용한 역 탄젠트
쌍곡선 함수	cosh	쌍곡 코사인 (hyperbolic cosine)	cosh(x)
	sinh	쌍곡 사인 (hyperbolic sine)	sinh(x)
	tanh	쌍곡 탄젠트 (hyperbolic tangent)	tanh(x)
지수와 로그함수	exp	e의 지수	e^x, e=2.71828
	frexp	가수와 지수를 분리하여 구함	가수변수 = frexp(실수값, &지수변수);
	ldexp	가수와 지수로 실수를 만듦	실수 = ldexp(가수값 , 지수값);
	log	자연로그 계산	$\ln x$
	log10	상용로그 계산	$\log x$
	modf	소수 부분과 정수 부분으로 구분	소수부분 = modf(실수, &정수부분);
파워함수	pow	x의 y승 계산	pow(x,y); x^y
	sqrt	제곱근 계산	$\sqrt{x}$
올림, 버림, 절댓값, 나머지 함수	ceil	올림	ceil(x): x보다 작지 않은 가장 작은 정수
	fabs	실수의 절댓값 계산	실수 x의 절댓값
	floor	내림	floor(x): x보다 크지 않은 가장 큰 정수
	fmod	나머지 계산	실수의 나머지 연산

예제 02-04-1 원의 면적과 둘레의 길이 구하기

```c
1  #include <stdio.h>
2  int main()
3  {
4      double pi=3.141592, radius=5.0;          // 실수 변수 선언
5      double area, circumference;
6      area = pi*radius*radius;                 // 실수 연산, 원의 면적= πr²
7      circumference = 2.0*pi*radius;           // 원의 둘레= 2πr
8      printf("원의 넓이 = %f\n", area);         // 실수 출력
9      printf("원의 둘레 = %f\n", circumference);
10 }
```

해설

4: 실수 변수 선언 및 초깃값 지정
5: 원의 면적과 둘레의 길이를 저장할 변수 선언
6: 원의 면적 구하기
7: 원의 둘레 구하기
8, 9: 실수 값을 출력할 때는 %f 형식지정자를 사용한다.

실행 결과

```
E:₩소스₩Ch02₩02-04-1.exe
원의 넓이 = 78.539800
원의 둘레 = 31.415920
```

예제 02-04-2 화씨를 섭씨온도로 바꾸기

$$^{\circ}C = (^{\circ}F - 32) * \frac{5}{9}$$

```c
#include <stdio.h>
int main()
{
    double fahrenheit=80.0, celsius;
    celsius = (fahrenheit - 32.)* 5./9.;              // 실수 연산
    printf("화씨 %f = 섭씨 %f\n", fahrenheit, celsius);
}
```

해설

4: 실수 변수 선언

5: 온도 변환 공식에 대입. 괄호가 우선순위가 높다. 순서대로 좌에서 우로 계산한다. 프로그램에서는 *를 생략할 수 없다.

Notice 소수점 이하의 값이 0일 때 0은 생략할 수 있다. 실수 상수는 소수점을 포함하여 나타낸다. 실수 값의 기본형은 double이며, float으로 나타낼 때는 뒤에 f를 붙인다. 5.0f, 9.0f 등.

실행 결과

```
E:₩소스₩Ch02₩02-04-2.exe
화씨 80.000000 = 섭씨 26.666667
```

예제 02-04-3 등차수열의 초항 a, 말항 l, 개수 n일 때 합의 공식은 다음과 같다. $S = \frac{n(a+1)}{2}$, $a = 10$, $l = 98$, $n = 45$일 때 합을 구하는 프로그램

```
1  #include <stdio.h>
2  int main()
3  {
4      int a=10, l=98, n=45, S;
5      S = n*(a+l)/2;
6      printf("합은 = %d\n", S);
7  }
```

해설

4: 변수를 선언하고 초깃값이 필요한 변수에는 초깃값을 설정한다.

5: 등차수열의 합 공식을 적용한다.

6: 결과를 출력한다.

실행 결과

```
E:₩소스₩Ch02₩02-04-3.exe
합은 = 2430
```

예제 02-04-4 건구 온도(통상적인 온도)가 a℃이고 습구 온도가 b℃일 때, 불쾌지수 D는 다음 식과 같다. 건구 온도가 30℃이고 습구 온도가 26℃일 때 불쾌지수 구하기

$$D = 40.6 + 0.72(a + b)$$

```c
1 #include <stdio.h>
2 int main()
3 {
4     double a=30.0, b=26.0, D;
5     D = 40.6 + 0.72*(a+b);
6     printf("불쾌지수 = %f\n", D);
7 }
```

해설

4: 변수를 선언하고 초깃값이 필요한 변수에는 초깃값을 설정한다.
5: 불쾌지수를 구하는 합 공식을 적용한다.
6: 결과를 출력한다. 통계에 따르면, 불쾌지수가 75 이상이면 50%의 사람이, 80 이상이면 대부분의 사람이 불쾌감을 느낀다고 한다.

실행 결과

```
E:₩소스₩Ch02₩02-04-4.exe
불쾌지수 = 80.920000
```

예제 02-04-5 삼각형의 세 변의 길이 a, b, c를 알고 있을 때, Heron의 공식을 이용한 삼각형의 넓이 구하기, $\sqrt{\ }$: sqrt()

$$s = \frac{a+b+c}{2}, \quad S = \sqrt{s(s-a)(s-b)(s-c)}$$

```c
#include <stdio.h>
#include <math.h>
int main()
{
    double a=3., b=4., c=5., s;
    s = (a + b + c)/2.;
    s = sqrt(s*(s-a)*(s-b)*(s-c));                // 함수 sqrt 사용
    printf("삼각형의 면적 = %f\n", s);
}
```

해설

2: math.h는 수학함수들의 함수 원형이 정의되어 있는 헤더파일이다.

5: 삼각형의 세 변을 실수 변수로 선언하고 넓이가 저장될 변수 s도 선언한다.

6: 세 변의 길이의 합을 2로 나눈 결과를 s에 저장한다.

7: sqrt는 square root로 제곱근을 구하는 수학함수이다. 이 함수는 math.h에 정의되어 있으며 계산할 값을 괄호 속에 넣어주기만 하면 그 결과를 계산하여 준다. 괄호 속의 값을 매개변수라 하며 이 함수는 매개변수의 데이터형이 double이며, 계산 결과도 double이다. 따라서 여기서 매개변수는 계산식 s*(s-a)*(s-b)*(s-c)이며, 그 결과를 계산하여 돌려준다.

Notice 수학함수를 사용할 때 math.h헤더 파일을 include하여야 하며, 수학식을 계산할 때 편리하게 사용할 수 있다. 여러분은 단순히 함수만 호출하여 쓰기만 하면 된다. 우리가 계산할 필요가 전혀 없다. 필요한 수학함수가 무엇인지 알기만 하면, 필요할 때 적절히 가져다 쓰기만 하면 된다.

실행 결과

```
E:₩소스₩Ch02₩02-04-5.exe
삼각형의 면적 = 6.000000
```

예제 02-04-6 2차 방정식 $ax^2 + bx + c = 0 (a \neq 0)$의 근 구하기

$$\text{근의 공식 : } \frac{-b \pm \sqrt{b^2 - 4ac}}{2a},\quad a \neq 0$$

```
1  #include <stdio.h>
2  #include <math.h>
3  int main()
4  {
5       double a=1., b=-4., c=2., root1, root2;
6       root1 = (-b+sqrt(b*b - 4.*a*c))/(2.*a);          // 함수 사용 및 실수 연산
7       root2 = (-b-sqrt(b*b - 4.*a*c))/(2.*a);
8       printf("근은 = %lf, %lf\n", root1, root2);
9  }
```

해설

2: math.h는 수학함수들의 함수 원형이 정의되어 있는 헤더파일이다.

5: 2차 방적식의 세 개의 계수와 두 개의 근을 저장할 변수를 선언한다.

6, 7: 함수를 이용하여 제곱근과 근을 계산을 한다. 일반적으로 근이 두 개이므로 두 번 계산한다.

Notice 부담 없이 함수의 이름만 안다면 어디서든지 가져다 쓸 수 있다.

실행 결과

```
E:₩소스₩Ch02₩02-04-6.exe
근은 = 3.414214, 0.585786
```

예제 02-04-7 sin, cos, tan, asin, acos, atan 값 구하기

$$radian = 각도 * \frac{\pi}{180},\ 각도 = radian * \frac{180}{\pi}$$

```c
1  #include <stdio.h>
2  #include <math.h>
3  int main()
4  {
5      const double pi=3.141592;
6      double degree=30., s, c, t;
7      printf("계산 결과는 다음과 같습니다.\n");
8      s = sin(degree*pi/180.0);                 // 사인 30° 값을 구한다.
9      c = cos(degree*pi/180.0);                 // 코사인 30° 값을 구한다.
10     t = tan(degree*pi/180.0);                 // 탄젠트 30° 값을 구한다.
11     printf("sin(%f) = %f\n", degree, s);
12     printf("cos(%f) = %f\n", degree, c);
13     printf("tan(%f) = %f\n", degree, t);
14
15     // 다시 각도로 만들기 위해 180/3.141592를 곱한다.
16     printf("asin(%f) = %f\n", s, asin(s)*180/pi);     // 아크사인 값을 구한다.
17     printf("acos(%f) = %f\n", c, acos(c)*180/pi);     // 아크코사인 값을 구한다.
18     printf("atan(%f) = %f\n", t, atan(t)*180/pi);     // 아크탄젠트 값을 구한다.
19 }
```

해설

5: 정해진 값을 선언할 때는 이와 같이 상수 기호로 선언하는 것이 좋다.

8, 9, 10: sin, cos, tan함수를 이용하여 그 결과를 구한다. 단, 주의할 사항은 삼각함수의 매개변수는 radian 값을 사용한다는 것이다. 각도를 라디안을 변경하여 매개변수로 사용하여야 한다.

16, 17, 18: asin, acos, atan는 삼각함수의 역함수로 그 결과는 라디안이다. 따라서 여기서 다시 각도로 바꾸어 준다.

Notice 삼각함수의 매개변수는 radian이다. 역삼각함수의 결과도 radian이다. radian과 각도를 변환하는 방법을 알아두자.

실행 결과

```
E:₩소스₩Ch02₩02-04-7.exe
계산 결과는 다음과 같습니다.
sin(30.000000) = 0.500000
cos(30.000000) = 0.866025
tan(30.000000) = 0.577350
asin(0.500000) = 30.000000
acos(0.866025) = 30.000000
atan(0.577350) = 30.000000
```

예제 02-04-8 기타 수학함수

```c
1  #include <stdio.h>
2  #include <math.h>
3  int main()
4  {
5      double x=4.0, y=2.5, z=-15.3395;
6      printf("%f\n", pow(x, y) );
7      printf("%f, %f\n", ceil(y), floor(y));
8      printf("%f, %f\n", fabs(z), fmod(x, y));
9      printf("%f\n", exp(x));
10     printf("%f, %f\n", log(x), log10(x));
11 }
```

해설

5: 변수 선언 및 초깃값 설정

6: x^y 값 계산

7: ceil은 올림, floor는 내림한다. 결과는 실수이지만 소수 이하가 0으로 된다.

8: fabs는 실수의 절댓값을 구한다. fmod는 실수의 나머지를 구한다.

9: exp(x)는 e^x 을 구한다.

실행 결과

```
E:₩소스₩Ch02₩02-04-8.exe
32.000000
3.000000, 2.000000
15.339500, 1.500000
54.598150
1.386294, 0.602060
```

유제 02-04-1 밑변과 높이를 알 때 삼각형의 면적을 구하라.

유제 02-04-2 $10^{3.5}$ 은 얼마인지 구하는 프로그램을 수학함수를 이용하여 작성하라.

유제 02-04-3 각도를 알 때 호의 길이를 구하라.

유제 02-04-4 등차수열의 초항, 공차 및 개수를 알 때 그 합을 구하라.

$$s = \frac{n(2a + (n-1)d)}{2}, \quad a: \text{초항}, \quad d: \text{공차}, \quad n: \text{개수}$$

02-05. 표준입력함수 scanf()

C언어는 입력 명령이 없으며, 표준입력함수로 입력을 처리하도록 하고 있다. 표준입력장치는 키보드이다. 표준입력함수로 많이 쓰이는 scanf() 함수에 대해서 살펴본다. scanf() 함수 원형은 다음과 같다. 이 함수의 원형은 헤더파일 <stdio.h>에 정의되어 있다.

scanf() 함수의 원형

```
int scanf ( const char * format, ... );
```

int	scanf	(	const char *	format	,	...	)	;
①	②	③	④	⑤	⑥	⑦	⑧	⑨

①	int	함수를 실행한 뒤 반환하는 값의 데이터형
②	scanf	함수명
③	(	함수에 전달할 매개변수의 시작
④	const char *	첫 번째 매개변수의 데이터형
⑤	format	첫 번째 매개변수의 이름, 이 이름은 큰 의미는 없다.
⑥	,	매개변수 구분 문자
⑦	...	여러 개의 매개변수가 가능하다는 것을 표시(가변 매개변수)
⑧	)	매개변수의 끝
⑨	;	문장의 끝 표시

※ 이 함수의 실행 결과는 실제 입력된 데이터의 개수를 가져온다.

scanf() 함수에서 숫자 데이터를 입력할 때 공백, 탭, 줄 바꿈 등으로 구분하여야 하며, 콤마는 해당되지 않는다. scanf() 함수에서 형식지정자들 사이의 문자들은 반드시 입력하여야 한다. 예를 들어 scanf("%d, %d", &x, &y)와 같이 %d 뒤에 콤마가 있으면 입력할 때 반드시 콤마를 넣어야 한다. 따라서 scanf() 함수를 쓸 때 이러한 점에 주의해야 한다. <예제 02-05-4>는 콤마가 있을 때와 없을 때 모두 처리하는 방법을 보여준다. 또 02-06절에서는 더 다양한 scanf() 함수의 사용법도 알아본다.

예제 02-05-1 scanf를 이용한 10진 정수의 입력

```
1  #include <stdio.h>
2  #include <stdlib.h>
3  int main()
4  {
5      int a, b, *c;              // a, b는 일반 변수이고, c는 포인터 변수이다.
6      c = (int *)malloc(4);      // 포인터 변수는 사용하기 전에 공간을 확보한다.
7                                 // c = (int *)malloc(sizeof(int));로 해도 됨
8      scanf("%d %d %d", &a, &b, c);
9      printf("a=%d, b=%d, c=%d\n", a, b, *c);
10     free(c);
11 }
```

해설

5: 변수 선언, *c는 포인터 변수이다. 포인터 변수는 7장에서 배우는데 여기서는 scanf함수의 사용법을 배우기 위한 일환으로 쓴 것이므로 scanf의 개념을 배운다는 의미에서 알아두자.

6: 포인터변수는 주소가 지정되어야 하므로 주소를 할당하기 위해 malloc() 함수를 썼다. 이 함수도 7장에서 배우도록 하자. malloc의 매개변수 4는 정수가 메모리에서 차지하는 공간의 크기를 의미하며, 할당된 메모리 공간의 시작 주소를 c에 저장한다.

7: 정수가 메모리에서 차지하는 공간은 sizeof(int)=4바이트이다.

8: &a, &b에서 &는 주소연산자로써 변수 a, b의 주소를 의미한다. 즉, a, b의 주소(포인터)를 나타낸다. 그러나 c는 그 자체가 포인터(정수포인터)이므로 앞에 주소연산자를 붙일 필요가 없다. %d는 10진 정수를 입력하겠다는 의미이다. 또, scanf에서 %d와 %d사이에 공백을 넣었는데 이는 입력할 때 공백을 기준으로 데이터를 구분하겠다는 의미이다.

9: 각 변수의 값들을 출력한다. a, b는 변수이름을 쓰고, c는 포인터 변수이므로 포인터의 값인 *c로 쓴다.

10: free함수를 이용하여 malloc로 할당된 메모리를 해제한다. 7장에 설명한다.

Notice1 scanf함수는 매개변수로 포인터를 쓴다. 일반 변수일 경우에는 &를 붙여 쓰고, 포인터 변수는 그냥 쓴다. printf에서 형식지정자 이외에는 단순히 모니터에 출력된다.

Notice2 scanf에서 데이터 구분은 형식지정문자열에 지정된 문자로 구분한다. 위에서는 공백으로 하였으나 콤마나 다른 기호를 쓸 수도 있다. 그 기호를 중심으로 데이터를 구분한다.

실행 결과

```
E:₩소스₩Ch02₩02-05-1.exe
3 5 6
a=3, b=5, c=6
```

예제 02-05-2 scanf를 이용하여 실수(float, double) 입력

```c
1  #include <stdio.h>
2  int main()
3  {
4      float x;
5      double y;
6      printf("float, double 입력 : ");
7      scanf("%f, %lf", &x, &y);            // 입력 데이터 구분자로 ,를 사용하였다.
8      printf("x=%f, y=%f\n", x, y);
9  }
```

해설

6: 무엇을 입력할 것인지를 화면에 출력해 준다. scanf를 하기 전에 이와 같이 출력해 줌으로써 명확하게 사용자가 무엇을 입력하여야 하는지 알 수 있다.

7: float에 대한 입력형식지정자는 %f이며, double에 대한 입력형식지정자는 %lf이다. 실수 변수에 데이터를 입력할 때에도 주소 연산자인 &를 변수 앞에 사용한다.

8: 출력형식지정자는 float, double 모두 %f이다.

Notice double형에 %f를 쓰면 제대로 된 데이터가 입력되지 않는다. scanf에서는 형식지정자 이외에 다른 문자가 입력되면 문법적으로는 문제가 없지만 데이터에 오류를 일으킬 수 있다.

실행 결과

```
E:₩소스₩Ch02₩02-05-2.exe
float, double 입력 : 253.3, 45263.3
x=253.300003, y=45263.300000
```

예제 02-05-3 scanf를 이용하여 문자와 문자열의 읽기

```
1 #include <stdio.h>
2 int main()
3 {
4     char c, str1[20], str2[20];
5     printf("문자, 문자열1, 문자열2 입력 : ");
6     scanf("%c %s %s", &c, str1, str2);
7     printf("c=%c, str1=%s, str2=%s\n", c, str1, str2);
8 }
```

해설

4: 문자 및 문자열에 대한 변수 선언

6: 문자 및 문자열을 키보드에서 입력한다. 문자에 대해서는 주소연산자를 써야하고 문자열에 대해서는 주소연산자를 쓰지 않는다. 문자열 자체가 포인터이기 때문이다.

Notice 문자열은 시작되는 곳의 주소를 가지는 포인터이다. 문자열은 NULL로 끝난다. 실행결과에서 보는 바와 같이 문자열을 입력하면 공백을 기준으로 구분되어 입력된다. 즉 한 단어만 입력된다는 점에 주의하자.

실행 결과

```
E:₩소스₩Ch02₩02-05-3.exe
문자, 문자열1, 문자열2 입력 : c This is scanf example
c=c, str1=This, str2=is
```

예제 02-05-4 scanf()에서 %d와 %i의 차이점

```
#include <stdio.h>

int main()
{
    int x, y;
    printf("input : ");
    scanf("%d%*c%d", &x, &y);
    printf(" %%d => x:%d, y:%d\n", x, y);
    fflush(stdin);                    // 키보드에 남아있는 찌꺼기를 제거한다.
    printf("input : ");
    scanf("%i%*c%i", &x, &y);
    printf(" %%i => x:%d, y:%d\n", x, y);
}
```

해설

7: %d로 031 및 0x31로 입력받을 때 10진수로 인식한다. %*c는 x와 y변수 사이에 어떤 구분자가 오더라도 인식을 하게 하려는 방법이다.

8: x는 31을 입력받고 y는 0을 입력받는다. 입력데이터 0x31에서 x는 문자로 인식되어 앞의 0만 받아들인다.

9: fflush()함수는 키보드처럼 입출력 장치의 버퍼를 비우는 역할을 한다.

11: %i를 형식 지정자로 사용하면 031은 8진수로 0x31은 16진수로 자동 인식한다.

12: 따라서 출력은 8진수 031의 10진수 변환 값인 25, 16진수 0x31은 10진수 변환 값인 49가 된다. 즉, %i는 10진수, 8진수, 16진수를 구별하여 정확한 데이터 입력을 지원한다.

실행 결과

```
E:₩소스₩Ch02₩02-05-4.exe
input : 031, 0x31
 %d => x:31, y:0
input : 031, 0x31
 %i => x:25, y:49
```

유제 02-05-1 섭씨온도를 키보드에서 입력받아 화씨온도로 변환하라.

$$F = C \times 1.8 + 32$$

유제 02-05-2 원의 반지름을 키보드에서 입력받아 원의 면적을 계산하라.

$$S = \pi r^2$$

유제 02-05-3 Mile을 입력받아 Km와 feet로 계산하는 프로그램을 작성하라.

1 Mile = 1.609 Km, 1 Mile = 5280 feet

유제 02-05-4 전류(I)와 저항(R)을 입력하여 전압 $V = IR$을 계산하라.

유제 02-05-5 한 변의 길이를 알 때, 정사면체의 부피, 겉넓이, 높이를 구하라.

$$v = \frac{\sqrt{2}}{12}a^3,\ s = \sqrt{3}\,a^2,\ h = \frac{\sqrt{6}}{3}a$$

유제 02-05-6 scanf("%s")를 이용하여 "독도는 우리 땅"과 같이 입력했을 때 결과를 예측하라.

02-06. scanf 응용

앞 절에서 scanf() 함수에 대한 기본적인 사항들을 살펴보았다. 이번 절에서는 scanf() 함수를 편리하게 사용하는 방법들을 살펴보자.

예제 02-06-1 scanf를 이용하여 구분자를 마음대로 하기

```
1 #include <stdio.h>
2 int main()
3 {
4     double a, b, c;
5     printf("3변의 길이 : ");
6     scanf("%lf%*c%lf%*c%lf", &a, &b, &c);
7     printf("a = %f, b = %f, c = %f\n", a, b, c);
8 }
```

해설

6: 형식지정문자에서 %*c는 데이터와 데이터 사이에 숫자와 .을 제외한 다른 문자가 오면 제거하고 받아들인다. 물론 완벽하지는 않지만 편리하게 사용할 수 있다.

7: 아래의 출력 결과들을 살펴보라. 공백이나, 콤마, 세미콜론 등이 있어도 문제없이 읽어 들인다.

Notice 좀 더 세밀하게 제어할 필요가 있을 때는 다른 방법이 있다. 몇 가지 예를 이어서 보도록 하자.

실행 결과

```
E:₩소스₩Ch02₩02-06-1.exe
3변의 길이 : 3 4 5
a = 3.000000, b = 4.000000, c = 5.000000
```

```
E:₩소스₩Ch02₩02-06-1.exe
3변의 길이 : 3, 4, 5
a = 3.000000, b = 4.000000, c = 5.000000
```

```
E:₩소스₩Ch02₩02-06-1.exe
3변의 길이 : 3/4/5
a = 3.000000, b = 4.000000, c = 5.000000
```

예제 02-06-2 scanf를 이용하여 문자열을 받아들일 때의 문제 및 해결방법

```c
1  #include <stdio.h>
2  int main()
3  {
4      char string[100];
5      printf("문자열을 입력하시오 : ");
6      scanf("%s", string);
7      printf("입력된 문자열 = %s\n", string);
8      fflush(stdin);
9      printf("문자열을 입력하시오 : ");
10     scanf("%[^\n]", string);
11     printf("입력된 문자열 = %s\n", string);
12 }
```

해설

6: %s형식지정자로 문자를 받아들이면 결과가 어떻게 되는지 결과를 보라. 문자열로 받아들일 때 구분자는 콤마나 공백을 만나면 끝나게 된다. 따라서 한 단어밖에 읽어 들이지 못한다.

8: fflush는 키보드에 남아 있는 값들을 지운다. 어떤 컴파일러에서는 안 될 수도 있다. stdin: 표준입력장치 즉 키보드를 의미한다.

10: [^...]은 ...에 포함된 문자 직전까지 읽어 문자열에 저장한다. 따라서 여기서는 \n, 즉 엔터키 바로 직전까지 읽어 들인다. 이 형식지정자는 반드시 문자열로 읽어 들인다. 한 줄의 내용을 모두 읽을 수 있다.

Notice ^문자 뒤에는 가급적이면 ASCII코드 순서대로 쓰기 바란다. 순서에 따라 가끔 오동작을 일으키기도 한다.

실행 결과

```
E:₩소스₩Ch02₩02-06-2.exe
문자열을 입력하시오 : This is sample string input.
입력된 문자열 = This
문자열을 입력하시오 : This is sample string input.
입력된 문자열 = This is sample string input.
```

예제 02-06-3 우편번호와 주소를 입력하여 우편번호와 주소 분리하기

```c
#include <stdio.h>
int main()
{
    char address[50], zipcode[20];
    printf("우편번호와 주소 입력 : ");

```

```
6       scanf("%[0123456789-]%*c%[^\n]", zipcode, address);
7       printf("우편번호 : %s\n주소 : %s\n", zipcode, address);
8   }
```

해설

6: [...]은 ...에 포함된 문자까지 읽어 문자열에 저장하고, [^...]은 ...에 포함되지 않은 문자까지 읽는다. %[0123456789-]는 숫자와 -가 있을 때까지만 읽고, %[^\n]은 엔터 키 직전까지 읽는다. %*c는 사이에 포함된 불필요한 구분 문자를 제거한다. 실행 결과에서와 같이 330-180은 숫자와 -만 가지고 있어서 이것만 zipcode에 입력받고, 가운데 콤마와 공백을 제거하고 다음 문자열을 엔터키가 입력될 때까지 읽어서 address에 저장한다.

실행 결과

```
E:₩소스₩Ch02₩02-06-3.exe
우편번호와 주소 입력 : 123-456, 서울시 서초구 방배동 123번지
우편번호 : 123-456
주소 :  서울시 서초구 방배동 123번지
```

- 유제 02-06-1 2진수를 문자열로 읽어 들이라. 단, 문자열은 bin[50]으로 하고, 0과 1이외의 문자는 입력받지 않도록 한다.
- 유제 02-06-2 E-mail을 읽어 ID와 서버이름으로 분리하라(예 kdhong@korea.com).
- 유제 02-06-3 URL을 입력하여 프로토콜과 서버이름으로 분리하라(예 http://www.korea.org).

02-07. printf의 출력형식의 다양한 사용법

이 절에서는 형식지정문자열의 다양한 용도에 대해서 살펴보도록 한다.

출력형식지정자

```
%[flags][width][.precision][length]specifier
```

출력할 공간이 충분하지 않을 때는 자동으로 확장된다.

<표 2-8> printf에서 출력 형식지정자의 선택 사항

구분	기호	용도
flags	-	좌측정렬, 기본은 우측정렬
	+	부호 표시(+, -)
	공백	부호가 없을 때 앞에 공백 삽입
	#	o, x, X와 사용할 때 앞에 0, 0x, 0X추가 e, E, f와 사용할 때 소수점 표시
	0	왼쪽에 빈 공간이 있으면 0으로 채움.
width	숫자	출력될 전체 길이 지정, 지정된 값보다 길 때는 무시
	*	가변 길이 출력, 지정된 변수에 따라 길이가 달라짐
.precision	.숫자	d, i, o, u, x, X일 때는 최소 출력 길이 지정 e, f일 때는 소수점 이하의 길이 g, G일 때는 유효 자리수의 최대 길이 s일 때는 출력할 문자열의 자리 수 c일 때는 효과 없음
	.*	가변 길이 출력
length	h	매개변수를 short int 또는 unsigned short int로 인식
	l	매개변수를 long int 또는 unsigned long int로 인식
	L	매개변수를 long double로 인식
specifier	c	문자
	d or i	±10진수 정수
	e	과학적 표기법(지수형식) 소문자 e로 출력
	E	과학적 표기법(지수형식) 대문자 E로 출력
	f	소수점형식 10진수 표현
	g	%e 또는 %f 둘 중에 하나의 형식으로 적절하게 출력
	G	%E 또는 %f 둘 중에 하나의 형식으로 적절하게 출력
	o	8진수 양의 정수
	s	문자열
	u	0과 양의 정수
	x	16진수 양의 정수, 소문자로 출력
	X	16진수 양의 정수, 대문자로 출력
	p	포인터의 주소
	n	아무것도 출력되지 않음. 이때 변수는 정수 포인터임.
	%	% 자신 출력

예제 02-07-1 형식지정문자열을 다양한 방법으로 사용하기

```
1  #include <stdio.h>
2  int main()
3  {
4      int i=100, *j;
5      j = &i;           // i의 주소를 j에 저장
6      printf("    %%d--->>%d<<\n", 123);
7      printf("  %%+5d--->>%+5d<<\n", 345);
8      printf("  %%05d--->>%05d<<\n", 345);
9      printf("  %%13u--->>%13u<<\n", -1);
10     printf("   %%0d--->>%0d<<\n", 567);
11     printf("  %%05x--->>%05x<<\n", 507);
12     printf("   %%5x--->>%5x<<\n", 507);
13     printf("  %%#5x--->>%#5x<<\n", 507);
14     printf("   %%6o--->>%6o<<\n", 507);
15     printf("  %%#6o--->>%#6o<<\n", 507);
16     printf("   %%0x--->>%0x<<\n", 507);
17     printf("  %%-5d--->>%-5d<<\n", 678);
18     printf(" %%6.1f--->>%6.1f<<\n", 789.38);
19     printf("%%10.1e--->>%10.1e<<\n", 789.38);
20     printf(" %%7.1f--->>%7.1f<<\n", 789.45);
21     printf("    %%p--->>%p<<\n", j);
22     printf("  %%20s--->>%20s<<\n", "abcdefg789.45");
23     printf("  %%25s--->>%25s<<\n", "Korean team fighting!!!");
24     printf(" %%6.1x--->>%6.1x<<\n", 345);
25 }
```

해설

7: +부호 출력한다.
8: 빈자리에 0을 채운다.
9: -1을 부호가 없는 양수로 출력한다.
13: #은 8진수, 16진수를 10진수와 구별할 수 있게 0 또는 0x를 숫자 앞에 붙여준다.
17: -는 왼쪽 정렬하여 출력한다.
19: e는 지수형태로 출력한다.
21: 변수의 주소를 출력한다.

Notice 출력할 때 >>와 <<를 사용한 것은 출력되는 자릿수를 정확하게 보여주기 위함이다.

실행 결과

```
E:₩소스₩Ch02₩02-07-1.exe
    %d--->>123<<
  %+5d--->> +345<<
  %05d--->>00345<<
  %13u--->>    4294967295<<
   %0d--->>567<<
  %05x--->>001fb<<
   %5x--->>  1fb<<
  %#5x--->>0x1fb<<
   %6o--->>   773<<
  %#6o--->>  0773<<
   %0x--->>1fb<<
  %-5d--->>678  <<
 %6.1f--->> 789.4<<
%10.1e--->>  7.9e+002<<
 %7.1f--->>  789.5<<
    %p--->>0022ff48<<
  %20s--->>        abcdefg789.45<<
  %25s--->>  Korean team fighting!!!<<
 %6.1x--->>   159<<
```

예제 02-07-2 가변 길이로 출력하기

```
1  #include <stdio.h>
2  int main()
3  {
4      int x=2939;
5      printf(">>%*d<<\n", 5, x);
6      printf(">>%*d<<\n", 6, x);
7      printf(">>%*d<<\n", 7, x);
8      printf(">>%*d<<\n", 8, x);
9      printf(">>%*d<<\n", 9, x);
10 }
```

해설

6: 출력할 길이를 가변으로 할 수 있다. 이 문장에서는 5이므로 5개의 공간에 데이터 x를 출력한다. 가변길이 출력을 할 때는 *를 사용하며 %와 형식지정문자 사이에 넣는다. 실수형일 때는 정수 부분과 소수 부분에 대해서 모두 지정할 수 있다.

9: 9자리로 변수 x를 출력한다.

Notice 출력할 때 >>와 <<를 사용한 것은 출력되는 자릿수를 정확하게 보여주기 위함이다.

실행 결과

```
E:₩소스₩Ch02₩02-07-2.exe
>> 2939<<
>>  2939<<
>>   2939<<
>>    2939<<
>>     2939<<
```

예제 02-07-3 제어문자 출력하기

```
1  #include <stdio.h>
2  int main()
3  {
4      printf("I love Korea!");
5      printf("");           // 아무것도 출력하지 않는다.
6      printf(" ");          // 공백을 하나 출력한다.
7      printf("\"I love Korea!\"");          // 따옴표를 출력한다.
8      printf("대~\t한민국\n");              // 탭을 출력한다.
9      printf("\\I love C!!!\\");
10     printf("%%d는 정수를 출력한다.\n");    // % 자체를 출력한다.
11     printf("This is a very, very, very, \
12 very, very, very long line.\n");
13     printf("This is a very, very, very, "           // 이렇게 하면 두 문장을
14            "very, very, very long line.\n");        // 하나로 연결한다.
15 }
```

해설

7: "를 출력할 때는 \"라고 쓴다.

8: 탭을 출력할 때는 \t를 쓴다.

9: \를 출력하고자 할 때는 \\를 쓴다.

11, 12: \ 뒤에는 아무것도 오면 안 된다. 이 문장과 다음 줄의 문장이 바로 연결된다. 따라서 다음 문장의 앞에 무엇이 있으면 그대로 출력된다. 따옴표 속의 문장이 길 때 사용할 수 있다.

13, 14: 아주 긴 문장을 출력할 때 12번 줄과 같이 하여도 되지만 좀 불편하다. 따라서 이와 같이 ""으로 여러 문장으로 분리하여 순서대로 나열하면 된다. 콤마는 쓰지 않는다.

Notice 14번 줄에서 콤마를 사용하면 뒤의 ""속의 문장은 출력할 데이터인 매개변수로 인식한다.

실행 결과

```
E:₩소스₩Ch02₩02-07-3.exe
I love Korea! "I love Korea!"대~        한민국
₩I love C!!!₩%d는 정수를 출력한다.
This is a very, very, very, very, very, very long line.
This is a very, very, very, very, very, very long line.
```

유제 02-07-1 다음 printf 함수의 실행 결과를 예측하라.

```c
#include <stdio.h>
int main()
{
    int a=8357, cc = 0234512, xx=0x3cb49;      // a는 10진 정수, cc는 8진 정수
                                               // xx는 16진 정수
    unsigned b = 3495823734;
    float y = 293.29384983e+32;
    double z = 23.4958697;   // double이 float보다 더 큰 수를 표시할 수 있다.
    printf("%%d = %d \n", a); // %자체를 출력하고자 할 때는 %%를 쓴다.
    printf("%%o = %o \n", a); // %o : 정수 a의 값을 8진수(Octal)로 출력
    printf("%%x = %x \n", a); // %x : 정수 a의 값을 16진수(Hexadecimal) 소문자로 출력
    printf("%%X = %X \n", a); // %X : 정수 a의 값을 16진수(Hexadecimal) 대문자로 출력
    printf("%%f = %f \n", y); // %f : 실수 y의 값 출력
    printf("%%e = %e \n", y); // %e : 실수 y의 값을 지수(exponential)형식으로 출력
    printf("%%u = %u \n", b); // %u : 정수 b의 값을 부호가 없는(양의 정수)로 출력
    printf("%%d = %d \n", b); // %d : b는 unsigned로 선언되었지만 부호 있는
                              // 정수로 출력, 여기서는 음수값 출력
    printf("%%o = %o \n", cc);        // %o : 정수 cc의 값을 8진수(Octal)로 출력
    printf("%%x = %x, %%d = %d \n\n", xx, xx); // %x : xx를 10진수와 16진수로 출력
    printf("%%d = %10d \n", a);       // %10d : a를 10자리로 맞추어 출력
    printf("%%f = %10.3f \n", y);     // %10.3f : y를 전체 10자리로 출력하며,
                                      // 소수 이하 자리수는 3자리로
    printf("%%f = %10.3f \n", z);     // %10.3f : z를 전체 10자리로 출력하며,
                                      //소수 이하 자리수는 3자리로
    printf("%%e = %.3e \n", y);       // y를 지수형식으로 출력하되 소수 이하는 3자리로
}
```

유제 02-07-2 다음 printf 함수의 실행 결과를 분석하라.

```c
#include <stdio.h>
int main()
{
    const char * s = "Hello";
    printf("문자열:\n");
    printf("\t.%10s.\n\t.%-10s.\n\t.%*s.\n", s, s, 10, s);

    printf("문자:\t%c %%\n", 65);

    printf("정수형\n");
    printf("10진수:\t%i %d %.6i %i %.0i %+i %u\n", 1, 2, 3, 0, 0, 4, -1);
    printf("16진수:\t%x %x %X %#x\n", 5, 10, 10, 6);
    printf(" 8진수:\t%o %#o %#o\n", 10, 10, 4);

    printf("부동소수점수\n");
    printf("반올림:\t%f %.0f %.32f\n", 1.5, 1.5, 1.3);
    printf("채우기:\t%05.2f %.2f %5.2f\n", 1.5, 1.5, 1.5);
    printf("과학적표기:\t%E %e\n", 1.5, 1.5);
    printf("16진수:\t%a %A\n", 123.5, 1.5);
}
```

02-08. 데이터형 변환

앞에서도 언급하였다시피 같은 형의 데이터끼리 계산하여야 하는 것이 원칙이다. 특히 정수형을 나눗셈하면 정수형이 된다. 이 때 정수형을 나누어서 실수형으로 만들고 싶을 때 어떻게 하는지 또는 실수형을 정수형으로 어떻게 바꾸는지 이번 절에서 살펴보도록 하자.

형을 변환하는 방법에는 두 가지가 있다. 묵시적(implicit) 형 변환과 명시적(explicit) 형 변환 방법이 있다. 묵시적 형 변환은 서로 다른 데이터형끼리 연산하거나 서로 다른 데이터를 대입하는 경우이고, 명시적 형 변환은 캐스트(cast) 연산자를 이용하여 프로그래머가 인위적으로 데이터형을 변경하는 방법이다.

묵시적인 형 변환은 자동적으로 알아서 서로 다른 데이터형끼리 계산될 때 데이터의 표현 범위가 작은 것이 큰 쪽으로 변환된다. 명시적인 형 변환은 프로그래머가 직접 바꾸고자 하는 데이터형으로 지정하는 방법이다. 묵시적 형 변환의 경우 원하는 결과를 얻지 못하는 경우도 발생할 수 있다. 가능하다면 명시적 형 변환 방법을 사용하도록 한다.

예제 02-08-1 묵시적 형 변환 및 결과 비교

```
1  #include <stdio.h>
2  int main()
3  {
4      int a=29, b=7, c;
5      double x=5.3, y;
6      c = (a/b) * x;
7      y = (a/b) * x;
8      printf("c=%d, x=%f\n", c, y);
9      c = (a/x) * b;
10     y = (a/x) * b;
11     printf("c=%d, x=%f\n", c, y);
12 }
```

해설

6: a, b, c는 정수형이고 x는 실수형이다. 먼저 a를 b로 나누면 29/7은 정수 4가 되며 여기에 실수 5.3을 곱하면 실수 21.2가 된다. 이것을 c에 대입하면 다시 정수로 바뀐다. 따라서 c에는 21이 저장된다.

7: y는 실수 변수이므로 21.2가 y에 저장됨을 알 수 있다.

8: 결과를 확인해 보자.

9: 정수 a를 실수 x로 나누면 결과는 실수 5.4716이 된다. 여기에 정수 b를 곱하면 결과는 실수 38.301887이다. 이 값을 정수형 변수 c에 저장하면 38이 된다.

10: 같은 결과를 실수 변수 y에 저장하면 38.301887이 된다. 결과를 보자.

Notice 결과에서 보다시피 연산을 어떻게 하느냐에 따라 또는 결과를 어디에 저장하느냐에 따라 다른 값이 된다는 것을 알 수 있다. 프로그램을 작성할 때 이러한 점을 잘 고려하여야 한다.

실행 결과

```
E:₩소스₩Ch02₩02-08-1.exe
c=21, x=21.200000
c=38, x=38.301887
```

예제 02-08-2 명시적 형 변환 및 결과 비교

```
1  #include <stdio.h>
2  int main()
3  {
4      int a=29, b=7, c;
5      double x=5.3, y, z;
6      y = (a/b) * x;                     // 묵시적 형 변환
7      z = ((double)a/(double)b) * x;     // 명시적 형 변환
8      printf("y=%f, z=%f\n", y, z);
9      y = (a/x) * b;                     // 묵시적 형 변환
10     z = (a/(int)x) * b;                // 명시적 형 변환
11     printf("y=%f, z=%f\n", y, z);
12 }
```

해설

6: a, b, c는 정수형이고 x는 실수형이다. 먼저 a를 b로 나누면 29/7은 정수 4가 되며 여기에 실수 5.3을 곱하면 실수 21.2가 된다. 이것을 y에 대입한다.

7: a와 b를 모두 캐스트 연산자를 사용하여 실수로 바꾼 다음에 계산한 결과를 z에 저장한다.

8: 결과를 확인해 보자. 둘이 많은 차이를 나타냄을 볼 수 있다.

9, 10: 정수 연산에서 명시적 형 변환의 결과를 비교해 보라.

Notice 결과에서 보다시피 연산을 어떻게 하느냐에 따라 또는 결과를 어디에 저장하느냐에 따라 다른 값이 된다는 것을 알 수 있다.

실행 결과

```
E:₩소스₩Ch02₩02-08-2.exe
y=21.200000, z=21.957143
y=38.301887, z=35.000000
```

예제 02-08-3 긴 정수형에서 짧은 정수형으로 변환할 때의 현상

```
#include <stdio.h>
int main()
{
    char ch;
    int dec = 365;          // 365 = 101101101

    ch = (char)dec;         // 01101101 = 109
    printf("%d\n", ch);
}
```

해설

4: 문자형 변수 선언, char은 1바이트 정수형이다.

5: 정수형에 초깃값 365저장, int형은 4바이트 정수형이다.

7: 문자형을 정수형으로 바꾸어 문자형 변수에 저장한다. 뒤의 1바이트(8비트)만 문자형에 저장된다.

8: 따라서 109만 저장되었음을 알 수 있다.

Notice 큰 double형의 값을 int형 변수에 저장하면 어떻게 되는지도 확인해 보자.

실행 결과

```
E:₩소스₩Ch02₩02-08-3.exe
109
```

유제 02-08-1 다음 프로그램의 결과를 예측해 보라.

```c
#include <stdio.h>
int main()
{
    char c = 'A';
    int a=29, b=7;
    double x=5.3, y, z;
    c = 'A' + (char)32;               // 32를 문자형으로 형 변환
    printf("c=%c\n", c);
    y = (b/a) * x;
    z = ((double)b/a) * x;            // b를 실수형으로 변환
    printf("y=%f, z=%f\n", y, z);
    y = (x/b) * a;
    z = ((int)x/b) * a;               // x를 정수형으로 변환
    printf("y=%f, z=%f\n", y, z);
}
```

유제 02-08-2 다음 프로그램의 결과를 예측해 보라.

```c
#include <stdio.h>
int main()
{
    int a=3, b=7;
    double x=12.3, y=34.5;
    printf("%d\n", a/b);
```

```c
    printf("%f\n", (double)a/b);
    printf("%d\n\n", (double)a/b);
    printf("%f\n", x*y);
    printf("%f\n", y/x);
    printf("%f\n", (int)y/x);
    printf("%d\n", (int)y/(int)x);
    printf("%d\n", (int)y/x);
}
```

02-09. 문자와 문자열 입출력 함수

지금까지 scanf() 함수와 printf() 함수를 이용하여 데이터를 입출력하는 방법을 살펴보았다. 이 절에서는 문자 및 문자열 입출력 함수를 살펴본다.

<표 2-9> 문자 입출력 함수

함수	헤더파일	특징	예
int getc (FILE * stream);	stdio.h	파일, 표준장치 가능	c = getc (stdin);
int getchar (void);	stdio.h	echo	c=getchar();
int putc (int character, FILE * stream);	stdio.h	파일, 표준장치 가능	putc (c , stdout);
int putchar (int character);	stdio.h		putchar (c);
int getch (void);	conio.h	non-echo	c = getch();
int getche (void);	conio.h	echo	c = getche();
int putch (int);	conio.h		putch(c);
int ungetch (int);	conio.h	다시 입력으로 보냄	ungetch(c);
int kbhit (void);	conio.h	키보드 입력 확인	kbhit();

getc(), getchar(), putc(), putchar()은 표준함수이고, getch(), getche(), putch(), ungetch(), kbhit()는 비표준함수이다. 비표준함수도 콘솔에서 작업할 때 가끔 사용되며, 대부분의 컴파일러에서 제공하고 있다. getc(stdin)와 getchar()은 같으며, 둘 다 엔터키를 눌러야 입력되고, getch()

와 getche()는 엔터키를 누르지 않아도 된다. getch()와 getche()의 차이는 표에 표시하였다시피 화면에 echo가 있느냐 없느냐의 차이이다. getche()의 끝의 e가 echo를 의미한다. putc(c, stdout), putchar(c), putch(c)는 모두 같은 기능을 한다. ungetch() 함수는 받아들인 문자를 다시 원래 위치로 돌려준다. kbhit() 함수는 키보드의 아무키나 눌려졌는지를 검사하는 함수이다. 눌려졌을 경우 어떤 일을 처리하도록 만들 수 있다.

<표 2-10> 문자열 입출력 함수

함수명	함수원형	헤더파일	예
gets	char * gets (char * str);	stdio.h	gets (string);
puts	int puts (const char * str);	stdio.h	puts (string);

gets()는 문자열을 키보드로 입력받는다. scanf("%s", string)와 달리 완전한 문자열 즉, 엔터키를 누를 때까지 입력된 모든 문자열을 문자열 변수로 입력받는다. 즉, gets(string)는 scanf("%[^\n]", string)와 같다고 볼 수 있는데, <예제 02-06-2>를 참고하라. puts()는 문자열을 모니터로 출력한다.

예제 02-09-1 getchar()과 putchar()을 이용한 문자 입출력

```
1  #include <stdio.h>
2  int main()
3  {
4      char character;
5      printf("문자를 입력하시오 : ");
6      character = getchar();
7      printf("입력된 문자 = ");
8      putchar(character);
9      printf("\n");
10 }
```

해설

6: 문자를 getchar() 함수를 이용하여 키보드에서 입력받아 변수 character에 저장한다.
8: 입력된 문자를 모니터에 출력한다.
Notice 문자를 입력하고 엔터를 눌러야 한다.

실행 결과

```
E:\소스\Ch02\02-09-1.exe
문자를 입력하시오 : a
입력된 문자 = a
```

예제 02-09-2 getc()와 putc()를 이용한 문자 입출력

```c
1  #include <stdio.h>
2  int main()
3  {
4      char character;
5      printf("문자를 입력하시오 : ");
6      character = getc(stdin);
7      printf("입력된 문자 = ");
8      putc(character, stdout);
9      putc('\n', stdout);          // printf("\n");과 같다.
10 }
```

해설

6: getc(stdin)함수를 이용하여 키보드에서 문자를 입력 받아 변수 character에 저장한다. stdin은 표준입력장치(키보드)이다.

8: 입력된 문자를 putc()함수를 이용하여 모니터에 출력한다. stdout은 표준출력장치(모니터)이다.

Notice getc()와 putc()함수는 파일에서도 사용할 수 있다. stdin 및 stdout 대신에 파일 포인터를 쓴다. 문자를 입력하고 엔터를 눌러야 한다. 파일은 10장 참조

실행 결과

```
E:\소스\Ch02\02-09-2.exe
문자를 입력하시오 : d
입력된 문자 = d
```

예제 02-09-3 getch()와 putch()를 이용한 문자 입출력

```c
#include <stdio.h>
#include <conio.h>
int main()
{
    char character;
    printf("문자를 입력하시오 : ");
```

```
7       character = getch();
8       putch('\n');      // printf("\n");과 같다.
9       printf("입력된 문자 = ");
10      putch(character);
11      putch('\n');      // printf("\n");과 같다.
12  }
```

해설

7: getch()함수를 이용하여 키보드에서 문자를 입력받아 character 변수에 저장한다. 여기서 화면에 입력한 문자는 보이지 않는다. 즉, echo가 없다.
8: putch('\n')는 줄바꿈 문자 하나를 화면에 출력한다.
10: 입력된 문자를 화면에 출력한다.
12: 키보드에서 한 문자를 입력할 때까지 기다리다가 아무키나 누르면 프로그램이 끝난다.
Notice getc()와 getche()함수는 동일하게 문자를 입력받지만 getche는 echo가 있다.

실행 결과

```
E:\소스\Ch02\02-09-3.exe
문자를 입력하시오 :
입력된 문자 = d
```

예제 02-09-4 gets와 puts를 이용한 문자열 입출력

```
1   #include <stdio.h>
2   int main()
3   {
4       char string[100];
5       printf("문자열을 입력하시오 : ");
6       gets(string);
7       printf("입력된 문자열 = ");
8       puts(string);
9       fflush(stdout);
10  }
```

해설

6: gets 함수는 '\n' 직전까지 키보드에서 입력받아 문자열 변수에 저장한다.
8: 입력된 문자열을 화면에 출력한다.
9: 표준출력장치를 원 위치로 되돌린다. 즉 버퍼를 비운다.
Notice gets함수는 보안상 위험하다고 한다. 문자열을 몇 개를 받아들일 것인가가 정해져 있지 않고 엔터키를 받아들이지 않기 때문인 것으로 보인다. 대신에 fgets(string, 문자개수, stdin)으로 쓰는 것을 권장한다.

실행 결과

```
E:\소스\Ch02\02-09-4.exe
문자열을 입력하시오 : C programming language
입력된 문자열 = C programming language
```

유제 02-09-01 알파벳 문자를 입력받아 앞 문자와 뒷 문자를 출력하는 프로그램을 getch()와 putch()함수를 이용하여 작성하라.

유제 03-02-2 다음 프로그램에서 getch() 함수를 getchar() 함수로 바꾸어 실행하여 비교해 보고 그 차이를 알아보라. for문은 반복문으로 5장에서 자세히 다룬다.

```
#include <stdio.h>
int main()
{
    int i;
    int ch;
    for( i = 1; i<= 5; ++i ) {          //반복문 : 5장에서 설명
        ch = getch();
        putch(ch);
    }
}
```

02-10. 표준입력함수 sscanf와 sprintf함수

함수 앞의 접두어 s는 string을 의미한다. 즉, 이 두 함수는 문자열을 매개로 입력과 출력을 한다. sscanf()는 문자열 변수에서 정해진 형식의 데이터를 받아들이고, sprintf()함수는 형식지정된 출력을 문자열 변수에 저장한다. 즉, 키보드와 모니터가 아닌 문자열 변수를 매개체로 데이터를 입출력한다. 이 함수도 상당히 유용하게 사용할 수 있으므로 알아두는 편이 좋다.

예제 02-10-1 sscanf 와 sprintf 함수를 이용한 데이터 입출력1

```c
1  #include <stdio.h>
2  int main()
3  {
4      char in_data[20]="50, 129";
5      char out_data[80];
6      char out_format[40] = "x의 값은 = %d, y의 값은 = %d\n";
7      int x, y;
8      sscanf(in_data, "%d%*c%d", &x, &y);
9      sprintf(out_data, out_format, x, y);
10     puts(out_data);
11 }
```

해설

4: 입력할 데이터를 저장해 놓은 문자열 변수
5: 출력할 데이터가 저장될 문자열 변수
6: 출력형식지정 문자열
8: "%d%*c%d"도 문자열로 지정해 두고 써도 된다. 문자열 in_data에서 형식지정 데이터 x와 y를 입력받는다.
9: 형식지정문자열로 x와 y를 out_data 문자열에 저장한다.
10: 출력된 문자열 out_data를 모니터에 출력한다.

실행 결과

```
E:₩소스₩Ch02₩02-10-1.exe
x의 값은 = 50, y의 값은 = 129
```

예제 02-10-2 sscanf 와 sprintf 함수를 이용한 데이터 입출력2

```c
#include <stdio.h>
int main()
{
    char in_data[20]="3.141592, 15.5", in_format[20] = "%lf%*c%lf";
    char out_data[80];
    char out_format[40] = "반지름이 %f인 원의 넓이는 %f이다.\n";
    double pi, radius;
    sscanf(in_data, in_format, &pi, &radius);
    sprintf(out_data, out_format, radius, pi*radius*radius);
```

```
10     puts(out_data);
11 }
```

해설

4: 입력할 데이터 및 출력할 형식을 저장해 놓은 문자열 변수
5: 출력할 데이터가 저장될 문자열 변수
6: 출력형식지정 문자열
8: 문자열 in_data에서 형식지정 데이터 pi와 radius를 입력받는다.
9: 형식지정문자열로 radius 및 원의 면적을 계산하여 out_data 문자열에 저장한다.
10: 출력된 문자열 out_data를 모니터에 출력한다.
Notice scanf, printf에서도 입출력할 데이터의 형식을 지정해서 사용할 수 있다.

실행 결과

```
E:₩소스₩Ch02₩02-10-2.exe
반지름이 15.500000인 원의 넓이는 754.767478이다.
```

예제 02-10-3 sscanf 와 sprintf 함수를 이용한 데이터 입출력3

```
1  #include <stdio.h>
2  int main()
3  {
4      char Email[40]="kdhong@korea.org";
5      char in_format[30]="%[^@]%[@]%[^\n]";
6      char ID[20], at[2], server[30];
7      sscanf(Email, in_format, ID, at, server);
8      printf("%s\t%s\n", ID, server);
9  }
```

해설

4: 입력할 데이터(e-메일 주소)를 저장해 놓은 문자열 변수
5: 입력 받을 형식을 지정해 놓은 문자열 변수
6: 데이터를 저장할 변수
7: Email문자열에서 지정된 형식인 in_format으로 ID, at, server를 읽는다.
8: 데이터를 화면에 출력한다.

실행 결과

```
E:₩소스₩Ch02₩02-10-3.exe
kdhong   korea.org
```

유제 02-10-1 sscanf() 함수와 sprintf() 함수를 이용하여 문자열에서 우편번호와 주소를 분리하여 출력하는 프로그램을 작성하라.

유제 02-10-2 sscanf() 함수와 sprintf() 함수를 이용하여 문자열에서 10진 정수를 읽어서 16진 정수로 문자열에 출력하고 화면에도 출력하라.

연습문제

01. 다음 정수 연산의 결과를 예측해 보라.

```
#include <stdio.h>
int main()
{
    printf("%s%d\n", "8+2=", 8+2);          // 상수의 연산
    printf("%s%d\n", "8-2=", 8-2);
    printf("%s%d\n", "8*2=", 8*2);
    printf("%s%d\n", "8/2=", 8/2);          // 정수 / 정수 = 정수
    printf("%s%d\n", "5/4=", 5/4);          // 정수 / 정수 = 정수
    printf("%s%d\n", "2/3=", 2/3);          // 정수 / 정수 = 정수
    printf("%s%d\n", "-2/3=", -2/3);        // 정수 / 정수 = 정수
    printf("%s%d\n", "7%3=", 7%3);          // 나머지 연산 7을 3으로 나누었을 때
                                            // 나머지
}
```

02. 태양과 지구 사이의 평균 거리는 149,597,870Km이고 빛의 속도는 299,792,458m(약 30만 킬로미터)이다. 태양 빛이 지구에 도달하는 데 걸리는 시간이 대략 몇 분, 몇 초인지 구하는 프로그램을 작성하라.

03. 가게에 가서 150원짜리 상품 3개, 2100원짜리 상품 5개, 6300원짜리 상품 3개를 사고 5만원권을 제시하였다. 거스름돈으로 얼마를 받아야 하는지 계산하는 프로그램을 작성하라.

04. 구의 반지름을 입력 받아 구의 표면적과 부피를 구하는 프로그램을 작성하라.

표면적 : $S = 4\pi r^2$, 부피 : $V = \frac{4}{3}\pi r^3$

05. 한 변의 길이가 a인 정삼각형의 면적을 구하는 프로그램을 작성하라. sqrt() 함수를 사용한다. $S = \frac{\sqrt{3}}{4}a^2$

06. scanf함수를 이용하여 숫자가 아닌 문자까지를 str[100]에 입력받고 숫자는 x 변수에 입력받는 프로그램을 작성하라. 입력 예 : "C programming language developed in 1972."

07. 주파수를 입력하여 그 주파수의 파장의 길이를 구하는 프로그램을 작성하라.

$\lambda = \frac{v}{f}$, λ = 파장, v = 빛의속도, f = 주파수

08. 2차 방정식의 판별식을 구하는 프로그램을 작성하라. 2차 방정식은 $ax^2 + bx + c = 0$ 이며, a는 0이 아니다. 계수 a, b, c를 scanf()함수로 입력하여 판별식 $b^2 - 4ac$를 구한다.

09. 다음과 같이 갤런(gallon)과 마일(mile)의 단위는 리터(litter)와 킬로미터(Km)로 변환이 된다. 내 차는 11.5km/l의 연비를 가지고 있다. 이 차에 15갤런의 휘발유를 넣었을 때 몇 마일을 달릴 수 있는지, 또 갤런 당 몇 마일을 운행할 수 있는지 계산하는 프로그램을 작성하라.

$1gallon \cong 3.78litters$, $1Mile \cong 1.6Km$

10. 다음과 같이 전화번호를 입력받아 지역번호, 국번, 나머지 번호를 구별하는 프로그램을 scanf()함수를 이용하여 작성하라.

```
전화번호를 입력하세요: 042) 888- 9323
042, 888, 9323
```

11. 문장 가운데 숫자가 섞여 있는 문자열을 입력받아 숫자를 읽어 내는 프로그램을 scanf()함수를 이용하여 작성하라.

12. exp(), frexp(), ldexp(), log(), log10(), modf()함수를 사용한 프로그램 예를 작성하라.

13. 다음 프로그램의 결과는 어떻게 될지 예측해 보라. 그리고 그 결과에 대해서 설명하라.

```c
#include <stdio.h>
int main()
{
    int x=01253;
    double d=348E-10;

    printf("%d, %#o, %#X\n", x, x, x);
    printf("%f, %e, %g\n", d, d, d);
}
```

실행 결과

```
D:₩예제교재 C소스₩ex02-13.exe
683, 01253, 0X2AB
0.000000, 3.480000e-008, 3.48e-008
계속하려면 아무 키나 누르십시오 . . .
```

14. 다음 공식에 의하여 전압과 저항을 입력하여 전류를 구하는 프로그램을 작성하라.

$$I = \frac{V}{R}$$

15. 타원의 넓이와 둘레의 길이를 구하는 공식은 다음과 같다. a, b를 입력하여 넓이(S)와 둘레(L)을 구하는 프로그램을 작성하라. sqrt() 함수를 사용한다.

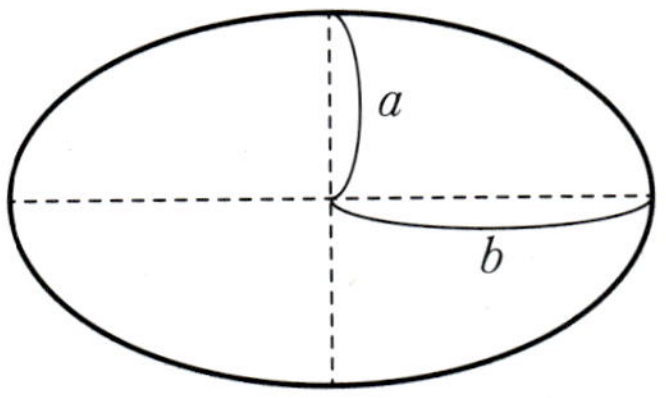

$$S = \pi ab, \ L = 2\pi\sqrt{\frac{1}{2}(a^2 + b^2)}$$

16. 10진수 3849를 2진수로 나타내려면 몇 자리가 필요한지 계산하는 프로그램을 작성하라. log10() 함수와 ceil() 함수를 사용한다.

$$3489 = 2^x$$

$$\log 3489 = \log 2^x$$

$$\log 3489 = x \log 2$$

$$\therefore \lceil x \rceil = \left\lceil \frac{\log 3489}{\log 2} \right\rceil = \lceil 3.5424/0.3010 \rceil = \lceil 11.7673 \rceil = 12 \text{ 자리}$$

17. 등비수열의 합을 구하는 공식은 다음과 같다.

$S = \frac{a(r^n - 1)}{r - 1}$, $r > 1$이며, a:초항, r:공비, n:항의 개수

이 때, 수열 $2^0 + 2^1 + 2^2 + 2^3 + ...$로 나열되는 수열의 10항까지의 합을 구하라. 수학함수 pow()를 사용한다.

18. 다음은 복리계산법이다. 복리로 예금했을 때 전체 금액은 얼마인지 계산하는 프로그램을 작성하라. 원금, 예금 기간, 연이자는 키보드에서 입력받는다. 수학함수 pow()를 사용한다.

$금액 = 원금 * (1 + 수익률[연이자])^{기간[년단위]}$

예) 원금이 1천만원, 이자 년5%, 예금 기간 10년인 경우:

$금액 = 10,000,000 * (1 + 0.05)^{10} = 10,000,000 * 1.6288946 = 16,288,946원$

19. 어떤 정수를 입력하여 1의 자리에서 반올림하는 프로그램을 작성하라. 단, 이 장에서 배운 연산자만 이용하라(예 입력이 283이면 280이 출력되고, 287이면 290이 출력되어야 한다).

20. 다음 식은 신체질량지수(BMI)를 계산하는 식이다. 이 공식을 이용하여 자신의 신체질량지수를 구하는 프로그램을 작성하라. 여기서 몸무게는 kg단위이고, 키는 m단위이다. 키를 입력할 때 175cm이면 1.75m로 바꾸어 입력하여야 한다.

$BMI = \frac{몸무게}{키^2} = \frac{kg}{m^2}$

비만도 판정기준은 다음 표와 같다. 판정을 하는 프로그램은 뒤에서 다시 다루기로 하자.

판정	기준
저체중	20 미만
정상	20 - 24
과체중	25 - 29
비만	30 이상

C programming language

CHAPTER

03

연산자와 제어문

03-01. 비교 및 논리연산자

03-02. 조건연산자

03-03. 비트연산자

03-04. 대입연산자와 데이터 교환

03-05. if문

03-06. 다중 if와 중첩 if

03-07. switch ~ case 조건문

03-08. goto 문

CHAPTER

03 연산자와 제어문

C언어에는 다양한 연산자들이 있다. 이들을 하나씩 각 절에서 살펴본다. 산술연산자는 2장에서 살펴보았고, 3장에서는 비교, 논리, 조건, 비트, 대입연산자에 대해서 알아보고, 조건문의 사용방법에 대해서 알아본다. 연산자는 중요하므로 활용방법을 완벽하게 익혀 두는 것이 좋다.

03-01. 비교 및 논리연산자

비교연산자와 논리연산자는 좌측의 식과 우측의 식을 비교하여 참(1)과 거짓(0)을 판단한다. 여기서 식이란 상수, 변수, 산술식, 함수식 등 모든 식을 의미한다. C언어에서는 식의 값이 0이면 거짓이고, 0 이외의 모든 값은 참으로 평가한다. 참을 나타내는 대표적인 값은 주로 1을 사용한다.

<표 3-1> 비교연산자와 논리연산자

구분	기호	의미		예(x=5, y=8)	
				식	결과
비교연산자	==	Equal?	같은가?	x == y	0 (거짓)
	!=	Not equal?	다른가?	x != y	1 (참)
	<	Less than?	작은가?	x < y	1 (참)
	<=	Less than or Equal?	작거나 같은가?	x <= y	1 (참)
	>	Greater than?	큰가?	x > y	0 (거짓)
	>=	Greater than or Equal?	크거나 같은가?	x >= y	0 (거짓)

논리연산자	&&	Logical AND	둘 다 참인가?	x<10 && y<10	1 (참)
	||	Logical OR	하나 이상 참인가?	x<5 || y<5	0 (거짓)
	!	Logical NOT	아닌가?	!(x>10)	1 (참)

Notice 거짓은 0이며, 나머지 어떠한 값을 가지더라도 참이다. 기본적으로 참은 1로 한다. ASCII 코드인 경우 NULL(0)을 제외한 모든 값은 참이며, 숫자 데이터도 0을 제외한 모든 값은 참이다.

예제 03-01-1 비교연산자

```
1  #include <stdio.h>
2  int main()
3  {
4      printf("10 == 15 => %d\n", 10 == 15);
5      printf("10 != 15 => %d\n", 10 != 15);
6      printf("10 < 15  => %d\n", 10 < 15);
7      printf("10 <= 15 => %d\n", 10 <= 15);
8      printf("10 > 15  => %d\n", 10 > 15);
9      printf("10 >= 15 => %d\n", 10 >= 15);
10 }
```

해설

4: 10 == 15; 10은 15와 같은가? 같지 않으므로 거짓(0)이다.

6: 10 < 15; 10은 15보다 작은가? 작으므로 참(1)이다.

Notice 비교연산자는 좌측과 우측의 조건을 비교하여 참, 거짓을 판단한다. !=, <=, >= 연산자의 위치는 바뀌면 안 된다. =!, =<, =>처럼 쓸 수는 없다.

실행 결과

```
E:₩소스₩Ch03₩03-01-1.exe
10 == 15 => 0
10 != 15 => 1
10 < 15  => 1
10 <= 15 => 1
10 > 15  => 0
10 >= 15 => 0
```

예제 03-01-2 논리연산자

```
#include <stdio.h>
int main()
{
```

```
4       printf("  1 && 1 => %d\n", 1 && 1);
5       printf("  0 && 1 => %d\n", 0 && 1);
6       printf("10 && 15 => %d\n", 10 && 15);
7       printf("  0 || 1 => %d\n", 0 || 1);
8       printf("  0 || 0 => %d\n", 0 || 0);
9       printf("10 || 15 => %d\n", 10 || 15);
10      printf("     !10 => %d\n", !10);
11  }
```

해설

4: 1 && 1; 1은 참이므로 양쪽의 식이 모두 참이다. 따라서 결과는 참(1)이다.

7: 0 || 1; 0은 거짓, 1은 참이므로, 둘 중 하나가 참이므로 결과는 참(1)이다.

10: !10; 10은 참이므로 이를 부정하면 거짓(0)이 된다.

Notice 0은 거짓이며, 0 이외의 모든 값은 참이다. 이 예에서는 단순히 상수로 비교하였지만 실제로는 논리연산자 좌우에 수식이 일반적으로 사용된다. 다음 <예제 03-01-3>을 보라.

실행 결과

```
E:\소스\Ch03\03-01-2.exe
  1 && 1  => 1
  0 && 1  => 0
10 && 15  => 1
  0 || 1  => 1
  0 || 0  => 0
10 || 15  => 1
     !10  => 0
```

예제 03-01-3 비교연산자와 논리연산자를 모두 사용

```
#include <stdio.h>
int main()
{
    int a=10, b=5, c=-9, d=25;
    printf("a=%d, b=%d, c=%d, d=%d일 때\n", a, b, c, d);
    printf("a>b && a>c      => %d\n", a>b && a>c);
    printf("a>b && b>c      => %d\n", a>b && b>c);
    printf("a>b && c>=d     => %d\n", a>b && c>=d);
    printf("a>b || a>c      => %d\n", a>b || a>c);
    printf("a>=b || !(b>c)  => %d\n", a>=b || !(b>c));
    printf("a>=b && !(c>=d) => %d\n", a>=b && !(c>=d));
}
```

해설

6: 10>5 && 10>-9; &&의 좌우측의 식이 둘 다 참이므로 결과는 참(1)이다.
7: 10>5 && 5>-9; &&의 좌우측의 식이 둘 다 참이므로 결과는 참(1)이다.
8: 10>5 && -9>=25; &&의 우측의 식이 거짓이므로 거짓(0)이다.
10: 10>=5 || !(5>-9); ||의 좌측은 참, 우측은 거짓이므로 결과는 참(1)이다.
11: 10>=5 && !(-9>=25); &&의 좌측은 참, 우측도 참이므로 결과는 참(1)이다.
Try 비교연산자와 논리연산자를 이용하여 여러 조건들을 검사할 수 있다. 많은 연습을 해보라.

실행 결과

```
E:\소스\Ch03\03-01-3.exe
a=10, b=5, c=-9, d=25일 때
a>b && a>c       => 1
a>b && b>c       => 1
a>b && c>=d      => 0
a>b || a>c       => 1
a>=b || !(b>c)   => 1
a>=b && !(c>=d)  => 1
```

유제 03-01-1 논리연산자를 이용하여 논리 AND의 진리표를 만들어라.

유제 03-01-2 논리연산자를 이용하여 논리 OR의 진리표를 만들어라.

03-02. 조건연산자

이 절에서는 조건연산자를 몇 가지 예제를 통해서 어떻게 사용하는지 살펴본다. 조건연산자는 3항 연산자로 다음 표와 같이 사용하며 먼저 식을 평가하고 식이 참(0 이외의 값)이면 두 번째 항을 실행하고 거짓(0)이면 세 번째 항을 실행한다.

구분	기호	의미	조건식의 예(x=5일 때)	결과
조건연산자	? :	?앞의 식이 참이면 ':' 앞의 식이 평가되고, 그렇지 않으면 ':' 뒤의 식이 평가된다.	x = (x<0) ? -x: x;	x는 5
			x = (x%2) ? (x+1)/2: x/2;	x는 3

Notice 두 번째 예에서 x가 홀수(x%2가 1이므로 참)이면 1을 더하여 2로 나누고, 짝수(x%2가 0이므로 거짓)이면 2로 나누어 x에 저장한다. 따라서 결과는 나누어서 반올림한 것이 되는 것이다. 5를 그냥 2로 나누면 2가 되지만, +1을 해서 6을 2로 나누면 3이 된다.

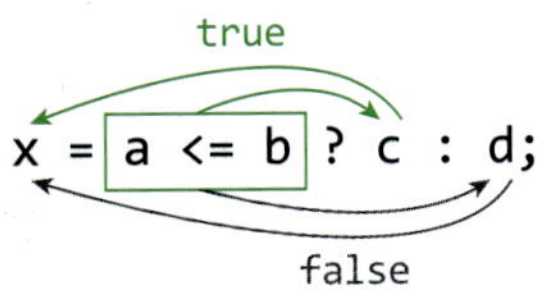

예제 03-02-1 조건연산자를 이용한 절댓값 구하기

```
1  #include <stdio.h>
2  int main()
3  {
4      int x;
5      printf("정수를 입력하시오: ");
6      scanf("%d", &x);
7      x = x<0 ? -x : x;
8      printf("%d\n", x);
9  }
```

해설

6: 정수를 입력한다.

7: x = x<0 ? -x : x; x가 0보다 작으면 -x를, 그렇지 않으면 x를, x에 저장한다.

실행 결과

```
E:₩소스₩Ch03₩03-02-1.exe
정수를 입력하시오: -36
36
```

예제 03-02-2 조건연산자를 이용하여 소문자를 대문자로 바꾸기

```
#include <stdio.h>
int main()
{
    char x;
    printf("문자를 입력하시오: ");
    scanf("%c", &x);
    x = (x >= 'a' && x <='z') ? x - 32 : x;
    printf("%c\n", x);
}
```

해설

6: 문자를 입력한다.

7: x가 소문자이면 대문자(x-32)로 그렇지 않으면 그대로 x에 저장한다. ASCII코드에서 대문자가 소문자보다 앞에 있으며, 그 간격이 32이다. ASCII코드 표를 참고하기 바란다.

실행 결과

```
E:₩소스₩Ch03₩03-02-2.exe
문자를 입력하시오: d
D
```

예제 03-02-3 조건연산자를 이용하여 양수 · 음수 구별하기

```
1  #include <stdio.h>
2  int main()
3  {
4      int x;
5      printf("정수를 입력하시오: ");
6      scanf("%d", &x);
7      x<0 ? printf("%d:음수\n",x) : printf("%d:양수\n",x);
8  }
```

해설

6: 정수를 입력한다.

7: x가 음수이면 "음수"를 양수이면 "양수"를 출력한다. 여기서는 변수에 값을 대입하는 것이 아니라, printf 문장 자체를 실행한다.

실행 결과

```
E:₩소스₩Ch03₩03-02-3.exe
정수를 입력하시오: -9
-9:음수
```

유제 03-02-1 조건연산자를 사용하여 세 정수의 최댓값을 구하라.

유제 03-02-2 조건연산자를 이용하여 홀수 또는 짝수를 판별하고 결과를 출력하라.

03-03. 비트연산자

이 절에서는 비트(bitwise)연산자가 무엇이며, 어떤 용도로 사용하는지 예제를 통해 살펴보자. 비트연산자는 다른 연산자와 달리 비트 하나하나를 일일이 비교하여 연산하는 것이다. 비트연산자는 정수형 데이터에서만 가능하며, 2진수에 대해서 잘 알고 있어야 그 결과를 이해할 수 있다.

구분	기호	의미		예(x=21, y=9)	
				식	결과
비트연산자	&	Bitwise AND	두 개의 피연산자를 비트별로 AND연산	x & y	1
	|	Bitwise OR	두 개의 피연산자를 비트별로 OR연산	x | y	29
	^	Bitwise XOR	두 개의 피연산자를 비트별로 XOR연산	x ^ y	28
	~	Negation	비트별로 NOT연산, 즉 1의 보수	~x	-22
	>>	Shift Right	오른쪽으로 시프트	x >> 1	10
	<<	Shift Left	왼쪽으로 시프트	y << 2	36

Notice x=21=00010101, y=9=00001001이다. 2진수로 바꾸어 처리해 보면 그 결과를 쉽게 이해할 수 있다. 비트연산자는 각 비트별로 0, 1을 비교하여 처리한다. 이미지 처리연산에서 주로 이용할 수 있다.

예제 03-03-1 시프트 연산

```
#include <stdio.h>
int main()
{
    int x=56, y;          // 56=00000000 00000000 00000000 00111000
    y = x << 2;           // y= 00000000 00000000 00000000 11100000 = 224
    printf("%d\n", y);
    y = x >> 2;           // y= 00000000 00000000 00000000 00001110 = 14
    printf("%d\n", y);
    x = -56;              // -56=11111111 11111111 11111111 11001000
    y = x << 2;           // y= 11111111 11111111 11111111 00100000 = -224
    printf("%d\n", y);
    y = x >> 2;           // y= 11111111 11111111 11111111 11110010 = -14
    printf("%d\n", y);
}
```

해설

5: x를 왼쪽으로 2비트 시프트한다. 오른쪽의 2비트 빈자리는 0으로 채운다.

6: 결과는 2^2(=4)을 곱한 값인 56*4=224가 된다. 왼쪽으로 한 번 시프트하면 2(2^1), 두 번 시프트하면 4(=2^2), 3번 시프트하면 8(=2^3)을 곱한 결과가 된다. 즉 n번 시프트하면 2^n을 곱하는 결과가 된다.

7: x를 오른쪽으로 2비트 시프트한다. x가 양수이므로 왼쪽의 2비트 빈자리는 0으로 채운다.

8: 결과는 2^2(=4)을 나눈 값인 56/4=14가 된다. 오른쪽으로 한 번 시프트하면 1/2(=2^{-1}), 두 번 시프트하면 1/4(=2^{-2}), 3번 시프트하면 1/8(=2^{-3})을 곱한 결과가 된다. 즉 n번 시프트하면 2^{-n}을 곱한 결과가 된다.

10: 음수인 -56을 왼쪽으로 2자리 시프트한다. 결과는 -224가 된다.

12: 음수인 -56을 오른쪽으로 2자리 시프트한다. 이때는 왼쪽의 빈자리는 1로 채운다. 결과는 -14가 된다.

Notice 컴퓨터에서 정수는 2의 보수를 사용한다. 따라서 부호가 0이면 양수, 1이면 음수이며, 오른쪽으로 시프트할 때 부호를 채우게 된다.

실행 결과

```
E:₩소스₩Ch03₩03-03-1.exe
224
14
-224
-14
```

예제 03-03-2 비트단위 논리연산

```
#include <stdio.h>
int main()
{
    char x=56, y=49, z;     // 56: 00111000, 49: 00110001
    z = x & y;              // 00111000&00110001=00110000=16+32=48
    printf("%d\n", z);
    z = x | y;              // 00111000|00110001=00111001=16+32+8+1=57
    printf("%d\n", z);
    z = x ^ y;              // 00111000^00110001=00001001=8+1=9
    printf("%d\n", z);
    z = ~x;                 // ~00111000=11000111=-128+64+4+2+1=-57
    printf("%d\n", z);
}
```

해설

5: 비트별로 AND 연산을 한다. 따라서 56과 49를 AND하면 48이 된다.
7: 비트별로 OR 연산을 한다. 따라서 56과 49를 OR하면 57이 된다.
9: 비트별로 XOR 연산을 한다. 따라서 56과 49를 XOR하면 9가 된다.
11: x의 각 비트를 반대의 상태로 바꾼다. 즉, 0은 1로, 1은 0으로 바꾼다. 이것을 1의 보수라 한다. 따라서 -57이 된다.

Notice 여기서 x는 ASCII 문자이므로 8비트 데이터이다. 16비트나 32비트 정수 데이터에서도 동일하게 적용된다. XOR는 비트가 서로 다른 값이면 1, 같은 값이면 0이다.

실행 결과

```
E:₩소스₩Ch03₩03-03-2.exe
48
57
9
-57
```

유제 03-03-1 비트연산자를 이용하여 어떤 양의 정수를 0으로 만드는 방법을 모두 제시하라.

유제 03-03-2 비트연산자를 이용하여 양수인지 음수인지를 판별하여 출력하라.

03-04. 대입연산자와 데이터 교환

이 절에서는 대입연산자와 대입연산자의 축약형 그리고 데이터 교환에 대해서 살펴보자. 대입이란 앞에서도 꾸준히 사용하여 왔지만 다시 살펴보도록 한다. 또한 수식을 줄여서 쓰기 위하여 대입연산의 축약형을 사용하는데 어떤 용도로 사용하는지 살펴보자.

대입연산자	사용 예	의미	x=동일식=결과 (x=5, y=3일 때)
=	x = y*10;	y*10을 x에 저장한다.	단순 대입식
+=	x += y+10;	y+10을 x에 더한다.	x = x+(y+10) = 18
-=	x -= 5*y;	5*y를 x에서 뺀다	x = x-(y*5) = -10
*=	x *= 3;	x에 3을 곱한다.	x = x*3 = 15

<table>
<tr><td>/=</td><td>x /= 2;</td><td>x를 2로 나눈다.</td><td>x = x/2 = 2</td></tr>
<tr><td>%=</td><td>x %= 3;</td><td>x를 3으로 나눈 나머지</td><td>x = x%3 = 2</td></tr>
<tr><td><<=</td><td>x <<= 2;</td><td>x를 왼쪽으로 2비트 Shift</td><td>x = x<<2 = 20</td></tr>
<tr><td>>>=</td><td>y >>= 4;</td><td>y를 오른쪽으로 4비트 Shift</td><td>y = y>>4 = 0</td></tr>
<tr><td>&=</td><td>x &= y;</td><td>x에 y를 비트AND한다.</td><td>x = x&y = 1</td></tr>
<tr><td>|=</td><td>x |= 255;</td><td>x에 255를 비트OR한다.</td><td>x = x|y= 255</td></tr>
<tr><td>^=</td><td>x ^= 0xffffffff</td><td>x에 0xffffffff를 비트XOR한다.</td><td>x = x^0xffffffff = -6</td></tr>
</table>

Notice -6 = 11111111111111111111111111111010(32비트 정수일 때)

예제 03-04-1 임시변수를 이용한 변수 교환

```
1  #include <stdio.h>
2  int main()
3  {
4      int x=450, y=341, temp;
5      printf("교환 전: x=%d, y=%d\n", x, y);
6      temp = x;
7      x = y;
8      y = temp;
9      printf("교환 후: x=%d, y=%d\n", x, y);
10 }
```

해설

6: x를 temp에 저장한다.

7: y를 x에 저장한다.

8: temp를 y에 저장한다. 이런 과정을 거치면 두 개의 값, 즉 x, y가 바뀐다.

Notice 보통 이와 같은 방법으로 두 개의 변수의 값을 바꾼다. 일단 하나의 변수에 다른 값이 저장되면 먼저 있던 값은 없어진다. 그러므로 다른 임시 변수에 잠시 보관해 둔다.

실행 결과

```
E:₩소스₩Ch03₩03-04-1.exe
교환 전: x=450, y=341
교환 후: x=341, y=450
```

예제 03-04-2 XOR를 이용한 정수 변수 교환

```c
1  #include <stdio.h>
2  int main()
3  {
4      int x=50, y=41;
5      printf("교환 전: x=%d, y=%d\n", x, y);
6      x = x ^ y;          // 정수연산만 가능하다.
7      y = x ^ y;
8      x = x ^ y;
9      printf("교환 후: x=%d, y=%d\n", x, y);
10 }
```

해설

6: 50:00110010, 41:00101001,

x = x^y = 50^41 = 00110010^00101001=00011011(27),

y = x^y = 27^41 = 00011011^00101001=00110010(50),

x = x^y = 27^50 = 00011011^00110010=00101001(41)

Notice XOR(^)연산은 피연산자가 정수일 때만 가능하다.

실행 결과

```
E:₩소스₩Ch03₩03-04-2.exe
교환 전: x=50, y=41
교환 후: x=41, y=50
```

예제 03-04-3 연산 순서와 대입을 통한 변수 교환

```c
1  #include <stdio.h>
2  int main()
3  {
4      int x=450, y=341;
5      printf("교환 전: x=%d, y=%d\n", x, y);
6      x = x + y - ( y = x );
7      printf("교환 후: x=%d, y=%d\n", x, y);
8  }
```

해설

6: x와 y를 계산한 뒤, x를 y에 대입한 다음 뺀다.

Notice 이 예는 앞에서도 나왔던 예이다. 결합 순서를 잘 따져보자.

실행 결과

```
E:₩소스₩Ch03₩03-04-3.exe
교환 전: x=450, y=341
교환 후: x=341, y=450
```

예제 03-04-4 축약형 대입연산자의 이용

```
1  #include <stdio.h>
2  int main()
3  {
4      int x=5, y=3;
5      x += y+10;                  // x = x + (y*10);
6      printf("x=%d\n", x);
7      x=5; y=3; x -= 5*y;         // x = x - (5*y);
8      printf("x=%d\n", x);
9      x=5; x *= 3;                // x = x * 3;
10     printf("x=%d\n", x);
11     x=5; x /= 2;                // x = x / 2;
12     printf("x=%d\n", x);
13     x=5; x %= 3;                // x = x % 3;
14     printf("x=%d\n", x);
15     x=5; x <<= 2;               // x = x << 2;
16     printf("x=%d\n", x);
17     y=3; y >>= 4;               // y = y >> 4;
18     printf("y=%d\n", y);
19     x=5; y=3; x &= y;           // x = x & y;
20     printf("x=%d\n", x);
21     x=5; x |= 255;              // x = x | 255;
22     printf("x=%d\n", x);
23     x=5; x ^= 0x00ff;           // x = x ^ 0x00ff;
24     printf("x=%d\n", x);
25 }
```

해설

5: y에 10을 더해서 그것을 x에 더한다.

15: x를 두 번 왼쪽을 시프트 한 다음에 다시 x에 저장한다.

Notice 이들 복합 대입연산자는 오른쪽의 식을 모두 평가한 다음에 마지막에 결과를 좌측의 변수와 다시 계산한다.

실행 결과

```
E:₩소스₩Ch03₩03-04-4.exe
x=18
x=-10
x=15
x=2
x=2
x=20
y=0
x=1
x=255
x=250
```

유제 03-04-1 다음 소스 코드를 분석하라.

```c
#include <stdio.h>
#include <math.h>
int main()
{
    double a, b, c, root, root2, d;

    printf("3개의 계수 입력(a,b,c): ");
    scanf("%lf%*c%lf%*c%lf", &a, &b, &c);
    d = b*b - 4.*a*c;

    (d<0.0) ? printf("허근\n"): ((d==0.0)? printf("중근\n"): printf("2개 실근\n"));
    (d==0.0) ? (root = -b/(2.*a)) :
            ( root = (-b + sqrt(d))/(2.*a), root2 = (-b - sqrt(d))/(2.*a) );
    (d==0.0) ? printf("%f\n", root): printf("%f %f\n", root, root2);
}
```

유제 03-04-2 다음 소스 코드의 결과를 예측하고 어떤 작업을 하였는지 설명하라.

```c
#include <stdio.h>
int main()
{
    int a=0x25, b=0x72, c;

    c = a<<8;
    c += b;
    printf("%#x = %d", c, c);
}
```

03-05. if문

이 절에서는 **if**문을 이용하여 조건을 판단하는 기본적인 예를 살펴본다. 조건 판단은 키워드 **if()**를 이용하여 작성한다. 괄호 속에는 일반 수식, 비교연자를 이용한 식, 논리연산자를 이용한 식 등을 조합하여 사용할 수 있다. 하나의 조건만 있을 경우에는 **if(조건)**만 사용하며, 조건이 2개일 때는 **if(조건) ~ else ~**를 사용한다. 조건이 여러 개일 때는 **if(조건) ~ else if(조건)**…과 같이 사용하며 다음 절에서 살펴보도록 하자.

조건	C구문	설명

한 개일 때	`if(조건) {`
	`참일 때 실행문;`
	`}`
		조건이 참일 때만 if 블록 속을 실행한다. 거짓일 이 블록을 그냥 지나간다.

두 개일 때	`if(조건) {`
	`참일 때 실행문;`
	`}`
	`else {`
	`거짓일 때 실행문;`
	`}`
		조건이 참일 때는 if 블록에 해당하는 문장을, 거짓일 때는 else에 해당하는 블록을 실행한다.

Notice 각 블록에 해당하는 실행문이 하나만 있을 경우에는 { }는 있어도 되고 없어도 된다.

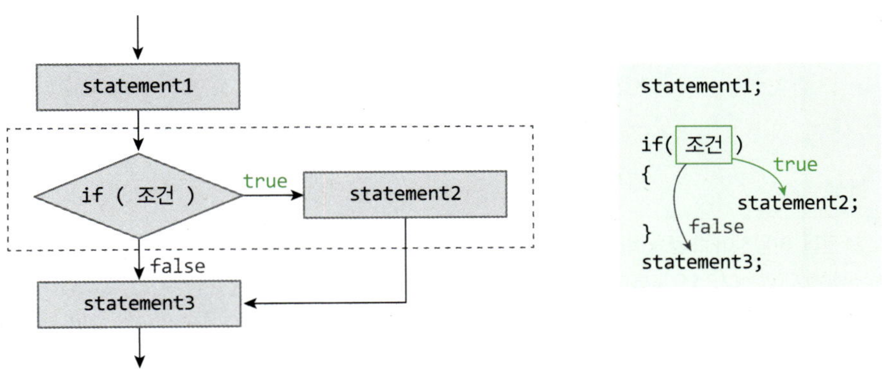

if 조건문

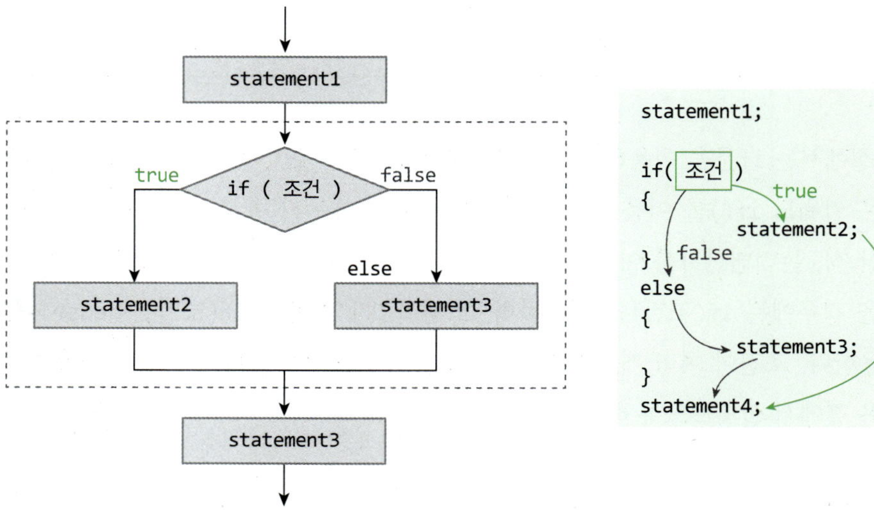

if~else 조건문

예제 03-05-1 if문을 이용한 절댓값 구하기

```c
1  #include <stdio.h>
2  int main()
3  {
4      int x;
5      printf("정수를 입력하시오: ");
6      scanf("%d", &x);
7      if(x<0) {
8          x = -x;
9      }
10     printf("%d\n", x);
11 }
```

해설

7: if문을 이용하여 조건을 비교한다. 조건이 참이면 if블록을 실행하고 그렇지 않으면 if블록을 실행하지 않는다. if 블록은 { }이다. 이 블록 안의 문장이 한 개이면 {}은 생략할 수 있다. 이 예에서는 생략하지 않았다. x가 0보다 작으면 x=-x; 문을 실행하고 그렇지 않으면 그냥 지나간다.

Notice 블록 안의 문장이 하나일 때도 {}을 쓰면 프로그램을 이해하는 데 도움이 될 것이다.

실행 결과

```
E:₩소스₩Ch03₩03-05-1.exe
정수를 입력하시오: -42
42
```

예제 03-05-2 if문을 이용한 소문자를 대문자로 바꾸기

```
1  #include <stdio.h>
2  int main()
3  {
4      char x;
5      printf("문자를 입력하시오: ");
6      scanf("%c", &x);
7      if(x >= 'a' && x <='z')
8          x -= 32;
9      printf("%c\n", x);
10 }
```

해설

7, 8: 비교연산자와 논리연산자를 이용하여 x의 범위를 비교한다. x가 'a'와 'z' 사이에 있으면 즉 소문자이면 대문자로 바꾼다.

Notice 이 예에서는 if 블록에 해당하는 문장이 하나(x -= 32;)이므로 {}를 생략했다.

실행 결과

```
E:₩소스₩Ch03₩03-05-2.exe
문자를 입력하시오: f
F
```

예제 03-05-3 if ~ else 문을 이용한 "양수" 또는 "음수"를 출력한다.

```
#include <stdio.h>
int main()
{
    int x;
    printf("정수를 입력하시오: ");
    scanf("%d", &x);
    if(x<0)
```

```
9            printf("%d:음수",x);
10       else
11           printf("%d:양수\n",x);
12   }
```

해설

7: if 조건을 비교하여 x가 0보다 작으면 10번 문장을

8: x가 0보다 작을 때 실행되는 문장

9: 그렇지 않으면(7번 if문이 거짓일 때 연결되는 문장)

10: 7번 문장에서 조건이 거짓일 때 else 블록이 실행된다.

Notice else에 해당하는 문장도 여러 개이면 블록 {}을 지정하여 사용할 수 있다. 여기서는 하나이므로 생략한다.

실행 결과

```
E:₩소스₩Ch03₩03-05-3.exe
정수를 입력하시오: 525
525:양수
```

예제 03-05-4 if ~ else 문을 이용한 판단, 블록에 한 문장 이상일 때

```c
#include <stdio.h>
int main()
{
    int height;
    printf("키: ");
    scanf("%d", &height);
    if(height < 120)
    {
        printf("키가 작습니다.\n");
        printf("이 놀이 기구는 탈 수 없습니다.\n");
        printf("키가 %dcm 더 커야 합니다.\n", 120-height);
    }
    else
    {
        printf("환영합니다. 즐거운 시간되시기 바랍니다.\n");
        printf("놀이 기구를 탑승하시고 반드시 안전벨트를 매십시오.\n");
    }
}
```

해설

7: if 조건을 비교하여 x가 120보다 작으면 9번~11번 문장을
8~12: x가 120보다 작을 때 실행되는 문장
13: 그렇지 않으면(7번 if문이 거짓일 때 연결되는 문장)
14~17: 7번 문장에서 조건이 거짓일 때 실행되는 문장
Notice if 또는 else에 해당되는 문장이 여럿일 때는 블록 {}을 써야 한다.

실행 결과

```
E:₩소스₩Ch03₩03-05-4.exe
키: 115
키가 작습니다.
이 놀이 기구는 탈 수 없습니다.
키가 5cm 더 커야 합니다.
```

유제 03-05-1 실수를 입력받아 음수이면 양수로 바꾸고, 제곱근을 구하는 프로그램을 if를 이용하여 작성하라.

유제 03-05-2 홀수, 짝수를 판별하는 프로그램을 if~else를 이용해서 작성하라.

03-06. 다중 if와 중첩 if

앞 절에서는 조건이 1개 또는 2개일 때를 살펴보았다. 실제 응용에서는 여러 개의 조건이 있는 경우가 많이 있다. 조건이 여러 개일 때는 다양한 방법으로 사용할 수 있다. 동일한 수준의 조건일 때와 조건 속의 조건인 하위 수준의 조건 등 다양한 방법을 쓸 수 있다. 다중 if문은 동일한 수준의 조건일 때 사용하고, 중첩 if문은 조건 속의 하위 조건 판단이 필요할 때 사용한다. 마지막의 else는 있을 수도 있고 없을 수도 있다.

<table>
<tr><th>조건의 형태</th><th>C 구문</th><th>설명</th></tr>
<tr><td>다중 조건
(수준이 동일할 때)</td><td><pre>if(조건1) {
    조건1이 참일 때 실행문;
}
else if(조건2) {
    조건2이 참일 때 실행문;
}
else if(조건3) {
    조건3이 참일 때 실행문;
}
else {
    모든 조건이 거짓일 때 실행문;
}</pre></td><td>동일한 수준의 조건이 여러 개 있을 경우에 이러한 방법을 쓴다.</td></tr>
<tr><td>중첩 조건
(수준이 다를 때)</td><td><pre>if(조건1) {
    if(조건1-1) {
        조건1과 조건 1-1이 참일 때 실행문;
    } else if(조건1-2) {
        조건1과 조건 1-2가 참일 때 실행문;
    } else {
        조건1이 참이고 조건 1-1,2가 거짓일 때 실행문;
    }
}
else if(조건2) {
    if(조건2-1) {
        조건2와 조건 2-1이 참일 때 실행문;
    } else {
        조건2는 참이고, 조건 2-1이 거짓일 때 실행문;
    }
}
else {
    조건1,2가 거짓일 때 실행문;
}</pre></td><td>조건이 여러 개 있고 이 조건들 속에 또 다른 조건이 있을 경우 이러한 방법을 사용한다.</td></tr>
</table>

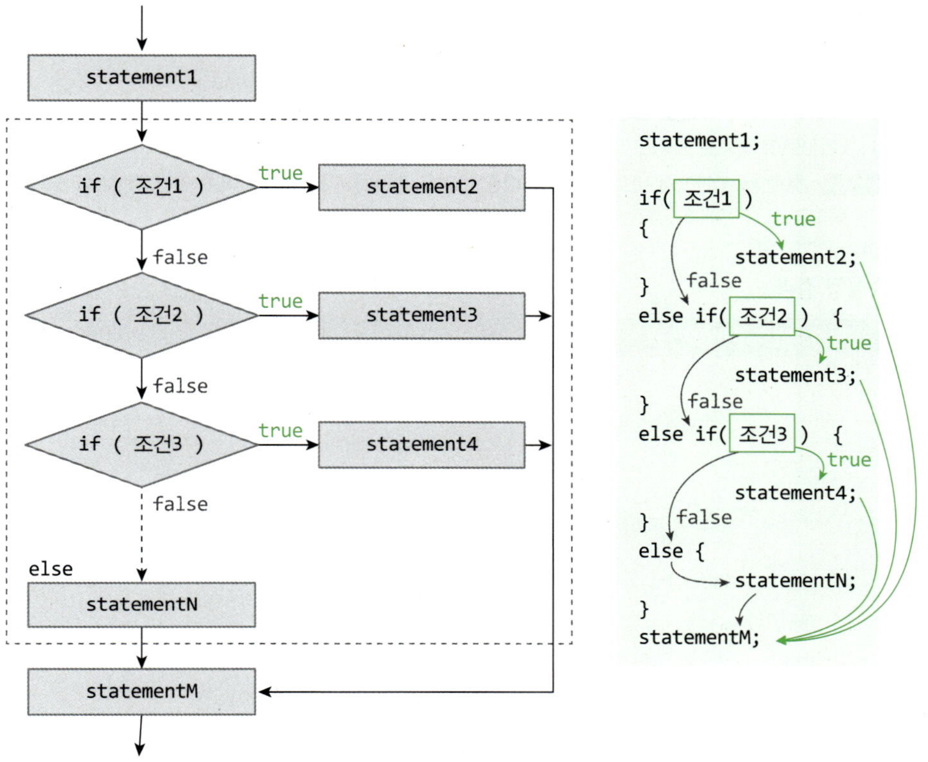

다중 if 문

예제 03-06-1 if ~ else 문을 이용한 다중 조건문

```c
#include <stdio.h>
int main()
{
    int x;
    printf("정수: ");
    scanf("%d", &x);
    if(x < 0)
        printf("음수\n");
    else if(x > 0)
        printf("양수\n");
    else
        printf("Zero\n");
}
```

해설

7: x가 0보다 작으면 8번을 실행한다.
9: x가 0보다 크면 10번을 실행한다.
11: x가 0보다 작지도 크지도 않으면 12번을 실행한다. 즉, 위의 두 조건을 모두 만족하지 않을 때.

Notice 첫 번째 조건에서 바로 만족하면 다른 조건은 검사하지 않는다. 어떠한 조건 중 하나라도 만족하면 그 조건에 해당하는 문장을 실행하며, 다른 문장은 검사조차 하지 않는다.

실행 결과

```
E:₩소스₩Ch03₩03-06-1.exe
정수: 0
Zero
```

예제 03-06-2 점수의 평점 매기기

```
1  #include <stdio.h>
2  int main()
3  {
4      int x;
5      printf("점수: ");
6      scanf("%d", &x);
7      if(x >= 90)              // 90점 이상일 때
8          printf("수\n");
9      else if (x >= 80)        // 90점 미만, 80점 이상일 때
10         printf("우\n");
11     else if (x >= 70)        // 80점 미만, 70점 이상일 때
12         printf("미\n");
13     else if (x >= 60)        // 70점 미만, 60점 이상일 때
14         printf("양\n");
15     else                     // 60점 미만일 때
16         printf("가\n");
17 }
```

해설

7: x가 90보다 크면 8번을 실행한다.
9: x가 80보다 크면 10번을 실행한다.
11: x가 70보다 크면 12번을 실행한다.
13: x가 60보다 크면 14번을 실행한다.
15: 위의 모든 조건이 만족하지 않으면 16번을 실행한다.

Try 5점 간격으로 A+에서 F까지 출력하도록 다시 작성하여 보자.

실행 결과

```
E:₩소스₩Ch03₩03-06-2.exe
점수: 83
우
```

예제 03-06-3 삼각형의 세 변수의 길이를 입력하여 다음과 같이 출력하는 프로그램을 작성하라.

1. 삼각형이 아님　　2. 정삼각형　　3. 이등변삼각형
4. 직각 삼각형　　5. 일반삼각형

```
1  #include <stdio.h>
2  int main()
3  {
4      int i, j, k;
5      printf("세 변의 값을 입력하시오 : ");
6      scanf("%d%*c%d%*c%d", &i, &j, &k);
7      if( i+j < k || i+k < j || j+k < i )
8          printf("삼각형이 아님\n");
9      else if(i == j && j == k && k == i)
10         printf("정삼각형\n");
11     else if( i == j || j == k || k == i)
12         printf("이등변삼각형\n");
13     else if(i*i + j*j == k*k || j*j + k*k == i*i || k*k + i*i == j*j)
14         printf("직각삼각형\n");
15     else
16         printf("일반삼각형\n");
17 }
```

해설

6: 세 변의 길이를 입력한다.
7, 8: 두 변의 합이 한 변의 길이보다 작으면 삼각형이 될 수 없다.
9, 10: 세 변의 길이가 모두 같으면 정삼각형이다.
11, 12: 두 변의 길이가 같으면 이등변 삼각형이다.
13, 14: 두 변의 제곱의 합이 한 변의 제곱의 합과 같으면 직각삼각형이다.
15, 16: 위의 모든 조건이 만족하지 않으면 일반삼각형이다.

Try 다중 조건에서는 프로그램의 순서에 따라 하나씩 걸러나가는 것이다. 따라서 이 프로그램에서 이등변삼각형은 정삼각형이 아닌 삼각형 중에서 두 변이 같은 삼각형이다. 그러므로 순서를 잘 결정해서 프로그래밍하여야 한다.

실행 결과

```
E:₩소스₩Ch03₩03-06-3.exe
세 변의 값을 입력하시오 : 3, 3, 3
정삼각형
```

예제 03-06-4 자동차를 새로 구입했을 때 세금 계산하기

```c
#include <stdio.h>
int main()
{
    unsigned int a, b, c, d, e, f, g;
    /* a:출고가, b:특별소비세 및 교육세, c:부가가치세, d:취득세,
      e:등록세, f:세금합계, g:차량 총 구입액 */
    unsigned int cc;                    /* 배기량 */
    unsigned int tax_ratio;             /*세금 요율 */

    printf("자동차 출고가를 입력하시오 : ");
    scanf("%d", &a);
    printf("자동차 배기량을 입력하시오 : ");
    scanf("%d", &cc);
    if(cc>2000)                         // 배기량별 세금 요율 적용
        tax_ratio = 130;                // 13% * 1000 (정수로 계산하기 위함)
    else if(cc>800)
        tax_ratio = 65;                 // 6.5% * 1000 (정수로 계산하기 위함)
    else
        tax_ratio = 0;                  // 0%

    // 특별 소비세 및 교육세
    b = (a/1000) * tax_ratio;           // 앞에서 요율에 1000을 곱한 값을 다시
                                        // 1000으로 나눠 줌
    // 부가가치세
    c = a/10 + b/10;                    // 각 10%
    // 취득세
    d = (a/100 + b/100) * 2;            // 각 2%
    // 등록세 계산
    if(cc>800)
        e = (a/100 + b/100) * 5;        // 각 5%
    else
        e = (a/100 + b/100) * 2;        // 각 2%
```

```
33     f = b + c + d + e;                    // 전체 세금
34     g = a + f;                            // 차량판매가격 + 세금
35     printf("\n자동차 가격 : \t\t%10d원\n", a);
36     printf("특별소비세 및 교육세: \t%10d원\n", b);
37     printf("부가가치세 : \t\t%10d원\n", c);
38     printf("취득세 : \t\t%10d원\n", d);
39     printf("등록세 : \t\t%10d원\n", e);
40     printf("세금 합계 : \t\t%10d원\n", f);
41     printf("차량 총 구입액 : \t%10d원\n", g);
42 }
```

해설

14~19: 배기량에 따른 세금 요율 적용
21~32: 각종 세금을 계산한다.
33: 신차 구입시 부과되는 세금
34: 세금 + 차 가격

실행 결과

```
E:₩소스₩Ch03₩03-06-4.exe
자동차 출고가를 입력하시오 : 24000000
자동차 배기량을 입력하시오 : 1998

자동차 가격 :           24000000원
특별소비세 및 교육세:     1560000원
부가가치세 :              2556000원
취득세 :                   511200원
등록세 :                  1278000원
세금 합계 :               5905200원
차량 총 구입액 :         29905200원
```

예제 03-06-5 점수에 대한 평가를 중첩 조건문을 이용하여 출력하기

```
#include <stdio.h>
int main()
{
    int x;
    printf("점수: ");
    scanf("%d", &x);
    if(x >= 60) {
        printf("Congratulations!!! Pass : ");
        if( x>= 90)
            printf("Excellent\n");
```

```c
11          else if (x >= 80)
12              printf("Very good\n");
13          else if (x >= 70)
14              printf("Good\n");
15          else
16              printf("Not bad\n");
17      }
18      else
19          printf("Sorry! : Fail\n");
20  }
```

해설

9: x가 90보다 크면 10번을 실행한다.
11: x가 80보다 크면 12번을 실행한다.
13: x가 70보다 크면 14번을 실행한다.
15: x가 60보다 크면 16번을 실행한다.
18: 위의 모든 조건이 만족하지 않으면 19번을 실행한다.

Try 5점 간격으로 A+에서 F까지 출력하도록 다시 작성하여 보자.

실행 결과

```
E:₩소스₩Ch03₩03-06-5.exe
점수: 76
Congratulations!!! Pass : Good
```

예제 03-06-6 년, 월을 입력받아 해당 월의 마지막 날 찾기

```c
#include <stdio.h>
int main()
{
    int year, month;
    printf("년: ");
    scanf("%d", &year);
    printf("월: ");
    scanf("%d", &month);
    if(month >= 1 && month <= 12) {          // 1월과 12월 사이이면
        if(month == 2) {                     // 2월이면
            // 윤년이면
            if( year%400 == 0 || (year%100) && (year%4 == 0) )
```

```
13                  printf("%d년 %d월은 29일까지 있습니다.\n", year, month);
14              else            // 윤년이 아니면
15                  printf("%d년 %d월은 28일까지 있습니다.\n", year, month);
16          }
17          // 4, 6, 9 또는 11월이면
18          else if(month==4 || month==6 || month==9 || month==11)
19              printf("%d년 %d월은 30일까지 있습니다.\n", year, month);
20          else                // 그 이외의 달(1, 3, 5, 7, 8, 10, 12월)인 경우
21              printf("%d년 %d월은 31일까지 있습니다.\n", year, month);
22      }
23      else {                  // 1월과 12월 사이가 아니면
24          printf("잘못된 입력입니다.\n");
25      }
26  }
```

해설

9: 월이 1월과 12월 사이이면 10~22 사이의 문장을 실행하고 그렇지 않으면 23~24의 문장을 실행한다.

10: 2월이면 11과 16 사이의 문장을, 4, 6, 9, 11월이면 19번 문장을, 그렇지 않으면 21번 문장을 실행한다.

Notice 3중 중첩된 if문을 사용하였다.

실행 결과

```
E:₩소스₩Ch03₩03-06-6.exe
년: 2016
월: 2
2016년 2월은 29일까지 있습니다.
```

유제 03-06-1 학점 평가를 다중 if를 이용하여 A, B, C, D, F로 출력하는 프로그램을 작성하라.

유제 03-06-2 2차 방정식의 3 개의 계수 a, b, c를 입력받아 판별식 $b^2 - 4ac$를 이용하여 0이면 "중근", 양수이면 "두 개의 실근", 음수이면 "허근"을 출력하는 프로그램을 다중 if를 이용하여 작성하라.

유제 03-06-3 내일의 날짜 구하기: 연월일을 입력하면 그 다음날을 출력하는 프로그램을 작성하라. 예를 들어 2010년 4월 30일 다음날은 2010년 5월 1일이다. 또 2012년 2월 28일 다음날은 2012년 2월 29일이다. 모든 경우의 수를 생각하여 프로그램하라.

03-07. switch ~ case 조건문

이 절에서는 조건이 여러 가지일 때 사용하는 **switch ~ case**를 보자. **if** 조건 중에서 특별한 경우 **switch ~ case**를 사용하면 좋은 경우가 있다. **if**보다 한눈에 구문을 파악할 수 있지만 한 가지 조건이 따른다. 이 조건은 **switch** 속의 조건이 반드시 정수형을 나타내는 식 또는 변수이어야 한다.

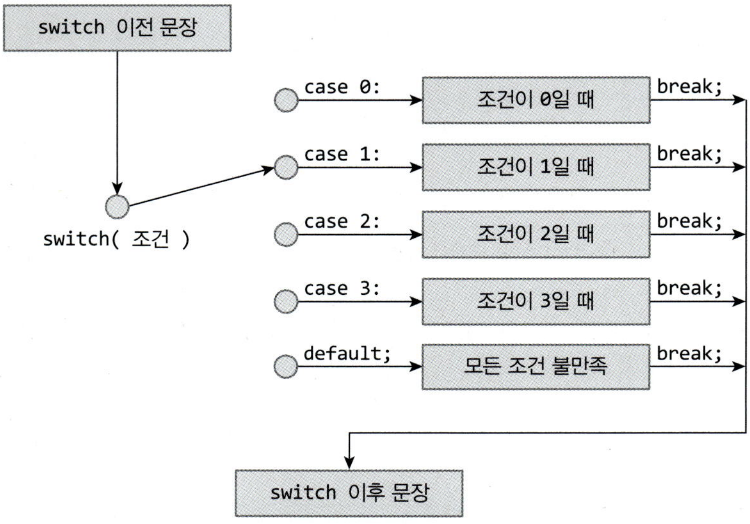

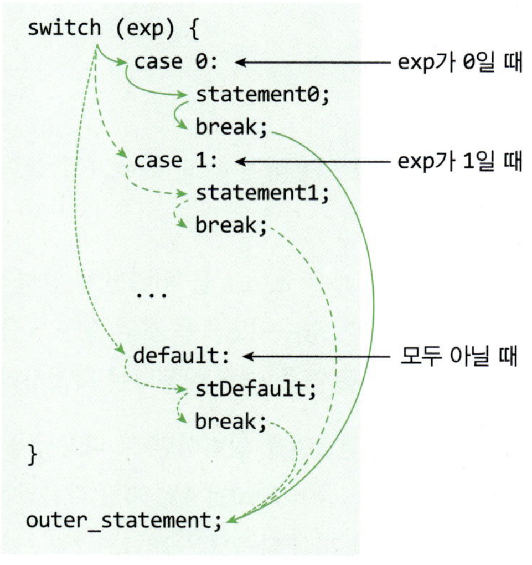

switch~case 문

case에 지정하는 값은 정수형 상수이다. 각 case에는 break;를 사용하여 다음 조건에 해당하는 문장을 실행하지 않도록 하는 것이 보통이며, 가끔은 break;를 사용하지 않고 여러 개의 조건을 논리적 OR로 실행하는 경우도 있다. 즉, 조건이 여러 개일 때는 break;를 필요한 곳에만 넣을 수도 있다(<예제03-07-2>).

예제 03-07-1 switch ~ case를 이용한 짝수, 홀수 판별

```
1  #include <stdio.h>
2  int main()
3  {
4      int x;
5      printf("정수: ");
6      scanf("%d", &x);
7      switch(x%2) {
8          case 0:
9              printf("짝수\n");
10             break;
11         case 1:                    // default:로 하여도 된다.
12             printf("홀수\n");
       }
   }
```

해설

7: x%2는 정수식이다. 이 식의 결과(0 또는 1)에 따라서 case 실행문이 달라진다.
8: x%2의 결과가 0일 경우 9번 문장을 실행한다.
10: break를 만나면 switch ~ case를 빠져나간다.
11: x%2의 결과가 1일 경우 12번 문장을 실행한다. 이 예에서는 조건이 0, 1 두 가지 밖에 없으므로 case 1: 대신에 default:를 사용해도 무방하다.

Notice 조건은 반드시 정수형이어야 하며, case에는 정수형 상수가 와야 한다. break;는 더 이상 switch ~ case 속의 다음 문장을 실행하지 않게 한다. 즉, switch ~ case 블록을 빠져나간다.

실행 결과

```
E:₩소스₩Ch03₩03-07-1.exe
정수: 29
홀수
```

예제 03-07-2 switch ~ case를 이용한 점수 평가

```
1  #include <stdio.h>
2  int main()
3  {
4      int x;
5      printf("점수: ");
6      scanf("%d", &x);
7      switch(x/10) {              // 10으로 나눈 몫을 계산한다.
8          case 10:
9          case 9:
10             printf("A\n");
11             break;
12         case 8:
13             printf("B\n");
14             break;
15         case 7:
16             printf("C\n");
17             break;
18         case 6:
19             printf("D\n");
20             break;
21         default :
22             printf("F\n");
23     }
24 }
```

해설

7: x/10은 정수식이다. x가 0부터 100까지가 입력되면 이 식의 결과는 0부터 10까지 값을 가지게 된다.

8: 결과가 10이면 이어서 실행한다. 즉, case 9:가 case 10:에 포함된 것처럼 동작한다. 즉, A를 출력한다.

9: 결과가 9이면 A를 출력하고 switch ~ case를 끝낸다.

12: 결과가 8이면 B를 출력하고 switch ~ case를 끝낸다.

21: 결과 값이 5 이하이면 F를 출력하고 switch ~ case를 끝낸다.

Notice 조건이 여러 개일 때는 break;를 쓰지 않고 이어지는 다른 문장을 나열한다.

실행 결과

```
E:₩소스₩Ch03₩03-07-2.exe
점수: 100
A
```

```
E:₩소스₩Ch03₩03-07-2.exe
점 수: 87
B
```

예제 03-07-3 case에 여러 개의 문장이 포함되는 경우

```c
1  #include <stdio.h>
2  int main()
3  {
4     float tc, tf;
5     int select;
6     printf(" 1 : 화씨 -> 섭씨\n 2 : 섭씨 - > 화씨\n");
7     printf("선택 : ");
8     scanf("%d", &select);
9     switch (select) {
10            case 1:
11                 printf("화씨온도를 입력하시오 : ");
12                 scanf("%f", &tf);
13                 tc = ( tf -32 ) * 5. / 9.;
14                 printf("화씨온도 %5.1f는 섭씨온도 %5.1f입니다.\n", tf, tc);
15                 break;
16            case 2:
17                 printf("섭씨온도를 입력하시오 : ");
18                 scanf("%f", &tc);
19                 tf = 9. / 5. * tc + 32.;
20                 printf("섭씨온도 %5.1f는 화씨온도 %5.1f입니다.\n", tc, tf);
21                 break;
22            default:
23                 printf("잘못된 선택입니다.\n");
24     }
25 }
```

해설

6, 7: 입력에 대한 설명을 출력한다.
8: 선택할 번호를 입력한다.
9: select는 정수형 변수이다.
10: 선택한 번호가 1일 때 11부터 14까지 실행한다.
15: 선택한 번호 1에 대한 명령이 모두 실행되면 switch ~ case를 벗어난다.
16: 선택한 번호가 2일 때 17부터 20까지 실행한다.

21: 선택한 번호 2에 대한 명령이 모두 실행되면 switch ~ case를 벗어난다.

22: 선택한 번호가 1 또는 2가 아닐 때 에러 메시지 23번을 실행하고 끝낸다.

Notice 한 조건에 대한 명령이 여러 개일 때 break; 이전까지 계속 실행한다.

실행 결과

```
E:₩소스₩Ch03₩03-07-3.exe
 1 : 화씨 -> 섭씨
 2 : 섭씨 - > 화씨
선택 : 2
섭씨온도를 입력하시오 : 31
섭씨온도  31.0는 화씨온도  87.8입니다.
```

예제 03-07-4 오늘은 올해의 몇 번째 날인가?

```c
#include <stdio.h>
int main()
{
    int year, month, date, dates, leap=0;

    printf("년 :");
    scanf("%d", &year);
    printf("월 :");
    scanf("%d", &month);
    printf("일 :");
    scanf("%d", &date);

    dates = date;
    leap = (year % 4 == 0 && year % 100 != 0) || (year % 400 == 0);   // 윤년 판단
    switch(month) {
        case 2: dates += 31; break;
        case 3: dates += (leap+59); break;
        case 4: dates += (leap+90); break;
        case 5: dates += (leap+120); break;
        case 6: dates += (leap+151); break;
        case 7: dates += (leap+181); break;
        case 8: dates += (leap+212); break;
        case 9: dates += (leap+243); break;
        case 10: dates += (leap+273); break;
        case 11: dates += (leap+304); break;
        case 12: dates += (leap+334); break;
```

```
27      }
28
29      if( (month <0 || month >12) || (date < 0 || date > 31) )
30          printf("Error\n");
31      else
32          printf("%d년 %d월 %d일은 %d년의 %d번째 날입니다.\n",
33              year, month, date, year, dates);
34  }
```

해설

4: 각종 변수 선언
6~11: 년, 월, 일 입력
14: 윤년인지 판단한다.
15~26: 해당 월이 입력되면 그 월 이전까지 며칠인지 switch ~ case로 계산한다. 단 2월 이후부터는 윤년이면 0 또는 1(leap)을 더한다.
28~29: 잘못된 입력이 있을 경우 에러메시지 출력. 완벽하진 않지만 단순하게 써 보았다.
30~32: 정상적인 입력일 경우 오늘까지의 날짜를 출력한다.

실행 결과

```
E:₩소스₩Ch03₩03-07-4.exe
년 :2014
월 :8
일 :20
2014년 8월 20일은 2014년의 232번째 날입니다.
```

유제 03-07-1 switch_case를 이용하여 학점 평가를 5점 단위로 A, A+, B, B+, ... 순으로 출력하라.

유제 03-07-2 switch_case를 이용하여 자동차 구입 연한에 따른 보유세 할인율을 구하라. 보유세는 처음 2년 동안은 100% 모두 납부하고, 3년째부터는 5%씩 매년 감세되며, 50%까지만 감세된다.

03-08. goto 문

조건 제어문의 마지막으로 goto를 살펴보자. goto는 지정된 레이블 이름을 가진 곳으로 실행의 순서를 옮기는 것이다. 보통 if조건문과 함께 사용한다. 초기 컴퓨터 프로그램에서는 많이 사용하였으나 현재와 같이 컴파일러와 프로그램 자체의 수준이 많이 향상된 경우에는 거의 사용하지 않는 명령이다. 따라서 이 **goto** 명령은 자주 사용하지 않는 것이 좋겠다. 하지만 꼭 필요한 곳에 쓰면 프로그램의 코딩을 줄일 수 있는 경우도 간혹 존재한다. 실제로 **goto**만 있으면 모든 프로그램의 작성이 가능하다.

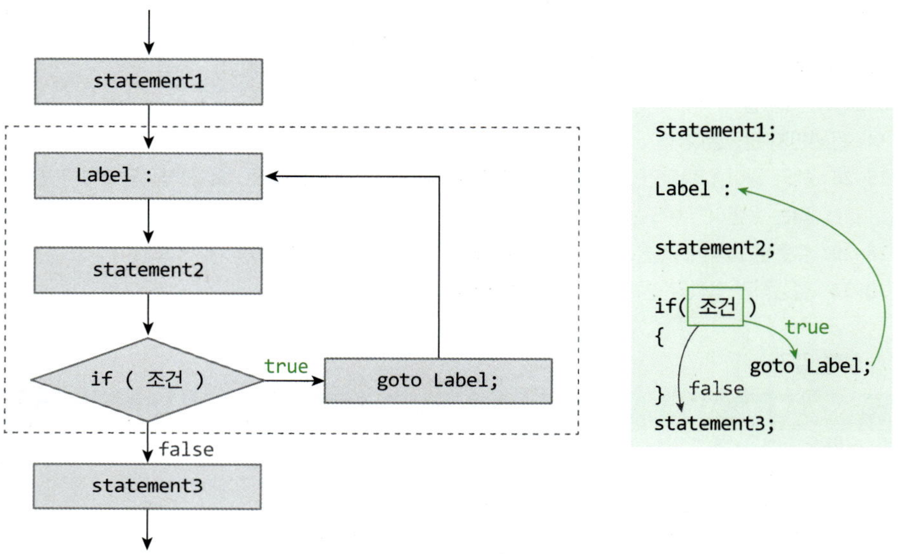

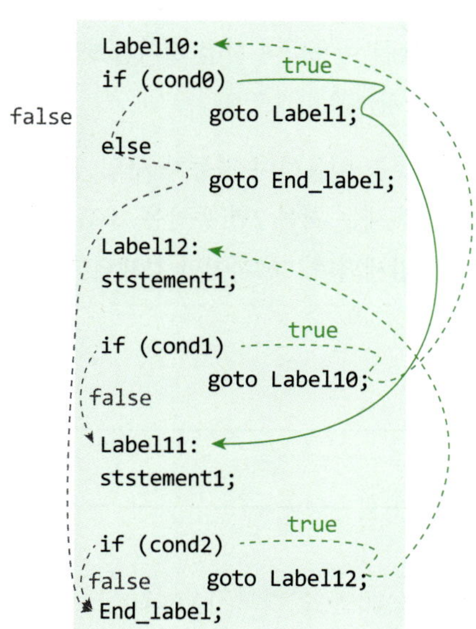

goto 문

예제 03-08-1 goto를 이용한 1부터 100까지 합 구하기

```
1  #include <stdio.h>
2  int main()
3  {
4      int x=0, sum=0;
5
6  loop:                    // 레이블 설정
7      x++;                 // x를 1증가
8      sum += x;            // sum = sum + x;와 같은 식
9
10     if(x<100)            // x가 100보다 작으면
11         goto loop;       // 지정된 레이블(loop)이 있는 곳으로 이동
12
13     printf("sum = %d\n", sum);
14 }
```

해설

4: 초깃값 x와 sum을 0으로 설정

6: 레이블 지정. 이 레이블은 변수명과 같은 방법으로 지정한다. main 함수 내의 어느 위치에 있든지 간에 goto loop;라고 하면 바로 여기로 제어를 옮긴다.

7, 8: 계산식을 수행한다.

10: x가 100보다 작으면

11: loop라는 레이블이 있는 곳으로 이동한다. 즉, x가 100보다 크면 바로 다음 문장으로 내려간다. 레이블로 가서 다시 7,8번 문장을 실행한다. 반복 실행하다가 어느 순간 x가 100이 되면 loop로 더 이상 제어가 넘어가지 않는다. 즉, 100바퀴를 돌고 나면 x가 100이 된다.

Notice goto는 함수 밖으로, 또는 다른 함수 안으로는 갈 수 없다. 또 뒤에 나올 반복문(for, while, do~while)의 밖에서 반복문 속으로도 들어갈 수 없다. 단 반복문 안에서 밖으로 나오는 것은 가능하다.

실행 결과

```
E:₩소스₩Ch03₩03-08-1.exe
sum = 5050
```

예제 03-08-2 goto를 이용한 구구단 출력하기

```
1  #include <stdio.h>
2  int main()
3  {
4      int x=1, y;
5  outer_loop:      // 바깥쪽 레이블 설정
6      x++;
7      printf("   %d단\n", x);
8      y=0;
9  inner_loop:      // 안쪽 레이블 설정
10     y++;
11     printf("%2d * %2d = %2d\n", x, y, x*y);
12     if(y<9)
13         goto inner_loop;
14     printf("\n");
15     if(x<9)
16         goto outer_loop;
17 }
```

해설

4: 변수 x와 y를 선언하고 x에는 초깃값 1을 지정한다.
5: 바깥쪽 루프이다. 16번에서 여기로 제어가 이동한다.
6: x를 1증가한다. x는 각 단의 수가 된다.
7: 단 이름을 출력한다.
8: 단 내의 변수 y를 0으로 설정한다.
9: 안쪽 루프이다. 13번에서 여기로 제어가 이동한다.
10: y를 1증가한다.
11: 각 단의 한 줄을 출력한다. 예를 들면 맨 처음 출력되는 값은 2 * 1 = 2이다.
12, 13: 단 내의 변화값인 y가 9보다 작으면 10으로 가서 1증가시킨다.
14: 단과 단 사이를 한 줄 비운다.
15, 16: 단이 9보다 작으면 6으로 가서 x를 하나 증가시킨다.

Notice 루프를 벗어나는 조건이 반드시 있어야 한다. 이 조건이 없으면 무한루프에 빠지게 된다. 여기서는 x의 값과 y의 값이 변화되고, if문에서 조건을 비교하여 빠져나가도록 한다.

실행 결과

```
E:₩소스₩Ch03₩03-08-2.exe
7 *  7 = 49
7 *  8 = 56
7 *  9 = 63

   8단
8 *  1 =  8
8 *  2 = 16
8 *  3 = 24
8 *  4 = 32
8 *  5 = 40
8 *  6 = 48
8 *  7 = 56
8 *  8 = 64
8 *  9 = 72

   9단
9 *  1 =  9
9 *  2 = 18
9 *  3 = 27
9 *  4 = 36
9 *  5 = 45
9 *  6 = 54
9 *  7 = 63
9 *  8 = 72
9 *  9 = 81
```

예제 03-08-3 goto를 이용하여 알파벳 'A'부터 'Z'까지 출력하기

```
1  #include <stdio.h>
2  int main()
3  {
4      char ch='A';      // 초깃값 설정
5
6  loop:                 // 레이블 설정
7      printf("%c", ch);
8      ch++;             // ch를 1증가
9      if(ch<='Z')       // ch가 'Z'보다 작거나 같으면
10         goto loop;    // 지정된 레이블(loop)이 있는 곳으로 이동
11 }
```

해설

4: 초깃값 ch를 'A'로 설정

6: 레이블 지정

7: 문자 출력

8: 문자 1 증가, 문자형도 정수형이므로 증가, 감소가 가능하다.

9: 'Z'보다 작거나 같으면 loop로 제어를 이동한다.

실행 결과

```
E:₩소스₩Ch03₩03-08-3.exe
ABCDEFGHIJKLMNOPQRSTUVWXYZ
```

유제 03-08-1 어떤 정수의 약수를 구하는 프로그램을 goto를 이용하여 작성하라.

유제 03-08-2 goto를 이용하여 패스워드를 세 번까지만 검사하는 프로그램을 작성하라. 단, 패스워드가 일치하면 빠져나간다. 단, 패스워드는 정수값이라고 간주한다.

유제 03-08-3 2의 0승에서 30승까지를 goto를 이용하여 계산하고 출력하는 프로그램을 작성하라. 단, 비트 연산자를 사용한다.

참고 : 연산자 정리

산술연산자

연산자 이름		문법	예: a=10, b=20일 때
단항 부호(양수)		+a	x = +a; // x는 10이 된다.
덧셈		a + b	x = a + b; // x는 30이 된다.
증가	전치	++a	x = ++a; // x는 11이 되고, a도 11이 된다.
	후치	a++	x = a++; // x는 10이 되고, a는 11이 된다.
덧셈 대입		a += b	a += b; // a는 20이 된다.
단항 부호(부호 바꿈)		-a	x = -a; // x는 -10이 된다.
뺄셈		a - b	x = a - b; // x는 -10이 된다.
감소	전치	--a	x = --a; // x는 9가 되고, a도 9가 된다.
	후치	a--	x = a--; // x는 10이 되고, a는 9가 된다.
뺄셈 대입		a -= b	a -= b; // a는 -10이 된다.
곱셈		a * b	x = a * b; // x는 200이 된다.
곱셈 대입		a *= b	a *= b; // a는 200이 된다.
나눗셈		a / b	x = a / b; // a, b가 모두 정수형일 때 x는 0이 되고, a, b 둘 중 하나라도 실수형일 때 x가 정수형이면 0.0, 실수형이면 0.5가 된다.
나눗셈 대입		a /= b	a /= b; // a, b가 모두 정수형일 때 a는 0이 되고, a가 실수형이면 a는 0.5가 된다.
나머지		a % b	x = a % b; // a, b 모두 정수형이어야 한다. 여기서는 a를 b로 나눈 나머지이므로 x는 10이 된다.
나머지 대입		a %= b	a %= b; // a는 a를 b로 나눈 나머지이므로 a는 10이 된다.

비교연산자(관계연산자: 참, 거짓 판단)

연산자 이름	문법	예: a=10, b=20일 때
작음	a < b	x = a < b; // a가 b보다 작으므로 참이다. 그러므로 x=1
작거나 같음	a <= b	x = a <= b; // a가 b보다 작거나 같으므로 참이다. 그러므로 x=1
큼	a > b	x = a > b; // a가 b보다 크지 않으므로 거짓이다. 그러므로 x=0
크거나 같음	a >= b	x = a >= b; // a가 b보다 크거나 같지 않으므로 거짓이다. 그러므로 x=0
같지 않음	a != b	x = a != b; // a는 b와 같지 않으므로 참이다. 그러므로 x=1
같음	a == b	x = a != b; // a는 b와 같지 않으므로 거짓이다. 그러므로 x=0

논리연산자(참, 거짓 판단)

<table>
<tr><th>연산자 이름</th><th>문법</th><th>예: x=10, y=20일 때</th></tr>
<tr><td>논리부정(NOT)</td><td>!a</td><td>!(x<y); // x가 y보다 작으므로 참이다. 따라서 !참이므로 결과는 거짓이다.</td></tr>
<tr><td>논리AND(logical AND)</td><td>a && b</td><td>x<10 && y<100;
// 두 조건이 모두 참이므로 논리 AND는 참이다.</td></tr>
<tr><td>논리OR(logical OR)</td><td>a || b</td><td>x<10 || y<10;
// 하나의 조건이라도 만족하므로 논리 OR는 참이다.</td></tr>
</table>

비트연산자(비트 단위 연산: 정수형의 데이터에만 적용)

연산자 이름	문법	예: x=10, y=20일 때 (2진수로 10=00001010_2, 20=00010100_2이다)
왼쪽시프트	a << b	x = x << 2; // x를 왼쪽으로 2자리 시프트(곱하기 2^2)한다. 따라서 x는 40(00101000_2)이 된다.
왼쪽시프트 대입	a <<= b	x <<= 2; // x를 왼쪽으로 2자리 시프트(곱하기 2^2)한다. 따라서 x는 40(00101000_2)이 된다.
오른쪽시프트	a >> b	y = y >> 2; // y를 오른쪽으로 2자리 시프트(나누기 2^2)한다. 따라서 y는 5(00000101_2)가 된다.
오른쪽시프트 대입	a >>= b	y >>= 2; // y를 오른쪽으로 2자리 시프트(나누기 2^2)한다. 따라서 y는 5(00000101_2)가 된다.

<table>
<tr><td>비트부정
(1의 보수, NOT)</td><td>~a</td><td>a = ~x;   // a는 11110101이 된다.</td></tr>
<tr><td>비트AND</td><td>a & b</td><td>a = x & y; // 각 자리수를 모두 AND한다. 따라서 0이 된다.</td></tr>
<tr><td>비트AND 대입</td><td>a &= b</td><td>x &= y; // 각 자리수를 모두 AND한다. 따라서 0이 된다.</td></tr>
<tr><td>비트OR</td><td>a | b</td><td>a = x | y;
// 각 자리수를 모두 OR한다. 따라서 00011110_2(=30)이 된다.</td></tr>
<tr><td>비트OR 대입</td><td>a |= b</td><td>x |= y;
// 각 자리수를 모두 OR한다. 따라서 00011110_2(=30)이 된다.</td></tr>
<tr><td>비트XOR</td><td>a ^ b</td><td>a = x ^ y;
// 각 자리수를 모두 XOR한다. 따라서 00000000_2이 된다.</td></tr>
<tr><td>비트XOR 대입</td><td>a ^= b</td><td>x ^= y;
// 각 자리수를 모두 XOR(다르면 1, 같으면 0)한다. 따라서 00000000_2이 된다.</td></tr>
</table>

기타연산자(포인터, 멤버, 배열, 3항 조건연산자, 형 변환 등)

연산자 이름	문법	예: x=10, y=-20, *xp, array[10]; 일 때
단순대입	a = b	x = y; // x는 -20이 된다.
함수호출	a()	x = abs(y); // x는 20이 된다.
배열첨자	a[b]	x = array[5]; // x에는 배열 array의 6번째 요소의 값이 저장된다.
포인터(간접연산: dereference)	*a	xp = &x; y = *xp; // y는 -20이 된다.
주소연산자 (reference)	&a	xp = &x; // xp는 x의 주소가 저장된다.
포인터에 의한 멤버호출	a->b	a가 구조체 포인터 변수이고, b는 구조체의 멤버일 때, 구조체의 멤버를 호출한다.
멤버	a.b	a가 구조체 변수이고, b는 구조체의 멤버일 때, 구조체의 멤버를 호출한다. C++에는 없음
형변환	(type) a	(double) a; // a의 데이터형을 double로 변환한다.
콤마	a, b	여러 개의 변수나 상수를 나열할 때 쓴다.
3항 조건연산자	a ? b : c	a = x<10 ? 0 : 1; // x가 10보다 작으면 a에 0을 그렇지 않으면 a에 1을 저장한다. C++에는 없음
크기반환연산자	sizeof(a)	sizeof(int); // 데이터형의 크기를 바이트 단위로 반환한다. int형은 4바이트이다. C++에는 없음

연산자의 우선순위

우선순위	연산자	설명	결합순서
1	() []	괄호, 배열인덱스	왼쪽->오른쪽
	. ->	구조체 멤버 액세스	
	++ --	후치연산(postfix)	
2	++ -- ~ ! sizeof	단항 연산(전치:prefix)	오른쪽->왼쪽
	* &	간접 및 참조(포인터)	
	+ -	단항 부호	
3	(type)	형 변환(캐스트)	오른쪽->왼쪽
4	.* ->*	포인터 멤버 참조	왼쪽->오른쪽
5	* / %	곱셈	왼쪽->오른쪽
6	+ -	덧셈	왼쪽->오른쪽
7	<< >>	시프트	왼쪽->오른쪽
8	< > <= >=	비교 관계	왼쪽->오른쪽
9	== !=	상등 관계	왼쪽->오른쪽
10	&	비트 AND	왼쪽->오른쪽
11	^	비트 XOR	왼쪽->오른쪽
12	|	비트 OR	왼쪽->오른쪽
13	&&	논리 AND	왼쪽->오른쪽
14	||	논리 OR	왼쪽->오른쪽
15	?:	조건	오른쪽->왼쪽
16	= *= /= %= += -= >>= <<= &= ^= |=	대입	오른쪽->왼쪽
17	,	콤마(여러 개의 식을 나열할 때)	왼쪽->오른쪽

연습문제

01. 관계(비교)연산자를 사용하여 두 데이터의 비교 결과에 따라 "True", "False"를 출력하는 프로그램을 작성하라. 필요하면 조건연산자도 사용한다.

02. 관계연산자, 논리연산자(logical AND:&&, OR:||, NOT:!), 조건연산자의 복합사용 예를 프로그램으로 작성하라.

03. 비트연산자를 사용(bitwise AND:&, OR:|, XOR:^, NOT:~)하여 데이터를 연산하는 방법을 프로그램으로 작성하여 보라. 단, 결과를 2진수로 출력하여 확인하라. 10진수를 2진수로 변화하는 itoa() 함수를 사용한다. itoa()는 표준함수는 아니지만 대부분의 컴파일러에서 제공한다.

```
itoa(정수, 문자열변수, 변환하고자하는 진수),
    예 itoa(293, str, 2);  여기서 str은 문자열변수
```

04. 비트연산자를 이용하여 2의 보수를 만드는 방법을 제시하라.

05. C의 연산자를 이용하여 어떤 정수를 0으로 만드는 10가지 방법을 제시하라.

06. 시프트 연산자를 이용하여 2, 4, 8, 16을 곱하거나 나누는 연산을 프로그램으로 작성하라.

07. 조건연산자를 이용하여 5개의 데이터 중 가장 작은 값을 출력하는 프로그램을 작성하라.

08. 어떤 정수를 입력하여 3의 배수이면 "3의 배수", 3의 배수가 아니면 "3의 배수 아님"을 출력하는 프로그램을 조건연산자를 이용하여 작성하라.

09. 실수 값을 입력하고, 입력 값이 음수이면 if 문을 이용하여 양수로 바꾸어 제곱근을 계산하는 프로그램을 작성하라.

10. 다음 입력 예와 같이 전화번호를 입력하여 휴대전화인지 유선전화인지 구별하는 프로그램을 작성하라. 단, 앞자리가 (02~06x)로 시작하면 유선전화, 앞자리가 01x로 시작하면 휴대전화라고 가정한다.

```
입력 예 ) 02-3838-9090 또는 011-203-4030 또는 02)494-4949
scanf함수 사용 예) scanf("%d%[)-]%d-%d", &x, delimeter, &y, &z);
```

11. switch ~ case를 이용하여 다음과 같이 단위를 환산하여 출력하는 프로그램을 작성하라(1Km = 0.62137Miles, 1Km = 3280.8feet, 1Mile = 1.6093Km, 1Mile = 5280feet, 1Feet = 0.000304Km, 1Feet = 0.000189 Miles).

```
1. kilometers -> Miles
2. Kilometers -> Feet
3. Miles -> Kilometers
4. Miles -> Feet
5. Feet -> Miles
6. Feet -> Kilometers
0. Quit
번호를 선택하시오 :
```

12. 다음과 같은 음식 메뉴가 있을 때 첫 알파벳을 입력하면 그 가격을 출력하는 프로그램을 switch ~ case를 이용하여 작성하라. 단, 가격은 여러분이 적절하게 설정하고, 대소문자에 관계없이 실행되어야 한다. 해당하는 문자로 시작하는 단어가 없으면 바로 끝낸다.

```
(C) coffee
(D) doughnut
(H) hamburger
(P) pizza
(S) spaghetti
(T) tea
(Q) quit
What do you want?
```

13. 연월일을 입력하면 그 다음 날을 출력하는 프로그램을 작성하라. 예를 들어 2010년 4월 30일 다음날은 2010년 5월 1일이다. 또 2012년 2월 28일 다음날은 2012년 2월 29일이다. 모든 경우의 수를 생각하여 프로그래밍하라.

14. Zeller의 공식을 이용하여 연월일을 입력하면 "주중" 또는 "주말"로 구분하여 출력하는 프로그램을 작성하라. 월요일~목요일은 "주중"으로 금요일~일요일은 "주말"로 출력한다.

> ※ Zeller의 공식 : $[21a/4]+[5b/4]+[26(c+1)/10]+d-1$
> a:년도의 앞 두 자리, b:년도의 뒤 두 자리, c:월, d:일, []는 정수연산을 의미한다. 계산 결과를 7로 나누어 나머지가 0, 1, 2, 3, 4, 5, 6이면, 일, 월, 화, 수, 목, 금, 토가 된다. 단, 1월과 2월은 전년도의 13월과 14월이 된다.

15. 월을 입력하면 봄, 여름, 가을, 겨울로 구분하는 프로그램을 if문과 switch문을 이용하여 각각 따로 작성하라(봄:3~5월, 여름:6~8월, 가을:9~11월, 겨울:12~2월).

16. if와 goto를 이용하여 10개의 정수 값을 입력하고, 이들 입력 값의 합계와 평균을 계산하라. 그리고 입력 값들 중에서 최댓값과 최솟값이 무엇인지 찾아 출력하는 프로그램을 작성하라.

17. if와 goto를 사용하여 정수 데이터를 입력하고, 이들 입력 값들의 합계와 평균을 구하라. 단, 음수가 입력되면 종료한다.

18. 골프에서 어떤 홀에 공을 몇 타에 넣는가를 부르는 용어는 다음 표와 같다. 이를 switch ~ case를 이용하여 숫자를 입력받은 뒤 용어를 출력하는 프로그램을 작성하라.

숫자	별칭	의미
-5	Ostrich	5 언더 파
-4	Condor	4 언더 파
-3	Albatross	3 언더 파
-2	Eagle	2 언더 파
-1	Birdie	1 언더 파
0 (Even)	Par	Even 파
+1	Bogey	1 오버 파
+2	Double Bogey	2 오버 파
+3	Triple Bogey	3 오버 파
+4	Quadruple Bogey	4 오버 파

19. switch ~ case를 이용하여 년, 월을 입력하면 그 월의 마지막 날을 출력하는 프로그램을 작성하라. 단, 2월이 윤달인지도 계산하여야 한다.

20. 2차 방정식의 판별식을 구하고, 판별식에 따른 상황 및 근을 구하여 출력하는 프로그램을 switch ~ case로 작성하라. 정수 변수(discriminant:판별식)를 하나 두고, 판별식이 0보다 작으면 0을, 0이면 1을, 0보다 크면 2를 저장해 둔다. 그리고 이 변수에 따른 switch ~ case를 작성하여, 판별식이 0보다 작으면 "2개의 허근", 0이면 "1개의 실근", 0보다 크면 "2개의 실근"이라고 출력한다. 또한 근이 존재할 때 근도 구하여 출력한다.

단, 2차 방정식은 $ax^2 + bx + c = 0$이며, 계수 a, b, c를 scanf()함수로 입력하여 판별식 $b^2 - 4ac$를 구한다. 2차 방정식의 근의 공식은 $\frac{-b \pm \sqrt{b^2 - 4ac}}{2a}$이다.

21. 어떤 공원에 입장을 하는데 7세 이하는 무료입장, 8세~12세는 초등학생 요금(500원), 13~19세는 청소년 요금(700원), 20~64세 까지는 성인요금(1500원), 65세 이상은 경로 우대 요금(1000원)을 받는다. 나이를 입력받아 그 나이에 해당되는 문구를 if ~ else 문으로 작성하여 출력하는 프로그램을 작성하라.

22. if와 goto를 사용하여 1부터 3씩 증가하는 수열을 100번째 항까지 합하는 프로그램을 작성하라.

```
sum = 1 + 4 + 7 + 10 + 13 + ···
```

23. 레스토랑에서 주문 받는 과정을 프로그램으로 작성하라. 먼저 변수(count)를 하나 두고 순서대로 1, 2, 3을 카운트한다. goto문을 이용하여 루프를 수행하면서 카운트 한다. count가 0, 1, 2일 때 switch ~ case를 사용하여 순서대로 주문을 받는다. 주문은 scanf함수를 이용하여 단순히 문자열을 입력받는다. 마지막에는 주문 받은 순서대로 출력한다.

```
Appetizer(1) -> Main course(2) -> dessert(3)
```

24. 대학생의 학년을 입력받아 switch ~ case를 거쳐 학년별로 다시 학기를 입력받아 학년/학기 별로 수강과목을 출력하는 프로그램을 여러분들의 교과과정을 참고하여 다중 switch ~ case를 이용하여 작성하라.

25. 어떤 건물의 층별로 사무실을 안내하는 프로그램을 작성하라. 이 건물은 5층까지 있고, 각 층에는 여러 사무실이 있다. 층을 입력받아 각 층에 있는 모든 사무실을 출력하는 프로그램을 switch ~ case를 이용하여 작성하라.

26. 주민등록 번호를 "990101-1234567" 과 같이 입력하여, 남자인지 여자인지 구별하는 프로그램을 작성하라. 성별을 구별하는 기준은 다음 표와 같다. switch ~ case를 이용하여 년도에 관계없이 내국인 남, 여, 외국출신 남, 여만 구분하라. 단, 제대로 입력이 되었다고 가정하고, 정상적으로 입력한다고 가정한다.

Hint 데이터 입력 방법 : 다음과 같이 하여 gender를 기준으로 한다. gender는 문자이다.

```
char birth[7], dash[2], gender, etc[7];
printf("주민등록번호를 입력하시오 : ");
scanf("%[^-]%[-]%c%[^\n]", birth, dash, &gender, etc);
```

구분 년도	한국인		외국출신	
	남자	여자	남자	여자
1900 ~ 1999	1	2	5	6
2000 ~ 2099	3	4	7	8

27. 주택 전기 요금은 다음 표와 같이 누진세를 적용하고 있다. 다음 표를 이용하여 전기 요금을 계산하는 프로그램을 switch ~ case를 이용하여 작성하라(http://cyber.kepco.co.kr/ , 2010년 현재).

<계산 방법>

예 : 206Kwh 사용할 경우

① 전기요금 = 기본요금 + 처음100Kwh*56.20 + 다음100Kwh*116.10 + 6Kwh*171.60
= 1460 + 5620 + 11610 + 1029 = 19719원

② 부가가치세 = 전기요금 * 10% = 1972원(원 미만 4사 5입)

③ 전력기반요금 = 전기요금 * 3.7% = 720원(10원 미만 절사)

④ 청구금액 = 전기요금 + 부가가치세 + 전력기반요금
= 19719 + 1972 + 720 = 22410원(10원 미만 절사)

기본요금(원/가구)		전력량 요금(원/Kwh)	
100Kwh 이하 사용	380	처음 100Kwh까지	56.20
101-200Kwh 사용	840	다음 100Kwh까지	116.10
201-300Kwh 사용	1,460	다음 100Kwh까지	171.60
301-400Kwh 사용	3,490	다음 100Kwh까지	253.60
401-500Kwh 사용	6,540	다음 100Kwh까지	373.70
500Kwh 초과 사용	11,990	500Kwh 초과	656.20

나머지 조건들은 모두 무시하고 이 조건만 적용하여 프로그램을 작성하라.

28. 다음 식은 신체질량지수(BMI)를 계산하는 식이다. 이 공식을 이용하여 자신의 신체질량지수를 구하고 판정하는 프로그램을 if~else를 이용하여 작성하라. 여기서 몸무게는 kg단위이고, 키는 m단위이다. 키를 입력할 때 175cm이면 1.75m로 바꾸어 입력하여야 한다. 2장 연습문제에서 작성한 프로그램을 수정하여라.

$$BMI = \frac{몸무게}{키^2} = \frac{kg}{m^2}$$

판정	기준
저체중	20 미만
정상	20 ~ 24
과체중	25 ~ 29
비만	30 이상

29. 다음은 과속단속 기준표이다. 시속 100km도로라 가정하고 자동차의 속도를 입력하면 벌금과 벌점을 출력하는 프로그램을 if~else를 이용하여 작성하라.

속도	벌금	벌점
정속도(10km/h 이하)	0	0점
속도위반(10km/h 초과 20km/h이하)	30,000원	0점
속도위반(20km/h 초과 40km/h 이하)	60,000원	15점
속도위반(40km/h 초과 60km/h 이하)	90,000원	30점
속도위반(60km/h 초과):면허정지	120,000원	60점

30. 겨울철의 기온이 $t(°C)$이고 풍속이 $v(m/\sec)$일 때 체감온도 $T(°C)$를 구하는 공식이 다음과 같을 때, 이 체감온도를 구하는 프로그램을 작성하라.

$$T = 33 - 0.047 \times (33 - t) \times (10.45 + 8.69\sqrt{v} - 0.755v)$$

31. $1^2 + 2^2 + 3^2 + \cdots + i^2$이 2000을 초과하는 가장 작은 i와 그 때의 합을 구하여 출력하는 프로그램을 if와 goto를 이용하여 작성하라.

32. 부호 없는 정수(unsigned int)를 지정된 비트 수 만큼 왼쪽으로 회전하는 프로그램을 연산자를 이용하여 작성하라. 회전이란 이동(shift)하고 빠져나간 수를 다른 쪽으로 끼워 넣는 것을 의미한다.

C programming language

CHAPTER

04

매크로와 typedef

04-01. 객체형 매크로

04-02. 조건부 매크로

04-03. typedef

04-04. 함수형 매크로

CHAPTER

04 매크로와 typedef

04-01. 객체형 매크로

매크로는 객체형과 함수형으로 나눌 수 있다. 이 절에서는 객체형 매크로에 대해서 살펴본다. 매크로 이름(식별자:identifier)은 일반적으로 모두 대문자로 쓰는 것을 권장한다. 다른 식별자와 구분하기 위해서이다. 매크로는 정해진 기호와 그 기호에 해당하는 값을 프로그램이 시작하기 전에 선언하는 것이 일반적이다. 이 매크로는 프로그램이 컴파일될 때 본문 중의 내용을 대체하게 된다. 매크로는 하나의 기호로 프로그램 중에 선언된 기호가 나오게 되면 그 부분에 기호를 없애고 선언된 값으로 대체한다. 따라서 실제 컴파일된 프로그램 내에서는 매크로의 흔적이 없어지게 된다. 매크로를 사용하는 이유는 동일한 내용이 여러 번 나타나게 될 때, 또는 다른 팀원의 프로그램과 같은 값을 공용하기 위한 용도로 사용한다. 매크로의 장점은 프로그램 수정이 쉽다는 것이다. 매크로를 프로그램 시작 전에 선언하고, 이 매크로를 이용하여 프로그램을 작성하게 되면 나중에 매크로 값을 수정할 필요가 생겼을 때 매크로 하나만 수정하면 된다. 주의할 점은 매크로 선언 시 문장 끝에 세미콜론은 쓰지 않는다는 것이다. 써도 되지만 나중에 문제가 생길 소지가 매우 많으므로 안 쓰도록 한다.

#으로 시작하는 문장을 전처리기(preprocessor)라고 한다. 그 의미는 컴파일하기 전에 미리 점검하여 컴파일 옵션을 지정할 수 있도록 한다. #include는 미리 컴파일된 라이브러리를 포함하는 것이고, #define 매크로를 설정하고 그것을 컴파일할 때에 적용한다. 그 외에도 조건에 따른 컴파일을 할 수 있는 것들이 몇 개 있다.

예제 04-01-1 매크로 PI 선언

```c
1 #include <stdio.h>
2 #define PI 3.141592          // 객체형 매크로 선언
3 int main()
4 {
5     double radius;
6     printf("원의 반지름 입력 : ");
7     scanf("%lf", &radius);
8     printf("원의 면적은 : %f\n", radius*radius*PI);
9 }
```

해설

2: 매크로 PI를 3.141592라고 선언한다.

8: radius*radius*PI는 radius*radius*3.141592로 대체된다.

실행 결과

```
E:₩소스₩Ch04₩04-01-1.exe
원의 반지름 입력 : 15.6
원의 면적은 : 764.537829
```

예제 04-01-2 매크로 OPEN, CLOSE를 이용한 계산. 호텔의 방에 1번부터 100번까지 번호가 붙어있다. 또, 사람이 100명 있는데 마찬가지로 번호가 1번부터 100번까지 붙여져 있다. 모든 사람이 호텔 방을 1번부터 100번까지 차례대로 지나가면서 자기 번호의 배수에 해당하는 방문을 열려 있으면 닫고, 닫혀있으면 열도록 한다. 100명의 사람이 방을 모두 스쳐 지나가면 방문은 몇 개나 열려 있을까? 단, 처음에는 모두 닫혀있다고 가정한다. 즉, 1번 사람이 방문을 모두 지나가면 모든 방문이 열리게 된다. 모든 정수는 1의 배수이기 때문이다. 2번이 지나가면 짝수는 모두 닫히게 된다. 이런 식으로 100명이 모두 지나간다.

```c
#include <stdio.h>
#define OPEN 1
#define CLOSE 0
int main()
{
    int man, room[101] = {CLOSE, }, room_no=1;
    for(man=1; man<=100; man++)
```

```
8         for(room_no=1; room_no<=100; room_no++)
9             if(room_no % man == 0)
10                room[room_no] = !room[room_no];
11
12    for(room_no=1; room_no<=100; room_no++)
13        if(room[room_no] == OPEN)
14            printf("%d ", room_no);
15 }
```

해설

2, 3: 매크로 OPEN, CLOSE를 1, 0으로 선언한다.

6: 방을 101개 배열로 선언한다. 배열은 0부터 시작하므로 0은 사용하지 않기로 한다. 초깃값은 모두 CLOSE로 만든다. 배열은 6장에서 다룬다.

7~10: 사람이 1번부터 방 100개를 지나가면서 방문의 상태를 현재 상태의 반대로 만든다.

9, 10: 방의 번호가 사람의 번호로 나누어지면 방문의 상태를 반대로 만든다.

12~14: 열려 있는 방문을 출력한다.

Notice 거꾸로 생각해 보면 방문을 건드리고 지나가는 사람의 수를 세어보면 알 수 있다. 제곱수를 제외한 모든 정수는 약수의 개수가 짝수 개이므로 제곱수만 열려 있게 된다. 즉, 제곱수의 약수는 홀수 개이다.

실행 결과

```
E:₩소스₩Ch04₩04-01-2.exe
1 4 9 16 25 36 49 64 81 100
```

예제 04-01-3 매크로 ON, OFF 이용한 계산. 실내 온도에 맞춰 에어컨과 난방기를 작동하도록 프로그래밍한다. 25도를 초과하게 되면 에어컨을 ON하고, 10도 미만이면 난방기를 ON한다. 그 사이의 값일 때는 둘 다 OFF로 한다. 2초 간격으로 온도를 점검한다. 여기서는 온도를 난수를 이용하여 자동으로 발생하게 만든다. 온도의 범위는 -40도에서 +40도까지로 하였다. while과 난수는 5장에서 설명한다. 여기서 while은 무한히 반복한다.

```
#include <stdio.h>
#include <stdlib.h>
#include <time.h>
#define ON 1
#define OFF 0
int main()
{
```

```
8      int degree=1, aircon = ON, hitter = OFF;
9      int state = -1, start;
10     srand(time(0));
11     while(1) {
12         start = time(0);
13         while(time(0) - start < 2);
14         degree = rand()%80 - 40;
15         printf("온도 : %3d\n", degree);
16         if(degree > 25 && state != 1) {
17             aircon = ON;
18             hitter = OFF;
19             state = 1;
20             printf("aircon ON, hitter OFF\n");
21         }
22         else if(degree < 10 && state != 2) {
23             aircon = OFF;
24             hitter = ON;
25             state = 2;
26             printf("aircon OFF, hitter ON\n");
27         }
29         else if(degree >= 10 && degree <= 25 && state != 0) {
29             aircon = OFF;
30             hitter = OFF;
31             state = 0;
32             printf("aircon OFF, hitter OFF\n");
33         }
34     }
35 }
```

해설

4, 5: 매크로 ON, OFF를 선언한다.

8: 초기 상태를 지정한다.

9: state는 현재 에어컨과 난방기 중 무엇이 작동하고 있는지를 나타낸다. 1이면 에어컨이 켜진 상태이고, 2이면 난방기가 켜진 상태, 0이면 둘 다 꺼진 상태를 나타낸다. start는 시간 차이를 계산하기 위한 변수이다.

10: 난수를 초기화한다.

11~34: 무한 루프를 수행하면서 현재 상황을 계속 점검한다.

12, 13: 2초 간격으로 점검하기 위한 구문

14: 난수를 이용하여 온도를 발생한다.
16~21: 에어컨을 켜기 위한 동작
22~27: 난방기를 켜기 위한 동작
28~33: 에어컨과 난방기 둘 다 끄기 위한 동작, 상태가 변하지 않으면 이들 동작은 그 상태를 계속 유지한다.
Notice 온도의 범위는 여러분이 적절하게 바꾸어 사용하라.

실행 결과

E:₩소스₩Ch04₩04-01-3.exe

```
온도 :  23
aircon OFF, hitter OFF
온도 :  16
온도 :   5
aircon OFF, hitter ON
온도 :  37
aircon ON, hitter OFF
온도 :  -5
aircon OFF, hitter ON
```

예제 04-01-4 두 문자열 결합(##) 사용

```
1  #include <stdio.h>
2  #define output(x) printf("%d %d\n", x ## 1, x ## 2)
3  int main()
4  {
5      int count1, count2, i1, i2;
6  
7      count1 = 10;
8      count2 = 20;
9      i1 = 99;
10     i2 = -10;
11 
12     output(count);
13     output(i);
14 }
```

해설

2: output(x)는 12, 13번 행을 대체한다. x 대신에 count, i를 체하고 ## 뒤의 문자와 결합하여 새로운 문자열을 생성하게 된다. 즉, count1, count2로 문자열이 만들어지고, i1, i2로 문자열이 만들어져 대체된다.
5: 변수 선언
7~10: 변수에 값 저장

12, 13: 매크로를 대체한다. 다만 count, i를 사용하고 매크로에서 이들 문자 뒤에 1, 2를 붙여서 새로운 문자열을 만들어 그에 해당하는 변수명으로 만들게 된다.

Notice 아주 제한적으로 사용될 수 있기 때문에 크게 이용할 일은 별로 없을 것이다.

실행 결과

E:₩소스₩Ch04₩04-01-4.exe

```
10 20
99 -10
```

예제 04-01-5 문자열로 만들기(#) 사용

```
1  #include <stdio.h>
2  #define MKSTRING(str) # str
3  int main()
4  {
5      int value;
6      value = 10;
7      printf("%s is %d\n", MKSTRING(value), value);
8  }
```

해설

2: 문자열 만들기, 매크로에 식별자가 입력되면 그것을 문자열로 만들어 준다.

7: MKSTRING(value)는 식별자 value를 문자열 "value"로 만든다.

Notice 이 방법 또한 잘 사용하지는 않는다. 크게 이용할 일은 없을 것으로 보인다.

실행 결과

E:₩소스₩Ch04₩04-01-5.exe

```
value is 10
```

유제 04-01-1 매크로를 이용한 AND, OR 논리의 진리표를 작성하라.

04-02. 조건부 매크로

조건부 매크로는 매크로의 선언 여부를 판단하여 새로 지정하거나 기존에 지정된 매크로를 해제할 때 사용할 수 있다. **#if**, **#ifdef**, **#ifndef**, **#undef** 등이 있다. 매크로의 존재 여부에 따라 컴파일 조건이 달라진다는 의미이다.

분류	매크로	설명
조건부 컴파일	#if ~ #endif	정의된 매크로의 값에 따라 컴파일 방식이 달라진다.
	#ifdef ~ #endif	매크로가 정의되어 있는지 아닌지에 따라 컴파일 여부가 달라진다.
	#undef	미리 정의되어 있는 매크로를 해제한다.
	#ifndef ~ #endif	매크로가 정의되어 있지 않으면 정의한다.
표준 매크로 (5개)	__DATE__	프로그램이 실행되는 날짜를 문자열로 나타낸다.
	__FILE__	프로그램의 이름과 디렉터리를 문자열로 나타낸다.
	__LINE__	프로그램 내에서 행 번호를 정수로 나타낸다.
	__STDC__	C컴파일러가 표준인지 아닌지를 나타낸다. 표준이면 1이고 그렇지 않으면 다른 값을 나타낸다.
	__TIME__	프로그램이 실행될 때의 시스템의 시간을 문자열로 나타낸다.

예제 04-02-1 매크로의 선언 여부에 따른 컴파일

```
#include <stdio.h>
#define DEBUG 1
int main()
{
    int i, sum=0;
    for( i = 1; i<=10; i++) {
        sum += i;
        #if DEBUG
            printf("%d ", sum);
        #endif
    }
    printf("sum = %d\n", sum);
}
```

해설

2: 매크로 DEBUG를 1로 선언

8~10: 매크로 DEBUG의 선언 여부에 따라 이 부분이 컴파일될 수도 안 될 수도 있다. 여기서는 DEBUG가 1이므로 9번 행을 컴파일하게 된다. 따라서 실행결과를 보면 9번 행이 컴파일되어 실행됨을 알 수 있다.

Notice <예제 04-02-2>는 반대의 상태이다.

실행 결과

```
E:₩소스₩Ch04₩04-02-1.exe
1 3 6 10 15 21 28 36 45 55 sum = 55
```

예제 04-02-2 매크로의 선언 여부에 따른 컴파일

```c
1  #include <stdio.h>
2  #define DEBUG 0
3  int main()
4  {
5      int i, sum=0;
6      for( i = 1; i<=10; i++) {
7          sum += i;
8          #if DEBUG
9              printf("%d ", sum);
10         #endif
11     }
12     printf("sum = %d\n", sum);
   }
```

해설

2: 매크로 DEBUG를 0으로 선언

8~10: 매크로 DEBUG의 선언 여부에 따라 이 부분이 컴파일될 수도 있고 안 될 수도 있다. 여기서는 DEBUG가 0이므로 9번 행을 컴파일하지 않는다. 따라서 8~10번 행은 없는 것이다.

Notice <예제 04-02-1>과 비교해 보라. 이러한 예는 프로그램 개발 시 중간 중간에 필요한 데이터를 출력해 봄으로써 디버깅하는 데 유용하게 사용할 수 있다. 간단한 디버깅을 할 수 있다. 완전히 개발한 다음에 매크로 값만 변경해서 재컴파일하면 해당되는 부분은 실행에서 빠지게 된다.

실행 결과

```
E:₩소스₩Ch04₩04-02-2.exe
sum = 55
```

예제 04-02-3 조건부 매크로 #ifdef의 사용

```
1  #include <stdio.h>
2  #include <math.h>
3  int main()
4  {
5      int i;
6      double s=0.0, r=10.0;
7      #ifdef PI
8          s = 2.*PI*r;
9      #else
10         s = 2.*3.14*r;
11     #endif
12     printf("s = %f\n", s);
   }
```

해설

2: math.h의 수학함수는 사용하지 않지만 혹시 PI라는 매크로가 선언되었는지를 모르기 때문에 포함하여 컴파일한다.

7~11: PI라는 매크로가 math.h에 선언되어 있는지를 검사하고, 그 여부에 따라 적절하게 컴파일할 문장이 달라지게 된다.

Notice math.h에는 PI가 선언되지 않았다는 것을 알 수 있다. 즉, 결과를 보면 10번 행이 실행됨을 알 수 있다.

실행 결과

```
E:₩소스₩Ch04₩04-02-3.exe
s = 62.800000
```

예제 04-02-4 조건부 매크로 #undef의 사용

```
#include <stdio.h>
#include <math.h>
int main()
{
    int i;
    double s=0.0, r=10.0;
    #undef  PI
    #define  PI  3.141592
    s = 2.*PI*r;
```

```
10     printf("s = %f\n", s);
11 }
```

해설

7: PI라는 매크로가 정의되어 있더라도 없는 것으로 만든다.
8: 다시 PI를 정의한다.
9: 정의된 PI를 이용하여 계산한다.

Notice 미리 정의되어 있어도 없는 것으로 하고 새로 정의한다. 기존에 매크로가 정의되어 있다고 하더라도 무시하고 새로 정의한다.

실행 결과

```
E:₩소스₩Ch04₩04-02-4.exe
s = 62.831840
```

예제 04-02-5 조건부 매크로 #ifndef의 사용

```
1  #include <stdio.h>
2  #include <math.h>
3  #ifndef PI
4  #define PI 3.141592
5  #endif
6  int main()
7  {
8      int i;
9      double s=0.0, r=10.0;
10     s = 2.*PI*r;
11     printf("s = %f\n", s);
12 }
```

해설

3~5: 매크로 PI가 정의되어 있지 않다면 새로 정의한다. 미리 정의되어 있다면 기존의 매크로를 사용하고 그렇지 않으면 새로 정의한다.

실행 결과

```
E:₩소스₩Ch04₩04-02-5.exe
s = 62.831840
```

예제 04-02-6 표준 매크로 _DATE_, _FILE_, _LINE_, _STDC_, _TIME_의 사용

```c
1  #include <stdio.h>
2  int main()
3  {
4      printf("%s%s\n%s%s\n%s%d\n%s%d\n%s%s\n",
5          "__DATE__=", __DATE__,
6          "__FILE__=", __FILE__,
7          "__LINE__=", __LINE__,
8          "__STDC__=", __STDC__,
9          "__TIME__=", __TIME__);
10     printf("C version = %d\n", __STDC_VERSION__);
11 }
```

해설

5: 표준 매크로 _DATE_는 프로그램이 실행되는 날짜를 문자열로 나타낸다.
6: 표준 매크로 _FILE_은 프로그램의 이름과 디렉터리를 문자열로 나타낸다.
7: 표준 매크로 _LINE_은 현재 프로그램 내에서의 행의 번호를 정수로 나타낸다.
8: 표준 매크로 _STDC_은 현재 C컴파일러가 표준인지 아닌지를 나타낸다. 표준이면 1이고 그렇지 않으면 다른 값을 나타낸다.
9: 표준 매크로 _TIME_은 현재 프로그램이 실행될 때의 시스템의 시간을 문자열로 나타낸다.

Notice 실행결과와 같이 간단하게 프로그램 내에서 정보를 표시한다.

실행 결과

```
E:₩소스₩Ch04₩04-02-6.exe
__DATE__=May 30 2014
__FILE__=E:₩소스₩Ch04₩04-02-6.c
__LINE__=7
__STDC__=1
__TIME__=14:33:19
C version = 199901
```

유제 04-02-1 논리연산 &&를 매크로 and로 선언하고, 예를 보여라.

04-03. typedef

typedef는 기본 데이터형의 이름에 별명을 붙여서 다르게 사용하고자 할 때 사용할 수 있다. 또 다른 사용법으로는 9장에서 설명할 사용자 정의 데이터형(구조체, 공용체, 열거형)을 새로운 데이터 형으로 선언할 때도 사용할 수 있다.

❖ typedef의 용도는 2가지이다.

- 기본 자료형의 이름에 별명을 붙여 다르게 사용하고자 할 때
- 사용자 정의 자료형을 선언할 때: 9장에서 배울 구조체, 공용체, 열거형 등의 자료형을 선언할 때

```
typedef unsigned char BTYE;
typedef int meter;
typedef double real;
typedef struct {
        int id;
        char name[30];
} id_card;
```

예제 04-03-1 typedef를 이용하여 double을 real로 이름을 바꾸어 사용

```
1  #include <stdio.h>
2  #include <math.h>
3  #ifndef PI
4  #define PI 3.141592
5  #endif
6  typedef double real;
7  int main()
8  {
9      int i;
10     real s=0.0, r=10.0;
11     s = 2.*PI*r;
12     printf("s = %f\n", s);
13 }
```

해설

6: typedef를 이용하여 double을 real로 이름을 바꾸어 사용한다. 따라서 double이나 real은 같은 것이다. 별명을 사용한다고 생각하면 된다.

10: real 데이터 형으로 s와 r 변수를 선언한다.

Notice 실제로 size_t나 다른 몇몇 데이터형이 이와 같이 지정되어 사용되고 있다.

실행 결과

```
E:₩소스₩Ch04₩04-03-1.exe
s = 62.831840
```

예제 04-03-2 구조체를 typedef를 이용하여 간단한 데이터형 이름을 붙여서 사용하기

```
1  #include <stdio.h>
2  #include <math.h>
3
4  typedef struct {
5      double real;
6      double imag;
7  } complex;            // new type is complex
8
9  int main()
10 {
11     complex c;
12     double mag;
13     c.real = 3.5;
14     c.imag = 5.0;
15
16     mag = sqrt(c.real*c.real + c.imag*c.imag);
17     printf("복소수의 크기 = %f\n", mag);
18 }
```

해설

3~6: 구조체를 정의하고 새로운 데이터형의 이름을 complex로 지정한다.

9: 새로운 데이터형을 이용하여 변수 선언

Notice 구조체는 이렇게 사용한다는 정도만 알아두고 자세한 내용은 다음 9장에서 살펴보자. C99에는 복소수형이 표준으로 정의되어 있다.

실행 결과

```
E:₩소스₩Ch04₩04-03-2.exe
복소수의 크기 = 6.103278
```

유제 04-03-1 문자 50개를 저장할 수 있도록 하는 문자열을 새로운 데이터형 string으로 선언하라.

04-04. 함수형 매크로

함수형 매크로는 형태는 함수처럼 생겼지만 실제로는 매크로이다. 즉, 매개변수를 가지고 있으며, 함수와 비슷하게 동작하는 것처럼 보인다. 함수형 매크로를 사용할 때 주의할 점이 있다. 먼저 함수형 매크로 이름과 첫 번째 매개변수까지는 반드시 붙여 써야 한다. 두 번째는 매크로 선언 시 괄호를 적절히 써 주어야 한다. 그렇지 않으면 제대로 컴파일이 되지 않는 경우가 발생하게 되고, 디버깅을 힘들게 만들 수도 있다. 눈으로 봐서는 에러가 없는 것처럼 보일 수도 있기 때문이다.

❖ 함수형 매크로

```
#define SQUARE(x) (x)*(x)
#define DEG2RAD(d) (d)*PI/180.
```

❖ 매크로 함수 사용 시 주의할 점

- 매크로 이름과 첫 번째 매개변수까지는 반드시 붙여 써야 한다.
- 매개변수 대체식에 괄호를 써야 한다. 꼭 쓰도록 하는 것이 좋다.
- 매크로 선언 시에는 문장 끝에 세미콜론을 넣지 않도록 한다.

❖ 괄호가 없으면?

```
#define SQUARE(x) x*x
```

→ SQUARE(a+3) → a+3*a+3과 같이 대체되어 잘못된 계산 결과 초래

<예제 04-04-1>에서 괄호를 제거하고 프로그램을 SQUARE(radius+3)로 수정하여 실행해 보면 알 수 있다.

❖ 함수형 매크로의 장점

- 프로그램 작성 시 또는 디버깅 시 편리하다.

- 프로그램을 간결하게 하고 가독성(readability)을 증가시킨다.
- 함수처럼 사용할 수 있다.
- 함수를 사용하는 것보다 실행 시간을 줄일 수 있다.

예제 04-04-1 매크로 함수 SQUARE(x)

```c
1  #include <stdio.h>
2  #define PI 3.141592              // 객체형 매크로
3  #define SQUARE(x) (x)*(x)        // 함수형 매크로
4  
5  int main()
6  {
7      double radius;
8      printf("원의 반지름 입력 : ");
9      scanf("%lf", &radius);
10     printf("원의 면적은 : %f\n", SQUARE(radius)*PI);
11 }
```

해설

2: 객체형 매크로 PI 선언

3: 함수형 매크로 SQUARE 선언, 뒤의 대체될 식에 괄호를 사용한다.

10: 이 부분에 함수 형 매크로가 대체된다.

Notice 매크로는 프로그램 중에서 대체되기 때문에 세미콜론을 쓰지 않는 것이 정석이며, 또한 함수형 매크로의 경우에는 괄호를 적절히 해 주어야 한다. 예를 들어 10행에서 radius 대신에 radius+5라는 값이 들어간다면 어떻게 되는지 직접 대체해 보기 바란다.

실행 결과

```
E:₩소스₩Ch04₩04-04-1.exe
원의 반지름 입력 : 15
원의 면적은 : 706.858200
```

예제 04-04-2 함수형 매크로로 각도와 라디안을 상호 변환한다.

```c
#include <stdio.h>
#define PI 3.141592
#define DEG2RAD(d) (d)*PI/180.                // 함수형 매크로
#define RAD2DEG(r) (r)*180./PI

```

```
6  int main()
7  {
8      double degree, radian;
9      printf("각도 입력 : ");
10     scanf("%lf", &degree);
11     radian = DEG2RAD(degree);
12     printf("%4.1fdegree = %4.1fradian\n", degree, radian);
13     degree = RAD2DEG(radian);
14     printf("%4.1fradian = %4.1fdegree\n", radian, degree);
15 }
```

해설

2: 객체형 매크로 PI선언
3: 함수형 매크로 각도를 라디안으로 바꾸는 매크로
4: 함수형 매크로 라디안을 각도로 바꾸는 매크로
11: 각도를 라디안으로 바꾸어 radian 변수에 저장
13: 라디안을 각도로 바꾸어 degree 변수에 저장

실행 결과

```
E:₩소스₩Ch04₩04-04-2.exe
각도 입력 : 35
35.0degree =  0.6radian
 0.6radian = 35.0degree
```

예제 04-04-3 함수형 매크로를 이용하여 2차 방정식의 근의 공식을 정의하라.

```
#include <stdio.h>
#include <math.h>
#define QUAD1(a,b,c)  (-(b)+sqrt((b)*(b)-4*(a)*(c)))/(2*(a))
#define QUAD2(a,b,c)  (-(b)-sqrt((b)*(b)-4*(a)*(c)))/(2*(a))

int main()
{
    double a=1.0, b=4.0, c=3.0;
    printf("%6.2f, %6.2f\n", QUAD1(a,b,c), QUAD2(a,b,c));
}
```

해설

3: 함수형 매크로로 첫 번째 근을 구하는 공식 적용
4: 함수형 매크로로 두 번째 근을 구하는 공식 적용
9: 이 매크로를 이용하여 매개변수를 적용하여 근을 구한다.
Notice 다른 것은 고려하지 않고 서로 다른 두 근이 있다고 가정하고 계산한다.

실행 결과

```
E:₩소스₩Ch04₩04-04-3.exe
-1.00,  -3.00
```

유제 04-04-1 평을 제곱미터로, 제곱미터를 평으로 바꾸는 식을 매크로로 정의하라. 단, 1평은 3.305785 제곱미터이고, 1 제곱미터는 0.3025평이다.

유제 04-04-2 밑변과 높이를 알 때 삼각형의 면적을 구하는 매크로를 작성하라.

연습문제

1. 원의 넓이를 구하는 프로그램을 매크로함수로 선언하여 작성하라.

2. 매크로를 사용하여 수의 입력 범위를 지정하고 지정된 입력까지만 입력이 되도록 프로그램을 작성하라.

3. 다음 매크로 선언 또는 실행문에서 어떤 문제가 있는지 설명하라.

```
#define MAX(a, b) ((a) < (b) ? (b) : (a))
int x = 5, y = 10;
int z = MAX(x++, y++);
```

4. 2차 방정식 $ax^2 + bx + c = 0$ 의 판별식 $b^2 - 4ac$ 가 음수이면 0을 아니면 1을 반환하는 매크로 DECISION(a, b, c)을 선언하고 사용하는 예를 보여라.

5. 두 변수를 교환하는 SWAP(x,y) 매크로를 선언하고 사용하는 방법을 보여라.

6. 어떤 정수를 입력하여 짝수인지 홀수인지 판단하는 EVEN_ODD(x) 매크로를 작성하고 사용하는 방법을 보여라.

7. 두 정수를 입력받아 같은지 다른지를 판단하는 IS_EQUAL(x,y) 매크로를 작성하고 사용 예를 보여라.

8. 본인의 이름을 MY_NAME 매크로로 정의하고 사용하는 방법을 보여라.

9. 본인의 생일을 MY_BIRTH 매크로에 "1999-09-20"과 같이 선언해 두고 년, 월, 일을 sscanf()함수를 이용하여 추출한 다음 "내 생일은 1999년 9월 20일"과 같이 출력하는 프로그램을 작성하라.

10. 소문자를 입력하면 대문자로 바꿔주는 `TOUPPER(c)` 매크로를 작성하라. 단, 문자는 소문자만 입력되었다고 가정한다.

11. <예제 04-01-2>의 호텔 방 문제를 다른 방법으로 작성하라.

C programming language

CHAPTER 05

반복문

05-01. while 루프

05-02. while 무한 루프

05-03. while 중첩 루프

05-04. do ~ while 루프

05-05. for 루프

05-06. for 무한 루프

05-07. for 중첩 루프

05-08. 난수 발생 함수

05-09. 루프 종합

CHAPTER 05

반복문

C언어의 반복문(순환문)에는 while, do ~ while, for의 세 가지가 있다. 프로그래밍에서 많은 부분을 차지하는 것이 바로 반복문이다. 반복(loop, iteration)이란 반복문에 포함된 문장을 정해진 조건을 만족하는 동안 반복하는 것을 의미한다.

while과 for는 반복문을 시작할 때 조건 판단을 하고, do ~ while은 반복문이 끝날 때 조건을 판단한다. 이 점을 제외하면 이들 반복문은 동일하다.

반복문 종류	C 구문	설명

while	초깃값;
	while(조건식) {
	   실행문;
	   조건값 변경;
	}
		보통 while 조건에 사용할 초깃값은 while 앞에서 지정한다. 조건을 비교하여 조건이 맞으면 while 루프 속의 문장을 실행한다. 조건의 변화는 보통 while 속에서 이루어진다. 조건이 맞지 않는 경우 블록 속의 문장은 한 번도 실행되지 않을 수도 있다.

do ~ while	초깃값;
	do {
	   실행문;
	   조건값 변경;
	} while(조건식);
		while과 같으나 한 가지 차이는 조건이 블록의 마지막에 비교된다는 것이다. 즉, 최소한 한 번은 루프 블록을 실행한다.

for	for(초깃값; 조건식; 조건값 변경) {
	   실행문;
	}
		for는 while과 유사한다. 다만 초깃값을 for() 속에서 지정할 수 있고, 조건값의 변경도 for() 속에서 지정할 수 있다.

Notice 모든 while문은 for문으로, 모든 for문은 while문으로 변경이 가능하다. 따라서 어떤 상황에서 어느 것이 더 편리하게 사용될 수 있는지에 따라 선택할 수 있다. 또 개인적인 취향일 수도 있다.

05-01. while 루프

while 루프는 반복문의 기본형이라 할 수 있다. while문을 시작하기 전에 조건에 사용할 값을 초기화해 두는 것이 기본이다. 이 값을 기준으로 조건을 판단하고 조건이 만족하면 while 반복문에 포함된 문장들(블록)을 실행한다. 블록이 실행되는 동안 조건에 사용할 값을 변경해 주어야 한다. 조건에 사용될 값의 변경은 블록의 끝에서 이루지는 것이 일반적이다.

일반적인 while 반복문의 구조는 다음과 같다.

문법

① 초깃값;	① 루프를 시작하기 전에 초깃값 설정
② while(조건식) {	② 시작할 때 조건 검사: 조건이 맞으면 ③으로, 맞지 않으면 ⑥으로 이동
③ 루프 내에서 실행할 문장들;	③ 조건이 성립하면 루프 내의 문장들 실행
④ 조건값 변경;	④ 루프 내에서 조건 값 변경
⑤ }	⑤ 루프의 시작 지점 ②로 이동
⑥ 루프 다음 문장;	⑥ ②에서 조건이 맞지 않으면 여기로 이동

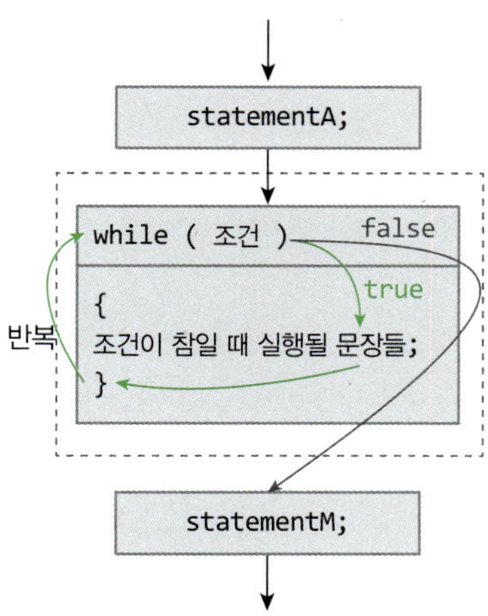


```
#include <stdio.h>
main() {
        int i=1, sum=0;
        while(i < 100)
        {
            sum = sum + x;
            i++;
        }
        printf("1부터 100까지의 합 = %d\n", sum);
}
```

true: 조건을 만족하면 1바퀴씩 루프를 수행한다

false: 조건을 만족하지 않으면 루프를 벗어난다

예제 05-01-1 while을 사용하여 1부터 10까지 출력

```c
1  #include <stdio.h>
2  int main()
3  {
4      int counter=1;              // 초깃값
5      while(counter<=10) {        // 반복할 조건 검사
6          printf("%d ", counter);
7          counter++;              // 루프를 벗어날 조건을 변화시킴
8      }
9  }
```

해설

4: 변수 counter를 선언하고 초깃값을 1로 설정한다.
5: 조건을 비교하여 참이면 while 블록을 실행하고 그렇지 않으면 바로 while블록을 빠져나간다. 처음에는 조건이 만족하므로 while블록을 실행한다.
6: 블록 내에서 counter의 값을 출력한다.
7: counter의 값을 1증가한다.
8: while 블록의 끝이다.
9: while문의 조건이 맞지 않으면 여기로 이동하여 더 이상의 실행문이 없으므로 프로그램을 끝낸다.

Notice 블록 문을 벗어나는 조건이 반드시 있어야 한다. 그렇지 않으면 무한 루프에 빠진다.

실행 결과

```
E:₩소스₩Ch05₩05-01-1.exe
1 2 3 4 5 6 7 8 9 10
```

예제 05-01-2 while을 사용하여 1부터 10까지 합 구하기

```c
#include <stdio.h>
int main()
{
    int counter=1, sum=0;
    // counter는 초깃값 1, sum은 초깃값 0을 가지고 있어야 한다.
    while (counter<=10)
        sum += counter++;
    // { sum = sum + counter;
    // counter++; } 두 문장을 한 문장으로 만든 축약형, 두 문장으로 쓸 때는 {}으로 둘러싼다.
    printf("sum = %d\n", sum);
}
```

해설

4: 초깃값을 각각 1, 0으로 하는 변수 counter, sum을 선언한다.
6: counter가 10보다 작거나 같으면 블록을 실행한다. 이 while 블록에는 하나의 문장(sum += counter++)만 있다. 따라서 {}를 사용하지 않아도 된다.
7: sum에 counter를 더하고, counter의 값을 1 증가시킨다. 조건값 변경이 이 식에 포함되어 있다. 이 문장이 실행되고 6번으로 이동하여 조건을 검사한다.
8, 9: 두 문장을 7번과 같이 한 문장으로 쓸 수 있다.
10: 6번의 조건이 만족하지 않으면 여기로 이동하여 결과를 출력한다.

실행 결과

```
E:₩소스₩Ch05₩05-01-2.exe
sum = 55
```

예제 05-01-3 while을 사용하여 약수 구하기

```
1  #include <stdio.h>
2  int main()
3  {
4      int number, d=1;
5      printf("정수 입력 : ");
6      scanf("%d", &number);
7      printf("%d의 약수 = ", number);
8      while(number/2 >= d) {        // number/2까지 즉 입력한 수의 반(1/2)까지만 계산
9          if (number % d == 0)
10             printf("%d ", d);
11         d++;
12     }
13     printf("%d \n", number);      // 자기 자신 출력
14 }
```

해설

4: 변수 number, d를 선언하고 d의 초깃값으로 1을 지정. d는 1부터 number/2까지 1씩 증가하면서 나눠지는지 보기 위한 변수
6: number 값을 키보드에서 입력받는다.
8: number/2가 d보다 크면 while 블록 내의 문장들을 실행한다.
9: number가 d로 나눠지는지 확인하고, 나눠지면 10행을 실행한다.
10: if 문이 참이면 이 문장에서 약수를 출력한다.
11: d를 1 증가한다.

12: 블록의 끝, 8번의 while문으로 이동한다.
13: while의 조건이 만족하지 않으면 여기로 이동하여 마지막으로 자기 자신을 출력한다.

실행 결과

```
E:₩소스₩Ch05₩05-01-3.exe
정수 입력 : 52
52의 약수 = 1 2 4 13 26 52
```

예제 05-01-4 다음 식의 합이 0.69보다 커지면 끝낸다.

$$sum = \frac{1}{2} - \frac{2}{3} + \frac{3}{4} - \frac{4}{5} + \cdots - \frac{n-1}{n} + \frac{n}{n+1}$$

```
1  #include <stdio.h>
2  int main()
3  {
4      int number = 1;
5      double sum= 0.0, sign = 1.0;
6          //sign은 +, - 부호를 바꿔주기 위해 사용된 변수다.
7      while (sum < 0.69) {
8          sum += sign * (double)number/(double)(number+1);
9          sign = -sign;
10         number++;
11     }
12     printf("x = %d, sum = %f\n", number, sum);
13 }
```

해설

5: 합을 저장할 sum=0.0, 부호를 저장할 sign=-1.0을 선언한다. sign은 매 루프를 실행할 때마다 부호를 바꾸기 위한 방법이다.
7: sum이 0.69보다 작으면 루프를 반복한다.
8: sum에 누적값을 계산한다. 계산할 때 number를 캐스트 연산을 하여 실수로 변환한 다음에 계산한다.
9: 부호를 바꾼다.
10: number를 1 증가한다.
12: 결과를 출력한다.

실행 결과

```
E:₩소스₩Ch05₩05-01-4.exe
x = 160, sum = 0.690032
```

예제 05-01-5 정수 x가 주어질 때, x가 짝수이면 2로 나누고(x=x/2), 홀수이면 3*x+1로 바꾸어 준다(x=3*x+1). 이 과정을 반복하다가 x가 1이 되면 루프의 반복을 멈추는 프로그램을 작성하라.

※ 이러한 반복을 수행하면 모든 양의 정수는 1로 수렴한다고 한다. 아직 모든 정수에 대해 성립한다는 것이 증명되지는 않았지만 성립하지 않는 경우도 발견되지 않았다고 한다.

```
1  #include <stdio.h>
2  int main()
3  {
4      int x;
5      printf("정수를 입력하시오 : ");
6      scanf("%d", &x);
7      printf("%d ", x);
8      while(x > 1) {
9          if(x % 2 == 0)
10             x /= 2;
11         else
12             x = x*3 + 1;
13         printf("%d  ", x);
14     }
15 }
```

해설

6: 정수를 입력받는다.
8: 그 값이 1보다 크면 루프를 수행한다.
9: x가 2의 배수이면, 즉 짝수이면 2로 나눈다.
11: 그렇지 않으면, 즉 홀수이면 3을 곱하고 1을 더한다.
13: 하나씩 결과를 출력한다.

실행 결과

```
E:₩소스₩Ch05₩05-01-5.exe
정수를 입력하시오 : 36
36 18  9  28  14  7  22  11  34  17  52  26  13  40  20  10  5  16  8  4  2  1
```

유제 05-01-1 양의 정수를 입력받아 소인수분해하는 프로그램을 while loop를 이용하여 작성하라.

유제 05-01-2 다음과 같은 식을 while loop를 이용하여 계산하는 프로그램을 작성하라.

$$-1^2 + 2^2 - 3^2 + 4^2 - 5^2 + \cdots - 99^2 + 100^2$$

유제 05-01-3 양의 정수를 입력받아 거꾸로 뒤집는 프로그램을 while loop를 이용하여 작성하라. 예를 들면 1234가 입력되면 4321을 만들어 출력한다.

05-02. while 무한 루프

반복문의 조건을 항상 참이 되도록 하려면 무한 루프를 수행하게 된다. 보통 조건을 1로 두고 사용한다. 0 이외의 어떤 값을 써도 무관하지만 1을 가장 보편적으로 많이 사용한다. 한 가지 주의할 점은 반드시 루프를 벗어나는 지점이 있어야 한다는 것이다. 즉, 루프를 수행하다가 어떤 조건을 만족하면 루프를 벗어나게 하는 명령이 반드시 필요하다. 물론 일부러 무한 루프를 벗어나지 않게 하는 경우도 있다. 무한 루프는 조건이 여러 개이거나 정해진 횟수가 없을 경우 등 다양하게 사용할 수 있다. 조건을 이용하여 벗어날 때는 if문을 사용하여 조건을 검사하고 조건이 만족할 때 break를 이용하면 루프를 벗어난다. 단, 벗어날 때는 자기가 직접 속해 있는 루프 하나만 벗어난다. 또 다른 제어문으로는 continue가 있으며, 이는 루프의 시작부분으로 제어를 이동하며, continue 아랫부분은 실행하지 않는다. break와 continue는 무한 루프뿐만 아니라 어떠한 루프 속에서도 사용할 수 있으나, continue는 가급적 사용하지 않는 것이 좋다. continue를 자주 사용하거나 많이 사용하면 프로그램의 가독성(readability)을 저해하고 혼란을 초래하여 디버깅을 어렵게 만들 수 있다. continue를 사용하지 않고도 프로그램을 얼마든지 작성할 수 있으므로 반드시 필요한 경우에만 사용하도록 한다.

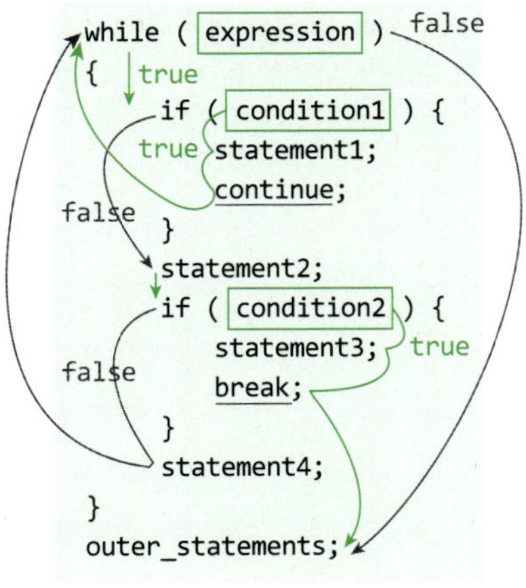

예제 05-02-1 while의 무한 루프를 이용하여 1부터 10까지 출력

```
1  #include <stdio.h>
2  int main()
3  {
4      int count =1;          // 초깃값
5      while(1) {             // 반복할 조건 검사. 여기서는 조건이 1이므로 무한 루프이다.
6          printf("%d ", count);
7          count++;           // 루프를 벗어날 조건을 변화시킴
8          if(count>10)       // 루프를 벗어나기 위한 검사
9              break;
10     }
11 }
```

해설

5: 무한 루프 설정. while의 조건이 1이므로 항상 참이다.

7: 조건 변수를 변화한다.

8: 조건을 루프 내에서 검사한다. 조건이 맞으면

9: break를 만나서 빠져나간다.

Notice 반드시 빠져나가는 조건이 필요하다. 그렇지 않으면 무한 루프가 된다.

실행 결과

```
E:₩소스₩Ch05₩05-02-1.exe
1 2 3 4 5 6 7 8 9 10
```

예제 05-02-2 0에서 100 사이의 정수를 여러 개 입력받아 합, 평균, 개수를 출력하라. 단, 0보다 작으면 루프를 끝내고, 100보다 큰 수는 개수, 합, 평균에서 제외하며 계속 다음 데이터를 입력받는다.

```
1  #include <stdio.h>
2  int main()
3  {
4      int x, sum=0, count=0;
5      double ave;
6      while(1) {
7          printf("양의 정수를 입력하시오(음수 : 끝) : ");
8          scanf("%d", &x);
9          if( x < 0 )         // 음수이면 루프를 빠져나감.
10             break;
11         else if( x > 100 )
12             continue;       // 100 이상이면 계산하지 않고 while로 가서 다음 루프 실행
13         sum += x;
14         count++;
15     }
16     ave= (double) sum/ (double) count;
17     printf(" 합계 : %d, 평균 : %f, 개수 : %d\n", sum, ave, count);
18 }
```

해설

4: 변수를 선언하고 필요한 변수에 초깃값을 설정한다. sum은 합, count는 데이터의 개수를 저장.
5: 평균을 계산하여 저장할 double변수를 선언한다.
6: 무한 루프 설정
8: 변수를 입력한다.
9, 10: 음수이면 break에 의해서 루프를 벗어난다.
11, 12: 그렇지 않고 100보다 크면 아무것도 수행하지 않고 while로 바로 간다. continue를 만나면 다음에 있는 문장을 수행하지 않고 다음 순서의 루프를 수행하기 위해서 루프의 처음(6번)으로 간다.
13: 0보다 작거나 100보다 크지 않으면 합을 누적하고
14: 입력 데이터의 개수를 하나 증가한다.
16: 음수가 입력되었을 때 while 루프를 빠져나와서 평균을 계산한다. 평균을 계산할 때 sum과 count를 실수로 변환한다.

Notice continue는 가급적이면 사용하지 않도록 한다. 사실 continue 없이도 프로그래밍이 가능하다. 간혹 사용하면 코드가 간단해지는 경우는 있다. 꼭 필요할 때만 사용한다. 프로그램을 이해하는 데 도움이 되지 않을 경우가 많기 때문이다.

Try continue를 사용하지 않고 다시 작성해 보고, 어느 프로그램이 더 이해하기가 쉬운지 비교해 보라.

실행 결과

```
E:₩소스₩Ch05₩05-02-2.exe
양의 정수를 입력하시오(음수 : 끝) : 58
양의 정수를 입력하시오(음수 : 끝) : 96
양의 정수를 입력하시오(음수 : 끝) : 45
양의 정수를 입력하시오(음수 : 끝) : 36
양의 정수를 입력하시오(음수 : 끝) : 45
양의 정수를 입력하시오(음수 : 끝) : 75
양의 정수를 입력하시오(음수 : 끝) : 85
양의 정수를 입력하시오(음수 : 끝) : -6
 합계 : 440, 평균 : 62.857143, 개수 : 7
```

예제 05-02-3 while 무한 루프를 이용하여 피보나치수열을 출력하고 황금비(golden ratio) 구하기

```
1  #include <stdio.h>
2  int main()
3  {
4      int x=1, y=1, z=0;
5      printf("%d, %d, ", x, y);        // 처음 두 수 1, 1을 출력한다.
6      while(1) {
7          z = x + y;
8          if(z < 0)        // 가장 큰 정수보다 커지게 되면 음수로 바뀌는 성질을 이용한다.
9              break;
10         printf("%d, ", z);
11         x = y;
12         y = z;
13     }
14     printf("\n");
15     printf("황금비 = %f\n", (double)y / (double)x);
16 }
```

해설

4: 처음 두 항을 1로 설정한다.
5: 처음 두 항을 출력한다.
6: 무한 루프 설정, while의 조건이 1이므로 항상 참이다.
7: 앞의 두 수를 더하여 그 다음 수를 만든다.
8: 만들어진 수가 0보다 작으면 루프를 끝낸다. 2의 보수체계에서 가장 큰 수보다 더 커지게 되면 음수가 된다.
10: 그렇지 않으면 만들어진 피보나치 수를 출력하고
11, 12: 다음 수를 만들기 위해 새로운 수로 앞의 수를 설정한다.
15: 피보나치 수의 연속하는 두 수의 비가 황금비이다. 즉, 뒤의 수 나누기 앞의 수를 하면 된다. 황

비는 1:1.618이다.

Try 무한 루프를 사용하지 않고 이 프로그램을 다시 작성해 보라.

실행 결과

```
E:₩소스₩Ch05₩05-02-3.exe
1, 1, 2, 3, 5, 8, 13, 21, 34, 55, 89, 144, 233, 377, 610, 987, 1597, 2584, 4181,
 6765, 10946, 17711, 28657, 46368, 75025, 121393, 196418, 317811, 514229, 832040
, 1346269, 2178309, 3524578, 5702887, 9227465, 14930352, 24157817, 39088169, 632
45986, 102334155, 165580141, 267914296, 433494437, 701408733, 1134903170, 183631
1903,
황금비 = 1.618034
```

예제 05-02-4 while 무한 루프를 이용하여 정수의 자릿수 구하기

```c
1  #include <stdio.h>
2  int main()
3  {
4      int x=5820703, count=0;
5
6      x = x<0 ? -x: x;
7      while(1){
8          x /= 10;
9          count++;
10         if(!x)
11             break;
12     }
13     printf("%d자리\n", count);
14 }
```

해설

4: 변수를 선언하고 초깃값을 설정한다.

6: 음수이면 양수로 바꾼다.

7~12: 무한 루프를 반복하면서 자릿수를 계산한다.

8: 정수 값을 10으로 나눈다.

9: 카운터를 1 증가한다.

10~11: x가 0이면 루프를 끝낸다.

실행 결과

```
E:₩소스₩Ch05₩05-02-4.exe
7자리
```

유제 05-02-1 while 무한 루프를 이용하여 양의 정수를 소인수분해하라.

유제 05-02-2 <예제 05-02-2>를 continue를 사용하지 않는 프로그램으로 바꾸어라.

05-03. while 중첩 루프

반복문 속에 또 다른 반복문이 있을 수 있다. 이를 중첩 루프(nested loop)라 한다. 자주 사용되므로 잘 익혀두기 바란다.

예제 05-03-1 2중 while 루프를 이용한 구구단 작성

```
1  #include <stdio.h>
2  #include <conio.h>
3  int main()
4  {
5      int dan, y;
6      dan = 2;                 // 2단부터 시작한다.
7      while( dan < 10) {       // 9단까지
8          printf("%8d단\n", dan);
9          y = 1;               // 각 단에 곱해지는 수는 1부터 시작한다.
10         while(y < 10) {      // 각 단에 곱해지는 수는 9까지
11             printf(" %2d * %2d = %2d\n", dan, y, dan*y);      // 화면에 출력
12             y++;             // 곱해지는 수 증가
13         }
14         printf("\n\n");
15         getch();
16         dan++;               // 단 증가
17     }
18 }
```

해설

7~17: 바깥쪽 루프
10~13: 안쪽 루프
8: 단의 머리글을 출력한다.
9: 단 내의 수의 변화는 1부터 시작한다.

10: 안쪽 루프는 y가 9까지 반복한다.
11: 안쪽 루프를 돌면서 구구단 표를 한 줄씩 출력한다.
12: y를 1 증가한다.

실행 결과

```
E:₩소스₩Ch05₩05-03-1.exe
     2단
2 *  1 =  2
2 *  2 =  4
2 *  3 =  6
2 *  4 =  8
2 *  5 = 10
2 *  6 = 12
2 *  7 = 14
2 *  8 = 16
2 *  9 = 18


     3단
3 *  1 =  3
3 *  2 =  6
3 *  3 =  9
3 *  4 = 12
3 *  5 = 15
3 *  6 = 18
3 *  7 = 21
3 *  8 = 24
3 *  9 = 27
```

예제 05-03-1 2중 루프를 이용하여 디지털 근을 구한다. 디지털 근은 어떤 정수의 각 자리의 수를 합하여 한 자릿수가 될 때까지 반복한다. 한 자릿수가 나오면 그것이 디지털 근이다. ㉮ 3829 → 3+8+2+9 = 22 → 2+2 = 4(디지털 근)

```c
#include <stdio.h>
int main()
{
    int number, sum;
    printf(" 숫자를 입력하시오: ");
    scanf("%d", &number);
    while(number>10) {              // 한 자릿수가 될 때까지 반복하는 루프
        sum = 0;                    // 각 자릿수의 합을 저장할 변수
        while(number != 0) {        // 각 자릿수를 하나씩 누적하는 루프
            sum += number % 10;     // 맨 뒷자리를 더한다.
            number /= 10;           // 10진수 값을 한 자리 오른쪽으로 이동한다.
        }
        number = sum;
        printf("==> %d ", number);
```

```
15      }
16      printf("결과:%d\n", number);    // 한 자릿수가 되면 여기로 와서 출력한다.
17  }
```

해설

7~15: 바깥쪽 루프
9~12: 안쪽 루프
7: 수가 10보다 크면 계속 반복한다. 즉, 한 자릿수가 될 때까지 반복한다.
8: 각 자리의 합을 저장할 변수 sum을 0으로 둔다.
9: 입력된 수 또는 합을 구한 수가 0이 될 때까지 한 자리씩 잘라서 sum에 저장한다.
10: sum에 한자리씩 누적한다. 즉, 끝자리를 나머지 연산으로 계산해서 더한다.
11: 그리고 그 수를 10진수로 한자리씩 오른쪽으로 이동하기 위해 10으로 나눈다.
13: 합을 다시 number로 지정한다.
14: 중간 결과를 출력하고 바깥 루프의 처음으로 가서 조건을 비교한다.
16: 최종 결과를 출력한다.

실행 결과

```
E:₩소스₩Ch05₩05-03-2.exe
 숫자를 입력하시오: 42563
==> 20 ==> 2 결과:2
```

예제 05-03-3 *을 하나씩 증가하면서 10줄을 출력하여 삼각형을 만든다.

```
#include <stdio.h>
int main()
{
    int x, y;
    x = 1;
    while ( x<=10 ) {          // 10줄 출력하기 위한 루프
        y=1;
        while ( y<=x ) {       // 한 줄에 x개의 별 출력
            printf("*");
            y++;
        }
        printf("\n");          // 한 줄 출력하고 난 뒤 줄을 바꾼다.
        x++;
    }
}
```

해설

5: x에 첫 줄에 출력할 *의 개수를 지정한다. 바깥쪽 루프 내에서 1씩 증가한다(14행). 최대 10까지 증가한다.

6: 10줄까지 출력한다. x는 1부터 10보다 작거나 같을 때까지 반복한다.

7: 한 줄에 출력할 *의 개수를 1부터 시작하여 x보다 작거나 같을 때까지 출력한다.

8~11: 한 줄에 *의 수를 1부터 x개까지 출력한다.

12: 줄을 바꾼다.

13: 한 줄에 출력할 *의 개수 x를 1증가한다.

실행 결과

```
E:₩소스₩Ch05₩05-03-3.exe
*
**
***
****
*****
******
*******
********
*********
**********
```

예제 05-03-4 abc + cac = bdd가 되도록 하는 a, b, c, d를 구한다.

```
#include <stdio.h>
int main()
{
    int a=1, b, c, d, abc, cac, bdd;
    while(a<10) {
        b=1;
        while(b<10) {
            c=1;
            while(c<10) {
                d=0;
                while(d<10) {
                    abc = 100*a+10*b+c;     // abc값 계산
                    cac = 100*c+10*a+c;     // cac값 계산
                    bdd = 100*b+10*d+d;     // bdd값 계산
                    if (abc + cac == bdd)
                        printf(" %d\n"
                            "+%d\n"
                            "-----\n"
```

```
19                                   " %d\n\n", abc, cac, bdd);
20                          d++;
21                      }
22                      c++;
23                  }
24                  b++;
25              }
26              a++;
27          }
28  }
```

해설

4: a가 0이 되면 안 되므로 1부터 시작한다. b, c도 마찬가지이고, d는 0부터 시작해도 된다.
5~27: 미지수가 4개이므로 4개의 중첩 루프가 필요하다.
12~14: 세 자리 수 abc, cac, bdd를 계산한다.
15: abc+cac=bdd가 되는 수가 있으면 출력한다.

실행 결과

```
E:₩소스₩Ch05₩05-03-4.exe
 132
+212
-----
 344

 264
+424
-----
 688

 296
+626
-----
 922

 571
+151
-----
 722
```

유제 05-03-1 원 $x^2 + y^2 = 5^2$ 의 내부에 있는 정수 좌표를 모두 출력하는 프로그램을 2중 while 루프를 이용하여 작성하라.

유제 05-03-2 다음과 같이 출력하는 프로그램을 2중 while 루프를 이용하여 작성하라.

05-04. do ~ while 루프

do ~ while은 while과 하나의 차이점만 있다. 그 차이는 while은 루프를 시작할 때 조건을 검사하고, do ~ while은 루프의 마지막에 조건을 검사한다는 점만 다르다. 따라서 최악의 경우 while은 처음부터 조건이 맞지 않으면 루프 내부를 한 번도 실행하지 않을 수 있으며, do ~ while은 조건을 루프의 끝에서 비교하기 때문에 최소 한 번은 루프를 실행하게 된다.

문법

① 초깃값 설정;	① 루프를 시작하기 전에 초깃값 설정
② do {	② 무조건 루프를 시작한다.
③ 루프 내에서 실행할 문장들;	③ 루프 내에서 문장들을 실행하고,
④ 조건 값의 변화;	④ 루프 내에서 조건 값을 변경한다.
⑤ } while(루프를 반복할 조건);	⑤ 루프의 끝에서 조건을 비교한다.

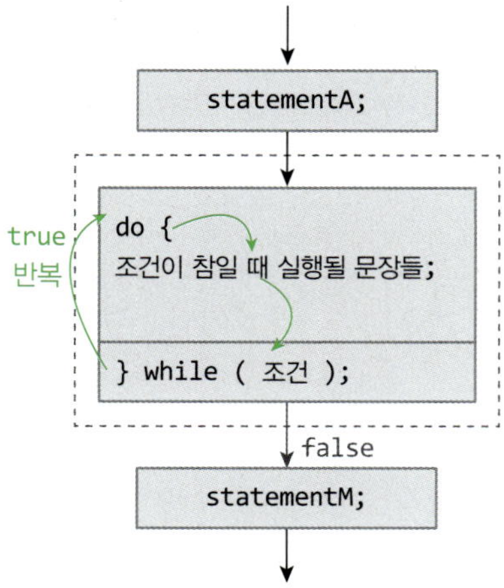


```
#include <stdio.h>
main() {
      int x, sum=0;
      do
      {
          x++;
          sum += x;
      } while (x < 100);
      printf("1부터 100까지의 합 = %d\n", sum);
}
```

true: 조건을 만족하면 1바퀴씩 루프를 수행한다

false: 조건을 만족하지 않으면 루프를 벗어난다

예제 05-04-1 do ~ while 루프를 이용하여 양수가 입력될 때까지 데이터를 받아들인다.

```
1  #include <stdio.h>
2  int main()
3  {
4      int x, y;
5      do {
6          printf("양수를 입력하시오 : ");
7          scanf("%d", &x);
8      } while (x<=0);
9      printf("x = %d\n", x);
10 }
```

해설

5: 루프의 시작

7: 값을 입력받는다.

8: 값이 음수이면 다시 입력 받는다. 양수가 입력될 때까지 루프를 돌면서 받아들인다. 즉, 원하는 데이터가 입력될 때까지 루프를 빠져나가지 않는다.

Notice do ~ while은 이와 같이 원하는 값이 되지 않으면 다시 처음부터 시작할 수 있게 할 수 있다.

실행 결과

```
E:₩소스₩Ch05₩05-04-1.exe
양수를 입력하시오 : -2
양수를 입력하시오 : 34
x = 34
```

예제 05-04-2 do ~ while을 이용하여 0에서 100 사이의 값을 입력하고 평점을 출력한다.

```
1  #include <stdio.h>
2  int main()
3  {
4      int score;
5      do {       // 0에서 100사이의 값이 아니면 다시 입력받는다.
6          printf("0에서 100사이의 정수를 입력하시오 : ");
7          scanf("%d", &score);
8      } while (score < 0 || score > 100);
9      printf("%d : ", score);
10     switch(score/10) {        // 평점을 출력한다.
11         case 10:
12         case 9: printf("A"); break;
13         case 8: printf("B"); break;
14         case 7: printf("C"); break;
15         case 6: printf("D"); break;
16         default : printf("F");
17     }
18
19     if( (score > 60 && score%10 >= 5) || score == 100 )
20         printf("+");
21     printf("\n");
22 }
```

해설

5~8: 0에서 100 사이의 값이 입력될 때까지 루프를 수행한다. 아니면 다시 입력한다.
10~17: 구간별로 평점을 출력한다.
19~20: 점수가 60점 이상이고 1의 자리 값이 5 이상이거나 점수가 100점이면 '+'를 추가한다.

실행 결과

```
E:₩소스₩Ch05₩05-04-2.exe
0에서 100사이의 정수를 입력하시오 : 87
87 : B+
```

예제 05-04-3 do ~ while을 이용하여 Ctrl-Z가 입력될 때까지 데이터 입력하기

```
#include <stdio.h>
int main()
```

```
3  {
4      int x, sum=0;
5      printf("Press Ctrl-Z to exit.\n");
6      do {
7          printf("input data : ");
8          if(scanf("%d", &x) == EOF)          // Ctrl-Z가 입력되면 루프를 벗어난다.
9              break;
10         sum += x;
11     } while(1);
12     printf("sum = %d\n", sum);
13 }
```

해설

6~11: Ctrl-Z(EOF)가 입력될 때까지 루프를 반복하면서 데이터를 입력한다.

8: 키보드에서 Ctrl-Z가 입력되었는지 검사한다. 마지막 데이터 입력 시 Ctrl-Z를 입력하고 엔터를 누른다.

12: 결과를 출력한다.

실행 결과

```
E:\소스\Ch05\05-04-3.exe
Press Ctrl-Z to exit.
input data : 52
input data : 78
input data : 96
input data : 45
input data : 68
input data : 96
input data : ^Z
sum = 435
```

예제 05-04-4 Zeller의 공식을 이용하여 년, 월을 입력하면 1개월 간의 달력을 출력한다.

※ Zeller의 공식 : $[21a/4] + [5b/4] + [26(c+1)/10] + d - 1$

a:년도의 앞 두 자리, b:년도의 뒤 두 자리, c:월, d:일, [ ]는 정수 연산을 의미한다. 계산 결과를 7로 나누어 나머지가 0, 1, 2, 3, 4, 5, 6이면, 일, 월, 화, 수, 목, 금, 토가 된다. 단, 1월과 2월은 전년도의 13월과 14월이 된다.

```
#include <stdio.h>
int main()
{
    int day, date, month, year, leaf, y1, y2, y, m, d, i=0;
    do {
```

```
        printf("년-월을 입력하시오 : ");
        scanf("%d%*c%d", &year, &month);
        if (year <1584 || month < 1 || month > 12) {
            printf("년도 또는 월이 잘못 입력되었습니다.\n");
            continue;
        }
        break;
    } while (1);
    y = year;
    m = month;
    d = 1;
    if (m < 3) {
        y--;
        m += 12;
    }

    y1 = y/100;
    y2 = y%100;

    // Zeller의 공식
    day = (21*y1/4) + (5*y2/4) + (26*(m+1)/10) + d - 1;
    day %= 7;
    if( month==4 || month==6 || month==9 || month==11)
        date = 30;
    else if( month == 2) {
        if( year%4 || (year%100==0 && year%400!=0))
            date = 28;
        else
            date = 29;
    }
    else
        date = 31;

    printf("\n\n%10d년 %d월\n\n", year, month);

    printf(" 일 월 화 수 목 금 토\n");
    printf("--------------------\n");

    printf("%*s", day*3, "");
    // 처음 1일이 시작되기 전의 공백을 출력한다.
```

```
46     while (d <= date) {        // 1일부터 마지막 날까지 출력한다.
47         while (day < 7) {
48             printf("%3d", d++);
49             day++;
50             if (d > date)
51                 break;
52         }
53         printf("\n");
54         day = 0;
55     }
56 }
```

해설

5~13: 년도와 월이 제대로 입력되었는지 검사하는 do ~ while루프, 년도는 그레고리안력이 적용된 이후.

16: d를 1로 계산한다. 매월 1일이 무슨 요일인지 파악하기 위하여

17~20: 1월과 2월은 전년도의 13월과 14월이 된다.

22: 년도의 앞 두 자리

23: 년도의 뒤 두 자리

26: Zeller의 공식 적용

27: 1일의 요일을 계산한다.

28~37: 해당하는 달의 말일이 며칠인지 계산한다.

39: 달력의 제목(년, 월)을 출력한다.

41~42: 요일 제목을 출력한다.

44: 1일의 요일에 따라서 앞에 필요한 공백을 출력한다.

46~55: 1일부터 말일까지 1개월 달력을 출력한다. date는 1일부터 말일까지 날짜를 가지는 변수.

47~52: 한 줄씩 출력한다. day는 한 줄에 일요일부터 토요일까지 출력하기 위한 변수

Notice 매월 1일이 무슨 요일인지 안다면 한 달 달력을 만들 수 있다.

실행 결과

```
E:₩소스₩Ch05₩05-04-4.exe
년-월을 입력하시오 : 2015 12


     2015년 12월

 일 월 화 수 목 금 토
---------------------
         1  2  3  4  5
  6  7  8  9 10 11 12
 13 14 15 16 17 18 19
 20 21 22 23 24 25 26
 27 28 29 30 31
```

예제 05-04-5 do ~ while을 이용하여 키가 눌려지면 키 값 출력하고 ESC키가 눌려지면 끝내기

```c
1  #include <stdio.h>
2  #include <conio.h>
3  int main()
4  {
5      int chr;
6      do
7      {
8          chr = getch();
9          printf("%d ", chr);
10         if(chr==0 || chr==0xe0)
11         {
12             chr = getch();
13             printf("확장키code=%d\n", chr);
14         }
15         else
16             printf("아스키code=%d\n", chr);
17         if(chr == 27)        // ESC Key
18             break;
19     }while(1);
20 }
```

해설

6~18: 키 입력에 대해서 키 값을 출력한다.
8: 키보드가 눌려지면 입력받는다.
10~14: 확장키일 때 키 값을 출력한다. Ctrl+Alt를 누르고 키를 누른다.
15~16: 아스키일 때 키 값을 출력한다.
17~18: ESC키가 눌려지면 루프를 끝낸다.

실행 결과

```
E:₩소스₩Ch05₩05-04-5.exe
107 아스키code=107
100 아스키code=100
108 아스키code=108
0 확장키code=36
9 아스키code=9
0 확장키code=24
0 확장키code=23
116 아스키code=116
27 아스키code=27
```

유제 05-04-1 do ~ while을 이용하여 패스워드를 3회까지만 검사하는 프로그램을 작성하라. 각, 상황에 따른 메시지도 출력한다.

유제 05-04-2 연속하는 3개의 홀수의 곱이 3315가 되는 수를 do ~ while 무한 루프를 이용하여 구하라.

05-05. for 루프

for 루프는 while 루프를 변형한 형태라 볼 수 있다. while은 초깃값을 루프를 시작하기 전에 주고 while에서는 조건만 검사하며, 루프 속에서 조건에 사용되는 값을 변화시키는 것이 일반적이다. 그러나 for는 이 세 가지를 모두 for()의 괄호 속에서 처리하도록 한 것이다. 즉, 초깃값, 조건식, 조건값 변경을 모두 괄호 속에 나열한다. 따라서 좀 더 편리하게 사용할 수 있다. 특히 for는 반복 횟수가 정해져 있는 경우 더 편리하게 사용할 수 있다. 한 가지 주의할 점은 초깃값은 루프를 시작할 때 한 번만 적용되고, 조건은 매번 검사하며, 조건 값의 변화식은 매번 루프가 끝나는 시점에서 이루어진다는 것이다. 이를 잘 알고 사용할 수 있도록 한다.

문법

for(① 초깃값; ② 조건식; ③ 조건값 변경) { ④ ⑤ 루프 내 실행 문장들; } ⑥	① 루프를 시작하기 직전에 한 번만 초깃값 설정 ② for루프의 조건 검사, 조건이 성립하면 루프 내의 문장(⑤) 실행 ③ 조건 값의 변경은 루프가 한 번 끝날 때(⑥)마다 실행 ④ 루프의 시작, 루프에 해당하는 문장이 하나일 때 괄호 생략 ⑤ 루프내의 문장 실행 ⑥ 다시 for 루프의 조건 검사 부분으로 이동

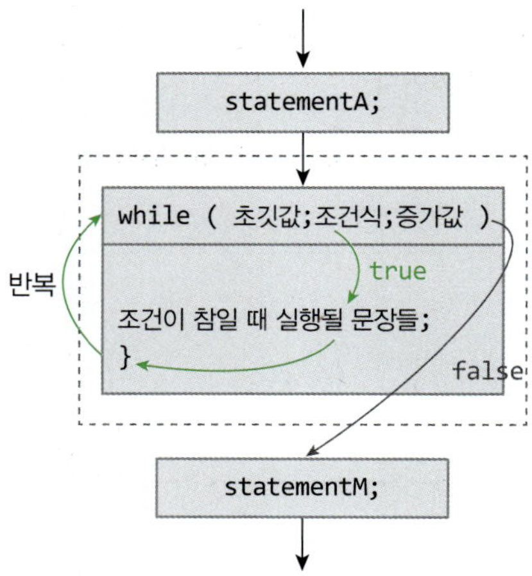

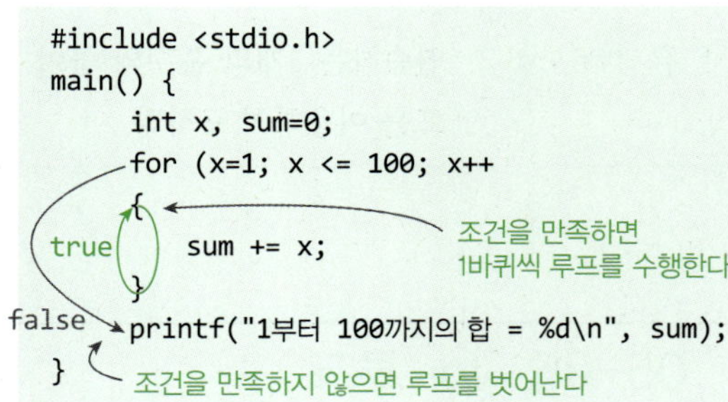

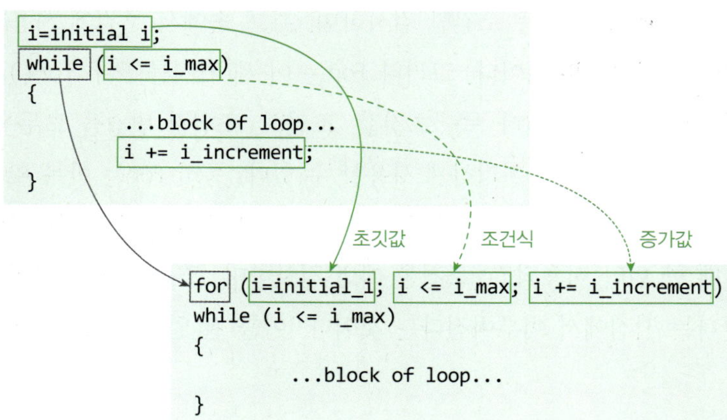

예제 05-05-1 for를 이용하여 1부터 10까지 출력하기

```c
#include <stdio.h>
int main()
{
    int count;
    for(count=1; count<=10; count++)
        printf("%d ", count);
    printf("\n");
}
```

해설

4: 변수 count선언

5~6: for 루프

5: 초깃값(count=1)은 루프를 시작할 때 한 번만 설정된다. 조건(count<=10)은 매번 루프를 회전할 때마다 검사한다. 조건 값의 변화식 count++는 한 번 루프를 회전할 때마다 변경된다. 다만 루프의 끝에서 이루어진다. 따라서 count++는 printf를 실행하고 난 뒤 증가한다.

Notice for 루프 블록도 해당되는 문장이 하나만 있을 때는 {}를 생략할 수 있다.

실행 결과

```
E:₩소스₩Ch05₩05-05-1.exe
1 2 3 4 5 6 7 8 9 10
```

예제 05-05-2 for를 이용하여 1부터 10까지 합 구하기

```
1  #include <stdio.h>
2  int main()
3  {
4      int count, sum;
5      for(count=1, sum=0; count<=10; count++)
6          sum += count;
7      printf("sum = %d\n", sum);
8  }
```

해설

4: 변수 count, sum을 선언한다. 초깃값을 지정하지 않았다.

5: for루프를 시작한다. 초깃값 count, sum을 각각 1, 0으로 콤마로 구분하여 지정한다. 초깃값은 시작할 때 한 번만 설정된다. 조건은 count가 10보다 작거나 같으면 계속 루프를 실행하기 위한 것이며, 증분은 루프가 한 번 반복할 때마다 변경된다.

6: 매 루프를 반복할 때마다 sum을 누적한다.

7: 조건이 만족하지 않으면 즉, 10보다 커지게 되면 이 문장으로 제어가 넘어와서 결과를 출력한다.

Notice 초깃값을 두 개를 지정할 수도 있다. 물론 조건 변수의 변화값도 두 개가 올 수도 있다.

실행 결과

```
E:₩소스₩Ch05₩05-05-2.exe
sum = 55
```

예제 05-05-3 for를 이용하여 임의의 정수 x의 약수 구하기

```
1  #include <stdio.h>
2  int main()
3  {
4      int x, d=1;
5      printf("정수 입력 : ");
6      scanf("%d", &x);
7      printf("%d의 약수 = ", x);
8      for ( ; x/2 >= d; d++)
9          if (x % d == 0)
10             printf("%d ", d);
11     printf("%d \n", x);        // 자기 자신 출력
12 }
```

해설

4: 변수 x, d를 선언하고 d의 초깃값을 1로 설정한다.

6: x의 값을 키보드에서 입력한다. 초깃값으로 사용한다.

8: for의 초깃값을 설정하지 않았다. 조건은 x/2가 d보다 크거나 같은 동안에 루프를 반복 실행한다. 조건값의 변경은 d를 1증가시킨다.

9, 10: x가 d로 나누어지면(d가 x의 약수이면) 그 값을 출력한다.

Notice 초깃값을 생략할 수 있다. 조건 및 증분값도 생략가능하다. 다른 예를 통해서 알아보자. 또 여기서 for에 해당하는 문장이 2개인 것처럼 보이지만 실제는 하나이다. for에 속한 것은 if이고 printf는 다시 if에 속해 있으므로 실제로 for에 속한 문장은 하나이다. 따라서 {}을 생략할 수 있다.

실행 결과

```
E:₩소스₩Ch05₩05-05-3.exe
정수 입력 : 78
78의 약수 = 1 2 3 6 13 26 39 78
```

예제 05-01-4 다음 식의 합이 0.69보다 커질 때까지 계산한다.

$$sum = \frac{1}{2} - \frac{2}{3} + \frac{3}{4} - \frac{4}{5} + \cdots + \frac{99}{100} - \frac{100}{101} + \cdots$$

```
#include <stdio.h>
int main()
{
    int number;
    double sum= 0.0, sign = 1.0;
```

```
6          //sign은 +, - 부호를 바꿔주기 위해 사용된 변수다.
7      for (number=1; sum < 0.69; number++, sign=-sign)
8          sum += sign * (double)number/(double)(number+1);
9      printf("number = %d, sum = %f\n", number, sum);
10 }
```

해설

4: 정수 변수 number선언

5: 실수 변수 sum과 sign을 선언하고 초깃값 지정

7: for루프의 초깃값 number=1 지정, 조건은 sum이 0.69보다 작은 동안에 루프 반복실행, 조건값의 변경은 number를 1증가하고, sign은 매번 루프를 회전할 때마다 부호를 바꿔준다.

8: sum에 각 항을 누적한다.

9: 결과를 출력한다. 실제로 number는 for에서 한 번 더 증가한 다음에 출력된 것이다. 루프의 마지막에 증가하고 조건을 비교하기 때문이다. 따라서 실제 결과 number는 하나 더 증가한 값이다.

Notice 초깃값과 변화값은 여러 개가 올 수도 있다. 너무 많이 쓰게 되면 혼동을 가져올 수 있으므로 많이 쓰지 않는다.

실행 결과

```
E:\소스\Ch05\05-05-4.exe
number = 160, sum = 0.690032
```

예제 05-05-5 <예제 05-01-5>를 for 루프를 이용하여 다시 작성하라.

```
#include <stdio.h>
int main()
{
    int x;
    printf("정수를 입력하시오 : ");
    scanf("%d", &x);
    printf("%d ", x);
    for (; x > 1; ) {
        if (x % 2 == 0)
            x /= 2;
        else
            x = x*3 + 1;
        printf("%d  ", x);
    }
}
```

해설

4: 정수 변수 x선언

6: x를 입력 받는다.

8: for 루프에서 3가지 값 중에서 조건만 사용한다. 초깃값은 키보드에서 받고, 값의 변화는 때에 따라 다르므로 루프 내에서 변화를 하도록 한다.

9, 10: 짝수이면 그 값을 2로 나눈다.

11, 12: 홀수이면 3을 곱하고 1을 더한다.

13: 중간 과정을 계속 출력한다.

Notice for루프에서 3가지 요소 중에 어느 것도 생략가능하다. 적절히 잘 사용하면 편리하게 사용할 수 있다.

실행 결과

```
E:₩소스₩Ch05₩05-05-5.exe
정수를 입력하시오 : 36
36 18  9  28  14  7  22  11  34  17  52  26  13  40  20  10  5  16  8  4  2  1
```

유제 05-05-1 연속되는 세 홀수의 곱이 3315가 될 때 그 값을 출력하는 프로그램을 for를 이용하여 작성하라.

유제 05-05-2 다음 식을 10000항까지 계산하는 프로그램을 for를 이용하여 작성하라.

$$sum = \frac{1}{1} + \frac{1}{2} - \frac{1}{3} + \frac{1}{4} + \frac{1}{5} - \frac{1}{6} + \cdots$$

05-06. for 무한 루프

for 무한 루프는 초깃값, 조건, 변화값을 모두 비워두고 세미콜론만 두 개 남겨서 사용한다. while(1) 또는 do ~ while(1)과 같은 의미이다.

예제 05-06-1 for 무한 루프를 이용하여 1부터 10까지 출력한다.

```
#include <stdio.h>
int main()
{
    int count=1;            // 초깃값
    for(;;) {
```

```
6          printf("%d ", count);
7          count++;              // 루프를 벗어날 조건을 변화시킴
8          if(count>10)          // 루프를 벗어나기 위한 검사
9              break;
10     }
11 }
```

해설

4: for에 사용될 초깃값 count를 미리 지정한다.
5: for에 대한 무한 루프이다.
7: 조건을 검사할 변수의 변화값이다.
8, 9: 조건을 검사하여 만족하면 루프를 벗어난다.

실행 결과

```
E:₩소스₩Ch05₩05-06-1.exe
1 2 3 4 5 6 7 8 9 10
```

예제 05-06-2 개수가 정해지지 않은 데이터 값을 입력받아 합과 평균을 구한다. 단, 루프를 벗어나는 조건은 음수가 입력될 때이며, 값은 0에서 100 사이의 값이며 100을 초과한 값은 계산에 포함하지 않는다.

```
#include <stdio.h>
int main()
{
    int x, sum=0, count=0;
    double ave;
    for(;;) {
        printf("양의 정수를 입력하시오(음수 : 끝) : ");
        scanf("%d", &x);
        if( x < 0 )         // 음수이면 루프를 빠져나감.
            break;
        else if( x > 100 )
            // 100 이상이면 계산하지 않고 for로 가서 다음 루프 실행
            continue;
        sum += x;
        count++;
    }
    ave= (double) sum/ (double) count;
```

```
18      printf(" 합계 : %d, 평균 : %f, 개수 : %d\n", sum, ave, count);
19  }
```

해설

4, 5: 변수 선언 및 sum과 count를 0으로 초깃값 설정
6: for의 무한 루프
8: 키보드에서 데이터 입력
9, 10: 입력 값이 0보다 작으면 루프 종료
11, 13: 입력 값이 100보다 크면 아무것도 하지 않고 루프 시작 부분으로 점프
14: 정상적인 값이 입력되었을 때 sum에 x를 누적
15: 정상적인 값이 입력되었을 때 count증가
17: 루프를 벗어난 뒤 평균 계산, sum과 count가 정수이므로 double로 형 변환
18: 결과 출력

Try continue를 쓰지 않고 이 프로그램을 작성해 보라.

실행 결과

```
E:₩소스₩Ch05₩05-06-2.exe
양의 정수를 입력하시오(음수 : 끝) : 78
양의 정수를 입력하시오(음수 : 끝) : 98
양의 정수를 입력하시오(음수 : 끝) : 86
양의 정수를 입력하시오(음수 : 끝) : 56
양의 정수를 입력하시오(음수 : 끝) : 96
양의 정수를 입력하시오(음수 : 끝) : -8
 합계 : 414, 평균 : 82.800000, 개수 : 5
```

예제 05-06-3 피보나치 수열을 for 무한 루프를 이용하여 출력하고 황금비 계산

```
#include <stdio.h>
int main()
{
    int x=1, y=1, z=0;
    printf("1, 1, ");        // 처음 두 수인 "1, 1, "을 출력한다.
    for(;;) {
        z = x + y;
        if(z < 0)
            // 가장 큰 정수보다 커지게 되면 음수로 바뀌는 성질을 이용한다.
            break;
        printf("%d, ", z);
        x = y;
        y = z;
    }
```

```
15      printf("\n");
16      printf("황금비 = %f\n", (double)y / (double)x);
17  }
```

해설

4: 변수 선언 및 초깃값 설정. 첫 번째, 두 번째 피보나치 항 설정
6: for의 무한 루프
7: 이어지는 피보나치 항 계산
8: 계산 결과가 음수이면 끝냄. 이것은 2의 보수 성질을 이용한 것임. 가장 큰 값보다 값이 커지면 음수가 됨.
11: 이어지는 항 출력
12, 13: 다음 항을 계산하기 위해 바로 앞의 두 항 설정
16: 황금비 계산 출력, y와 x가 정수이므로 double로 형 변환

Notice 굳이 무한 루프를 사용하지 않아도 되지만 예를 들기 위한 것임.

실행 결과

```
E:₩소스₩Ch05₩05-06-3.exe
1, 1, 2, 3, 5, 8, 13, 21, 34, 55, 89, 144, 233, 377, 610, 987, 1597, 2584, 4181,
 6765, 10946, 17711, 28657, 46368, 75025, 121393, 196418, 317811, 514229, 832040
, 1346269, 2178309, 3524578, 5702887, 9227465, 14930352, 24157817, 39088169, 632
45986, 102334155, 165580141, 267914296, 433494437, 701408733, 1134903170, 183631
1903,
황금비 = 1.618034
```

유제 05-06-1 for 무한 루프를 이용하여 어떤 양의 정수를 소인수분해하라.

유제 05-06-2 다음 수열의 합을 구하는 프로그램을 for 무한 루프를 이용해서 구하라. 단, 분모는 정수 변수이고 음수가 되면 끝나게 한다.

$$\Sigma = \frac{1}{1} + \frac{1}{2} + \frac{1}{4} + \frac{1}{8} + \frac{1}{16} + \cdots$$

05-07. for 중첩 루프

for 루프블록에는 어떠한 문장도 포함될 수 있다. 또 다른 루프를 포함할 수도 있다. for뿐만 아니라 while, do ~ while 등도 포함할 수 있다.

예제 05-07-1 for 중첩 루프를 이용한 구구단 출력

```c
1  #include <stdio.h>
2  int main()
3  {
4      int dan, y;
5      for(dan=2; dan < 10; dan++) {
6          printf("%8d단\n", dan);
7          for(y=1; y < 10; y++)
8              printf(" %2d * %2d = %2d\n", dan, y, dan*y);
9          printf("\n\n");
10     }
11 }
```

해설

4: 변수 선언
5: 단을 변경하기 위한 바깥쪽 루프
6: 단 제목 출력
7: 단 내의 값 1에서 9까지 변화를 위한 루프
8: 단에서 1부터 9까지 변화를 주면서 구구단 출력
9: 한 단이 끝나면 한 줄 건너 뜀.

실행 결과

```
E:₩소스₩Ch05₩05-07-1.exe
 8 *  3 = 24
 8 *  4 = 32
 8 *  5 = 40
 8 *  6 = 48
 8 *  7 = 56
 8 *  8 = 64
 8 *  9 = 72


       9단
 9 *  1 =  9
 9 *  2 = 18
 9 *  3 = 27
 9 *  4 = 36
 9 *  5 = 45
 9 *  6 = 54
 9 *  7 = 63
 9 *  8 = 72
 9 *  9 = 81
```

예제 05-07-2 for 중첩 루프를 이용한 디지털 근 구하기

```c
1  #include <stdio.h>
2  int main()
3  {
4      int number, sum;
5      printf(" 숫자를 입력하시오: ");
6      scanf("%d", &number);
7      for (;number>=10;) {
8          sum = 0;
9          for (;number != 0; number /= 10)
10             sum += number % 10;
11         number = sum;
12         printf("==> %d ", number);
13     }
14     printf("결과:%d\n", number);
15 }
```

해설

6: number의 초깃값은 키보드에서 받는다.
7: 바깥 for 루프에서 초깃값, 변화값은 설정하지 않았다. 조건은 한 자리 값일 때까지 반복한다.
8: 각 자리의 합을 저장할 변수 sum을 0으로 초기화한다.
9: 내부 for 루프의 초깃값은 없고, 조건은 number의 값이 0이 아닐 때까지 반복하고, 변화값은 10진수로 한 자리씩 이동하면서 계산한다.
10: sum에 10진수의 각 자리의 합을 누적한다.
11: 다시 number를 sum으로 설정한다.
12: 중간 결과를 저장한다.

실행 결과

```
E:₩소스₩Ch05₩05-07-2.exe
숫자를 입력하시오: 74125
==> 19 ==> 10 ==> 1 결과:1
```

예제 05-07-3 *의 개수를 하나씩 늘려가면서 10줄을 출력하기

```c
#include <stdio.h>
int main()
{
    int x, y;
```

```
5      for (x=1; x<=10; x++ ) {
6          for (y=1; y<=x; y++ )
7              printf("*");
8          printf("\n");          // 한 줄 출력하고 난 뒤 줄 바꿈
9      }
10 }
```

해설

5: 바깥쪽 루프는 10줄을 반복한다.
6: 안쪽 루프는 각 줄에 *을 x개 만큼 출력한다.
8: 각 줄을 출력한 다음 줄을 바꾼다.

실행 결과

예제 05-07-4 abc + cac = bdd가 되는 a, b, c, d를 구하기

```
#include <stdio.h>
int main()
{
    int a=1, b, c, d, abc, cac, bdd;
    for (a=1;a<10;a++) {
        for (b=1;b<10;b++) {
            for (c=1;c<10;c++) {
                for (d=1;d<10;d++) {
                    abc = 100*a+10*b+c;     // abc값 계산
                    cac = 100*c+10*a+c;     // cac값 계산
                    bdd = 100*b+10*d+d;     // bdd값 계산
                    if (abc + cac == bdd)
                        printf(" %d\n"
                            "+%d\n"
                            "-----\n"
```

```
16                                 " %d\n\n", abc, cac, bdd);
17                         }
18                     }
19                 }
20             }
21 }
```

해설

5: a 변수는 1부터 시작하여 9까지 검사한다.
6: b 변수도 1부터 시작하여 9까지 검사한다.
7: c 변수도 1부터 시작하여 9까지 검사한다.
8: d 변수도 1부터 시작하여 9까지 검사한다. 0부터 해야 되지만 사실 0의 결과는 없다.
12: 문제의 조건을 만족하는 a, b, c, d가 있으면 출력한다.
13~16: 한 줄로 써도 되지만 보기 좋게 하기 위해 분리하였다.
Notice 변수가 4개이므로 4중 루프를 사용한다.

실행 결과

```
E:₩소스₩Ch05₩05-07-4.exe
 132
+212
-----
 344

 264
+424
-----
 688

 296
+626
-----
 922

 571
+151
-----
 722
```

예제 05-07-5 알파벳 'A'부터 'Z'까지 하나씩 늘려가면서 출력하기

```
#include <stdio.h>
int main()
{
    char i, j;
    for (i='A'; i<='Z'; i++) {                // 문자형은 정수형의 한 종류이다.
        printf(" ");
```

```
7         for (j='A'; j<=i; j++)
8             printf("%c", j);
9         printf("\n");
10    }
11 }
```

해설

5: i 변수는 'A'부터 시작하여 'Z'까지 반복한다.
6: 출력하기 전에 한 칸 띄운다.
7: j 변수는 'A'부터 I까지 반복한다.
8: 해당하는 문자를 출력한다.
9: 한 줄 출력하고 줄을 바꾼다.

실행 결과

```
E:₩소스₩Ch05₩05-07-5.exe
A
AB
ABC
ABCD
ABCDE
ABCDEF
ABCDEFG
ABCDEFGH
ABCDEFGHI
ABCDEFGHIJ
ABCDEFGHIJK
ABCDEFGHIJKL
ABCDEFGHIJKLM
ABCDEFGHIJKLMN
ABCDEFGHIJKLMNO
ABCDEFGHIJKLMNOP
ABCDEFGHIJKLMNOPQ
ABCDEFGHIJKLMNOPQR
ABCDEFGHIJKLMNOPQRS
ABCDEFGHIJKLMNOPQRST
ABCDEFGHIJKLMNOPQRSTU
ABCDEFGHIJKLMNOPQRSTUV
ABCDEFGHIJKLMNOPQRSTUVW
ABCDEFGHIJKLMNOPQRSTUVWX
ABCDEFGHIJKLMNOPQRSTUVWXY
ABCDEFGHIJKLMNOPQRSTUVWXYZ
```

예제 05-07-6 2!부터 10!까지 순서대로 구하기

```
#include <stdio.h>
int main()
{
    int fact, s, e;
    for (s=2; s<=10; s++) {
```

```
6            fact = 1;
7            printf(" %d!=", s);
8            for (e=1; e<=s-1; e++) {
9                fact *= e;
10               printf("%d*", e);
11           }
12           fact *= s;
13           printf("%d = %d\n", s, fact);
14       }
15   }
```

해설

5: 팩토리얼을 구할 순서
6: 1부터 시작한다.
8~11: 각 팩토리얼을 구한다.
12: 마지막 수를 곱한다.
13: 출력한다.

실행 결과

```
E:₩소스₩Ch05₩05-07-6.exe
2!=1*2 = 2
3!=1*2*3 = 6
4!=1*2*3*4 = 24
5!=1*2*3*4*5 = 120
6!=1*2*3*4*5*6 = 720
7!=1*2*3*4*5*6*7 = 5040
8!=1*2*3*4*5*6*7*8 = 40320
9!=1*2*3*4*5*6*7*8*9 = 362880
10!=1*2*3*4*5*6*7*8*9*10 = 3628800
```

예제 05-07-7 1부터 100 사이의 수 중에서 피타고라스 수 구하기

```
#include <stdio.h>
int main()
{
    int x, y, z;
    for(x=1; x<=98; x++) {
        for(y=x+1; y<=99; y++) {
            for(z=y+1; z<=100; z++) {
                if(x*x + y*y == z*z)
                    printf(" %d, %d, %d\n", x, y, z);
            }
```

```
11            }
12        }
13    }
```

해설

8~9: 피타고라스 수이면 출력한다.

실행 결과

```
E:₩소스₩Ch05₩05-07-7.exe
30, 72, 78
32, 60, 68
33, 44, 55
33, 56, 65
35, 84, 91
36, 48, 60
36, 77, 85
39, 52, 65
39, 80, 89
40, 42, 58
40, 75, 85
42, 56, 70
45, 60, 75
48, 55, 73
48, 64, 80
51, 68, 85
54, 72, 90
57, 76, 95
60, 63, 87
60, 80, 100
65, 72, 97
```

유제 05-07-1 $x^2 + y^2 = 5^2$ 의 원 내부에 존재하는 정수 좌표 모두 출력하는 프로그램을 for 루프를 이용하여 작성하라.

유제 05-07-2 우리에 닭과 강아지가 같이 살고 있다. 이 두 동물의 눈의 수를 합하면 38개이고, 다리의 수를 합하면 60개이다. 닭과 강아지는 각각 몇 마리인가? for 루프를 이용하여 작성하라.

유제 05-07-3 10 이하의 수를 입력하여 다음과 같이 모래시계 모양으로 출력하는 프로그램을 for 루프를 이용하여 작성하라.

```
E:₩소스₩Ch05₩Q05-07-3.exe
Enter the value of N(From 1 to 10):10

12345678910987654321
 234567891098765432
  3456789109876543
   45678910987654
    567891098765
     6789109876
      78910987
       891098
        9109
         10
        9109
       891098
      78910987
     6789109876
    567891098765
   45678910987654
  3456789109876543
 234567891098765432
12345678910987654321
```

유제 05-07-4 화씨 -10도부터 130도까지 5도씩 증가하면서 섭씨로 나타내는 프로그램을 for 루프를 이용하여 작성하라.

유제 05-07-5 □□ + □□ = □□가 되는 모든 수를 구하는 프로그램을 for 루프를 이용하여 작성하라. 단 각 자리는 1부터 8까지의 수이며, 모두 다른 수이고 17+28=45, 28+17=45는 같은 것으로 취급한다.

05-08. 난수 발생 함수

C언어의 표준함수 중에 난수를 발생하는 함수가 있다. 난수는 게임이나 기타 응용에서 많이 사용하는 함수이므로 여러분이 잘 알아두면 편리하게 사용할 수 있다. 난수 발생함수 rand()는 stdlib.h헤더 파일에 정의되어 있으며, 사용할 때 약간의 주의가 필요하다. 난수를 발생하기 전에 난수를 초기화해 주어야 한다. 초기화해 주지 않으면 항상 같은 순서로 난수가 발생하는 의사난수(pseudo random number)이기 때문에 의미가 없다. 난수를 초기화하는 함수는 srand() 함수이며, 매개변수의 값을 변화시켜줌으로써 난수를 언제나 다르게 발생시킬 수가 있다. 매개변수로는 time(0)함수를 주로 사용한다. 즉, 시간은 항상 변하므로 매번 다른 순서로 난수를 만들어 낼 수 있다. time(0)는 현재 시간을 의미

하며, time()함수는 time.h헤더파일에 정의되어 있다. 난수의 발생범위는 0부터 RAND_MAX까지이며 RAND_MAX 매크로는 stdlib.h에 정의되어 있으며, 보통 RAND_MAX는 32767로 지정되어 있다. 난수의 발생범위는 적절하게 조절할 수 있다. 난수 발생범위의 식은 "rand()%난수범위의_개수 + 시작_수"이다. 예를 들어 1부터 10까지 난수를 발생하고 싶다면 난수범위의 개수가 10개이고 시작 수가 1이므로 "rand()%10 + 1"로 하면 된다.

예제 05-08-1 10개의 난수를 발생해 보자.

```
1  #include <stdio.h>
2  #include <stdlib.h>
3  #include <time.h>
4  int main()
5  {
6      unsigned int i, seed;
7      seed = time(0);       // 난수 초기화 함수의 매개변수를 현재의 시간으로 설정
8      srand(seed);          // 난수 초기화
9
10     for ( i=0; i<10; i++)
11         printf("%d, ", rand());     // 난수발생
12 }
```

해설

7: 난수 초기화 함수에 사용할 매개변수로 seed란 변수를 사용하였고 현재 시간 time(0)을 저장한다.
8: 난수 초기화 함수 srand를 이용하여 난수를 초기화한다. 매개변수로 현재시간을 쓴다.
10, 11: 난수 10개를 발생하여 출력한다.
11: rand() 함수를 이용하여 난수 발생하며, 난수의 범위는 기본적으로 0부터 32767까지이다.
Try 8, 9번 줄을 생략하고 여러 번 실행해 보면 항상 같은 수가 발생하는 것을 알 수 있다.

실행 결과

```
E:₩소스₩Ch05₩05-08-1.exe
22621, 3078, 6401, 28383, 22725, 29378, 3889, 26205, 22618, 25874,
```

예제 05-08-2 주사위를 1000번 굴려 발생하는 주사위 눈의 평균을 구하라. 난수의 발생 범위(1~6)를 지정한다.

```
1  #include <stdio.h>
2  #include <stdlib.h>
3  #include <time.h>
4  int main()
5  {
6      unsigned int i, seed, sum=0;
7      double average=0;
8      seed = time(0);
9      srand(seed);
10
11     for ( i=0; i<1000; i++)
12         sum += rand()%6+1;          // 1부터 6까지 난수 발생
13     printf("눈의 평균 = %f\n", sum/1000.0);
14 }
```

해설

7: 평균을 저장할 실수 변수 선언
8: 난수 초기화 함수에 사용할 매개변수로 seed란 변수를 사용하면 현재 시간 time(0)을 저장한다.
9: 난수 초기화 함수 srand()를 이용하여 난수를 초기화한다. 매개변수로 현재시간을 쓴다.
11, 12: 주사위를 1000번 던진다. 난수의 범위를 1부터 6까지 설정한다.
13: 평균을 구하여 출력한다. 이론값이 3.5이며, 실제 평균값이 3.5정도됨을 알 수 있다.

실행 결과

```
E:₩소스₩Ch05₩05-08-2.exe
눈의 평균 = 3.585000
```

예제 05-08-3 알파벳 A부터 Z까지 100개 발생하라.

```
#include <stdio.h>
#include <stdlib.h>
#include <time.h>
int main()
{
    unsigned int i, seed, sum=0;
    seed = time(0);
    srand(seed);
```

```
9       for ( i=0; i<100; i++)
10          printf("%c ", rand()%26+65);        // 대문자 A:65
11  }
```

해설

7: 난수 초기화 함수에 사용할 매개변수로 seed란 변수를 사용하면 현재 시간 time(0)을 저장한다.
8: 난수 초기화 함수 srand()를 이용하여 난수를 초기화한다. 매개변수로 현재시간을 쓴다.
9, 10: 100번 반복하며, 난수의 범위는 65부터이며 26개 문자를 발생한다. 즉, 알파벳 대문자 A부터 Z까지 발생한다.

실행 결과

```
E:₩소스₩Ch05₩05-08-3.exe
V E J U H J A D R H L O M Z K T J P Z S Y I V K S H Z N V I W W N C I D F Y H M
A R X M R J Y M W G N B K E I X V N D N X D P O O N M B X S X T R O P X E C Z Q
F O S I Y T V E D Q B D U S D F U O N A
```

예제 05-08-4 랜덤 함수를 이용한 가위바위보 게임

```
#include <stdio.h>
#include <time.h>
#include <stdlib.h>
#define WIN 1
#define LOSS 0
int main()
{
    int i, num ,in, Win_Loss;
    srand(time(NULL));
    for (i=0; i<3; i++)
    {
        num = rand() % 3;
        printf("!!! 자 시작합니다 !!! \n");
        printf("가위! 바위! 보!(가위=0, 바위=1, 보=2) : ");
        scanf("%d", &in);
        if (in < 0 || in > 2) {
            printf("잘못 입력하였습니다.\n");
            continue;
        }
        if (num == 0) {
            if (in == 1)
```

```
22                  Win_Loss = WIN;
23              else
24                  Win_Loss = LOSS;
25          } else if (num == 1) {
26              if (in == 0)
27                  Win_Loss = LOSS;
28              else
29                  Win_Loss = WIN;
30          } else if (num == 2) {
31              if (in == 0)
32                  Win_Loss = WIN;
33              else
34                  Win_Loss = LOSS;
35          }
36          printf("컴퓨터 : %d, YOU : %d\n", num, in);
37
38          if (num == in)
39              printf("비겼습니다.\n");
40          else if (Win_Loss == WIN)
41              printf("당신이 이겼습니다.\n");
42          else
43              printf("컴퓨터가 이겼습니다.\n");
44      }
45  }
```

해설

12: 컴퓨터가 0부터 2까지 난수를 발생한다.
15: 사람이 입력한다.
20~35: 누가 이겼는지 검사한다.
38~43: 누가 이겼는지 출력한다.

실행 결과

```
E:₩소스₩Ch05₩05-08-4.exe
!!! 자 시작 합니다 !!!
가위! 바위! 보!.(가위=0, 바위=1, 보=2) : 1
컴퓨터 : 2, YOU : 1
컴퓨터가 이겼습니다.
!!! 자 시작 합니다 !!!
가위! 바위! 보!.(가위=0, 바위=1, 보=2) : 1
컴퓨터 : 2, YOU : 1
컴퓨터가 이겼습니다.
!!! 자 시작 합니다 !!!
가위! 바위! 보!.(가위=0, 바위=1, 보=2) : 1
컴퓨터 : 0, YOU : 1
당신이 이겼습니다.
```

- **유제 05-08-1** 난수를 30개 발생하되 수의 범위는 101부터 200까지로 하라.
- **유제 05-08-2** 소문자 a부터 z까지 100개를 무작위로 발생하라.
- **유제 05-08-3** 컴퓨터가 1부터 10까지의 수를 무작위로 한 개의 수를 발생하면 알아맞히는 프로그램을 작성하라. 단, 컴퓨터가 발행한 수가 사용자가 입력한 수보다 큰지 작은지도 같이 출력하라.

05-09. 루프 종합

루프는 프로그램에서 아주 중요한 알고리즘에 속한다. 따라서 여러분이 다양한 예제를 통해 완전히 이해할 수 있을 정도로 공부하여야 할 부분이다. 루프를 이용하는 몇 가지 예를 더 살펴보도록 하자.

예제 05-09-1 1부터 1539까지 종이에 숫자를 쓸 때 3이라는 수는 몇 번을 쓰게 되는가?

```
1  #include <stdio.h>
2  int main()
3  {
4      int num=1539, count=0, x, y;
5      for (x=1; x<= num; x++) {          // 1부터 1539까지 반복
6          y = x;
7          while (y > 0) {                // 각 수에 3이 들어 있는지 확인
8              if (y % 10 == 3)           // 끝자리가 3이면
9                  count ++;              // count를 증가
10             y /= 10;                   // 10진수 한 자리 오른쪽 이동
11         }
12     }
13     printf("count = %d\n", count);
14 }
```

해설

5: 1부터 1539까지 루프를 반복 실행한다.
7~11: 어떤 수의 각 자리에 3이 포함되어 있는지 검사하고 있으면 count를 1 증가한다.
8: 끝자리에 3이 있는지 확인한다.

9: 있으면 count를 증가한다.
10: 10진수를 한자리씩 오른쪽으로 이동한다.

실행 결과

```
E:₩소스₩Ch05₩05-09-1.exe
count = 514
```

예제 05-09-2 어떤 자연수에서 첫 번째 자리의 수를 마지막 자리로 옮겼더니 원래 수의 2/3가 되었다. 이러한 자연수 중에서 가장 작은 수는 무엇인지 찾아내는 프로그램을 for와 while을 적절하게 이용하여 작성하라.

```
1  #include <stdio.h>
2  int main()
3  {
4      int a, b, x;
5      for (a=12; a<1000000; a+=3) {   // 12부터 백만까지 찾기
6          // 3으로 나누어지기 위해서는 3의 배수이어야 하므로 12부터 시작한다.
7          b = a;
8          x = 1;
9          while(b/10) {          // 맨 앞자리를 찾기 위한 루프
10             b /= 10;           // 한자리씩 맨 왼쪽으로 이동:10진
11             x *= 10;           // 맨 앞자리의 단위를 계산하기 위함
12         }
13         if ( (a - b*x) * 10 + b == (a/3)*2 ) {
14         // 맨 앞자리를 맨 뒤로 보냈을 때 원래 수의 2/3인가?
15             printf("%d * 2 / 3 = %d\n", a, (a - b*x) * 10 + b);
16             break;
17         }
18     }
19 }
```

해설

5: 12부터 백만까지 3씩 증가하면서 루프를 수행한다. 3씩 증가하는 이유는 3의 배수이므로.
8: 맨 앞자리의 값이 얼마인지 계산하기 위한 변수
9~12: 맨 앞자리를 맨 끝으로 이동하기 위한 루프
13~17: 맨 앞자리를 끝으로 보냈을 때 2/3가 되는가? 되면 출력하고 끝낸다.

실행 결과

```
E:₩소스₩Ch05₩05-09-2.exe
428571 * 2 / 3 = 285714
```

예제 05-09-3 디지털 근은 구하는 프로그램을 while과 for를 혼용하여 작성

```
1  #include <stdio.h>
2  int main()
3  {
4      int number, digital_root, dr, temp;
5      printf("정수 입력: ");
6      scanf("%d", &number);
7      digital_root = number;
8      while(digital_root>=10) {
9          for ( temp = 0; digital_root>0; digital_root/=10 )
10             temp += digital_root%10;
11         digital_root = temp;
12     }
13     printf("%d의 디지털 근 : %d\n", number, digital_root);
14 }
```

해설

7: drigital_root에 dr을 복사한다.
8~12: 디지털 근이 10보다 작은 경우 계속 반복한다.
9, 10: 값을 한자리씩 더한다.
11: 계산된 값을 drigital_root에 저장하고, while루프를 다시 수행한다.
13: 디지털 근을 출력한다.

실행 결과

```
E:₩소스₩Ch05₩05-09-3.exe
정수 입력: 523623
523623의 디지털 근 : 3
```

예제 05-09-4 화면에 문자로 사인 그래프 그리기

```
#include <stdio.h>
#include <math.h>
int main()
```

```
4  {
5      int i, j;
6      double radian, pi=3.141593;
7      for (i=0; i<=360; i+=15) {
8          radian = i * pi / 180;
9          printf("%3d", i);
10         for (j=0; j<= (int)(sin(radian)*30+30); j++)
11             printf(" ");
12         printf("*\n");
13     }
14 }
```

해설

6: radian 변수와 pi값을 저장하는 변수 선언
7~13: 0도부터 360도까지 15도씩 변화하면서 계산하고 출력한다.
8: 라디안 값을 계산한다.
10, 11: 화면에 공백을 출력할 부분을 계산한다.
12: *을 출력한다.

실행 결과

```
  0                               *
 15                                      *
 30                                              *
 45                                                    *
 60                                                        *
 75                                                           *
 90                                                            *
105                                                           *
120                                                        *
135                                                    *
150                                             *
165                                      *
180                              *
195                       *
210               *
225         *
240     *
255  *
270 *
285  *
300     *
315         *
330                *
345                       *
360                               *
```

유제 05-09-1 다음 그림과 같이 삼각형을 출력하는 프로그램을 while과 for를 적절히 이용하여 작성하라. 숫자는 1, 2, 3, …, 8, 9, 0으로 순환하도록 한다.

```
E:₩소스₩Ch05₩Q05-09-1.exe
라인 수를 입력하시오: 15
              1
             2 3
            4 5 6
           7 8 9 0
          1 2 3 4 5
         6 7 8 9 0 1
        2 3 4 5 6 7 8
       9 0 1 2 3 4 5 6
      7 8 9 0 1 2 3 4 5
     6 7 8 9 0 1 2 3 4 5
    6 7 8 9 0 1 2 3 4 5 6
   7 8 9 0 1 2 3 4 5 6 7 8
  9 0 1 2 3 4 5 6 7 8 9 0 1
 2 3 4 5 6 7 8 9 0 1 2 3 4 5
6 7 8 9 0 1 2 3 4 5 6 7 8 9 0
```

유제 05-09-2 어떤 10진 정수를 입력하여 그 수의 10의 보수를 출력하는 프로그램을 작성하라.

연습문제

1. 1부터 100까지 수 중에서 9의 배수를 출력하는 프로그램을 while을 이용하여 작성하라.

2. e=2.71828182… 이다. 다음 공식을 이용하여 e를 구하는 프로그램을 while과 for를 이용하여 각각 작성하라.

$$e = 1 + \frac{1}{1!} + \frac{1}{2!} + \frac{1}{3!} + \frac{1}{4!} + \cdots$$

3. while과 shift연산자를 이용하여 2^0에서부터 2^{30}까지 계산하는 프로그램을 작성하라.

4. 임의의 양의 정수를 입력하여 최댓값과 최솟값을 구하고, 입력된 데이터의 개수를 구하는 프로그램을 while을 이용하여 작성하라. 데이터 입력을 끝내기 위해서는 음수를 입력한다.

5. $-1^2 + 2^2 - 3^2 + 4^2 + \cdots - 99^2 + 100^2$을 구하는 프로그램을 while을 이용하여 작성하라.

6. $1^2 + 2^2 - 3^2 + 4^2 + 5^2 - 6^2 + \cdots + x^2$의 합이 최초로 5000을 초과할 때 x의 값과 그 때의 합을 출력하는 프로그램을 while을 이용하여 작성하라.

7. $\sum_{i=1}^{100} 2x^2 + 5x$을 구하는 프로그램을 while을 이용하여 작성하라.

8. 20개의 데이터를 입력받아 합과 평균을 계산하는 프로그램을 while을 이용하여 작성하라.

9. 데이터를 입력하고, 입력된 수의 크기만큼 *을 출력하는 프로그램을 while 문으로 작성하라.

예) 13 *************, 즉 13이 입력되면 *을 13개 출력한다.

10. while문을 이용하여 cos(0)에서 cos(360)까지 15도씩 증가하면서 그 값을 출력하는 프로그램을 작성하라. 함수 cos()을 사용하라. 단, cos()함수에 사용하는 값은 각도가 아니라 라디안(radian)을 사용하여야 한다. raidian = (각도/180)*3.141592이다.

11. do ~ while을 이용하여 갤런(gallon)을 리터(litter)로 환산하는 프로그램을 작성하라. 1갤런부터 100갤런까지를 리터로 환산하여 표를 출력한다. 1갤런은 3.7854리터이다.

12. do ~ while을 이용하여 다음 식을 계산하는 프로그램을 작성하라. 최초로 5000을 초과할 때 그때의 n값이 얼마인지 계산하라.

$$sum = 2^2 + 4^2 + 6^2 + 8^2 + \cdots + n^2$$

13. 유클리드 호제법(-互除法, Euclidean algorithm)을 이용한 두 수의 최대공약수(greatest common divisor) 구하라. 예를 들어 다음과 같은 두 수가 있다면, 큰 수에서 작은 수를 빼고, 그 결과를 다시 비교하여 같은 과정을 반복한다.

```
1) 뺄셈을 이용하는 방법
  x = 252, y = 105
    ① x = x - y = 252 - 105 = 147 (결과 x = 147, y = 105)
    ② x = x - y = 147 - 105 = 42 (결과 x = 42, y = 105)
    ③ y = y - x = 105 - 42 = 63 (결과 x = 42, y = 63)
    ④ y = y - x = 63 - 42 = 21 (결과 x = 42, y = 21)
    ⑤ x = x - y = 42 - 21 = 21 (결과 x = 21, y = 21 -> 두 수가 같아지면 그 값이 최
                                 대공약수이다.)
```

2) 나머지 연산을 이용하는 방법 : 더 빠르다.
x = 252, y = 105
① z = x % y = 252 % 105 = 42 (x = 105, y = 42)
② z = x % y = 105 % 42 = 21 (x = 42, y = 21)
③ z = x % y = 42 % 21 = 0 (x = 21, y = 0 -> 나머지가 0이면 제수의 값이 최대공약수이다.)

14. 학번의 무단 도용을 방지하기 위하여, 학번과 식별번호를 입력하면 이들을 검사하여 정상적인 학번인지 검사하는 프로그램을 while을 이용하여 작성하라. 단, 식별번호는 학번에 3을 곱한 수의 디지털 근으로 하고, 학번은 8자리로 한다. 예를 들어 학번이 20101234라면 3을 곱한 값 60303702의 디지털 근은 3이 되며 이것을 식별번호로 사용한다. 따라서 학번 20101234와 식별번호 3을 모두 입력하면 정상적인 학번으로 인정한다.

15. while문을 이용하여 100에서 1까지의 수를 출력하는 프로그램을 작성하여라. 이때, 한 줄에는 10개의 수만을 출력하고, 수들 사이를 탭(tab) 간격만큼 띄워라.

16. 1부터 100까지 수 중에서 2 또는 3의 배수 모두를 출력하는 프로그램을 while을 이용하여 작성하라. 단, 한 줄에 10개씩의 데이터를 출력한다. 2, 3, 4, 6, 8, 9, 10…

17. 다음 식을 만족하는 A, B, C, D를 구하는 프로그램을 while을 이용하여 작성하라.

$$\begin{array}{r} ACB \\ -\,BBC \\ \hline BDC \end{array}$$

18. 다음 식을 만족하는 A, B, C를 구하는 프로그램을 while을 이용하여 작성하라.

$$\begin{array}{r} AA \\ BB \\ +\,CC \\ \hline CBA \end{array}$$

19. 2556, 1557처럼 백의 자리와 십의 자리가 같은 수인 4자리 숫자 중에서 9의 배수를 모두 출력하고 그 개수도 세어서 출력하는 프로그램을 작성하라.

20. 정수 n을 입력하여 n이 짝수이면 1부터 n까지의 짝수의 합을, n이 홀수이면 1부터 n까지의 홀수의 합을 구하는 프로그램을 작성하라.

21. 어떤 신입사원의 연봉이 2400만원이다. 사원의 연봉은 매년 4.5%씩 증가하고, 연봉의 15%를 매년 저축하며, 저축한 금액의 이자는 매년 5%씩 연말에 원금에 합산된다. 이 사원이 1억 원짜리 집을 사려면 몇 년을 저축하여야 하는지 계산하는 프로그램을 do ~ while을 이용하여 작성하라. 단, 연봉의 100원 미만은 절삭하고, 100원 단위 이상만 계산하여 지급하는 것으로 한다.

22. 두 정수의 곱셈을 비트연산자(&, |, ^, <<, >> 등)와 덧셈 연산만으로 계산하는 프로그램을 while을 이용하여 작성하라.

23. 하나의 정수를 입력하여 소수(prime number)인지 판별하는 프로그램을 while을 이용하여 작성하라.

24. 10진수를 입력하여 2진수로 변환하여 출력하는 프로그램을 while을 이용하여 작성하라.

25. 임의의 두 정수를 입력하여 두 정수 사이의 모든 정수의 합을 구하는 프로그램을 while을 이용하여 작성하라. 단, 두 정수의 순서가 바뀌어도 되도록 한다. 1, 50 또는 50, 1이 입력되어도 같은 값이 나오도록 한다.

26. 다음 식을 이용하여 조합(combination)을 구하는 프로그램을 while을 이용하여 작성하라.

조합 $_nC_r = \dfrac{n!}{r!(n-r)!} = \dfrac{n*(n-1)*(n-2)*\cdots*(n-r+1)}{(n-r)*(n-r-1)*\cdots*2*1}$

예 $_5C_3 = \dfrac{5!}{3!(5-3)!} = \dfrac{5!}{3!2!} = \dfrac{5*4}{2*1}$

27. 다음과 결과와 같이 출력할 때 100번째 항은 무엇인가? while을 이용하여 프로그램을 작성하라.

```
 1,  2,  2,  3,  3,  3,  4,  4,  4,  4,
 5,  5,  5,  5,  5,  6,  6,  6,  6,  6,
 6,  7,  7,  7,  7,  7,  7,  7,  8,  8,
 8,  8,  8,  8,  8,  8,  9,  9,  9,  9,
 9,  9,  9,  9,  9, 10, 10, 10, 10, 10,
10, 10, 10, 10, 10, 11, 11, 11, 11, 11,
11, 11, 11, 11, 11, 11, 12, 12, 12, 12,
12, 12, 12, 12, 12, 12, 12, 12, 13, 13,
13, 13, 13, 13, 13, 13, 13, 13, 13, 13,
13, 14, 14, 14, 14, 14, 14, 14, 14, 14,

100번째 항은 14이다
```

28. 다음과 같은 트리를 그리는 프로그램을 while을 이용하여 작성하라.

```
         *
        ***
       *****
      *******
     *********
    ***********
   *************
  ***************
 *****************
*******************
        ***
        ***
        ***
        ***
        ***
```

29. 다음과 같이 알파벳 하나씩 증가하면서 출력하는 프로그램을 while을 이용하여 작성하라.

```
A
AB
ABC
ABCD
ABCDE
ABCDEF
ABCDEFG
ABCDEFGH
ABCDEFGHI
ABCDEFGHIJ
ABCDEFGHIJK
ABCDEFGHIJKL
ABCDEFGHIJKLM
ABCDEFGHIJKLMN
ABCDEFGHIJKLMNO
ABCDEFGHIJKLMNOP
ABCDEFGHIJKLMNOPQ
ABCDEFGHIJKLMNOPQR
ABCDEFGHIJKLMNOPQRS
ABCDEFGHIJKLMNOPQRST
ABCDEFGHIJKLMNOPQRSTU
ABCDEFGHIJKLMNOPQRSTUV
ABCDEFGHIJKLMNOPQRSTUVW
ABCDEFGHIJKLMNOPQRSTUVWX
ABCDEFGHIJKLMNOPQRSTUVWXY
ABCDEFGHIJKLMNOPQRSTUVWXYZ
```

30. do ~ while과 switch ~ case를 이용하여 점수를 5점 간격으로 평점을 출력하는 프로그램을 while을 이용하여 작성하라.

31. 다음의 Zeller(Christian Zeller)의 공식에 년, 월, 일을 대입하여 요일을 구하는 프로그램을 작성하라. 단, 날짜가 제대로 입력되었는지 정확하게 검사하는 루틴을 do ~ while을 이용하여 작성하라.

Zeller의 공식 : [21a/4] + [5b/4] + [26(c+1)/10] + d - 1

32. 비트연산자, 조건연산자를 이용하여 홀수 또는 짝수 합을 구하는 프로그램을 for를 이용하여 작성하라.

33. 2의 누승을 계산하는 프로그램을 for 루프와 비트 연산자를 이용하여 작성하라.

34. 다음과 같이 10, 8, 16, 2진수 표를 출력하는 프로그램을 for를 이용하여 작성하라.

```
DEC, OCT, HEX,    BIN
000, 000, 000, 00000000
001, 001, 001, 00000001
002, 002, 002, 00000010
003, 003, 003, 00000011
(중략)
251, 373, 0FB, 11111011
252, 374, 0FC, 11111100
253, 375, 0FD, 11111101
254, 376, 0FE, 11111110
255, 377, 0FF, 11111111
```

35. 어떤 수를 입력받아서 이것이 소수(prime number)인가 아닌가를 판별하는 프로그램을 for를 이용하여 작성하라. 소수란 1과 자기 자신을 제외한 어떠한 정수로도 나누어 떨어지지 않는 수를 말한다. 1부터 $i/2$까지 수로 나누었을 때 나누어지는 수가 없는 수가 소수이다.

36. 실제로 위와 같이 $i/2$까지 계산했을 경우 많은 량의 계산이 이루어진다. 위의 프로그램보다 빠르게 계산하는 방법은 $\sqrt{i}$까지만 계산하면 훨씬 빨리 소수를 판단할 수 있다. 이 방법을 이용하여 프로그램을 for를 이용하여 다시 작성하라.

37. 다음과 같이 ASCII 코드를 출력하는 프로그램을 for를 이용하여 작성하라.

ASCII 코드 값

Dec	Hex	Oct	Ch	Dec	Hex	Oct	Ch	Dec	Hex	Oct	Ch	Dec	Hex	Oct	Ch
32	20	40		33	21	41	!	34	22	42	"	35	23	43	#
36	24	44	$	37	25	45	%	38	26	46	&	39	27	47	'
40	28	50	(	41	29	51	)	42	2a	52	*	43	2b	53	+
44	2c	54	,	45	2d	55	-	46	2e	56	.	47	2f	57	/
48	30	60	0	49	31	61	1	50	32	62	2	51	33	63	3
52	34	64	4	53	35	65	5	54	36	66	6	55	37	67	7
56	38	70	8	57	39	71	9	58	3a	72	:	59	3b	73	;
60	3c	74	<	61	3d	75	=	62	3e	76	>	63	3f	77	?
64	40	100	@	65	41	101	A	66	42	102	B	67	43	103	C
68	44	104	D	69	45	105	E	70	46	106	F	71	47	107	G
72	48	110	H	73	49	111	I	74	4a	112	J	75	4b	113	K
76	4c	114	L	77	4d	115	M	78	4e	116	N	79	4f	117	O
80	50	120	P	81	51	121	Q	82	52	122	R	83	53	123	S
84	54	124	T	85	55	125	U	86	56	126	V	87	57	127	W
88	58	130	X	89	59	131	Y	90	5a	132	Z	91	5b	133	[
92	5c	134	\	93	5d	135	]	94	5e	136	^	95	5f	137	_
96	60	140	`	97	61	141	a	98	62	142	b	99	63	143	c
100	64	144	d	101	65	145	e	102	66	146	f	103	67	147	g
104	68	150	h	105	69	151	i	106	6a	152	j	107	6b	153	k
108	6c	154	l	109	6d	155	m	110	6e	156	n	111	6f	157	o
112	70	160	p	113	71	161	q	114	72	162	r	115	73	163	s
116	74	164	t	117	75	165	u	118	76	166	v	119	77	167	w
120	78	170	x	121	79	171	y	122	7a	172	z	123	7b	173	{
124	7c	174	|	125	7d	175	}	126	7e	176	~	127	7f	177	□

38. 연속된 세 개의 짝수를 곱하였더니, 4****2가 되었다. 이 세 개의 수는 어떤 수인지, 그리고, 결과는 얼마인지 구하는 프로그램을 for를 이용하여 작성하라.

39. 다음의 라이프니츠의 공식(Leibniz formula)을 사용하여 pi를 구하는 프로그램을 for를 이용하여 작성하라(500000항까지 계산).

$$\pi = 4\left(1 - \frac{1}{3} + \frac{1}{5} - \frac{1}{7} \cdots\right)$$

40. 수현이는 1부터 100까지 수 중에서 어느 하나를 생각하고 있는데 다음의 조건을 만족한다. 이 조건을 만족하는 수를 구하는 프로그램을 for를 이용하여 작성하라.

> a. 3의 배수보다 1크다.
> b. 5의 배수보다 1작다.
> c. 50보다 크다.
> d. 짝수이다.
> e. 각 자리의 수를 모두 합하면 짝수이다.

41. for 루프를 한 번만 이용하여 1부터 100까지의 짝수의 합과 홀수의 합을 각각 구하라.

42. 다음의 조건을 만족하는 정사각형의 한 변의 길이를 구하는 프로그램을 for를 이용하여 작성하라.

> a. 넓이는 100㎠보다 작다.
> b. 둘레의 길이 또는 넓이는 12의 배수이다.
> c. 둘레의 길이와 넓이는 모두 짝수는 아니다.
> d. 이 정사각형의 넓이는 둘레의 길이보다 크다.
> e. 둘레의 길이의 각 자리의 숫자의 합은 넓이의 각 자리의 합과 같다.
> f. 둘레의 길이를 나타내는 숫자와 넓이를 나타내는 숫자는 모두 완전제곱수이다.

43. 아래의 계산에서 같은 문자는 같은 숫자를, 다른 문자는 다른 숫자를 나타낸다. 결과는 얼마인가? 프로그램을 for를 이용하여 작성하라.

$$\begin{array}{r} A\ B\ C\ D\ E \\ \times\qquad\quad 4 \\ \hline E\ D\ C\ B\ A \end{array}$$

44. 네 자리의 정수 41□2가 3과 4의 배수가 되도록 □안에 알맞은 수를 구하는 프로그램을 for를 이용하여 작성하라.

45. Kaprika수를 구하는 프로그램을 for를 이용하여 작성하라.

예를 들어 네 자리 숫자 2025의 가운데를 갈라보면 20과 25의 두 개의 숫자가 생긴다. 이 두 개의 숫자를 더하면 45이고, 45를 제곱하면 2025가 되어 원상태로 되돌아간다. 이러한 성질을 갖는 수를 Kaprika수라고 한다. 또 81은 가운데를 잘라보면 8 과 1로 갈라지고, 더하면 9가 되고 다시 제곱하면 81로 돌아간다. 그러므로 81은 두 자리 숫자의 Kaprika수이다. 네 자리 kaprika수를 구하는 프로그램을 작성하라.

46. 한 바이트의 비트 표현을 반전시키는 프로그램을 for를 이용하여 작성하라.

예) 01110101을 반전시키면 10101110이 되고,
10101111을 반전시키면 11110101이 된다.

47. 신문지의 두께를 0.1mm라 가정하고, 태양까지의 거리를 1억 5천만 Km이다. 신문지를 계속 반으로 접어 나갈 때, 몇 번 접었을 때 태양을 지나가게 될까? 프로그램을 for를 이용하여 작성하라.

48. 1을 1개, 2를 2개, 3을 3개,… 등을 출력하는 프로그램을 for를 이용하여 작성하라. 프로그래밍은 상상이다.

```
프로그래밍은 상상이다.
 1
 2  2
 3  3  3
 4  4  4  4
 5  5  5  5  5
 6  6  6  6  6  6
 7  7  7  7  7  7  7
 8  8  8  8  8  8  8  8
 9  9  9  9  9  9  9  9  9
10 10 10 10 10 10 10 10 10 10
```

49. 1, 1 2, 1 2 3, 1 2 3 4, … 출력하는 프로그램을 for를 이용하여 작성하라. 프로그래밍은 상상이다.

```
1
1 2
1 2 3
1 2 3 4
1 2 3 4 5
1 2 3 4 5 6
1 2 3 4 5 6 7
1 2 3 4 5 6 7 8
1 2 3 4 5 6 7 8 9
1 2 3 4 5 6 7 8 9 10
```

50. 다음 결과와 같이 1부터 20까지 각 수의 약수 출력하는 프로그램을 for를 이용하여 작성하라. 프로그래밍은 상상이다.

```
프로그래밍은 상상이다.
 1의 약수 :  1
 2의 약수 :  1  2
 3의 약수 :  1  3
 4의 약수 :  1  2  4
중략...
 17의 약수 :  1  17
 18의 약수 :  1  2  3  6  9  18
 19의 약수 :  1  19
```

51. 다음 결과와 같이 1부터 10까지 정수의 약수를 구하고, 소수를 구별하도록 하는 프로그램을 for를 이용하여 작성하라.

```
프로그래밍은 상상이다.
 1의 약수 :  1
 2의 약수 :  1,  2 소수
 3의 약수 :  1,  3 소수
 4의 약수 :  1,  2,  4
 5의 약수 :  1,  5 소수
 6의 약수 :  1,  2,  3,  6
 7의 약수 :  1,  7 소수
 8의 약수 :  1,  2,  4,  8
 9의 약수 :  1,  3,  9
```

52 1부터 10까지 정수의 약수를 구하고, 소수와 제곱수를 구별하도록 하는 프로그램을 for를 이용하여 작성하라. 51번 프로그램을 수정하여 작성하라.

53. 1부터 100까지 정수의 약수를 구하고, 소수와 제곱수, 완전수를 구별하도록 하는 프로그램을 for를 이용하여 작성하라. 위 프로그램을 수정하여 작성하라.

54. 철수와 영희가 사과를 가지고 있다. 철수가 영희에게 사과를 한 개 주면 둘이 가지고 있는 사과 개수가 같아지고 영희가 철수에게 사과를 한 개 주면 철수는 영희의 사과의 개수의 배가 된다. 철수와 영희는 각 몇 개의 사과를 가지고 있는가? 프로그램을 for를 이용하여 작성하라.

55. 1000 이하의 완전수를 구하여라. 완전수란 자기 자신을 제외한 약수의 합이 자기 자신과 같아지는 수이다. 예를 들면 6의 경우 약수는 1, 2, 3이며 이들을 합하면 6이 되므로 6은 완전수이다. 프로그램을 for를 이용하여 작성하라.

56. 다음과 같이 두 자리 16진수 표를 출력하는 프로그램을 for를 이용하여 작성하라.

```
    0  1  2  3  4  5  6  7  8  9 10 11 12 13 14 15
 0 00 01 02 03 04 05 06 07 08 09 0A 0B 0C 0D 0E 0F
 1 10 11 12 13 14 15 16 17 18 19 1A 1B 1C 1D 1E 1F
 2 20 21 22 23 24 25 26 27 28 29 2A 2B 2C 2D 2E 2F
 3 30 31 32 33 34 35 36 37 38 39 3A 3B 3C 3D 3E 3F
 4 40 41 42 43 44 45 46 47 48 49 4A 4B 4C 4D 4E 4F
 5 50 51 52 53 54 55 56 57 58 59 5A 5B 5C 5D 5E 5F
 6 60 61 62 63 64 65 66 67 68 69 6A 6B 6C 6D 6E 6F
 7 70 71 72 73 74 75 76 77 78 79 7A 7B 7C 7D 7E 7F
 8 80 81 82 83 84 85 86 87 88 89 8A 8B 8C 8D 8E 8F
 9 90 91 92 93 94 95 96 97 98 99 9A 9B 9C 9D 9E 9F
10 A0 A1 A2 A3 A4 A5 A6 A7 A8 A9 AA AB AC AD AE AF
11 B0 B1 B2 B3 B4 B5 B6 B7 B8 B9 BA BB BC BD BE BF
12 C0 C1 C2 C3 C4 C5 C6 C7 C8 C9 CA CB CC CD CE CF
13 D0 D1 D2 D3 D4 D5 D6 D7 D8 D9 DA DB DC DD DE DF
14 E0 E1 E2 E3 E4 E5 E6 E7 E8 E9 EA EB EC ED EE EF
15 F0 F1 F2 F3 F4 F5 F6 F7 F8 F9 FA FB FC FD FE FF
```

57. 여섯 자리 수 3ababa가 6의 배수라면 이런 여섯 자리 수는 몇 개 있으며, 이들은 각각 얼마인가? 프로그램을 for를 이용하여 작성하라.

58. 2부터 100까지의 정수 중에 소수는 몇 개나 되며 각각의 소수를 구하는 프로그램을 for를 이용하여 작성하라.

59. 1000 이하의 친화수(friendly number, 友數)를 구하라. 친화수란 x의 약수의 합이 y, y의 약수의 합이 x가 되는 두 수를 말한다. 여기서 약수의 합은 자기 자신을 제외한 합이다. 프로그램을 for를 이용하여 작성하라.

60. 어느 집에 아이가 셋이 있다. 이 세 아이의 나이를 모두 곱하면 36이 된다. 세 아이의 나이는 각각 몇 살인가? 단, 두 명은 쌍둥이다. 프로그램을 for를 이용하여 작성하라.

61. 다음 빈자리에 들어갈 수를 찾는 프로그램을 for를 이용하여 작성하라.

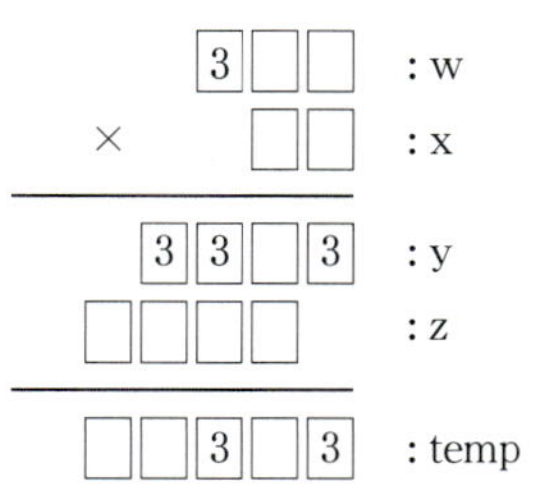

62. 어떤 수를 생각하면 그 수를 알아맞히는 프로그램을 for를 이용하여 작성하라. 실행결과는 다음과 같이 되도록 한다. 생각하는 수의 범위는 1부터 31까지로 한다.

```
Group 1 : 1 3 5 7 9 11 13 15 17 19 21 23 25 27 29 31

Group 2 : 2 3 6 7 10 11 14 15 18 19 22 23 26 27 30 31

Group 3 : 4 5 6 7 12 13 14 15 20 21 22 23 28 29 30 31

Group 4 : 8 9 10 11 12 13 14 15 24 25 26 27 28 29 30 31

Group 5 : 16 17 18 19 20 21 22 23 24 25 26 27 28 29 30 31

1 부터 31까지 숫자중 하나를 생각하시오.

당신이 생각한 수가 Group 1에 있습니까?(y/n) : y
당신이 생각한 수가 Group 2에 있습니까?(y/n) : y
당신이 생각한 수가 Group 3에 있습니까?(y/n) : n
당신이 생각한 수가 Group 4에 있습니까?(y/n) : n
당신이 생각한 수가 Group 5에 있습니까?(y/n) : y

당신이 생각한 수는 19입니다
```

63. SEND + MORE = MONEY를 계산하는 프로그램을 for문을 이용하여 작성하라. 단 S=9, D=7, R=8, Y=2이며, 문자가 다르면 모두 다른 수이다.

64. 영표는 지성이네 집에 놀러가기로 했다. 그런데 지성이네 집 아파트가 2동이라는 것은 생각이 나는데, 몇 호인지가 갑자기 생각이 나지 않았다. 다음의 조건을 이용해서 호수를 찾는 프로그램을 for를 이용하여 작성하라.

```
a. 지성이네 집 아파트 호수는 3자리이다.
b. 각 자리의 숫자의 합과 곱은 각각 6이다.
c. 아파트의 호수는 짝수이다.
d. 11의 배수이다.
```

65. 질량이 1㎏, 5㎏, 25㎏, 125㎏인 저울추가 얼마든지 많이 있다. 이들 저울추와 양팔 저울을 이용하여 어떤 금고의 무게를 달았더니, 328㎏이 되었다. 이 금고의 질량을 측정

하였을 때, 5kg짜리 추는 사용하지 않고 나머지 추는 한 개 이상 사용하고 측정할 수 있는 방법은 무엇인가? 프로그램을 for를 이용하여 작성하라.

66. 방정식 306x + 459y = 765를 만족하는 x, y의 정수해를 구하는 프로그램을 for를 이용하여 작성하라.(단, -10 < x, y <10)

67. □679□가 72로 나누어떨어질 때 몫은 얼마인지 구하는 프로그램을 for를 이용하여 작성하라.

68. 다음과 같은 방식으로 출력하는 프로그램을 for를 이용하여 작성하라.

```
num=11일 경우:
-------------
(1)=1
(1+2)=3
(1+2+3)=6
(1+2+3+4)=10
(1+2+3+4+5)=15
(1+2+3+4+5+6)=21
. . . . . . . . . . . .
(1+2+3+4+5+6+7+8+9+10+11)=66
```

69. 이상해 교수는 건망증이 심하다. 가끔 자신의 차번호까지, 심지어는 차종까지 잊기도 한다. 그러던 어느 날 조교와 함께 주차장에서 차를 찾고 있었다. "아... 기억이 나질 않는걸, 수첩을 봐야겠어. 어디 보자" 수첩에는 다음과 같이 전혀 도움이 될 것 같지 않은 메모가 있었다.

① 4자리의 숫자로 0이 들어있지 않고, 모두 다른 숫자임

② 첫째 숫자가 마지막 숫자보다 2가 큼

③ 둘째 숫자가 셋째 숫자보다 큼

④ 집 전화번호 뒤의 4자리를 역순으로 배열하면 번호판의 수와 같음

조교는 "다른 건 안 봐도 되겠네요. 전화번호가 몇 번이죠?"하고 물었다. 교수는 머리

를 긁적거리며... "그게 말이지.. 갑자기 생각이 안 나는군...", "내가 기억하는 거라곤 번호판 숫자와 집 전화번호 뒤의 4자리를 합하면 내가 맡은 강좌번호 164560이 된다는 것 밖에..." 과연 번호판의 숫자는 얼마일까? 프로그램을 for를 이용하여 작성하라.

> 답: 자동차 번호 = 9317

70. 다음은 중세 시대의 알쿠엔이 쓴 수학책 <정신의 활기를 위한 문제집>에 나오는 한 문제이다. 이 문제를 for를 이용하여 프로그래밍하라.

> 100kg의 밀을 100명의 사람에게 나누어주는데, 남자에게는 3kg, 여자에게는 2kg, 어린아이에게는 0.5kg씩을 주고 남지 않았다. 이때, 100명 중에 남자, 여자, 어린 아이는 각각 몇 명씩인가? 모든 경우를 구하라.

71 다음은 아페리의 상수이다. 다음 식을 1000항까지 계산하는 프로그램을 for를 이용하여 작성하라.

$$\zeta(3) = \frac{1}{1^3} + \frac{1}{2^3} + \frac{1}{3^3} + \frac{1}{4^3} + \cdots$$

72. 다음 각 기호는 서로 다른 값을 가진다. 가로와 세로의 합이 다음과 같을 때, "?"에 들어갈 답을 찾는 프로그램을 for를 이용해서 작성하라.

◆	⊙	□	□	48
□	◆	◆	◆	46
⊙	⊙	⊙	□	70
◆	□	◆	⊙	54
54	?	54	48	

73. 문자를 회전하여 암호화하는 프로그램을 작성하라. 알파벳이 입력되면 a부터 m까지는 13을 더하고 n부터 z까지는 13을 뺀다. 기타 알파벳 이외의 문자가 입력되면 그대로 출력한다. 예를 들어 a는 n으로 b는 o로, 반대로 n은 a로 바꾸기 한다. 끝내려면 Ctrl+Z(EOF)를 누른다.

```
I love You!!!
V ybir Lbh!!!
This is a rotation...
Guvf vf n ebgngvba...
g
t
^Z
```

74. 다음 BMI 지수를 계산하는 식을 이용하여 다음과 같은 BMI 지수표를 출력하는 프로그램을 for를 이용하여 작성하라.

BMI = 몸무게 / 키(m)의 제곱

몸무게의 범위: 40~120Kg, 키의 범위: 130~185Cm.

```
 Kg:Cm  130 135  140  145  150  155  160  165  170  175  180  185
 40.0: 23.7 21.9 20.4 19.0 17.8 16.6 15.6 14.7 13.8 13.1 12.3 11.7
 42.5: 25.1 23.3 21.7 20.2 18.9 17.7 16.6 15.6 14.7 13.9 13.1 12.4
 45.0: 26.6 24.7 23.0 21.4 20.0 18.7 17.6 16.5 15.6 14.7 13.9 13.1
 47.5: 28.1 26.1 24.2 22.6 21.1 19.8 18.6 17.4 16.4 15.5 14.7 13.9
중략...
115.0: 68.0 63.1 58.7 54.7 51.1 47.9 44.9 42.2 39.8 37.6 35.5 33.6
117.5: 69.5 64.5 59.9 55.9 52.2 48.9 45.9 43.2 40.7 38.4 36.3 34.3
120.0: 71.0 65.8 61.2 57.1 53.3 49.9 46.9 44.1 41.5 39.2 37.0 35.1
 bmi < 18.5 : 저체중(Underweight)
 bmi < 25.0 : 정상(Normal)
 bmi < 30.0 : 과체중(Overweight)
 bmi < 35.0 : 비만(Obese)
 bmi < 40.0 : 고도비만(Highly Obese)
 bmi >= 40.0 : 초고도비만(Extremely Obese)
```

75. 다음 출력과 같이 출력하는 프로그램을 for를 이용하여 작성하라.

```
Enter the value of N:15

              *
             ***
            *****
           *******
          *********
         ***********
        *************
       ***************
      *****************
     *******************
    *********************
   ***********************
  *************************
 ***************************
*****************************
```

76. 다음 출력과 같이 출력하는 프로그램을 for를 이용하여 작성하라.

```
Enter the value of N:13
            *
           **
          ***
         ****
        *****
       ******
      *******
     ********
    *********
   **********
  ***********
 ************
*************
```

77. 다음 출력과 같이 ASCII 코드의 '0'부터 'z'까지 출력하는 프로그램을 for를 이용하여 작성하라.

```
0 1 2 3 4 5 6 7 8 9 : ; < = > ? @ A B C D E F G H I J K L M N O P Q R S T U V W X Y Z [
\ ] ^ _ ` a b c d e f g h i j k l m n o p q r s t u v w x y z
```

78. 다음 출력과 같이 출력하는 프로그램을 for를 이용하여 작성하라.

```
A B C D E F G H I J K L M N O P Q R S T U V W X Y Z
B C D E F G H I J K L M N O P Q R S T U V W X Y Z
C D E F G H I J K L M N O P Q R S T U V W X Y Z
D E F G H I J K L M N O P Q R S T U V W X Y Z
E F G H I J K L M N O P Q R S T U V W X Y Z
F G H I J K L M N O P Q R S T U V W X Y Z
G H I J K L M N O P Q R S T U V W X Y Z
H I J K L M N O P Q R S T U V W X Y Z
I J K L M N O P Q R S T U V W X Y Z
J K L M N O P Q R S T U V W X Y Z
K L M N O P Q R S T U V W X Y Z
L M N O P Q R S T U V W X Y Z
M N O P Q R S T U V W X Y Z
N O P Q R S T U V W X Y Z
O P Q R S T U V W X Y Z
P Q R S T U V W X Y Z
Q R S T U V W X Y Z
R S T U V W X Y Z
S T U V W X Y Z
T U V W X Y Z
U V W X Y Z
V W X Y Z
W X Y Z
X Y Z
Y Z
Z
```

79. 2^n을 구하는 프로그램을 for를 이용하여 작성하라.

```
Enter the value of N:15
2**15 = 32768
```

80. $2^k \leq n$: n을 입력했을 때 k를 구하는 프로그램을 for를 이용하여 작성하라. 단, k는 정수이며, 곱셈, 나눗셈, Shift연산을 이용하여 각각 따로 작성하라.

```
Enter the value of N:2056
2056 >= 2**11
```

81. 초를 입력하여 다음과 같이 시:분:초로 표시하는 프로그램을 for루프를 이용한 프로그램을 작성하라.

```
계산할 초를 입력하시오: 23653
23653초 = 06시:34분:13초
```

82. 다음의 공식을 이용하여 화씨온도를 섭씨온도로 바꾸는 프로그램을 for를 이용하여 작성하라. 화씨온도의 범위는 -10도에서 +130도까지이며 5도씩 변하도록 하라.

섭씨 = (5/9)*(화씨-32);

```
화씨 -10 = 섭씨 -23.3
화씨  -5 = 섭씨 -20.6
화씨   0 = 섭씨 -17.8
화씨   5 = 섭씨 -15.0
중략...
화씨 100 = 섭씨  37.8
화씨 105 = 섭씨  40.6
화씨 110 = 섭씨  43.3
화씨 115 = 섭씨  46.1
화씨 120 = 섭씨  48.9
화씨 125 = 섭씨  51.7
화씨 130 = 섭씨  54.4
```

83. for 하나만 이용하여 구구단을 출력하는 프로그램을 작성하라.

84. 어떤 두 정수를 입력하여 서로소(素)인지 아닌지 검사하는 프로그램을 작성하라.

85. 어떤 사람이 백만 달러를 은행계좌에 저축해 두었고, 1년에 6%씩 이자가 붙는다. 매년 마지막 날에 십만 달러를 찾는다고 가정하자. 몇 년 뒤에 이 계좌의 잔고가 0이 될지 계산하라.

86. 다음과 같은 형태로 출력하는 프로그램을 for loop를 이용하여 작성하라.

```
E:₩소스₩Ch05₩exec05-87.exe
열 수를 입력하시오: 10
         *
        *A*
       *A*A*
      *A*A*A*
     *A*A*A*A*
    *A*A*A*A*A*
   *A*A*A*A*A*A*
  *A*A*A*A*A*A*A*
 *A*A*A*A*A*A*A*A*
*A*A*A*A*A*A*A*A*A*
```

87. 다음과 같은 형태로 출력하는 프로그램을 for loop를 이용하여 작성하라.

```
E:₩소스₩Ch08₩exec08-88.exe
라인수를 입력하시오 : 15
              1
             232
            34543
           4567654
          567898765
         67890109876
        7890123210987
       890123454321098
      90123456765432109
     0123456789876543210
    123456789010987654321
   23456789012321098765432
  3456789012345432109876543
 456789012345676543210987654
567890123456789876543210987655
```

88. 0부터 1000 사이의 암스트롱 수를 출력하는 프로그램을 loop를 이용하여 작성하라. 암스트롱 수란 153 = $1^3+5^3+3^3$과 같이 정수의 각 자리의 세제곱의 합이 자기 자신이 되는 수를 말한다.

89. 10진 정수를 입력받아 2진수로 봤을 때 1을 몇 개 가지고 있는지 계산하는 프로그램을 loop를 이용하여 작성하라.

90. 양의 정수를 입력받아 2의 제곱수인지 아닌지 판단하는 프로그램을 loop와 shift 연산자를 이용하여 작성하라. 힌트는 2의 제곱수는 모든 비트 중에서 단 한 비트만 1이다.

C programming language

CHAPTER

06

배열과 문자열

06-01. 1차원 배열

06-02. 2차원 배열

06-03. 문자배열

06-04. 문자함수

06-05. 문자열함수

CHAPTER 06

배열과 문자열

앞에서 하나의 변수가 하나의 값만 가지도록 선언하고 사용하였다. 이 장에서는 하나의 변수 이름에 같은 종류의 데이터를 여러 개 가질 수 있도록 하는 방법인 배열(array)에 대해서 살펴본다. 즉, 배열을 하나 선언하고 그 배열에 여러 개의 데이터를 저장할 수 있도록 하는 것이며, 이들 각각의 데이터들은 인덱스 번호로 구별한다. 인덱스란 배열에 저장된 데이터의 순서를 의미하며, 인덱스를 이용하여 저장된 순서대로 데이터를 액세스할 수 있다. 모든 종류의 데이터형에 대해서 배열을 선언하여 사용할 수 있다.

06-01. 1차원 배열

1차원 배열의 예로 int Array[5] = {5, 3, 4, 9, 1};를 살펴보자.

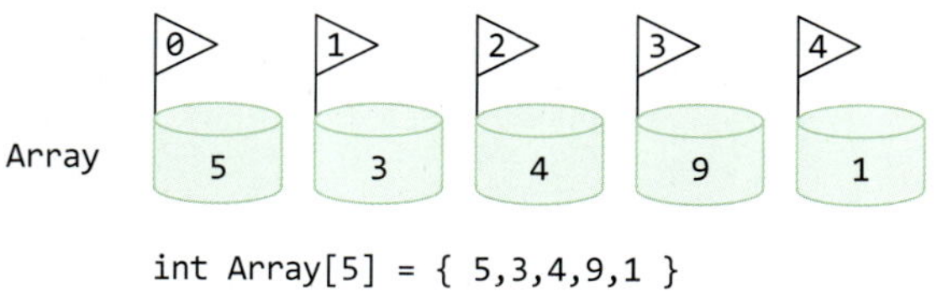

위 그림에서 깃발에 쓰여진 번호가 인덱스이고, 통 속에는 해당되는 배열의 순서에 따라 데이터가 저장되어 있다. 이와 같이 C언어에서 배열을 선언하면 메모리에 순서대로 저장된다. C언어에서 인덱스는 항상 0부터 시작한다.

메모리번지(예)	메모리에 저장된 값	배열명[인덱스]
0x100	5	Array[0]
0x104	3	Array[1]
0x108	4	Array[2]
0x10C	9	Array[3]
0X110	1	Array[4]

메모리에 저장된 배열의 값은 배열을 선언할 때 지정하거나 값을 넣어준 것이며, 이를 사용할 때는 배열명[인덱스]로 호출한다. 위 그림에서 메모리번지는 예를 든 것이며, 정수는 4바이트를 자치하므로 메모리번지는 4씩 증가한다. 물론 바이트단위 저장방식일 경우이다. 바이트단위 저장방식은 주소 하나에 한 바이트 데이터가 저장되며, 워드단위 저장방식은 주소 하나에 2바이트 또는 4바이트 단위로 데이터가 저장되며, 시스템에 따라 다를 수 있다.

예제 06-01-1 배열을 하나 선언하고 초깃값을 저장한 뒤, 출력하기

```
1  #include <stdio.h>
2  int main()
3  {
4      int Array[5] = {5, 3, 4, 9, 1}, i;
5      for (i=0; i<5; i++)                              // 배열은 0번부터 저장된다.
6          printf("Array[%d] = %d\n", i, Array[i]);     // 배열에 저장된 값 출력
7  }
```

해설

4: 초깃값 5개를 가진 배열 Array, 인덱스변수 i를 선언한다.

5,6: 배열에 저장된 값을 인덱스로 구분하여 출력한다.

Notice 배열의 저장순서는 반드시 0번부터이며, 배열의 모든 요소는 메모리에 순서대로 저장된다.

실행 결과

```
E:₩소스₩Ch06₩06-01-1.exe
Array[0] = 5
Array[1] = 3
Array[2] = 4
Array[3] = 9
Array[4] = 1
```

예제 06-01-2 키보드에서 데이터를 입력받아 배열에 저장

```c
1  #include <stdio.h>
2  int main()
3  {
4      int Array[5], i;
5      for (i=0; i<5; i++) {
6          printf("%d번째 데이터 입력 : ", i);
7          scanf("%d", &Array[i]);
8      }
9
10     for (i=0; i<5; i++)
11         printf("Array[%d] = %d\n", i, Array[i]);
12 }
```

해설

4: 5개의 요소를 가지는 배열 Array, 인덱스변수 i를 선언한다.
5~8: 배열의 초깃값을 지정하지 않고, 키보드에서 입력받아 저장한다.
10~11: 배열에 저장된 값을 출력한다.

실행 결과

```
E:₩소스₩Ch06₩06-01-2.exe
0번째 데이터 입력 : 85
1번째 데이터 입력 : 96
2번째 데이터 입력 : 74
3번째 데이터 입력 : 69
4번째 데이터 입력 : 58
Array[0] = 85
Array[1] = 96
Array[2] = 74
Array[3] = 69
Array[4] = 58
```

예제 06-01-3 실수 배열을 선언하고 그 배열에 사인값을 15도 간격으로 계산하여 저장하기

```c
#include <stdio.h>
#include <math.h>
int main()
{
    int i;
    double sine[25];
    for (i=0; i<=24; i++)
        sine[i] = sin((i*15)*3.141592/180.);
```

```
9
10      for (i=0; i<=24; i++)
11          printf("sine(%3d) = %5.2f\n", i*15, sine[i]);
12  }
```

해설

6: 25개의 요소를 가지는 실수 배열 sine을 선언한다.
7~8: 배열의 요소에 sin값을 15도 각도로 증가하면서 계산하여 저장한다.
10~11: 배열에 저장된 값을 출력한다.
Notice 사인 함수의 매개변수는 라디안이다. 8번 줄은 각도를 라디안으로 변환하는 방법이다.

실행 결과

```
E:₩소스₩Ch06₩06-01-3.exe
sine( 60) =  0.87
sine( 75) =  0.97
sine( 90) =  1.00
sine(105) =  0.97
sine(120) =  0.87
sine(135) =  0.71
sine(150) =  0.50
sine(165) =  0.26
sine(180) =  0.00
sine(195) = -0.26
sine(210) = -0.50
sine(225) = -0.71
sine(240) = -0.87
sine(255) = -0.97
sine(270) = -1.00
sine(285) = -0.97
sine(300) = -0.87
sine(315) = -0.71
sine(330) = -0.50
sine(345) = -0.26
sine(360) = -0.00
```

예제 06-01-4 정수 배열에 초깃값을 저장하고, 저장된 값에 따른 수만큼 '*' 출력

```
#include <stdio.h>
int main()
{
    int i, j, x[] = {5, 5, 3, 4, 6, 8, 10, 1, 2, 3};
    int array_count = sizeof(x)/sizeof(x[0]);        //개수 파악

    for (i = 0; i < array_count; i++) {
        printf("%2d : ", x[i]);
        for (j=0; j < x[i]; j++)
```

```
10            printf("%c", '*');
11        printf("\n");
12    }
13 }
```

해설

4: 배열 x를 선언하고 초깃값을 지정, 초깃값이 있는 배열의 경우 요소의 개수는 생략할 수 있다. 생략되면 자동으로 초깃값의 개수만큼 지정된다.

5: 크기를 알지 못하므로 식으로 계산할 수 있다. 전체 배열의 이름을 하나의 크기로 나눈다. 정수 한 개의 크기는 4바이트이다.

7~12: 전체 배열을 하나씩 순환한다.

9, 10: 각 요소에 저장된 수만큼 *을 출력한다.

실행 결과

```
E:₩소스₩Ch06₩06-01-4.exe
 5 : *****
 5 : *****
 3 : ***
 4 : ****
 6 : ******
 8 : ********
10 : **********
 1 : *
 2 : **
 3 : ***
```

예제 06-01-5 배열에 정수 데이터를 저장한 다음, 각 값의 석차 구하기

```
#include <stdio.h>
int main()
{
    int i, j, rank;
    int stud[10] = {45, 92, 88, 34, 88, 95, 82, 59, 70, 76};

    for (i=0; i<10; i++) {
        rank=0;
        for (j=0; j<10; j++)
            if(stud[i] <= stud[j])          // 자기보다 큰 값일 때 1씩 증가
                rank ++;
        printf("%d : %d위\n", stud[i], rank);
    }
}
```

해설

5: 배열을 선언하고 초깃값을 지정한다.
7~13: 배열의 요소를 자기 자신과 나머지 데이터를 검사한다.
9~11: 자기보다 큰 값을 가진 데이터가 몇 개인지 카운트한다. 배열의 처음부터 끝까지 세어본다.
12: 점수와 석차를 출력한다.

실행 결과

```
E:₩소스₩Ch06₩06-01-5.exe
45 : 9위
92 : 2위
88 : 4위
34 : 10위
88 : 4위
95 : 1위
82 : 5위
59 : 8위
70 : 7위
76 : 6위
```

예제 06-01-6 배열의 데이터를 크기순으로 정렬

```c
#include <stdio.h>
int main()
{
    int i, j, size, temp;
    int stud[] = {45, 92, 88, 34, 88, 95, 82, 59, 20, 45, 60, 76};      // 배열 초기화

    //배열의 개수를 모를 때 개수를 알아내는 방법
    size = sizeof(stud)/sizeof(stud[0]);
    printf("Before sort : ");
    for (i=0; i<size; i++)
        printf("%d ", stud[i]);
    printf("\n");
    // 각 수를 반복 비교하여 크기순으로 정렬한다.
    for (i=0; i<size-1; i++) {
        for (j=i+1; j<size; j++) {
            if (stud[i] < stud[j]) {        // 배열을 비교하여 순서를 바꾼다.
                stud[i] ^= stud[j];         // 정수이므로 XOR 연산으로 하였다.
                stud[j] ^= stud[i];         // 임시 변수를 써서 교환하여도 된다.
                stud[i] ^= stud[j];
            }
        }
```

```
22      }
23      printf("Sorted : ");                    // 정렬된 결과 출력
24      for (i=0; i<size; i++)
25          printf("%d ", stud[i]);
26  }
```

해설

5: 배열에 초기 데이터를 지정한다.
10~11: 정렬하기 전의 초기 데이터를 출력한다.
14~22: 데이터를 비교하여 큰 값을 앞으로 가져온다. i는 0부터 크기보다 1작은 곳까지, j는 i부터 배열의 개수까지 비교한다. 비교의 횟수를 조금 줄일 수 있다. 가장 단순한 정렬방법이다. 데이터가 많을 때는 좋지 않다.
16~20: 두 데이터를 비교하여 앞의 값이 작으면 뒤의 값과 교환한다.
24~25: 정렬된 데이터를 출력한다.

실행 결과

```
E:₩소스₩Ch06₩06-01-6.exe
Before sort : 45 92 88 34 88 95 82 59 20 45 60 76
Sorted : 95 92 88 88 82 76 60 59 45 45 34 20
```

예제 06-01-7 로또 번호 발생 프로그램

```
#include <stdio.h>
#include <stdlib.h>
#include <time.h>
int main()
{
    int lotto[45], shuffle, x, y;
    srand(time(0));                   // 난수 초기화
    for (x=0; x<45; x++)
        lotto[x] = x+1;               // 1부터 45까지 배열에 저장
    // 배열에 저장된 로또 번호를 5000번 섞는다.
    for (shuffle = 0; shuffle <5000; shuffle++ ) {
        x = rand()%45;                // 교환할 첫 번째 숫자 위치
        y = rand()%45;                // 교환할 두 번째 숫자 위치
        lotto[x] = lotto[x] + lotto[y] - (lotto[y] = lotto[x]);
        // 선택된 두 개의 위치 교환
    }
    // 처음 6개(맨 앞쪽으로 이동된 번호)의 번호만 정렬
```

```
18      for (x=0; x<5; x++)
19          for (y=x+1; y<6; y++)       //비교하여 위치 교환
20              if (lotto[x] > lotto[y])
21                  lotto[x] = lotto[x] + lotto[y] - (lotto[y] = lotto[x]);
22
23      // 처음 6개의 선택된 번호만 출력
24      for (x=0; x<6; x++)
25          printf(" %d ", lotto[x]);
26      printf("\n");
27  }
```

해설

6: 로또 번호를 저장할 배열과 다른 변수 선언.
8, 9: 1부터 45까지 번호를 배열에 저장, 즉 45개의 공을 만든다고 생각하면 된다.
11~16: 1부터 45까지 저장된 로또 배열을 5,000번 섞는다. 즉, 공 2개를 선택하여 서로 바꾸는 과정을 5,000번 반복한다.
18~21: 5000번 섞은 로또를 앞에서부터 6개를 정렬한 뒤 출력한다. 즉, 5000번 섞은 뒤 맨 앞의 6개를 선택된 데이터로 취급한다.
24~25: 선택된 6개의 데이터를 출력한다.

실행 결과

```
E:₩소스₩Ch06₩06-01-7.exe
1   18   20   32   35   37
```

예제 06-01-8 바코드의 검사 수 생성: 바코드는 체계는 여러 가지가 있지만 세계 상품 코드(Universal Product Code; UPC) 체계가 가장 널리 사용되고 있다. 그 중에서 13자리 상품 바코드에서 검사 수를 생성하는 방법을 프로그램으로 작성해 보자. 검사 수를 만드는 방법은 다음과 같다. 바코드의 맨 뒷자리가 검사 수이다.

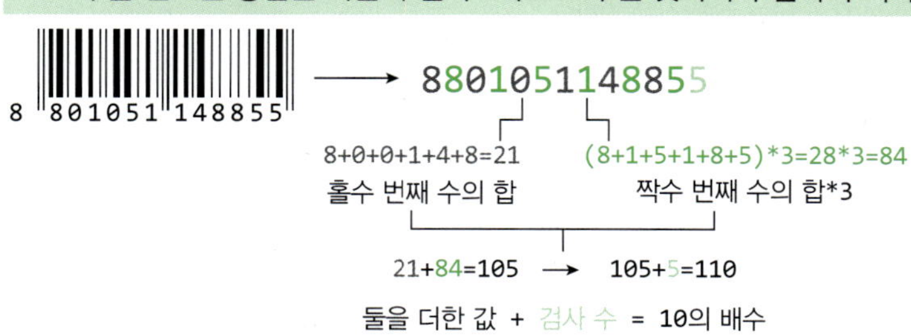

```
1  #include <stdio.h>
2  int main()
3  {
4  // int barcode[13] = {8,8,0,1,0,9,4,0,1,3,0,0,};   // 8801094013004
5  // int barcode[13] = {8,8,0,9,0,1,0,6,6,5,0,0,};   // 8809010665009
6      int barcode[13] = {5,3,9,1,5,1,9,8,9,0,6,0,}; // 5391519890608
7  // int barcode[13] = {4,9,8,2,8,3,3,5,9,2,9,2,};   // 4982833592920
8      int i, sum, tobe, x=0, y=0;
9  
10     printf("12자리 코드: ");
11     for (i=0; i<12; i+=2){              // 0부터 2씩 증가하면서 루프 수행
12         printf("%d %d ", barcode[i], barcode[i+1]);
13         x += barcode[i];                // 홀수 번째 수의 합
14         y += barcode[i+1];              // 짝수 번째 수의 합
15     }
16     y *= 3;                             // 짝수 번째 합의 3배
17     tobe = sum = x + y;                 // 두 수의 합을 변수에 저장
18     printf("\n\n%d+%d = %d\n", x, y, sum);
19     if (sum%10)                         // 1의 자리 값이 0이 아니면
20         tobe = (sum/10 + 1)*10;         // 올림하여 10의 배수가 되도록 한다.
21     barcode[12] = tobe - sum;           // 10의 배수가 되기 위한 검사 수 생성
22     printf("%d+%d=%d --> ", sum, barcode[12], tobe);
23     printf("check number is %d.\n\n", barcode[12]);
24     printf("12자리+검사 수: ");
25     for (i=0; i<13; i++)                // 전체 바코드 출력
26         printf("%d ", barcode[i]);
27     printf("\n");
28 }
```

해설

6: 바코드 12자리 값을 초기화하고 맨 뒷자리는 비워둔다. 맨 뒷자리에 검사 수를 만들어 저장한다.

11~15: 짝수 번째 수와 홀수 번째 수의 합을 구한다.

12: 고유 바코드 번호를 출력한다.

13: 홀수 번째 코드의 합을 구한다. C의 배열은 0부터 시작한다는 것을 염두에 두고 생각해 보자.

14: 짝수 번째 코드의 합을 구한다.

16: 홀수 번째 수의 합의 3배를 한다.

17: 두 수의 합을 tobe와 check_sum에 저장한다. tobe는 10의 배수가 될 값, sum은 x와 y의 합이 저장되는 변수이다.

19~20: 10의 배수가 될 값을 계산한다. x와 y의 합이 10의 배수이면 이 과정은 생략한다.

21: 바코드의 맨 끝에 검사 수를 저장한다.
25~26: 전체 바코드 수를 출력한다.
Try 코드에 주석으로 처리되어 있는 다른 바코드도 검사해 보라.

실행 결과

```
E:₩소스₩Ch06₩06-01-8.exe
12자리 코드: 5 3 9 1 5 1 9 8 9 0 6 0

43+39 = 82
82+8=90 --> check number is 8.

12자리+검사 수: 5 3 9 1 5 1 9 8 9 0 6 0 8
```

예제 06-01-9 배열의 경계를 벗어나서 데이터를 저장한 경우

```c
1  #include <stdio.h>
2  #define SIZE 4
3  int main(void)
4  {
5      int value1 = 44;
6      int array[SIZE];
7      int value2 = 88;
8      int i;
9
10     printf("value1 = %d, value2 = %d\n", value1, value2);
11     for (i = -1; i <= SIZE; i++)             // -1 인덱스는 배열 공간이 아니다.
12         array[i] = 2 * i + 1;
13
14     for (i = -1; i < 7; i++)                 // 4,5,6 인덱스도 배열 공간이 아니다.
15         printf("%2d  %d\n", i , array[i]);
16     printf("value1 = %d, value2 = %d\n", value1, value2);
17 }
```

해설

11: 배열의 경계인 0보다 작은 인덱스를 사용하였다. 그 결과 에러는 없지만 다행히 제대로 저장되었다. 0, 1, 2, 3 인덱스까지만 배열공간이다.

14~15: 경계를 벗어난 -1과, 4, 5, 6 인덱스의 값을 출력하여 본다. 마찬가지로 에러 없이 정상적으로 출력되었다. 하지만 경계를 벗어난 곳의 데이터는 안전성을 보장할 수 없다. 또한 경계를 벗어나 곳에 데이터를 저장하면 다른 데이터에도 영향을 미칠 수 있다. 이 프로그램의 결과 value1의 값이 88로 저장되었지만 실제로 출력되는 값은 88이 아님을 알 수 있다.

즉, 배열 공간이 아닌 곳을 배열로 간주하여 연속적으로 데이터를 저장하면 다른 데이터에 영향을 줄 수 있다.

실행 결과

E:₩소스₩Ch06₩06-01-9.exe

```
value1 = 44, value2 = 88
-1  -1
 0   1
 1   3
 2   5
 3   7
 4   9
 5  44
 6   6
value1 = 44, value2 = 9
```

유제 06-01-1 오늘은 올해의 몇 번째 날인지를 배열을 이용하여 구하라.

유제 06-01-2 실수 데이터를 지정해 두고 조화평균을 구하라.

조화평균: 각 값의 역수를 모두 더한 다음, 더한 결과의 역수를 데이터의 개수와 곱한다.

유제 06-01-3 10진수를 2진수로 바꾸어라. 단 2진수 값은 배열에 하나씩 나누어 저장한다.

유제 06-01-4 피보나치수열을 만들어 배열에 저장하라.

06-02. 2차원 배열

2차원 배열이 실제 메모리 공간의 할당은 1차원적으로 이루어진다. 그러나 2차원적으로 배열된 것으로 간주하여 처리한다. 2차원 배열은 포인터를 이용하여 1차원적으로도 액세스할 수 있다. C언어는 행 우선 배열이다.

❖ 2차원 배열의 선언 방법

```
데이터형 배열명[행_인덱스][열_인덱스] = {{0행 초깃값}, {1행 초깃값}, …, {n행 초깃값} };
```

- 초깃값은 생략할 수 있다.
- 2중으로 {}를 사용하지 않아도 되지만 오류를 줄여준다.

❖ 2차원 배열 선언 예:

```
int dim[5][5]={{5,3,4,9,1}, {7,6,7,3,4}, {8,4,6,1,2}, {5,2,3,4,6}, {9,8,7,6,4} };
```

- C언어에서 2차원 이상의 배열은 행 우선으로 인덱스는 (0,0), (0,1), (0,2), ...의 순서로 메모리에 저장된다.

❖ 2차원 배열의 초기화 방법: 일반 변수의 초기화와 같다.
- 배열을 선언할 때
- 선언 후 입력장치(키보드)를 통해서
- 계산에 의해서
- 파일로부터: 파일 입출력 부분에서 설명

❖ 배열 선언 시 초깃값을 줄 때 행 인덱스를 생략할 수 있다.

```
double arr[][3] = { {1.5, 2.3, 3.6}, {9.7, 8.6, 4.9}, {6.7, 8.1, 4.9}, {5.4, 6.5, 7.6} };
```

- 컴파일러가 알아서 행을 계산한다. 여기서 arr[4][3]이 된다.

❖ 2차원 배열의 접근법
- r×c개의 요소를 가지는 배열의 인덱스는 행이 0부터 r-1까지, 열이 0부터 c-1까지이다.
- 배열명[행_인덱스][열_인덱스]로 접근한다.

```
array[2][3];     // array라는 배열의 3번째 행, 4번째 열 요소
```

- 배열의 한 요소는 변수와 동일한 역할을 한다.

```
x = array[2][3] * 10;      // array배열의 3행 4열 요소의 값과 10을 곱하여 x에 저장한다.
array[2][3] = i * 10;      // i에 10을 곱하여 array배열의 3행 4열에 저장한다.
```

• 배열의 인덱스로 정수 변수를 사용할 수 있다.

```
k = 7; array[k][2] = sum;      // 8행 3열에 sum을 저장한다.
```

메모리번지(예)	메모리에 저장된 값	배열명[인덱스]
0x100	5	Array[0][0]
0x104	3	Array[0][1]
0x108	4	Array[0][2]
0x10C	9	Array[1][0]
0x110	1	Array[1][1]
0x114	5	Array[1][2]
0x118	9	Array[2][1]
0x11C	5	Array[2][1]
0x120	4	Array[2][2]

이 표는 <예제 06-02-1>의 설명으로, 2차원 배열이 실제 메모리에 저장될 때는 1차원적으로 저장된다는 것을 보여준다. 행 우선적으로 저장된다.

예제 06-02-1 2차원 배열의 초기화 및 배열의 값 출력

```c
#include <stdio.h>
int main()
{
    int Array[3][3] = { {5, 3, 4}, {9, 1, 5}, {9, 5, 4} }, row, col;
    for (row=0; row<3; row++) {
        for (col=0; col<3; col++)
            printf("Array[%d][%d] = %d, ", row, col, Array[row][col]);
        printf("\b\b \n");
    }
}
```

해설

4: 2차원 배열을 선언하고 초깃값을 지정한다.

5~9: 2차원 배열을 행, 열을 구별하여 출력한다. 바깥 for 루프는 행의 값 변화, 안쪽 for 루프는 열의 값 변화

8: 한 행을 출력한 다음 줄을 바꾼다. 줄을 바꾸기 전에 콤마와 공백을 하나 지우고 다시 공백을 출력한 다음 줄을 바꾼다. 즉, 불필요한 문자를 지우고 다음 줄로 간다. \b는 커서 앞의 한 문자 삭제하는 제어 문자이다. \b\b 다음에 공백을 넣지 않으면 삭제되지 않고 바로 줄을 바꾼다. 한 번 시도해 보라. 컴파일러에 따라 다를 수도 있다.

실행 결과

```
E:₩소스₩Ch06₩06-02-1.exe
Array[0][0] = 5, Array[0][1] = 3, Array[0][2] = 4
Array[1][0] = 9, Array[1][1] = 1, Array[1][2] = 5
Array[2][0] = 9, Array[2][1] = 5, Array[2][2] = 4
```

예제 06-02-2 2차원 배열은 메모리에서는 1차원적으로 저장된다.

```
1  #include <stdio.h>
2  int main()
3  {
4      int matrix[][3] = { 5, 3, 4, 9, 1, 5, 9, 5, 4};
5      int row, col, size, i, *p;
6      size = sizeof(matrix) / sizeof(matrix[0][0]);   // 배열의 전체 데이터의 개수 구함
7      for (row=0; row<size/3; row++) {
8          for (col=0; col<3; col++)
9              printf("Array[%d][%d] = %d, ", row,
10                 col, matrix[row][col]);
11         printf("\b\b \n");
12     }
13     p = matrix[0];
14     for (i=0; i<size; i++, p++)                //포인터 이용 1차원적 액세스
15         printf("%d ", *p);
16     putch('\n');
17 }
```

해설

4: 2차원 배열을 선언한다. 여기서 초깃값이 지정된 경우 행의 개수는 생략할 수 있다. 자동으로 카운트해 준다. 그러나 열의 개수는 생략할 수 없다.

5: 2차원 배열이 순서대로 저장되었다는 것을 보기 위해 포인터변수 p를 이용한다.

6: 전체 배열의 개수를 알아본다.

7~12: 전체 배열의 요소를 배열의 행렬 인덱스를 이용하여 출력한다.

13: 배열의 주소를 p에 저장한다.

14~15: 포인터를 이용하여 배열이 1차원적으로 순서대로 저장되었다는 것을 확인한다.

Notice 포인터는 7장에서 살펴보고, 여기서는 2차원 배열이 실제 메모리에 순서대로 저장된다는 것만 알도록 하자.

실행 결과

E:₩소스₩Ch06₩06-02-2.exe

```
Array[0][0] = 5, Array[0][1] = 3, Array[0][2] = 4
Array[1][0] = 9, Array[1][1] = 1, Array[1][2] = 5
Array[2][0] = 9, Array[2][1] = 5, Array[2][2] = 4
5 3 4 9 1 5 9 5 4
```

예제 06-02-3 국어, 영어 점수를 배열에 저장하고, 총점과 평균을 저장할 수 있게 배열을 10행 4열로 만들고 총점과 평균은 계산에 의해서 저장한다.

```
1  #include <stdio.h>
2  int main()
3  {
4      int i, score[10][4] = {{30,54,0,0}, {46,84,0,0},
5       {75,88,}, {65,87,}, {98,65,}, {99,94,},
6       {90,88,}, {95,78,}, {98,80,}, {95,81,}};
7      // 국어, 영어 점수만 초깃값을 넣고, 합과 평균은 비워둔다.
8      for (i=0; i<10; i++) {
9          score[i][2] = score[i][0] + score[i][1];
10         score[i][3] = score[i][2] / 2;
11         printf("국어점수가 %d이고 ", score[i][0]);
12         printf("영어점수가 %d인 학생의 ", score[i][1]);
13         printf("총점은 %d이고 ", score[i][2]);
14         printf("평균은 %d이다.\n", score[i][3]);
15     }
16 }
```

해설

4~6: 배열에 두 점수만 저장하고 나머지는 계산의 의해서 저장하기 위해서 10행 4열로 배열 선언.

8~15: 배열에 점수를 더해서 총점과 평균을 저장한다.

9: 총점 계산하여 각 행의 세 번째 요소에 저장

10: 평균을 계산하여 각 행의 네 번째 요소에 저장

11~14: 저장된 값을 출력한다.

Notice 배열의 인덱스는 0부터 시작한다.

실행 결과

```
E:₩소스₩Ch06₩06-02-3.exe
국어점수가 30이고 영어점수가 54인 학생의 총점은 84이고 평균은 42이다.
국어점수가 46이고 영어점수가 84인 학생의 총점은 130이고 평균은 65이다.
국어점수가 75이고 영어점수가 88인 학생의 총점은 163이고 평균은 81이다.
국어점수가 65이고 영어점수가 87인 학생의 총점은 152이고 평균은 76이다.
국어점수가 98이고 영어점수가 65인 학생의 총점은 163이고 평균은 81이다.
국어점수가 99이고 영어점수가 94인 학생의 총점은 193이고 평균은 96이다.
국어점수가 90이고 영어점수가 88인 학생의 총점은 178이고 평균은 89이다.
국어점수가 95이고 영어점수가 78인 학생의 총점은 173이고 평균은 86이다.
국어점수가 98이고 영어점수가 80인 학생의 총점은 178이고 평균은 89이다.
국어점수가 95이고 영어점수가 81인 학생의 총점은 176이고 평균은 88이다.
```

예제 06-02-4 3행 3열인 두 2차원 행렬의 덧셈

```
1  #include <stdio.h>
2  int main()
3  {
4      int i, j, total[3][3];
5      int arr1[3][3] = {{3,6,9},{6,8,4},{7,8,9}},
6        arr2[3][3] = {{5,7,3},{9,6,1},{9,4,6}};
7      for (i=0; i<3; i++)             // 두 행렬의 덧셈
8          for (j=0; j<3; j++)
9              total[i][j] = arr1[i][j] + arr2[i][j];
10
11     for (i=0; i<3; i++) {           // 계산 결과 출력
12         for (j=0; j<3; j++)
13             printf("%4d ", total[i][j]);
14         printf("\n");
15     }
16 }
```

해설

4: 인덱스 변수와 합이 저장될 행렬 total 선언

5, 6: 두 행렬 선언 및 초기화

7~9: 두 행렬 더하기

11~15: 결과 행렬 출력하기

실행 결과

```
E:₩소스₩Ch06₩06-02-4.exe
 8   13   12
15   14    5
16   12   15
```

예제 06-02-5 배열을 선언하고 특정 위치에만 초깃값을 저장하는 방법

```c
1  #include <stdio.h>
2  int main()
3  {
4      int x[10] = { [4]=10, 15, [9]=50 };
5      int y[5][5]= { [0][0]=1, [1][1]=1, [2][2]=1, [3][3]=1, [4][4]=1};
6      int a, b;
7  
8      for (a=0; a<10; a++)
9          printf("%d ", x[a]);
10     printf("\n\n");
11 
12     for (a=0; a<5; a++) {
13         for (b=0; b<5; b++)
14             printf("%d ", y[a][b]);
15         printf("\n");
16     }
17 }
```

해설

4: 배열 x의 4번 인덱스에 10, 5번 인덱스에 15, 9번 인덱스에 50을 저장한다. 나머지에는 0이 저장된다.

5: 2차원 배열의 대각선 인덱스에만 1을 저장하는 단위행렬을 선언한다.

8~9: 1차원 행렬 출력

12~16: 2차원 행렬 출력

Notice 각 행렬의 지정된 위치에만 값을 저장할 수 있으며, 지정되지 않은 곳에는 0을 초깃값으로 한다. 쓸 일이 많지는 않지만 간혹 필요한 곳만 초깃값을 지정하는 곳에 사용될 수 있을 것이다.

실행 결과

```
E:₩소스₩Ch06₩06-02-5.exe
0 0 0 0 10 15 0 0 0 50

1 0 0 0 0
0 1 0 0 0
0 0 1 0 0
0 0 0 1 0
0 0 0 0 1
```

예제 06-02-6 $x^2 + y^2 = 10^2$ 의 그래프를 2차원 배열에 그려 넣고 출력하는 프로그램

```
#include <stdio.h>
int main()
{
    int x, y, f, g;
    static short int circle[25][25];

    for (x=0; x<25; x++)                          // y축 그리기
        circle[x][12] = '|';
    circle[0][12] = 'Y';

    for (y=0; y<25; y++)                          // x축 그리기
        circle[12][y] = '-';
    circle[12][24] = 'X';

    for (x=-12 ; x<=12; x++) {
        for (y=-12; y<=12; y++) {
            f = x*x + y*y - 100;
            if ( f >= -5 && f <= 5 )              // 해당되는 위치에 '*'찍기, 허용오차 ±5
                circle[x+12][y+12] = '*';
        }
    }

    circle[12][12] = '0';                         // 원점 찍기
    for (x=-12; x<=12; x++) {
        for (y=-12; y<=12; y++)
            printf("%2c", circle[x+12][y+12]);
        printf("\n");
    }
}
```

해설

5: static으로 선언하면 초깃값이 모두 0으로 설정된다. static은 뒤에서 설명한다.
7~13: x, y축을 그린다.
15~21: 원 함수에 해당하는 위치에 '*'을 찍는다.
23: 가운데 원점을 찍는다.
24~28: 2차원 배열에 그려 넣은 문자들을 화면에 출력한다. 0은 문자 NULL이므로 아무것도 출력되지 않는다.

실행 결과

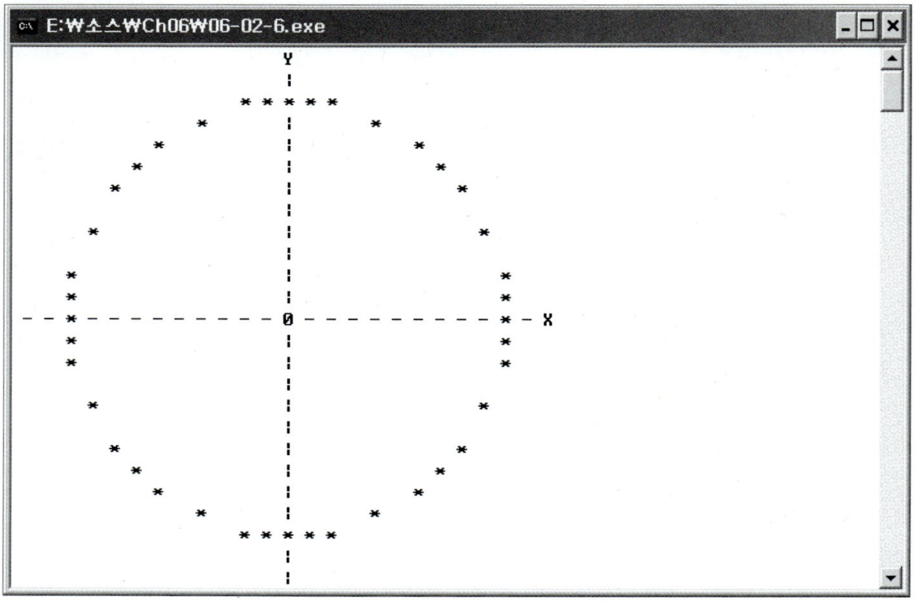

유제 06-02-1 5행 5열을 가진 행렬의 전치행렬을 구하라.

유제 06-02-2 6행 7열 배열을 만들고 년, 월을 입력받아 달력을 배열에 저장하고 출력하는 프로그램을 작성하라. <예제 05-04-4>의 소스 코드 및 Zeller의 공식을 참고하여 작성하라.

06-03. 문자배열

문자배열(문자열)은 문자를 순서대로 저장하는 것을 의미한다. 그러나 앞에서 살펴본 숫자 배열과는 다른 점이 있다. 통상적으로 문자배열의 끝에는 널(NULL) 문자를 삽입한다. 출력할 때는 %s로 출력형식을 지정하는데 문자열의 끝(NULL)까지만 출력한다. 따라서 문자열을 다룰 때는 NULL을 항상 신경 써야 한다. NULL의 값은 0이다.

❖ 문자열(문자배열)?

- 문자열은 문자를 순서대로 메모리에 저장한다.

❖ 문자열 선언 및 초기화 방법

```
① char s1[20] = "String!";
② char s2[20] = {'S', 't', 'r', 'i', 'n', 'g', '!', '\0'};
③ char *s3 = "String!";
```

위 예에서 ①, ③은 문자열의 끝에 보이지 않는 NULL문자가 자동으로 삽입된다. ②와 같이 배열에 문자열을 하나씩 따로 지정할 경우에는 NULL문자를 끝에 넣어 주어야 한다. ③은 선언할 때에는 값이 저장되지만 실제로 s3는 프로그램 중에 다른 용도로 사용할 수 없다. 이 방법은 사용하면 안 된다.

예제 06-03-1 문자열 변수의 초기값 지정 방법

```c
#include <stdio.h>
int main()
{
    char s1[20] = "String!";
    char s2[20] = {'S', 't', 'r', 'i', 'n', 'g', '!', 0};          // 0 = '\0'
    char *s3 = "String!";             //포인터 선언
    printf("%s\n", s1);
    printf("%s\n", s2);
    printf("%s\n", s3);
}
```

해설

4: 문자열 상수를 문자열 변수에 저장
5: 문자 상수를 하나씩 문자열 변수에 저장
6: 문자열 상수를 문자 포인터 변수에 저장
7~9: 각각의 문자열 변수를 출력

Notice 문자열의 끝에는 NULL문자가 저장된다. 포인터 변수는 초깃값을 지정할 수 있으나 향후 다른 값으로 지정될 때는 먼저 포인터(주소)를 지정해 주어야 한다. 그렇지 않으면 에러가 발생한다. 7장에서 설명. 4번 줄과 같이 지정하는 것이 보통이다.

실행 결과

```
E:₩소스₩Ch06₩06-03-1.exe
String!
String!
String!
```

예제 06-03-2 문자열에서 각 문자의 위치에 해당하는 주소를 지정해 주면 그 위치에서부터 끝(NULL)까지 출력한다.

```
1 #include <stdio.h>
2 #include <string.h>
3 int main()
4 {
5     int i, j;
6     char c[30] = "Programming is imagination!";
7     for (i=0; i<strlen(c); i++)
8         printf("%s\n", &c[i]);
9 }
```

해설

6: 문자열 상수를 문자열 변수에 저장
7~8: i를 1씩 증가하면서 배열 c[i]의 주소로부터 끝(NULL)까지 출력한다. 출력 결과를 보는 바와 같다.
7: strlen() 함수는 문자열의 길이를 구해주는 함수이다. 반환 값은 정수.

실행 결과

```
E:₩소스₩Ch06₩06-03-2.exe
Programming is imagination!
rogramming is imagination!
ogramming is imagination!
gramming is imagination!
ramming is imagination!
amming is imagination!
mming is imagination!
ming is imagination!
ing is imagination!
ng is imagination!
g is imagination!
 is imagination!
is imagination!
s imagination!
 imagination!
imagination!
magination!
agination!
gination!
ination!
nation!
ation!
tion!
ion!
on!
n!
!
```

예제 06-03-3 NULL을 이용하여 문자열 자르기

```
1 #include <stdio.h>
2 int main()
3 {
4     int i, j;
5     char c[30] = "Programming is imagination!";
6     c[10] = '\0';          //11번째 널 문자 삽입
7     puts(c);
8 }
```

해설

5: 문자열 상수를 문자열 변수에 저장

6: 문자열의 11번째 NULL을 삽입하여 문자열의 뒷부분을 잘라 버림. 실제로 잘리는 것이 아니라 NULL까지만 문자열을 출력한다. 즉, 자르고 싶은 위치에 NULL을 삽입하면 된다.

7: 문자열 출력

실행 결과

```
E:₩소스₩Ch06₩06-03-3.exe
Programmin
```

예제 06-03-4 문자배열을 이용하여 점수에 대한 평점을 매기기

```c
1  #include <stdio.h>
2  int main()
3  {
4      int score;
5      char grade[] = { 'F', 'F', 'F', 'F', 'F', 'F', 'D', 'C', 'B', 'A', 'A'};
6
7      printf("성적을 입력하시오 : ");
8      scanf("%d", &score);
9
10     if (score < 0 || score > 100) {
11         printf("점수가 잘못되었습니다.\n");
12         return 0;
13     }
14
15     printf(" %d : %c", score, grade[score/10]);
16     if ((score > 60 && score%10 >=5 ) || score == 100 )
17         printf("+\n");
18 }
```

해설

5: 평점을 매길 문자를 정의하는 문자열 배열

10~13: 점수가 정상범위 내에 있는지 검사한다.

15: 등급에 맞는 평점에 해당하는 문자를 출력한다.

16~17: '+'를 출력할 것인지 검사하고 필요하면 출력한다. 60점 이상이고 끝자리가 5 이상이면 '+'를 출력하고 또는 100점일 때도 '+'를 출력한다.

실행 결과

```
E:₩소스₩Ch06₩06-03-4.exe
성적을 입력하시오 : 87
 87 : B+
```

예제 06-03-5 문자열을 이용하여 길이가 긴 두 정수의 합 구하기

```
1  #include <stdio.h>
2  #include <string.h>
3  #define SIZE 51
4  int main()
5  {
6      int x[SIZE]={0,}, y[SIZE]={0,}, z[SIZE]={0,}, i, j, carry;
7      char a[SIZE], b[SIZE], c[SIZE];
8      printf("첫 번째 수 입력:");
9      scanf("%[0123456789]", a);      // 숫자만 입력받기
10     fflush(stdin);                  // 입력장치 버퍼 비우기
11     printf("두 번째 수 입력:");
12     scanf("%[0123456789]", b);
13     fflush(stdin);
14     for (i=strlen(a)-1, j=SIZE-1; i>=0; i--, j--)
15         x[j] = a[i] - '0';                  // a의 끝에서부터 문자를 숫자로 변환
16     for (i=strlen(b)-1, j=SIZE-1; i>=0; i--, j--)
17         y[j] = b[i] - '0';                  // b의 끝에서부터 문자를 숫자로 변환
18
19     carry = 0;          // 캐리를 0으로 초기화
20     for (i=SIZE-1; i>=0; i--) {             // 덧셈 시작
21         z[i] = x[i] + y[i] + carry;         // 덧셈
22         carry = z[i] / 10;                  // 캐리 계산
23         z[i] = z[i] % 10;                   // 현재 자리 값 계산
24     }
25
26     for (i=0; i<SIZE; i++)          // 계산 결과 처음 0이 아닌 곳으로 이동
27         if(z[i] != 0)               // 처음 0이 아닌 값을 만나면 루프를 벗어난다.
28             break;
29     // 처음 0이 아닌 곳에서부터 문자로 변환하여 문자열 c에 저장한다.
30     for (j=0; i<SIZE; i++, j++)
31         c[j] = (char)z[i] + '0';    // 계산 결과를 문자로 변환
32     c[j] = 0;           // NULL 삽입
33     printf("\n%52s\n+ %50s\n= %50s\n", a, b, c);       // 결과 출력
34 }
```

해설

6: 정수 배열과 정부 변수 선언

7: 문자열 배열 선언, a, b: 입력 문자열, c: 출력 문자열

9, 12: 숫자만 받아들인다.
10, 13: 키보드에 남아 있는 찌꺼기를 제거한다.
14, 15: 문자열 a를 끝에서부터 하나씩 숫자로 변환하여 x에 저장한다.
16, 17: 문자열 b를 끝에서부터 하나씩 숫자로 변환하여 y에 저장한다.
19: 처음 캐리를 0으로 지정한다.
20~24: 오른쪽 끝에서부터 숫자를 계산한다.
26~28: 계산 결과 중에서 앞쪽의 0을 건너뛰어 숫자로 시작하는 부분으로 이동한다.
30~31: 처음 숫자가 있는 곳에서부터 문자로 변환하여 문자열 c에 저장한다.
32: c 문자열 끝에 널을 삽입한다.
33: 결과를 출력한다.

실행 결과

```
E:₩소스₩Ch06₩06-03-5.exe
첫 번째 수 입력:65432154876543132165465
두 번째 수 입력:879465435321564687986546546548976546546

                      65432154876543132165465
+          879465435321564687986546546548976546546
=          879465435321564753418701423092108712011
```

예제 06-03-6 2차원 문자열(문자열 배열)을 이용하여 인디언식 이름 짓기

```c
#include <stdio.h>
int main()
{
    char name1[][20] = {"시끄러운(말 많은)", "푸른", "어두운(적색)", "조용한",
        "웅크린", "백색", "지혜로운", "용감한", "날카로운", "욕심 많은"};
    char name2[][6] = {"", "늑대", "태양", "양", "매", "황소", "불꽃", "나무",
        "달빛", "말", "돼지", "하늘", "바람"};
    char name3[][30] = {"", "와(과) 함께 춤을", "의 기상", "은(는) 그림자 속에",
        "", "", "", "의 환생", "의 죽음", "아래에서", "을(를) 보라.",
        "이(가) 노래하다.", "의 그늘(그림자)", "의 일격", "에게 쫓기는 남자",
        "의 행진", "의 왕", "의 유령", "을 죽인 자.", "은(는) 맨날 잠잔다.",
        "처럼..", "의 고향", "의 전사", "은(는) 나의 친구", "의 노래",
        "의 정령", "의 파수꾼", "의 악마", "와(과) 같은 사나이",
        "의 심판자(을(를) 쓰러뜨린 자)", "의 혼", "은(는) 말이 없다."};
    int y, m, d;
    char birth[10];
    printf("input birthday(yyyymmdd:20110715)");
    scanf("%s", birth);
```

```
19        sscanf(birth, "%4d%2d%2d", &y, &m, &d);
20        printf("%s => %s %s%s\n\n", birth, name1[y%10], name2[m], name3[d]);
21    }
```

해설

4~14: 년, 월, 일에 해당하는 이름을 설정한다. 년도는 맨 끝자리에 해당하는 수를 이용한다.

4, 6, 8: 2차원 배열을 선언할 때 초깃값이 있는 경우 name1[][20]과 같이 첫 번째 인덱스는 비워 둘 수 있다.

16: 연월일을 받아들일 문자열 선언

18: 문자열로 연월일을 입력받는다.

19: sscanf 함수를 이용하여 년 4자리, 월 2자리, 일 2자리를 y, m, d에 입력받는다.

20: 해당하는 년, 월, 일을 찾아 출력한다.

Try 연월일을 다른 여러 가지 방법으로도 입력받을 수 있다. 2장에서 배웠던 방법으로 시도해 보자.

실행 결과

```
E:₩소스₩Ch06₩06-03-6.exe
input birthday(yyyymmdd:20110715)19960628
19960628 => 지혜로운 불꽃와(과) 같은 사나이
```

예제 06-03-7 저항색을 입력하여 저항값 계산하기

```
// 저항색 : 다음 10가지 색 중에서 세 가지 색이 기본 지정됨
// "검정", "갈색", "빨강", "오렌지", "노랑", "녹색", "파랑", "보라", "회색", "흰색"
// Black, Brown, Red, Orange, Yellow, Green, Blue, Violet, Gray, White

// 오차색 : 다음 9가지 중 하나가 지정됨
// "갈색", "빨강", "녹색", "파랑", "보라", "회색", "금색", "은색", "없음"
// Brown, Red, Green, Blue, Violet, Gray, Gold, Silver, None
#include <stdio.h>
#include <math.h>

int main()
{
    int x[4] = {0,}, i, j;
    double resistor;
    char *color[] = { "검정", "갈색", "빨강", "오렌지", "노랑", "녹색",
                      "파랑", "보라", "회색", "흰색" };
    char *tolerance_color[] = { "갈색", "빨강", "녹색", "파랑", "보라",
```

```
                                    "회색", "금색", "은색", "없음"};
    double tolerance[] = { 1., 2., 0.5, 0.25, 0.1, 0.05, 5., 10., 20.};

    for (j=0; j<10; j++)
        printf("%d:%s  ", j, color[j]);

    printf("\n");
    for (i=1; i<4; i++) {
        printf("%d번째 색 선택 : ", i);
        scanf("%d", &x[i-1]);
    }

    // 오차 색 선택
    printf("\n");
    for (j=0; j<9; j++)
        printf("%d:%s  ", j, tolerance_color[j]);
    printf("오차 색 선택(0~8) : ");
    scanf("%d", &x[3]);

    printf("\n\n");
    for (i=0; i<3; i++)
        printf("%s ", color[ x[i] ]);
    printf("%s\n\n", tolerance_color[ x[3] ]);

    if ( x[2] < 2) {
        resistor = (x[0]*10 + x[1]) * pow(10, x[2]);
        printf("%d Ω", (int)resistor);
    }
    else if ( x[2] < 5) {
        resistor = (x[0]*10 + x[1]) * pow(10, x[2]-3);
        printf("%.1f KΩ", resistor);
    }
    else if ( x[2] < 8) {
        resistor = (x[0]*10 + x[1]) * pow(10, x[2]-6);
        printf("%.1f MΩ", resistor);
    }
    else {
        resistor = (x[0]*10 + x[1]) * pow(10, x[2]-9);
        printf("%.1f TΩ", resistor);
    }
```

```
58        printf(" 오차 %.2f%%\n", tolerance[x[3]]);
59  }
```

해설

15, 16: 저항에 해당하는 값 지정
17, 18: 오차에 해당하는 값 지정
19: 오차 값 지정
25~28: 저항 값 입력
35: 오차 값 입력
38, 40: 입력 저항색 출력
42~58: 저항값 계산하여 출력

실행 결과

```
E:₩소스₩Ch06₩06-03-7.exe
0:검정  1:갈색  2:빨강  3:오렌지  4:노랑  5:녹색  6:파랑  7:보라  8:회색  9:흰색

1번째 색 선택 : 4
2번째 색 선택 : 7
3번째 색 선택 : 2

0:갈색  1:빨강  2:녹색  3:파랑  4:보라  5:회색  6:금색  7:은색  8:없음
오차 색 선택(0~8) : 6


노랑 보라 빨강 금색

4.7 KΩ  오차 5.00%
```

유제 06-03-1 문자열에서 대문자는 소문자로 소문자는 대문자로 바꾸어라.

유제 06-03-2 문자열에서 모음의 개수를 세어라.

유제 06-03-3 2진수를 문자열로 입력하여 10진수로 변환하라.

06-04. 문자함수

문자와 관련된 함수는 ctype.h에 정의되어 있으며, 다음 표와 같다. 문자열과 관련된 함수는 다음 절에서 살펴본다. 문자 관련함수는 크게 두 부류로 나눌 수 있다. 한 부류는 참 거짓을 판단하는 함수로 is로 시작하는 함수이고, 다른 한 부류는 문자 변환함수로 to로 시작하는 함수이다. is로 시작하는 판단함수는 그 문자

가 어떤 문자에 속하는지를 판단하며, 해당되는 문자에 포함되면 참(1)을 반환하고 그렇지 않으면 거짓(0)을 반환한다.

그 룹	함 수	설 명
판단 함수 (참 거짓 판단)	isalnum	알파벳 또는 숫자인지 검사
	isalpha	알파벳인지 검사
	iscntrl	제어문자인지 검사
	isdigit	숫자인지 검사
	isgraph	그래프 문자인지 검사
	islower	소문자인지 검사
	isprint	출력가능문자인지 검사
	ispunct	구두 문자인지 검사
	isspace	공백문자인지 검사
	isupper	대문자인지 검사
	isxdigit	16진수에 해당하는 문자인지 검사
변환 함수 (변환된 문자 반환)	tolower	알파벳 대문자를 소문자로 변경
	toupper	알파벳 소문자를 대문자로 변경

<table>
<tr><th>함수명</th><th>해당 ASCII 값의 범위</th><th>해당 문자</th></tr>
<tr><td rowspan="4">iscntrl</td><td>0x00</td><td>NULL:'\0'</td></tr>
<tr><td>0x01~0x08, 0x0E~0x1F</td><td>제어문자</td></tr>
<tr><td>0x09~0x0D</td><td>whitespace: '\t','\f','\v','\n','\r'</td></tr>
<tr><td>0x7F</td><td>DEL</td></tr>
<tr><td>isspace</td><td>0x09~0x0D, 0x20</td><td>whitespace + space: ' '</td></tr>
<tr><td>isupper</td><td>0x41~0x5A</td><td>ABCDEFGHIJKLMNOPQRSTUVWXYZ</td></tr>
<tr><td>islower</td><td>0x61~0x7A</td><td>abcdefghijklmnopqrstuvwxyz</td></tr>
<tr><td>isalpha</td><td>0x41~0x5A, 0x61~0x7A</td><td>isupper + islower</td></tr>
<tr><td>isdigit</td><td>0x30~0x39</td><td>01234567890</td></tr>
<tr><td>isxdigit</td><td>0x30~0x39, 0x41~0x46, 0x61~0x66</td><td>isdigit + ABCDEF + abcdef</td></tr>
<tr><td>isalnum</td><td>0x41~0x5A, 0x61~0x7A, 0x30~0x39</td><td>isalpha + isdigit</td></tr>
<tr><td rowspan="4">ispunct</td><td>0x21~0x2F</td><td>!"#$%&'()*+,-./</td></tr>
<tr><td>0x3a~0x40</td><td>:;<=>?@</td></tr>
<tr><td>0x5B~0x60</td><td>[\]^_`</td></tr>
<tr><td>0x7B~0x7E</td><td>{|}~</td></tr>
</table>

isgraph	0x21～0x7E	isalnum + ispunct
isprint	0x20～0x7E	isgraph + space(0x20)

예제 06-04-1 문자함수를 이용하여 ASCII코드 중 제어문자를 제외한 문자를 각 함수를 이용하여 출력한다.

```
#include <stdio.h>
#include <ctype.h>
int main()
{
    int i=0;
    printf("Upper Characters:\n");
    for (i=0; i<128; i++)
        if (isupper(i))
            putchar(i);

    printf("\n\nLower Characters:\n");
    for (i=0; i<128; i++)
        if (islower(i))
            putchar(i);

    printf("\n\nAlphabets :\n");
    for (i=0; i<128; i++)
        if (isalpha(i))
            putchar(i);

    printf("\n\nDigits :\n");
    for (i=0; i<128; i++)
        if (isdigit(i))
            putchar(i);

    printf("\n\nHexadigits :\n");
    for (i=0; i<128; i++)
        if (isxdigit(i))
            putchar(i);

    printf("\n\nAlpha Numerics :\n");
    for (i=0; i<128; i++)
        if (isalnum(i))
```

```
34              putchar(i);
35
36      printf("\n\nPunctuations :\n");
37      for (i=0; i<128; i++)
38          if (ispunct(i))
39              putchar(i);
40
41      printf("\n\nGraphes :\n");
42      for (i=0; i<128; i++)
43          if (isgraph(i))
44              putchar(i);
45
46      printf("\n\nPrintables :\n");
47      for (i=0; i<128; i++)
48          if (isprint(i))
49              putchar(i);
50  }
```

해설

7~9: ASCII코드 중 대문자만 출력한다.
12~14: ASCII코드 중 소문자만 출력한다.
17~19: ASCII코드 중 알파벳만 출력한다.
22~24: ASCII코드 중 숫자에 해당하는 문자만 출력한다.
27~29: ASCII코드 중 16진수에 해당하는 문자만 출력한다.
32~34: ASCII코드 중 숫자와 알파벳에 해당하는 문자만 출력한다.
37~39: ASCII코드 중 구두 문자만 출력한다. 표 참조.
42~44: ASCII코드 중 그래프 문자만 출력한다. 알파벳, 숫자, 구두문자가 여기에 해당된다.
47~49: ASCII코드 중 프린트 가능한 문자만 출력한다. 그래프 문자에 공백이 추가된다.

실행 결과

```
E:₩소스₩Ch06₩06-04-1.exe
Alphabets :
ABCDEFGHIJKLMNOPQRSTUVWXYZabcdefghijklmnopqrstuvwxyz

Digits :
0123456789

Hexadigits :
0123456789ABCDEFabcdef

Alpha Numerics :
0123456789ABCDEFGHIJKLMNOPQRSTUVWXYZabcdefghijklmnopqrstuvwxyz

Punctuations :
!"#$%&'()*+,-./:;<=>?@[₩]^_`{|}~

Graphes :
!"#$%&'()*+,-./0123456789:;<=>?@ABCDEFGHIJKLMNOPQRSTUVWXYZ[₩]^_`abcdefghijklmnop
qrstuvwxyz{|}~

Printables :
 !"#$%&'()*+,-./0123456789:;<=>?@ABCDEFGHIJKLMNOPQRSTUVWXYZ[₩]^_`abcdefghijklmno
pqrstuvwxyz{|}~
```

예제 06-04-2 문자함수를 이용하여 문자열에서 대문자는 소문자로 소문자는 대문자로 변환하라.

```c
1  #include <stdio.h>
2  #include <ctype.h>
3  int main()
4  {
5      int i=0, length;
6      char str[] = "This Is a Test String!";
7  
8      for (i=0; str[i]; i++)
9          if (islower(str[i]))            // 소문자이면 대문자로 변경한다.
10             str[i] = toupper(str[i]);
11         else if (isupper(str[i]))       // 대문자이면 소문자로 변경한다.
12             str[i] = tolower(str[i]);
13     puts(str);
14 }
```

해설

8~12: 문자열에서 대소문자를 찾아 반대로 바꾼다.
9~10: 소문자이면 대문자로 바꾼다.
11~12: 대문자이면 소문자로 바꾼다.
13: 문자열을 출력한다.

실행 결과

```
E:\소스\Ch06\06-04-2.exe
tHIS iS A tEST sTRING!
```

유제 06-04-1 영 문자열을 입력받아 영숫자 및 공백 또는 구두문자를 세어라.

유제 06-04-2 영어로 된 문장을 입력받아 단어의 개수를 세어라.

06-05. 문자열함수

문자열을 처리하기 위한 다양한 함수가 존재한다. 이 함수들은 자주 이용하게 되므로 반드시 익혀두기 바란다. 특히 이 문자열함수를 잘 이용하면 프로그램을 편리하게 작성할 수 있다. 특히 문자열 복사함수는 자주 사용하게 될 것이다. 문자열은 선언할 때를 제외하고는 단순히 문자열 변수에 대입할 수 없다. 따라서 이 함수를 이용하여야만 문자열을 복사할 수 있다. 이 절에서는 문자열함수들에 대해서 살펴보자.

문자열 복사 함수

함수명	설명
strcpy	문자열 복사 char * strcpy (char * destination, const char * source);
strncpy	문자열로부터 일부만 복사 char * strncpy (char * destination, const char * source, size_t num);
memcpy	메모리 블록 복사 void * memcpy (void * destination, const void * source, size_t num);
memmove	메모리 블록 이동 void * memmove (void * destination, const void * source, size_t num);

문자열 결합 함수

함수명	설명
strcat	문자열 결합 char * strcat (char * destination, const char * source);
strncat	일부 문자열 결합 char * strncat (char * destination, char * source, size_t num);

문자열 비교 함수

함수명	설명
strcmp	두 문자열 비교 int strcmp(const void * ptr1, const void * ptr2);
strncmp	일부 문자열 비교 int strncmp (const char * str1, const char * str2, size_t num);
memcmp	두 개의 메모리 블록 비교 int memcmp (const void * ptr1, const void * ptr2, size_t num);
strcoll	locale을 이용한 두 문자열의 비교 int strcoll (const char * str1, const char * str2);
strxfrm	locale을 이용한 문자열 변환하고 변환한 길이를 반환한다. size_t strxfrm (char * destination, const char * source, size_t num);

문자열 검색 함수

함수명	설명
strchr	해당하는 첫 번째 문자가 있는 곳으로 이동 char * strchr (char * str, int character);
strrchr	뒤에서부터 처음 해당되는 문자가 있는 곳으로 이동 char * strrchr (char * str, int character);
strspn	str1 문자열에서 str2 문자열에 포함된 문자의 개수를 반환한다. str2에 없는 문자열을 만나면 멈춤. size_t strspn (const char * str1, const char * str2);
strcspn	strspn과 반대로 str2에 없는 문자열의 개수를 반환한다. str2에 해당되는 문자를 만나면 멈춤. size_t strcspn (const char * str1, const char * str2);
strstr	str1에서 str2문자를 찾아 그 위치를 반환한다. char * strstr (char * str1, const char * str2);
strpbrk	str1에서 str2의 어떤 문자라도 해당되는 것이 있으면 그 위치를 반환한다. char * strpbrk (char * str1, const char * str2);

strtok	문자열을 토큰으로 나눈다. char * strtok (char * str, const char * delimiters);
memchr	메모리 블록에서 해당되는 문자가 있는 위치를 찾는다. void * memchr (void * ptr, int value, size_t num);

기타 문자열 함수

함수명	설명
strlen	문자열의 길이를 구한다. size_t strlen (const char * str);
strerror	에러 메시지를 저장하고 있는 문자열의 포인터를 가져온다. char * strerror (int errnum);
memset	메모리 블록을 특정한 글자로 채운다. void * memset (void * ptr, int value, size_t num);

예제 06-05-1 문자열 복사함수

```
1  #include <stdio.h>
2  #include <string.h>
3  int main ()
4  {
5      char str1[]="Sample string";
6      char str2[40];
7      char str3[40];
8      strcpy (str2, str1);
9      strcpy (str3, "copy successful");
10     printf ("str1: %s\nstr2: %s\nstr3: %s\n", str1, str2, str3);
11 }
```

해설

5~7: 문자열 변수 세 개를 선언한다.
8: str1문자열을 str2문자열로 복사한다.
9: "copy successful"이란 문자열 상수를 str3 문자열 변수에 복사한다.
10: 저장된 문자열을 출력한다.

실행 결과

```
E:₩소스₩Ch06₩06-05-1.exe
str1: Sample string
str2: Sample string
str3: copy successful
```

예제 06-05-2 문자열 일부 복사

```c
1  #include <stdio.h>
2  #include <string.h>
3  int main ()
4  {
5      char str1[] = "To be or not to be";
6      char str2[6];
7      strncpy (str2, str1, 5);
8      str2[5] = '\0';
9      puts (str2);
10 }
```

해설

5~6: 문자열 변수 두 개를 선언한다.
7: strncpy를 이용하여 일부 문자열을 복사한다. str1에서 처음 다섯 글자를 str2로 복사한다.
8: str2의 마지막에 NULL을 삽입한다. 그렇지 않으면 정확한 문자열의 끝을 알 수 없다.

실행 결과

```
E:₩소스₩Ch06₩06-05-2.exe
To be
```

예제 06-05-3 memcpy함수를 이용한 문자열 복사

```c
#include <stdio.h>
#include <string.h>
int main ()
{
    char str1[] = "Sample string";
    char str2[40];
    char str3[40];
    memcpy (str2, str1, strlen(str1) + 1);
```

```
9       memcpy (str3, "copy successful", 16);
10      printf ("str1: %s\nstr2: %s\nstr3: %s\n", str1, str2, str3);
11  }
```

해설

5~7: 문자열 변수 세 개를 선언한다.

8: memcpy를 이용하여 str1에서 str2로 문자열 복사, 복사할 길이는 문자열의 길이 +1이다. 즉, 널 문자까지 복사한다.

9: str3에 문자열 상수 복사. 문자열의 길이보다 1만큼 더 길게 지정한다.

실행 결과

E:₩소스₩Ch06₩06-05-3.exe

```
str1: Sample string
str2: Sample string
str3: copy successful
```

예제 06-05-4 memmove함수를 이용한 문자열 일부 복사

```
1  #include <stdio.h>
2  #include <string.h>
3  int main ()
4  {
5      char str[] = "memmove can be very useful......";
6      memmove (str+20, str+15, 11);
7      puts (str);
8  }
```

해설

5: 문자열 변수 선언한다.

6: memmove 함수를 이용하여 특정 위치에서 다른 위치로 문자열 복사한다. str의 15번째부터 11개 문자를 str의 20번째로 복사한다.

실행 결과

E:₩소스₩Ch06₩06-05-4.exe

```
memmove can be very very useful.
```

예제 06-05-5 문자 검색함수 strchr

```
1 #include <string.h>
2 #include <stdio.h>
3 int main()
4 {
5     char str[] = "This is string.";
6
7     printf( "%s\n", strchr(str, 's'));
8 }
```

해설

7: 문자열에서 찾고자하는 문자를 처음 만나는 곳에서 멈추고, 그 위치(포인터)를 알려준다. 실행결과를 보면 멈춘 곳이 처음 만나는 s이다. 이곳의 주소가 반환되면 출력하게 되면 이 위치에서부터 문자열의 끝까지 출력한다.

실행 결과

```
E:₩소스₩Ch06₩06-05-5.exe
s is string.
```

예제 06-05-6 문자열의 끝에서부터 검색하는 함수 strrchr

```
1 #include <string.h>
2 #include <stdio.h>
3 int main()
4 {
5     char str[] = "This is string.";
6     printf( "%s\n", strrchr(str, 's'));
7 }
```

해설

6: 문자열에서 찾고자하는 문자를 뒤에서부터 검색하여 처음 만나는 곳에서 멈추고, 그 위치(포인터)를 알려준다. 실행결과를 보면 멈춘 곳이 처음 만나는 s이다. 이곳의 주소를 받아 출력하게 되면 이 위치에서부터 문자열의 끝까지 출력한다.

실행 결과

```
E:₩소스₩Ch06₩06-05-6.exe
string.
```

예제 06-05-7 한 문자열에서 다른 문자열에 포함되어 있지 않는 문자까지의 길이를 구한다.

```
1  #include <string.h>
2  #include <stdio.h>
3  int main()
4  {
5      char str[] = "This is string.";
6      char s[] = "This ";
7      printf( "%d\n", strspn( str, s));
8  }
```

해설

7: 문자열 str에서 문자열 s에 없는 문자를 처음 만나는 곳에서 멈추며, 그 때까지의 문자의 개수를 반환한다. 이 예에서는 문자열 s에 있는 문자가 T, h, i, s 그리고 공백이다. 이 다섯 문자에 해당되지 않는 문자가 처음 나타나는 곳이 소문자 t이다. 따라서 이때까지의 문자의 개수는 9개이다.

실행 결과

```
E:₩소스₩Ch06₩06-05-7.exe
9
```

예제 06-05-8 한 문자열에 다른 문자열이 포함되어 있는 문자가 나올 때까지 몇 개의 문자가 있는가?

```
1  #include <string.h>
2  #include <stdio.h>
3  int main()
4  {
5      char str[] = "This is string.";
6      char s[] = "string ";
7      printf( "%d\n", strcspn( str, s));
8  }
```

해설

7: 문자열 str에서 문자열 s에 있는 문자를 처음 만나는 곳에서 멈추며, 그 때까지의 문자의 개수를 반환한다. 이 예에서는 문자열 s에 있는 문자가 s, t, r, i, n, g 그리고 공백이다. 이 다섯 문자에 해당되는 문자가 처음 나타나는 곳이 'This'의 소문자 i이다. 따라서 이때까지의 문자의 개수는 2개이다.

Notice strspn과 strcspn은 반대의 경우에 사용한다.

실행 결과

```
E:₩소스₩Ch06₩06-05-8.exe
2
```

예제 06-05-9 부분 문자열을 찾아서 다른 문자열로 대체한다.

```
1  #include <stdio.h>
2  #include <string.h>
3  int main ()
4  {
5       char str[] ="This is a simple string";
6       char *pch;
7       pch = strstr (str, "simple");
8       strncpy (pch, "sample", 6);
9       puts (str);
10 }
```

해설

7: 문자열 str에서 "simple" 단어를 찾는다. 있다면 그 위치를 반환하고, 없다면 NULL을 반환한다.
8: 그 위치를 문자열 포인터 pch에 저장하고, 그 포인터가 가리키는 곳의 단어를 sample로 대체한다.

실행 결과

```
E:₩소스₩Ch06₩06-05-9.exe
This is a sample string
```

예제 06-05-10 문자열에 포함된 문자를 만나게 되면 그 곳에 멈춘다. 문자열에서 모음 찾기

```
#include <stdio.h>
#include <string.h>
int main ()
{
     char str[] = "This is a sample string";
     char key[] = "aeiou";
     char * pch;
     printf ("Vowels in '%s': ", str);
     pch = strpbrk (str, key);
```

```
10      while (pch != NULL)
11      {
12          printf ("%c " , *pch);
13          pch = strpbrk (pch + 1, key);
14      }
15      printf ("\n");
16  }
```

해설

9: 문자열 str에서 문자열 key에 포함된 문자열을 만나면 그곳의 포인터를 반환한다. 첫 번째 위치는 This의 i에서 멈춘다.

12: 찾은 위치의 문자를 하나 출력한다.

13: 다시 다음에 또 포함된 문자를 만날 때까지 반복한다. 결과와 같이 정확하게 원하는 위치에 찾아가는 것을 확인할 수 있다. pch + 1은 현재 문자 바로 다음부터 다시 검색하기 위한 것이다.

실행 결과

```
E:₩소스₩Ch06₩06-05-10.exe
Vowels in 'This is a sample string': i i a a e i
```

예제 06-05-11 문자열을 토큰으로 분리한다.

```
#include <stdio.h>
#include <string.h>
int main ()
{
    char str[] ="- This, a sample string.";
    char * pch;
    printf ("Splitting string \"%s\" into tokens:\n", str);
    pch = strtok (str, " ,.-");
    while (pch != NULL)
    {
        printf ("%s\n", pch);
        pch = strtok (NULL, " ,.-");
    }
}
```

해설

8: 분리문자(" ,.-")들을 기준으로 첫 번째 단어를 분리한다.
9~13: 루프를 반복하면서 다음 단어를 분리한다.
11: 분리한 단어를 출력한다.
12: 다시 찾은 위치 다음부터 단어를 분리한다. 여기서 NULL을 쓴다는 것. 그냥 외워두자.

실행 결과

```
E:₩소스₩Ch06₩06-05-11.exe
Splitting string "- This, a sample string." into tokens:
This
a
sample
string
```

예제 06-05-12 메모리 블록에서 문자 찾기

```
1  #include <stdio.h>
2  #include <string.h>
3  int main ()
4  {
5      char * pch;
6      char str[] = "Example string";
7      pch = (char*) memchr (str, 'p', strlen(str));
8      if (pch != NULL)
9          printf ("'p' found at position %d.\n", pch - str + 1);
10     else
11         printf ("'p' not found.\n");
12 }
```

해설

7: 메모리 블록 str에서 'p'를 찾는다.
8~9: 'p'를 찾았으면 위치에 대한 메시지를 출력한다.
10~11: 못 찾았으면 못 찾았다는 메시지를 출력한다.

실행 결과

```
E:₩소스₩Ch06₩06-05-12.exe
'p' found at position 5.
```

예제 06-05-13 에러 메시지 출력

```
1  #include <stdio.h>
2  #include <string.h>
3  #include <errno.h>
4  int main ()
5  {
6      FILE * pFile;
7      pFile = fopen ("unexist.ent", "r");
8      if (pFile == NULL)
9          printf ("%s\n", strerror(errno));
10 }
```

해설

7: 존재하지 않는 파일을 열려고 한다.

8~9: 그 때의 에러번호를 이용하여 에러 메시지를 출력한다.

Notice 파일 처리에 대해서는 10장에서 다룬다.

Try 에러메시지를 0번부터 43번까지 강제로 넣어서 출력해 보라.

실행 결과

```
E:₩소스₩Ch06₩06-05-13.exe
No such file or directory
```

예제 06-05-14 memset함수를 이용하여 특정 문자로 채우기

```
1  #include <stdio.h>
2  #include <string.h>
3  int main ()
4  {
5      char str[] = "almost every programmer should know memset!";
6      memset (str, '-', 6);
7      puts (str);
8  }
```

해설

5: 문자열 배열을 선언하고 초깃값을 설정한다.

6: str의 처음 6글자를 -로 채운다.

실행 결과

```
E:₩소스₩Ch06₩06-05-14.exe
------ every programmer should know memset!
```

예제 06-05-15 문자열 비교함수를 이용하여 저장된 문자와 비교한다.

```
1  #include <stdio.h>
2  #include <string.h>
3  int main () {
4      char Key[] = "apple", Input[80];
5      char fruits[][15] = { "apple", "grape", "jujube", "pear",
6          "grapefruit", "chestnut"};
7      int n;
8      do {
9          printf("내가 가장 좋아하는 과일은? ");
10         gets(Input);
11         if(strcmp(Key, Input) == 0) {
12             puts("빙고!");
13             break;
14         }
15         else
16             puts("땡!!!");
17     } while (1);
18
19     puts("-----------------------------\n");
20     puts ("\ngrape로 시작하는 과일");
21     for (n=0 ; n<6 ; n++)
22         if (strncmp (fruits[n], "grapeXXX", 5) == 0) {
23             printf ("%s\n", fruits[n]);
24         }
25 }
```

해설

4: Key는 미리 지정해 놓은 문자열, Input는 키보드에서 입력할 문자열 변수

5: 검색할 문자열을 미리 지정해 놓은 2차원 문자배열

8~17: 문자열을 키보드에서 입력받아 그 것을 Key와 비교한다. Key와 일치할 때까지 반복한다.

11: Key와 Input이 일치하는지 strcmp를 이용하여 검사한다. strcmp는 같으면 0, 앞의 데이터가 크면 +, 뒤의 데이터가 크면 -값을 반환한다. 크기는 사전적 배열과 같다. 사전의 앞쪽에 있으

면 작고 뒤쪽에 있으면 크다.
21~24: 문자열을 비교한다. strncmp를 이용하여 문자열의 일부를 검사한다. 여기서는 graph로 시작하는 문자열을 검사한다.

실행 결과

```
E:₩소스₩Ch06₩06-05-15.exe
내가 가장 좋아하는 과일은? grape
땡!!!
내가 가장 좋아하는 과일은? apple
빙고!
------------------------------


grape로 시작하는 과일
grape
grapefruit
```

예제 06-05-16 strpbrk를 이용하여 문장에서의 글자 검색

```
1  #include <stdio.h>
2  #include <string.h>
3  int main () {
4      char str[] = "This is test string. We count how many vowels in this string.";
5      int count=0;
6      char key[] = "aeiouAEIOU", *pch;
7      pch = strpbrk (str, key);
8      while (pch != NULL) {
9          count++;
10         printf("%s\n", pch);
11         pch = strpbrk (pch + 1, key);
12     }
13     printf ("%d\n", count);
14 }
```

해설

4: 문자열 저장
5: 검색한 문자의 개수 저장 count 변수
6: 검색할 문자 지정, 여기서는 모음을 검색할 것이다. 문자열 내의 포인트 pch 지정.
7: 첫 번째 해당하는 문자(모음)가 있는 위치로 이동
8~12: NULL을 만날 때까지 문자를 검색하면서 이동한다.
10: 문자열을 만나면 그 위치에서부터 문자열 끝까지 출력한다.
11: 한 문자 뒤에서부터 다시 검색한다. 현재 위치는 해당되는 문자이므로 한 문자 다음부터 다시

검색한다. 그렇지 않으면 계속 그 자리에 머물러 있게 되어 무한 루프에 빠진다. 결과를 보면 모음에 멈춘다는 것을 알 수 있다. 전체 모음의 개수는 14개이다.

실행 결과

E:₩소스₩Ch06₩06-05-16.exe

```
is is test string. We count how many vowels in this string.
is test string. We count how many vowels in this string.
est string. We count how many vowels in this string.
ing. We count how many vowels in this string.
e count how many vowels in this string.
ount how many vowels in this string.
unt how many vowels in this string.
ow many vowels in this string.
any vowels in this string.
owels in this string.
els in this string.
in this string.
is string.
ing.
14
```

예제 06-05-17 문자열의 뒤에 자기 자신을 거꾸로 만들어 추가하기

```
1  #include <stdio.h>
2  #include <string.h>
3  int main ()
4  {
5      char str[] = "This is test string.", str2[100];
6      char *pch;
7      int len, p;
8      len = strlen(str);          // 문자열의 길이 획득
9      pch = &str[len-1];          // 문자열의 끝 바로 앞에 위치: NULL 문자 바로 앞
10     strcpy(str2, str);          // 원래 문자열을 str2로 복사
11     while (len >0) {            // str2에 str 문자를 거꾸로 붙이기
12         strncat(str2, pch, 1);              // 한 문자 str2에 붙이기
13         pch--;                  // 포인터 앞으로 이동
14         len--;                  // 길이 하나 감소
15     }
16     printf ("%s\n", str2);
17 }
```

해설

5: 원본 문자열과 복사하여 저장할 문자열 선언
6: 문자 포인터 선언

8: 문자열의 길이를 알아낸다. 거꾸로 붙이기 위해서 몇 개의 문자가 있는지 알아야 한다.
9: 포인터를 문자열의 끝의 바로 앞으로 이동한다. 끝은 NULL 문자이므로.
11~15: 하나씩 뒤에서부터 앞으로 이동하면서 글자를 str2에 붙인다.
12: 한 글자를 현재 포인터가 있는 곳에서 str2의 끝에 붙인다.
13: 포인터를 하나 앞으로 이동한다.
14: 복사할 길이를 하나 감소한다.
Try 포인터를 사용하지 않고 해보라.

실행 결과

```
E:₩소스₩Ch06₩06-05-17.exe
This is test string..gnirts tset si sihT
```

예제 06-05-18 strcmp와 strcpy를 이용한 문자열 정렬

```
1  #include <stdio.h>
2  #include <string.h>
3  int main () {
4      char str[][15] = { "apple" , "grape" , "jujube", "pear",
5                  "grapefruit", "chestnut"};
6      char tmp[15];
7      int i, j;
8      for (i=0; i<5; i++) {
9          for (j=i+1; j<6; j++) {
10             if (strcmp(str[i], str[j]) > 0) {
11                 strcpy(tmp, str[i]);
12                 strcpy(str[i], str[j]);
13                 strcpy(str[j], tmp);
14             }
15         }
16     }
17     for (i=0; i<6; i++)
18         printf("%s\n", str[i]);
19 }
```

해설

4, 5: 원본 문자열과 복사하여 저장할 문자열 선언
6: 임시 문자열 선언
8~16: 문자열을 일일이 비교하여 문자열을 정렬한다.

10: 두 개의 문자열을 비교하여 0보다 크면, 즉 앞의 것이 뒤의 문자열보다 사전적으로 뒤에 있으면
11~13: 두 문자열을 교환한다.
17, 18: 정렬된 문자열을 출력한다.

실행 결과

E:₩소스₩Ch06₩06-05-18.exe

```
apple
chestnut
grape
grapefruit
jujube
pear
```

예제 06-05-19 ptr1이 가리키는 처음 n바이트와 ptr2가 가리키는 처음 n바이트를 비교하여 모두 일치하면 0을, ptr1이 ptr2 보다 작으면 음수를, 크면 양수를 반환한다.
int memcmp (const void * ptr1, const void * ptr2, size_t n);

```c
#include <stdio.h>
#include <string.h>

int main ()
{
    char str1[256], str2[256];
    int n;
    size_t len1, len2;

    printf ("Enter a sentence: ");
    gets(str1);
    printf ("Enter another sentence: ");
    gets(str2);
    len1 = strlen(str1);
    len2 = strlen(str2);

    n = memcmp ( str1, str2, len1 > len2 ? len1 : len2 );

    if (n > 0)
        printf ("'%s' is greater than '%s'.\n", str1, str2);
    else if (n < 0)
        printf ("'%s' is less than '%s'.\n", str1, str2);
    else
        printf ("'%s' is the same as '%s'.\n", str1, str2);
}
```

해설

11, 13: 두 개의 문자열을 입력받는다.
14, 15: 두 개의 문자열의 길이를 입력받는다.
17: 두 개의 문자열 중 긴 문자열의 길이를 알아내어 그 길이만큼 문자들을 비교한다.
19~24: 비교한 값에 따라 어떤 문자열이 앞에 있는지 뒤에 있는지 같은지를 출력한다.

실행 결과

```
E:₩소스₩Ch06₩06-05-19.exe
Enter a sentence: building
Enter another sentence: book
'building' is greater than 'book'.
```

유제 06-05-1 strpbrk 함수를 두 문장으로 구성된 문자열을 마침표를 기준으로 분리하라.

유제 06-05-2 문자열 "The 16 men and 21 women ate 3 pigs"를 입력하여 다음과 같이 숫자만 찾아내는 프로그램을 작성하라. 즉, 16, 21, 3을 찾아서 출력하라.

연습문제

1. 어떤 배열에 0, 100, 200, 300, …, 900까지 숫자를 저장하는 프로그램을 작성하라.

2. 오늘의 날짜를 입력했을 때 올해의 몇 번째 날인가를 출력해주는 프로그램을 작성하라.

3. 생년월일과 오늘의 날짜를 입력하면 지금까지 살아온 날을 출력하는 프로그램을 작성하라. 날짜는 순서에 맞게 정상적으로 입력되었다고 가정하자.

4. 배열 2개를 이용하여, 하나(정수 배열)에는 성적을 다른 하나(문자열 배열)에는 평점(95~100: A+, 90~94: A, 85~89: B+, 80~84: B, 75~79: C+, 70~74: C, 65~69: D+, 60~64: D, 59이하: F)을 넣는 프로그램을 작성하라.

5. 2부터 100개의 소수(prime number)를 배열에 저장하고, 저장된 소수 중 쌍둥이 소수를 찾아 출력하는 프로그램을 작성하라.

   p와 p+2가 모두 소수일 때, 이 둘을 쌍둥이 소수라고 한다.

   예를 들어, 3,5; 5,7; 11,13; 17,19; 29,31 등이다.

6. 배열을 스택처럼 활용하는 프로그램을 작성하라. 배열의 크기는 100개로 한다.

7. 배열을 이용하여 2^{10000} 을 정수로 나타내는 프로그램을 작성하라.

8. 배열을 이용하여 1000!을 정수로 나타내는 프로그램을 작성하라.

9. 다음과 같은 규칙에 따른 개미수열을 만드는 프로그램을 작성하라.

```
1
1 1
1 2
1 1 2 1
1 2 2 1 1 1
1 1 2 2 1 3
1 2 2 2 1 1 3 1
1 1 2 3 1 2 3 1 1 1
. . . . . . . . . . . . . .
```

10. 정렬된 두 개의 배열 a와 b가 있다. 자료의 개수는 각각 n1과 n2개이다. c배열에 a와 b를 병합하라(c배열도 정렬된 상태로 a, b배열이 합쳐진다는 것을 뜻한다.).

예를 들면, a={1,3,5,7,9,10} b={2,4,5,6,14,15,20,40,60,66,69}일 때

c={1,2,3,4,5,5,6,7,9, 10,14,15,20,40,60,66,69}가 된다.

11. 다음과 같이 파스칼의 삼각형을 출력하는 프로그램을 배열을 이용하여 작성하라.

```
                              1
                           1     1
                        1     2     1
                     1     3     3     1
                  1     4     6     4     1
               1     5    10    10     5     1
            1     6    15    20    15     6     1
         1     7    21    35    35    21     7     1
      1     8    28    56    70    56    28     8     1
   1     9    36    84   126   126    84    36     9     1
 1    10    45   120   210   252   210   120    45    10     1
1   11    55   165   330   462   462   330   165    55    11    1
1   12   66   220   495   792   924   792   495   220   66   12   1
```

12. 9×9 배열에 나비 모양(▶◀)으로 데이터를 저장하고 나머지 데이터가 없는 부분은 0으로 한다.

```
1                       41
2 10                 34 42
3 11 17           29 35 43
4 12 18 22     26 30 36 44
5 13 19 23 25 27 31 37 45
6 14 20 24     28 32 38 46
7 15 21           33 39 47
8 16                 40 48
9                       49
```

13. 3×3 행렬 두 개를 곱하는 프로그램을 작성하라.

14. 배열을 이용하여 2진 트리를 구성하는 프로그램을 작성하라.

15. 1차원 배열을 이용하여 큰 정수의 합을 구하는 프로그램을 작성하라.

16. 정수배열을 정렬하고 정렬된 배열에서 찾고자 하는 데이터를 입력하여 배열 내에 존재하는지 2분 검색하는 프로그램을 작성하라. 단, 정렬함수 qsort와 검색함수 bsearch를 사용하지 않는다.

17. 날짜(년, 월, 일) 두 개를 입력하여 두 날짜 사이의 날 수를 계산하는 프로그램을 작성하라.

18. 정수 이외의 값이 입력되었을 때는 에러 메시지를 출력하고, 정수 값이 입력되었을 때는 정수의 곱을 출력하는 프로그램.

19. 문자열을 입력받아 단순하게 암호화하는 프로그램을 작성하라. 문자에 0x55를 XOR한다.

20. 년도를 입력하면 1월부터 12월까지 1년간의 달력을 출력한다.

21. 진법 변환: 10진수를 어떤 진법으로든 변경이 되도록 하는 프로그램을 작성하라. 진법의 범위는 2에서 36진법까지 한다. 더 나타낼 수도 있겠지만 기호를 알파벳까지만 사용한다.

22. 숫자를 문자열로 입력받아 한글로 읽는 프로그램을 작성하라.

```
입력 : 1234
출력 : 천이백삼십사
입력 : 99693
출력 : 구만 구천육백구십삼
입력 : 0
출력 : 영
```

23. 다음 함수를 이용하여 여러 개의 문자열 상수를 하나로 연결하는 프로그램을 작성하라.

```
char *strcat( char *s1, const char *s2)
```

24. 하나의 문자열에 다른 문자열의 앞 일부분을 붙이는 프로그램을 작성하라.

```
char *strncat( char *s1, const char *s2, size_t n)
```

25. 문자열 검색: 어떤 문자열에서 지정된 문자가 몇 군데 있는지 찾아내는 프로그램을 작성하라.

```
char *strchr( const char *s, int c)
```

26. 과일 이름을 문자열 배열에 저장해 두고 내가 좋아하는 과일이 있는지 검사하는 프로그램을 작성하라.

```
int strcmp( const char *s1, const char *s2)
```

문자열 s1과 s2를 비교한다. 이들 문자열이 같으면 0이, s1 < s2이면 음의 정수가,

s1 > s2이면 양의 정수가 반환된다.

27. strpbrk를 이용하여 문자열에서 모음이 몇 개인지 찾아내는 프로그램을 작성하라.

```
char *strpbrk( const char *s1, const char *s2)
```

28. 문자열을 입력받아 a부터 z까지의 알파벳이 각각 몇 개인지 검사하는 프로그램을 작성하라. 단, 대소문자는 구별하지 않는다.

29. 두 문자열을 하나의 문자열로 결합하는 프로그램을 작성하라. 단, 함수를 사용하지 않는다.

30. 주민등록번호(yymmdd-xxxxxxx)를 문자열로 입력하여 생년월일을 yyyy년 mm월 dd일로 나타내고, 남자인지 여자인지 구별하는 프로그램을 작성하라. 2000년대를 전후하여 구별할 수 있도록 한다.

31. 로마 숫자를 10진수로 변환하여 출력하는 프로그램을 작성하라. 4000 이상의 수는 $\overline{V}, \overline{X}, \overline{L}$ 등과 같이 윗줄을 사용하여 나타내는데 여기서는 아래 표까지만 사용하여 나타내도록 한다.

로마숫자 기호	값
I	1
V	5
X	10
L	50
C	100
D	500
M	1,000

32. 다음 그림과 같이 히스토그램을 출력하는 프로그램을 작성하라. 배열의 데이터의 개수는 20개로 하고, 최댓값은 30으로 한다. 힌트, 먼저 히스토그램을 2차원 문자배열에 저장한 다음 출력한다.

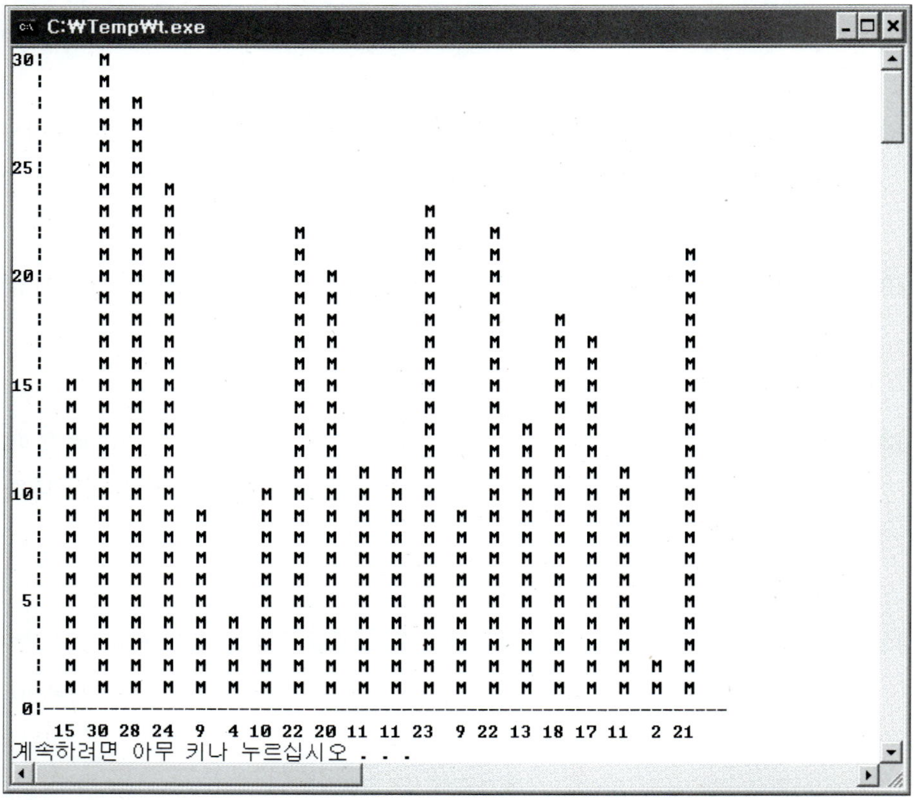

33. 다음 그림과 같이 sine, cosine 그래프를 그리는 프로그램을 작성하라. sin(), cos() 함수를 사용하라. 주의할 점은 sin, cos, tan 등의 삼각함수의 매개변수는 radian값이어야 한다는 것이다.

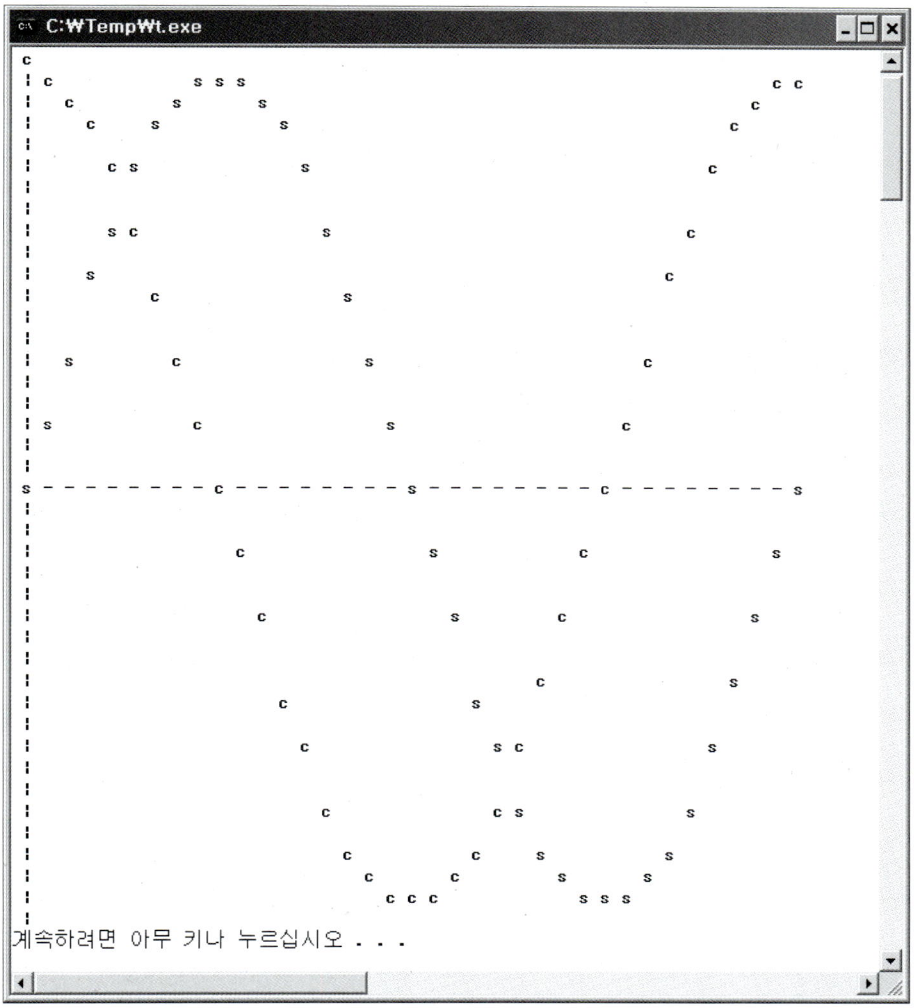

34. 두 문자열을 비교하여 같은 위치에 같은 문자가 몇 개 있는지 검사하는 프로그램을 작성하라.

35. 다음 길이단위환산표를 배열에 저장하고 이를 이용하여 단위를 환산하는 프로그램을 작성하라.

단위	m	Km	ft	yd	mile	자(尺)	리(里)
1 m	1	1000	3.2808	1.0936	0.0006	3.3	0.00025
1 Km	0.001	1	3280.8	1093.6	0.62138	3300	0.25174
1 ft	0.3048	0.0003	1	0.3333	0.00019	1.0058	-
1 yd	0.9144	0.0009	3	1	0.0006	3.0175	0.0002
1 mile	1609.3	1.6093	5280	1760	1	5310.8	0.4098
1 자	0.303	0.0003	0.9942	0.3314	0.0002	1	0.00008
1 리	3927.27	3.9273	12885	4295	2.4403	12960	1

36. 2차원 배열 int score[20][2]를 선언하고 각 행의 첫 번째 열에는 성적을 저장하고, 두 번째 열에는 석차를 매겨서 저장하는 프로그램을 작성하라.

37. <예제 06-01-7>의 로또 번호 발생 프로그램을 2차원 배열을 이용하여 다음과 같이 프로그램으로 작성하라.

int lotto[45][2]를 선언하고 첫 번째 열에는 순서대로 1부터 45까지 저장하고, 두 번째 열에는 난수를 발생하여 45개를 저장한다. 그리고 난 다음 두 번째 열을 정렬한다. 단 두 번째 열이 이동할 때 첫 번째 열의 값도 같이 이동하도록 한다. 이런 방법을 쓰면 본문의 예보다 훨씬 빠르게 무작위로 데이터를 섞을 수 있다.

38. 선생님이 2자리 덧셈 5문제를 무작위로 만들어서 학생들에게 풀게 하려고 한다. 이 문제들을 5행 3열 2차원 배열에 저장하여 문제를 출제하고 답을 입력하도록 하고, 모든 문제를 풀고 난 다음 점수를 매기는 프로그램을 작성하라. 단, 1열과 2열에는 문제를 저장하고 3열에는 학생이 입력한 답을 저장한다. 다음 그림과 같이 답이 맞았는지 틀렸는지도 표시하고 틀렸으면 정답을 제시하라.

```
E:₩소스₩Ch06₩exec06-38.exe
1번째 문제  93 + 83 = 176
2번째 문제  62 + 78 = 140
3번째 문제  30 + 30 = 60
4번째 문제  25 + 27 = 52
5번째 문제  45 + 74 = 118


1번:  93 +  83 = 176 (O)
2번:  62 +  78 = 140 (O)
3번:  30 +  30 =  60 (O)
4번:  25 +  27 =  52 (O)
5번:  45 +  74 = 118 (X) ---> 119

4개 맞았습니다.
```

39. 다음 소스를 분석하라.

```
#include <stdio.h>
#define SIZE 4
int main(void)
{
    int value1 = 44;
    int array[SIZE];
    int value2 = 88;
    int i;

    printf("value1 = %d, value2 = %d\n", value1, value2);
    for (i = -1; i <= SIZE; i++)
        array[i] = 2 * i + 1;

    for (i = -1; i < 7; i++)
        printf("%2d  %d\n", i, array[i]);
    printf("value1 = %d, value2 = %d\n", value1, value2);
}
```

C programming language

CHAPTER 07

포인터

07-01. 정수 포인터

07-02. 실수 포인터

07-03. 문자/문자열 포인터

07-04. 포인터 응용

CHAPTER

07 포인터

C언어는 포인터(pointer)라는 특별한 방법을 통하여 메모리의 위치(주소)를 가리킬 수 있도록 하고 있다. 주소란 데이터가 저장되는 메모리의 위치 즉 메모리 내의 주소를 나타내며 어떤 변수의 주소를 알고자 할 때는 주소연산자 '&'를 변수 앞에 붙여서 사용한다.

포인터(pointer)는 데이터가 저장되어 있는 위치의 주소를 이용하여 간접적으로 데이터에 접근한다. 포인터는 주소를 데이터로 갖는 변수이므로 데이터가 저장된 위치를 알고 있어야 한다. 포인터도 사용하기 전에 선언하여야 하며, 포인터를 선언할 때는 변수 앞에 '*'를 붙여서 선언한다. 포인터를 사용할 때는 두 가지 경우가 있으며, '*'를 붙이지 않고 사용하면 포인터 값(주소)을 의미하며, *를 붙여서 사용하면 포인터가 가리키고 있는 곳의 실제 데이터를 의미한다. 포인터는 단순히 포인터 변수 그 자체로 사용하기보다는 배열, 문자열, 함수, 구조체, 파일 등과 연계되어 사용되는 경우가 거의 대부분이다. 8장에서부터 다양한 포인터를 사용하는 예들을 볼 수 있을 것이다.

포인터에도 상수와 변수로 선언하여 사용할 수 있으나 대부분 변수로 사용한다. 포인터 상수로 특별한 경우는 배열을 들 수 있다. 배열로 선언되었을 경우 배열명이 포인터 상수에 해당하며, 배열명의 시작 주소는 변경할 수 없다. 그러나 일반적으로 포인터 변수로 선언했을 때에는 포인터를 변경할 수 있다.

포인터 변수가 선언되더라도 메모리 공간이 할당되지 않으면 바로 사용할 수 없다. 포인터 변수를 사용하는 첫 번째 방법은 다른 변수의 주소를 연결하여 사용하는 방법이다. 두 번째 방법은 메모리 공간을 할당받아 그 주소를 받아서 사용하는 방법이다. 다음 표는 메모리 할당과 관련된 함수들이다.

함수명	사용법	설명
malloc()	malloc(크기) 원형: void *malloc(size_t size);	크기: 바이트 수 초기화 되지 않음
calloc()	malloc(개수, 한 개의 크기) 원형: void *calloc(size_t num, size_t size);	'개수*한 개의 크기'만큼 할당 0으로 초기화됨
free()	free(포인터 변수) 원형: void free(void* ptr);	할당된 변수의 메모리 공간 반환
realloc()	realloc(포인터 변수, 크기) 원형: void *realloc(void *memblock, size_t size);	한번 할당된 메모리 공간 재할당 크기 및 포인터도 변경됨

메모리 할당은 필요한 시점에 필요한 만큼 공간을 할당할 수 있다는 장점이 있으므로, 시작 시점에 크기가 정해지지 않고 실행 시에 크기가 결정되는 동적 배열이나 그때그때 조금씩 필요한 경우에 할당하여 사용할 수 있다. 구조체(9장)를 이용하여 각종 자료 구조를 생성할 때 자주 사용한다. 이와 같은 동적 메모리 할당의 장점은 공간의 크기를 프로그램이 실행되는 중에 결정할 수 있다. 동적으로 할당된 메모리는 프로그램이 끝나기 전에 free 함수를 이용하여 반드시 해제해 주어야 한다.

우리가 사용하고 있는 PC는 바이트(Byte) 단위로 주소가 지정되며, 이를 바이트 단위 주소 지정이라 한다. 즉, 하나의 메모리 주소에 한 바이트 데이터가 저장되는 구조이다. 바이트 단위로 주소를 지정하는 컴퓨터라면 정수는 32비트(4바이트)이므로 4개의 주소에 1바이트씩 나누어서 저장된다. 포인터는 어떤 데이터가 저장되어 있는 곳의 시작 주소를 가리킨다.

데이터가 메모리에 저장되는 방식에 따라 Little Endian 방식과 Big Endian 방식으로 구분한다. 데이터가 2바이트 이상일 때 저장하는 순서에 따라 두 가지 방식 중의 하나로 사용한다. 다른 방법도 있기는 하지만 현재는 두 가지 방법 중 하나를 주로 사용한다. 예를 들면 정수형의 경우 CPU 속 레지스터에는 32비트(4바이트)가 완전한 형태로 저장되어 있지만 메모리에 저장할 때는 1바이트씩 나누어서 하나의 주소에 따로 저장하여야 하므로 메모리에 저장하는 순서를 결정하여야 한다.

빅 엔디안(big endian)은 메모리의 작은 메모리 주소에서부터 큰 메모리 주소의 순서로 저장한다. 리틀 엔디안(little endian)은 메모리에 데이터가 저장될 때 큰 메모리 주소에서부터 작은 메모리 주소의 순서로 저장한다. 즉, 리틀 엔디안은 1바이트씩 메모리에 거꾸로 저장한다고 생각하면 된다. 이 장에서 설명하는 메모리 표현 그림들은 모두 바이트 단위 주소 지정이고 리틀 엔디안 방식으로 표시하였으며, 인텔 계열의 프로세서들은 이 방식을 사용한다.

07-01. 정수 포인터

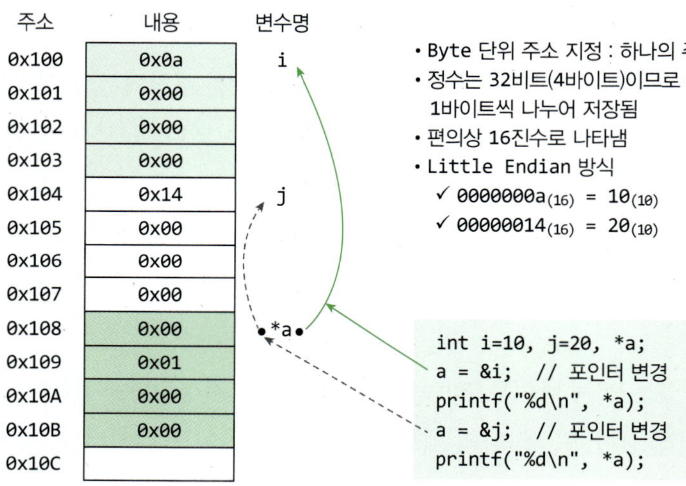

- 정수 포인터 변수 a에는 처음에 주소 0x100이므로 i를 가리키고 있으며, 이 주소는 다른 주소로 변경할 수 있다. 포인터 변수 a가 j의 주소로 바뀌면 내용이 0x104로 바뀐다.
- 정수 포인터에 ++, --연산자를 사용하면 자동으로 주소(포인터)가 4씩 증감하게 된다.
- 동적으로 메모리를 할당할 때에는 변수가 메모리에서 차지하는 크기를 고려하여 설정하여야 한다.

예제 07-01-1 포인터의 개념

```
1  #include <stdio.h>
2  int main()
3  {
4      int i=10, j=20, *a;
5      a = &i;              // 포인터 변경, 주소연산자 &
6      printf("i의 주소:%p, a의 값:%p, ", &i, a);  // %p:주소출력
7      printf("*a가 가리키는 곳의 값:%d\n", *a);  // *a는 a가 가리키는 곳의 데이터
8      a = &j;              // 포인터 변경, 주소연산자 &
9      printf("j의 주소:%p, a의 값:%p, ", &j, a);  // %p:주소출력
10     printf("*a가 가리키는 곳의 값:%d\n", *a);  // *a는 a가 가리키는 곳의 데이터
11 }
```

해설

4: 정수 변수 i, j 및 정수 포인터 변수 a 선언
5: 정수 포인터 변수 a에 i의 주소 저장
6: 정수 변수 i의 주소 및 a의 값 출력
7: 정수 포인터 a가 가리키는 곳의 데이터 출력, 즉 정수 포인터 a는 i의 주소를 갖고 있으므로 i의 값을 출력한다.
8: 정수 포인터 변수 a에 j의 주소 저장
9: 정수 변수 i의 주소 및 a의 값 출력
10: 정수 포인터 a가 가리키는 곳의 데이터 출력, 즉 정수 포인터 a는 j의 주소를 갖고 있으므로 j의 값을 출력한다.

Notice 포인터 변수 a의 주소는 변하지 않는다. a가 가지는 포인터 값만 변하게 된다.

실행 결과

```
E:₩소스₩Ch07₩07-01-1.exe
i의 주소:0022ff18, a의 값:0022ff18, *a가 가리키는 곳의 값:10
j의 주소:0022ff14, a의 값:0022ff14, *a가 가리키는 곳의 값:20
```

예제 07-01-2 정수 포인터 변수에 동적메모리 할당하기

```
#include <stdio.h>
#include <stdlib.h>
int main()
{
    int *x;
    x = (int *)malloc(sizeof(int)) // 동적으로 메모리를 할당하여 포인터를 x에 저장
```

```
7                                      // sizeof(int)는 sizeof(4)와 같다.
8        *x = 123;                     // 포인터 변수에 값 저장
9        printf("x가 가리키는 곳의 값:%d\n", *x);   // 포인터가 가리키는 곳의 값 출력
10       free(x);                                  // 할당된 메모리를 OS에 반환한다.
11   }
```

해설

5: 정수 포인터변수 x 선언

6: malloc는 메모리를 할당(memory allocation)해주는 함수로 괄호 속에는 크기를 지정한다. 여기서는 정수의 크기만큼 할당한다. 캐스트 연산자 (int *)는 메모리를 할당해서 정수 포인터 값으로 가져오기 위함이다.

8: 할당된 포인터 변수가 가리키는 메모리에 값을 저장한다.

10: free 함수는 malloc로 할당된 메모리를 해제하는 함수이다.

Notice malloc 또는 calloc을 이용해 메모리를 확보하면 반드시 free를 이용해서 해제해 주어야 한다. malloc으로 할당하면 메모리 공간만 확보하고 초기화는 되지 않지만, calloc으로 메모리를 할당하면 모든 값이 0으로 초기화된다.

실행 결과

```
E:₩소스₩Ch07₩07-01-2.exe
x가 가리키는 곳의 값:123
```

포인터 상수

포인터 변수

```
int array[10] = {100, 200, 300, 400, 500,
                  6.1, 700, 800, 900, 1000};
int *ap; i;
ap = &array[0];
for (i=0 i<=10; i++, ap++)
      printf("%p:%04x%4d\n", ap, *ap, *ap);
```

배열과 포인터

주소범위	0	1	2	3
40~43	64	00	00	00
44~47	c8	00	00	00
48~4B	2c	01	00	00
4C~4F	90	01	00	00
50~53	f4	01	00	00
54~57	58	02	00	00
58~5B	bc	02	00	00
5C~5F	20	03	00	00
60~63	84	03	00	00
64~67	e8	03	00	00
68~6B				
6C~6F				

Little Endian

```
D:₩Dev-Cpp₩pointer.exe
0022FF40:0064: 100
0022FF44:00c8: 200
0022FF48:012c: 300
0022FF4C:0190: 400
0022FF50:01f4: 500
0022FF54:0258: 600
0022FF58:02bc: 700
0022FF5C:0320: 800
0022FF60:0384: 900
0022FF64:03e8:1000
```

예제 07-01-3 정수 배열을 포인터를 이용하여 덧셈하기

```
1  #include <stdio.h>
2  int main()
3  {
4      int x[10] = {45, 77, 89, 38, 29, 58, 93, 84, 73, 66};
5      int sum = 0, i, *x1;
6
7      x1 = &x[0];              // x1 = x;
8      for (i=0; i<10; i++, x1++)
9          sum += *x1;          // x1은 정수의 바이트 수만큼 주소가 증가한다.
10     printf("sum = %d\n", sum);
11 }
```

해설

4: 정수 배열 x선언 및 초기화

5: 정수 변수 선언 및 정수 포인터 변수 선언

7: 정수 포인터 변수 x1에 x[0]의 주소 대입. 또는 x1 = x;라고 해도 된다. 여기서 x는 포인터 상수라 하며, x1은 포인터 변수라 한다. x는 포인터이긴 하지만 이 포인터 값은 변하지 않는다. 그러나 x1은 포인터 변수로 선언되었으므로 포인터 값이 변할 수 있다.

8: 배열에 저장된 10개의 데이터를 순서대로 sum에 합한다. 이때 x1의 값을 증가시킨다. x1은 정수 포인터이며, 정수 포인터는 정수데이터의 저장 크기 만큼인 4씩 자동으로 증가한다. 우리가 사용하는 PC는 바이트 단위 주소 지정방식을 사용하며, 따라서 하나의 정수는 4개의 주소에 나누어 저장된다.

9: 포인터 변수 x1을 증가시키면서 그 포인터가 가리키는 곳의 값(*x1)을 sum에 누적한다.

Try 배열의 주소를 순서대로 출력해 보라. 그러면 4씩 증가하는 것을 볼 수 있을 것이다.

실행 결과

```
E:₩소스₩Ch07₩07-01-3.exe
sum = 652
```

예제 07-01-4 포인터를 이용하여 2차원 배열 덧셈하기

```
#include <stdio.h>
#define ROW 3          // 3행 : 매크로 지정
#define COL 3          // 3열 : 매크로 지정
int main()
{
    int x[ROW][COL] = {1, 2, 3, 4, 5, 6, 7, 8, 9};
```

```
7       int y[ROW][COL] = {9, 8, 7, 6, 5, 4, 3, 2, 1};
8       int z[ROW][COL];
9       int i, j, *x1, *y1, *z1;
10      x1 = &x[0][0];          // x1 = (int *)x;
11      y1 = (int *)y;          // 2차원 배열을 1차원 배열로 적용하기 위해서
12      z1 = (int *)z;          // (int *)캐스트가 필요함
13      for (i=0; i<ROW*COL; i++, x1++, y1++, z1++)
14          *z1 = *x1 + *y1;
15      z1 = (int *)z;
16      for (i=0; i<ROW; i++) {
17          for (j=0; j<COL; j++)
18              printf("%3d ", *z1++);
19          printf("\n");
20      }
21  }
```

해설

3, 4: 행(ROW)과 열(COL)을 3, 3으로 지정, 매크로에 대해서는 4장에서 살펴보았다.

6, 7: 정수 배열 x, y 선언 및 초기화

8: 결과가 저장될 배열 z선언

10~12: 배열 x, y, z의 시작 주소를 포인터 변수 x1, y1, z1에 대입한다.

13, 14: 1차원 적으로 x(x1), y(y1) 배열의 각 요소를 더해서 배열 z(z1)에 저장한다. 각 포인터를 증가시키며 계산한다. 정수 포인터는 4씩 자동으로 증가한다. 프로그래머가 신경 쓸 필요가 없다.

15: 포인터가 변했으므로 다시 z1의 포인터를 z의 시작주소로 바꾼다.

16~19: z1의 포인터를 증가하면서 계산 결과를 출력한다.

실행 결과

```
E:\소스\Ch07\07-01-4.exe
10  10  10
10  10  10
10  10  10
```

예제 07-01-5 동적으로 대량의 메모리를 할당하여 배열처럼 사용하기

```
#include <stdio.h>
#include <stdlib.h>
int main()
{
```

```
5      int *x, i, sum=0;
6      double average;
7      x = (int *)calloc(10, sizeof(int));      // 동적으로 메모리를 할당하여
                                                // 포인터를 x에 저장
8      for (i=0; i<10; i++) {
9          printf("data input : ");
10         scanf("%d", &x[i]);
11     }
12
13     for (i=0; i<10; i++)
14         sum += x[i];
15     average = (int)sum/10.0;
16     printf("Average = %f\n", average );
17     free(x);                  // 할당된 메모리를 OS에게 돌려준다.
18 }
```

해설

5, 6 : 변수를 선언한다.

7 : 포인터 변수에 calloc를 이용하여 메모리를 확보하여 주소를 저장한다. malloc와 calloc는 같은 기능을 한다. 다만 malloc(전체메모리공간크기)로 사용하고, calloc(개수, 한 데이터의 크기)로 사용한다. 따라서 '전체메모리공간크기 = 개수*한 데이터의 크기'이다. malloc는 메모리 공간을 할당하고 초기화하지 않는 반면에 calloc는 공간을 할당하고 모두 0으로 초기화한다. calloc(10, sizeof(int))는 calloc(10,4) 또는 malloc(40)과 같다.

8~11 : 키보드에서 데이터를 입력받는다.

10 : 할당한 메모리는 배열처럼 사용할 수 있다.

13~14 : 합을 구한다.

15 : 평균을 구한다.

16 : 평균을 출력한다.

17 : 할당된 메모리를 해제한다.

실행 결과

```
E:₩소스₩Ch07₩07-01-5.exe
data input : 89
data input : 57
data input : 86
data input : 67
data input : 79
data input : 96
data input : 95
data input : 76
data input : 85
data input : 96
Average = 82.600000
```

예제 07-01-6 동적으로 대량의 메모리를 할당하여 포인터로 활용하기

```c
1  #include <stdio.h>
2  #include <stdlib.h>
3  int main()
4  {
5      int *x, *y, i, sum=0;
6      double average;
7      x = (int *)calloc(10, sizeof(int));      // 동적으로 메모리를 할당하여
                                                // 포인터를 x에 저장
8      y = x;          // x를 y에 대입
9      for (i=0; i<10; i++, y++) {      // 루프를 반복할 때마다 y의 포인터 증가
10         printf("data input : ");
11         scanf("%d", y);        // y는 포인터이므로 &(주소연산자)가 필요하지 않다.
12     }
13     y = x;                         // y의 포인터를 다시 x로 설정
14     for (i=0; i<10; i++, y++)       // 루프를 반복할 때마다 y의 포인터 증가
15         sum += *y;                 // y 포인터의 값을 sum에 더함
16     average = (int)sum/10.0;
17     printf("Average = %f\n", average );
18     free(x);                       // 할당된 메모리를 OS에게 돌려준다.
19 }
```

해설

9: y의 포인터를 루프가 한 번씩 수행할 때마다 증가한다. y는 정수이므로 자동으로 4씩 증가한다.
8: x의 포인터를 사용하면 포인터가 변하여 처음 포인터를 알 수 없으므로 y에 x의 포인터를 대입해서 y를 변화시키기 위한 것이다.
11: y에 값을 입력받는다. y는 포인터이므로 &(주소연산자)가 필요하지 않다.
13: 다시 y에 x의 포인터를 대입시킴
15: y의 포인터가 가리키는 곳의 값을 sum에 더한다.

실행 결과

```
E:₩소스₩Ch07₩07-01-6.exe
data input : 78
data input : 89
data input : 96
data input : 85
data input : 74
data input : 69
data input : 58
data input : 83
data input : 81
data input : 72
Average = 78.500000
```

예제 07-01-7 두 행렬 M×P와 P×N를 곱하여 M×N 행렬을 구하는 프로그램

```
1  #include <stdio.h>
2  #define M 3
3  #define P 5
4  #define N 4
5
6  int main()
7  {
8      double a[M][P]={{1,1,1,1,1},{2,2,2,2,2},{3,3,3,3,3}};
9      double b[P][N]={{1,2,3,4},{1,2,3,4},{1,2,3,4},{1,2,3,4},{1,2,3,4}};
10     double c[M][N], *p;
11     int i, j, k;
12
13     p = (double *)c;
14     for (i=0; i<M; ++i)
15         for (j=0; j<N; ++j) {
16             *p = 0.0;
17             for (k=0; k<P; ++k)
18                 *p += *(*a+i*P+j) * *(*b+i*N+j);
19             p++;
20         }
21     p = (double *)c;
22     for (i=0; i<M; ++i) {
23         for (j=0; j<N; ++j)
24             printf("%10.4f ", *p++);
25         printf("\n");
26     }
27 }
```

해설

8~9: 배열 a, b를 선언
10: 결과가 저장될 배열 c와 double 포인터 변수 p선언
13: p에 c의 주소를 저장. c는 2차원 배열이므로 1차원 배열인 것처럼 취급하기 위해 double 포인터로 캐스트 연산 처리한다.
14~20: 배열 a와 b의 곱을 구하여 c(포인터 p)에 저장한다.
21: 다시 c의 주소를 p에 저장한다.
22~26: 결과 배열 c의 내용을 출력한다.

실행 결과

```
E:\소스\Ch07\07-01-7.exe
  5.0000    10.0000    15.0000    20.0000
 10.0000    20.0000    30.0000    40.0000
 15.0000    30.0000    45.0000    60.0000
```

유제 07-01-1 배열을 동적으로 100개 할당하여 난수를 발생하여 저장한 다음, 최댓값과 최솟값이 저장된 위치를 찾아라.

유제 07-01-2 2차원 정수 포인터를 이용하여 2차원 포인터에 다시 1차원 포인터를 할당하라. 각 1차원 포인터의 크기는 정수 데이터 10개를 난수로 발생하여 저장한다.

유제 07-01-3 <유제 06-02-2>의 2차원 배열을 이용한 달력을 1차원 포인터로 동적 메모리를 할당하고 달력을 만들어 출력하는 프로그램을 작성하라. 힌트, <유제 06-02-2>의 일부만 수정하면 된다.

07-02. 실수 포인터

- 실수 포인터 변수 a에는 처음에 주소 0x100이므로 i를 가리키고 있으며, 이 주소는 다른 주소로 변경할 수 있다. 포인터 변수 a가 j의 주소로 바뀌면 내용이 0x104로 바뀐다.
- 실수 포인터에서도 ++, --연산자를 사용하면 자동으로 주소(포인터)가 float일 때는 4씩, double일 때는 8씩 증감하게 된다.
- 동적으로 메모리를 할당할 때에는 변수가 메모리에서 차지하는 크기를 고려하여 설정하여야 한다.

주소	내용	변수명
0x100	0x00	i
0x101	0x00	
0x102	0x80	
0x103	0x3f	
0x104	0x00	j
0x105	0x00	
0x106	0xe0	
0x107	0xbf	
0x108	0x00	*a
0x109	0x10	
0x10A	0x00	
0x10B	0x00	
0x10C		

- Byte 단위 주소지정 : 하나의 주소에 한 바이트 저장
- float는 32비트(4바이트)이므로 4개의 주소에 1바이트씩 나누어 저장됨
- 편의상 16진수로 나타냄
- Little Endian 방식
  - ✓ $3f800000_{(16)}$ = $1.0_{(10)}$
  - ✓ $bfe00000_{(16)}$ = $-1.75_{(10)}$

```
float i=1.0, j=-1.75, *a;
a = &i;  // 포인터 변경
printf("%f\n", *a);
a = &j;  // 포인터 변경
printf("%f\n", *a);
```

예제 07-02-1 실수 포인터의 개념

```
1  #include <stdio.h>
2  int main()
3  {
4      float i=1.0, j=-1.75, *a;
5      a = &i;                          // 포인터 변경, 주소연산자 &
6      printf("%p, %p, ", &i, a);       // %p:주소 출력
7      printf("%f\n", *a);              // *a는 a가 가리키는 곳의 데이터
8      a = &j;                          // 포인터 변경, 주소연산자 &
9      printf("%p, %p, ", &j, a);       // %p:주소 출력
10     printf("%f\n", *a);
11 }
```

해설

4: 실수(float)변수 및 포인터 변수 선언
5: 실수 변수 i의 주소를 실수 포인터 변수 a에 대입
6: 실수 변수의 주소와 실수 포인터 변수의 주소 출력
7: 실수 포인터 변수가 가리키는 곳의 값 출력
8: 실수 변수 j의 주소를 실수 포인터 변수 a에 대입, 포인터 변경
9: 실수 변수의 주소와 실수 포인터 변수의 주소 출력
10: 실수 포인터 변수가 가리키는 곳의 값 출력

Notice 실수(float)가 차지하는 메모리 공간의 크기는 4바이트이다.

실행 결과

```
E:₩소스₩Ch07₩07-02-1.exe
0022ff18, 0022ff18, 1.000000
0022ff14, 0022ff14, -1.750000
```

포인터 상수

포인터 변수

```
float array[10] = {1.1, 2.1, 3.1, 4.1, 5.1,
                   6.1, 7.1, 8.1, 9.1, 10.1};
float *ap; int i;
ap = &array[0];
for (i=0 i<=10; ap++)
        printf("%p:%4.1f\n", ap, *ap);
```

배열과 포인터

주소범위	0	1	2	3
40~43	cd	cc	8c	3f
44~47	66	66	06	40
48~4B	66	66	46	40
4C~4F	33	33	83	40
50~53	33	33	a3	40
54~57	33	33	c3	40
58~5B	33	33	e3	40
5C~5F	9a	99	01	41
60~63	9a	99	11	41
64~67	9a	99	21	41
68~6B	0	99	0	0
6C~6F	0	0	0	0

Little Endian

```
D:₩Dev-Cpp₩float_test.exe
0022FF40:  1.1
0022FF44:  2.1
0022FF48:  3.1
0022FF4C:  4.1
0022FF50:  5.1
0022FF54:  6.1
0022FF58:  7.1
0022FF5C:  8.1
0022FF60:  9.1
0022FF64: 10.1
계속하려면 아무 키나 누르십시오 . . .
```

$10.1 = 0100\ 0001\ 0010\ 0001\ 1001\ 1001\ 1001\ 1010_{(16)}$

$= 4121999a_{(10)}$

예제 07-02-2 실수(float) 배열의 포인터를 이용한 실수 배열의 값 더하기

```
#include <stdio.h>
int main()
{
    float x[10]={4.5, 7.7, 8.9, 3.8, 2.9, 5.8, 9.3, 8.4, 7.3, 6.6};
    float sum = 0., *xp;
    int i;

    xp = &x[0];                     // xp = x; x[0]의 주소를 xp에 대입
    for (i=0; i<10; i++, xp++) {    // xp는 실수의 바이트 수만큼 주소가 증가한다.
        printf("%p: %4.1f\n", xp, *xp);
        sum += *xp;
```

```
12      }
13      printf("sum = %f\n", sum);
14  }
```

해설

4,5: 실수(float) 배열, 실수 변수, 실수 포인터 변수 선언
8: xp에 x[0]의 주소 대입
9~12: xp의 포인터를 증가하면서 포인터가 가리키는 곳의 값을 모두 더하여 sum에 저장
Notice 실수(float) 배열의 주소가 4만큼씩 증가한다는 것을 알 수 있다.

실행 결과

```
E:₩소스₩Ch07₩07-02-2.exe
0022feec:  4.5
0022fef0:  7.7
0022fef4:  8.9
0022fef8:  3.8
0022fefc:  2.9
0022ff00:  5.8
0022ff04:  9.3
0022ff08:  8.4
0022ff0c:  7.3
0022ff10:  6.6
sum = 65.199997
```

예제 07-02-3 실수(double) 배열의 포인터를 이용한 실수 배열의 값 더하기

```
#include <stdio.h>
int main()
{
    double x[10]={1.1, 2.1, 3.1, 4.1, 5.1, 6.1, 7.1, 8.1, 9.1, 10.1};
    double sum = 0., *dp;
    int i;

    dp = &x[0];  // dp = x;

    for (i=0; i<10; i++, dp++) {     // dp는 실수의 바이트 수만큼 주소가 증가한다.
        printf("%p: %4.1f\n", dp, *dp);
        sum += *dp;
    }
    printf("sum = %f\n", sum);
}
```

해설

4, 5: 실수(double)의 배열과 변수, 포인터를 선언한다.
8: 실수 포인터 변수에 배열의 첫 주소를 저장한다.
10~13: 포인터를 증가시키면서 포인터가 가리키는 곳의 값을 더하여 sum에 저장한다.
Notice 실수(double) 배열의 주소가 8만큼씩 증가한다는 것을 알 수 있다.

실행 결과

```
E:₩소스₩Ch07₩07-02-3.exe
0022feb0:   1.1
0022feb8:   2.1
0022fec0:   3.1
0022fec8:   4.1
0022fed0:   5.1
0022fed8:   6.1
0022fee0:   7.1
0022fee8:   8.1
0022fef0:   9.1
0022fef8:  10.1
sum = 56.000000
```

예제 07-02-4 2차원 배열 두 개의 합을 포인터를 이용하여 구하라.

```
#include <stdio.h>
#define ROW 3
#define COL 3
int main()
{
    float x[ROW][COL]={1.1, 2.2, 3.3, 4.4, 5.5, 6.6, 7.7, 8.8, 9.9};
    float y[ROW][COL]={9.1, 8.2, 7.3, 6.4, 5.5, 4.6, 3.7, 2.8, 1.9};
    float z[ROW][COL], *x1, *y1, *z1;
    int i, j;
    x1 = &x[0][0];          // x1 = (float *)x;
    y1 = (float *)y;
    z1 = (float *)z;
    for (i=0; i<ROW*COL; i++, x1++, y1++, z1++)
        *z1 = *x1 + *y1;
    z1 = (float *)z;
    for (i=0; i<ROW; i++) {
        for (j=0; j<COL; j++)
            printf("%4.1f ", *z1++);
        printf("\n");
    }
}
```

해설

2, 3: 행(ROW)과 열(COL)의 크기를 매크로로 선언
6~9: 세 개의 배열을 선언하고, x, y에는 초깃값을 저장해 둔다. 또 각각의 배열의 포인터로 이용될 포인터 변수 x1, y1, z1을 선언한다.
10~12: 배열 x, y, z의 시작 주소를 포인터 변수 x1, y1, z1에 대입한다.
13, 14: 배열을 1차원적으로 취급하여 x(x1), y(y1)의 각 요소의 합을 z(z1)에 저장한다.
15: 다시 z의 시작 주소를 z1에 대입한다.
16~20: z에 저장된 결과를 출력한다.

실행 결과

```
E:₩소스₩Ch07₩07-02-4.exe
10.2 10.4 10.6
10.8 11.0 11.2
11.4 11.6 11.8
```

유제 07-02-1 실수(double)를 저장할 동적 메모리를 100개 할당하고, 0.0에서 1.0 사이의 난수를 발생하여 저장한 뒤, 최댓값과 최솟값을 찾아 출력하는 프로그램을 작성하라.

유제 07-02-2 10개의 요소를 가지는 1차원 배열을 5개 선언하고, 0.0에서 2.0 사이의 난수를 발생하여 저장한 다음 출력하라.

07-03. 문자/문자열 포인터

- 문자는 8비트이므로 하나의 문자는 하나의 주소에 저장된다.
- 문자열은 메모리 주소 순서대로 한 글자씩 저장되며, 문자열의 마지막을 의미하는 NULL이 함께 저장된다.
- 문자열의 시작 주소를 문자열의 포인터로 사용할 수 있다.
- 문자열 포인터도 ++, --연산자를 사용하면 자동으로 주소(포인터)가 1씩 증감하게 된다.
- 문자열 포인터 변수 a에는 처음에 주소 0x200이므로 i를 가리키고 있으며, 이 주소는 다른 주소로 변경할 수 있다. 포인터 변수 a가 j의 주소로 바뀌면 내용이 0x220으로 바뀐다.

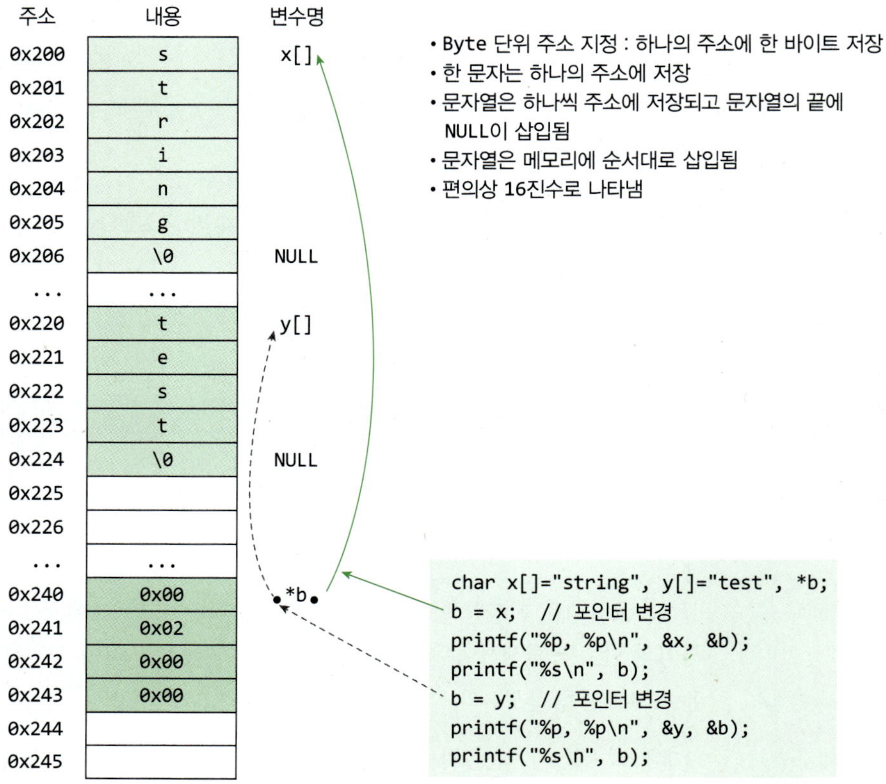

예제 07-03-1 문자열과 문자 포인터의 개념

```
1  #include <stdio.h>
2  int main()
3  {
4      char x[]="string", y[]="test", *b;
5      b = x;                          // 포인터 변경, 문자열은 이름 대입
6      printf("%p, %p, ", &x, b);      // 주소 출력
7      printf("%s\n", b);              // 문자열 출력
8      b = y;                          // 포인터 변경, 주소연산자(&) 사용 안 함.
9      printf("%p, %p, ", &y, b);      // 주소 출력
10     printf("%s\n", b);              // 문자열 출력
11 }
```

해설

4: 문자열과 문자 포인터 변수 선언
5: x의 주소를 b에 대입

6: x의 주소와 b의 값 출력
7: b출력
8: y의 주소를 b에 대입
9: y의 주소와 b의 값 출력
10: b출력

Notice 문자열도 배열이며, 그 자체가 포인터이다. 그러나 문자열은 포인터 상수이다. 따라서 그 포인터를 다른 포인터 변수에 대입하여 포인터 변수로 사용할 수 있다.

실행 결과

```
E:₩소스₩Ch07₩07-03-1.exe
0022ff15, 0022ff15, string
0022ff10, 0022ff10, test
```

예제 07-03-2 문자열과 문자 포인터의 개념

```
1  #include <stdio.h>
2  int main()
3  {
4      char *str = "C language Programming.", *s;
5      s=str;       //str을 그냥 써도 되지만 포인터가 변하면 처음 위치를 모르게 된다.
6      while(*s)
7          printf("%s\n", s++);
8  }
9  // str[]="C language Programming."는 *str="C language Programming."
10 // 와는 다르다. str[]는 포인터 상수가 되고, *str은 포인터 변수가 된다.
```

해설

5: 문자 포인터에 문자열 지정 및 포인터 변수 s선언, 문자배열이나, 문자 포인터나 같은 것이지만, 문자배열을 포인터 상수이고, 문자 포인터는 포인터 변수이다. 여기서는 문자 포인터로 선언하였다.
6: str의 주소를 s에 대입
7: s가 가리키는 곳의 문자(*s)가 널이 아닐 동안 루프 반복하며, 그 주소에서부터 문자열 끝까지 출력. *s는 문자 하나를 나타내며, s는 문자열의 시작 주소를 나타낸다. 문자 배열이나 문자 포인터나 같은 것이다.

Notice 한 가지 주의할 점은 포인터 변수로 선언하면서 문자열을 대입하는 것은 가능하며, 이렇게 선언한 문자 포인터에는 프로그램 실행 중에도 문자 포인터 변수에 문자열을 strcpy함수를 사용하지 않고 직접 대입할 수 있다는 것이다. 그러나 문자배열로 선언하면 프로그램 중에서 직접 대입은 불가능하다. 또 단순히 포인터 변수만 선언한 다음에 프로그램 중에 문자열 대입은 직·간접적으로 불가능하다.

실행 결과

```
E:₩소스₩Ch07₩07-03-2.exe
C language Programming.
 language Programming.
language Programming.
anguage Programming.
nguage Programming.
guage Programming.
uage Programming.
age Programming.
ge Programming.
e Programming.
 Programming.
Programming.
rogramming.
ogramming.
gramming.
ramming.
amming.
mming.
ming.
ing.
ng.
g.
.
```

추가 설명: 프로그램 중에 str에 문자열을 직접 대입하는 것이 가능하다. 그러나 이렇게 쓰면 뒤에서 문제가 발생할 가능성이 있으므로 쓰지 않는 것이 좋다. strcpy함수를 쓰도록 하자.

```
#include <stdio.h>
int main()
{
    char *str = "C language Programming.", *s;
    s=str;        // str을 그냥 써도 되지만 포인터가 변하면 처음 위치를 모르게 된다.
    while(*s)
        printf("%s\n", s++);
    str = "This is test.";     // 직접 대입가능하다. 그러나 문제가 발생할 가능성이 있다.
    printf("%s ", str);
}
```

실행 결과

E:₩소스₩Ch07₩07-03-2-1.exe

```
C language Programming.
 language Programming.
language Programming.
anguage Programming.
nguage Programming.
guage Programming.
uage Programming.
age Programming.
ge Programming.
e Programming.
 Programming.
Programming.
rogramming.
ogramming.
gramming.
ramming.
amming.
mming.
ming.
ing.
ng.
g.
.
This is test.
```

예제 07-03-3 포인터 상수와 인덱스를 이용한 직접 문자열 복사

```
1  #include <stdio.h>
2  #include <string.h>
3  int main()
4  {
5      char str[30] = "C programming language";
6      char target[100], i;
7      for(i=0; i<strlen(str);i++)    // 문자열 복사
8          *(target+i) = *(str+i);    // 배열의 인덱스를 사용하는 것과 동일하다.
9      *(target+i) = '\0';  // 문자열의 끝에 널 삽입
10     printf("str: %s\n", str);
11     printf("target: %s\n", target);
12 }
```

해설

5, 6 : 문자열 배열을 선언한다.

7, 8 : 문자열을 하나씩 복사한다. 단, 포인터 변수를 쓴 것이 아니라 포인터 상수인 target과 str의 위치 정보를 사용하였다. 앞에서 설명하였다시피 target와 str은 포인터 상수이므로 직접 포인터 증감, 또는 연산이 되지 않으므로 간접적으로 사용하였다. *(target+i)는 target의

시작 주소에 포인터 변위를 이용하여 그 위치를 계산하고 그 값에 *(str+i)의 값을 저장하는 것이다. 즉, 배열의 인덱스를 사용하는 것과 동일하다. 즉, target[i] = str[i]의 다른 표현이다.

9: target의 마지막에 NULL을 넣는다.

10, 11: 원 데이터와 복사한 데이터가 같음을 알 수 있다.

실행 결과

```
E:₩소스₩Ch07₩07-03-3.exe
str: C programming language
target: C programming language
```

예제 07-03-4 포인터 변수를 이용한 문자열의 복사

```c
1  #include <stdio.h>
2  int main()
3  {
4      char str[30] = "C programming language";
5      char target[100], *s, *t;
6      s = str;
7      t = target;
8      while(*s)                  // 문자열 복사
9          *t++ = *s++;
10     *t = '\0';                 // 문자열의 끝에 널 삽입
11     printf("str: %s\n", str);
12     printf("target: %s\n", target);
13 }
```

해설

6: 포인터 변수 s에 str의 주소가 저장된다.

7: 포인터 변수 t에 target의 주소가 저장된다.

8, 9: 포인터 변수를 이용하여 그 포인터가 가리키는 곳의 데이터를 복사한다. ++가 변수의 뒤에 있으므로 먼저 s가 가리키는 곳의 값을 t가 가리키는 곳의 값으로 대치하고, s, t의 포인터가 증가한다.

10: t의 끝에 NULL을 삽입한다.

11, 12: 원 데이터와 복사한 데이터가 같음을 알 수 있다.

실행 결과

```
E:₩소스₩Ch07₩07-03-4.exe
str: C programming language
target: C programming language
```

예제 07-03-5 포인터를 이용하여 문자열 거꾸로 만들기

```
1  #include <string.h>
2  #include <stdio.h>
3  #include <stdlib.h>
4  int main()
5  {
6      char *str, i, len, temp;
7      str = (char *)malloc(100);                    // 동적 메모리 공간 할당
8      strcpy(str, "This is example.");
9      printf( "%s\n", str);
10
11     len = strlen(str);
12     for (i=0; i<len/2; i++) {
13         temp = *(str+i);
14         *(str+i) = *(str+len-i-1);
15         *(str+len-i-1) = temp;
16     }
17     printf("%s\n", str);
18     free(str);                                    // 메모리 공간 해제
19 }
```

해설

6: 문자 포인터 및 변수 선언
7: 문자열을 저장할 메모리 공간 100바이트 할당
8: 문자열 포인터에 문자열 복사
11: 문자열의 길이 획득
12~16: 문자열의 절반까지 이동하면서 맨 앞과 맨 뒤를 바꾸면서 한 포인트씩 앞, 뒤로 이동하면서 작업한다.
17: 결과 출력

실행 결과

```
E:₩소스₩Ch07₩07-03-5.exe
This is example.
.elpmaxe si sihT
```

예제 07-03-6 포인터를 이용하여 단어의 첫 글자를 대문자로 바꾸기

```c
1  #include <string.h>
2  #include <stdio.h>
3  #include <stdlib.h>
4  #include <ctype.h>
5  int main()
6  {
7      char *str, temp, in_str=0;
8      int i, len;
9      str = (char *)malloc(400);
10     strcpy(str, "Char string_name[size];");
11     len = strlen(str);
12     printf("%s\n", str);
13     for (i=0; i<len; i++) {
14         if (!in_str && isalnum(*(str+i)) ) {
15             if (islower(*(str+i)))
16                 *(str+i) = toupper(*(str+i));
17             in_str = 1;
18         }
19         else if (isspace(*(str+i)) || ispunct(*(str+i)))
20             in_str = 0;
21     }
22     printf("%s\n", str);
23     free(str);
24 }
```

해설

7: 문자 포인터 및 변수 선언
9: 문자열을 저장할 메모리 공간 400바이트 할당
10: 문자열 포인터에 문자열 복사
11: 문자열의 길이 획득
13~21: 단어의 첫 글자가 소문자이면 대문자로 바꾼다.
14: 단어 속에 있지 않고(!in_str), 알파벳 또는 숫자이면
15, 16: 소문자이면 대문자로 바꾼다.
17: 단어 속으로 들어갔다는 표시를 한다(in_str=1).
19, 20: 공백이거나 구두문자이면 단어 밖으로 나왔다는 표시(in_str=0)를 한다.
22: 결과 출력
23: 할당된 메모리를 해제한다.

실행 결과

```
E:₩소스₩Ch07₩07-03-6.exe
Char string_name[size];
Char String_Name[Size];
```

예제 07-03-7 문자열의 2차 포인터 개념

```c
1  #include <stdio.h>
2  #include <string.h>
3  int main()
4  {
5      static char *str[] = {"C language", "Java", "Python", "C++", "HTML"};
6      char **s, i;
7      s=str;
8      for (i=0; i<5; i++, s++)
9          printf("%p:%p:%s\n", &*s, *s, *s);
10 }
```

해설

5: 문자열 배열 선언 및 초기화, 문자열의 배열(2차원 배열)을 포인터로 선언한다.

6: 문자열의 2차원 포인터 변수 s선언

8, 10: 문자열 배열을 s의 포인터로 출력하기. 첫 번째 출력 값은 포인터의 배열의 주소를 출력하고, 두 번째 출력은 포인터의 포인터 주소를 출력하고, 세 번째는 포인터의 포인터 값, 즉 문자열을 출력한다.

Notice 포인터 배열은 4만큼 증가하는 것을 볼 수 있다. 즉, 포인터를 저장하고 있는 배열이고 이 값은 주소의 크기(4바이트)만큼 증가한다. *str[0]의 주소가 00408000이고 이 주소에 저장된 값이 0040906e이며, *str[1]의 주소가 00408004이고, 이 주소에 저장된 값이 00409079 등이다. 두 번째 값은 각 문자열의 시작 주소이다. 즉, 실제 문자열이 저장된 시작주소이다.

실행 결과

```
E:₩소스₩Ch07₩07-03-7.exe
00409000:0040a06e:C language
00409004:0040a079:Java
00409008:0040a07e:Python
0040900c:0040a085:C++
00409010:0040a089:HTML
```

예제 07-03-8 년도를 입력하면 60갑자와 그에 해당하는 띠를 저장된 문자열에서 찾아 출력

```c
#include <stdio.h>
int main()
{
    /* 천간(天干), 지지(地支) */
    char *cheongan[10] = { "庚", "辛", "壬", "癸", "甲", "乙",
                            "丙", "丁", "戊", "己"};
    char *jiji[12] = {"申", "酉", "戌", "亥", "子", "丑", "寅",
                            "卯", "辰", "巳", "午", "未"};
    char *cheongan_hangul[10] = { "경", "신", "임", "계", "갑", "을",
                            "병", "정", "무", "기"};
    char *jiji_hangul[12] = {"신", "유", "술", "해", "자", "축", "인",
                        "묘", "진", "사", "오", "미"};
    char *tti[12] = {"원숭이", "닭", "개", "돼지", "쥐", "소", "호랑이",
                        "토끼", "용", "뱀", "말", "양"};
    int year, cheongan_mod, jiji_mod, y;

    printf("년도를 입력하시오 : ");
    scanf("%d", &year);
    cheongan_mod = year % 10;
    jiji_mod = year % 12;
    printf("%d년 ", year);
    printf("%s%s年(%s%s년) : %s띠\n\n\n", *(cheongan+cheongan_mod),
        *(jiji+jiji_mod), *(cheongan_hangul+cheongan_mod),
        *(jiji_hangul+jiji_mod), *(tti+jiji_mod));
    for (y = year - 5; y<=year+5; y++) {
        cheongan_mod = y % 10;
        jiji_mod = y % 12;
        printf("%d년 ", y);
        printf("%s%s年(%s%s년) : %s띠\n", *(cheongan+cheongan_mod),
            *(jiji+jiji_mod), *(cheongan_hangul+cheongan_mod),
            *(jiji_hangul+jiji_mod), *(tti+jiji_mod));
    }
}
/*
 0 甲子  1 乙丑  2 丙寅  3 丁卯  4 戊辰  5 己巳  6 庚午  7 辛未  8 壬申  9 癸酉
10 甲戌 11 乙亥 12 丙子 13 丁丑 14 戊寅 15 己卯 16 庚辰 17 辛巳 18 壬午 19 癸未
20 甲申 21 乙酉 22 丙戌 23 丁亥 24 戊子 25 己丑 26 庚寅 27 辛卯 28 壬辰 29 癸巳
30 甲午 31 乙未 32 丙申 33 丁酉 34 戊戌 35 己亥 36 庚子 37 辛丑 38 壬寅 39 癸卯
40 甲辰 41 乙巳 42 丙午 43 丁未 44 戊申 45 己酉 46 庚戌 47 辛亥 48 壬子 49 癸丑
50 甲寅 51 乙卯 52 丙辰 53 丁巳 54 戊午 55 己未 56 庚申 57 辛酉 58 壬戌 59 癸亥
*/
```

해설

5~14: 천간과 지지에 대한 한자, 한글을 문자열로 초기화한다. 순서는 서기 년도와 다르기 때문에 초깃값의 순서가 우리가 아는 순서와 조금 다르게 되어 있다.
19: 천간은 10개이므로 년도를 10으로 나누어 그 나머지를 사용한다.
20: 지지는 12개이므로 년도를 12로 나누어 그 나머지를 사용한다.
22~23: 입력한 년도에 해당하는 60갑자와 띠를 출력한다.
25~32: 입력한 년도에 -5에서부터 +5까지의 년도에 해당하는 60갑자를 출력한다.
Notice 문자열 배열을 포인터로 찾아서 출력한다.

실행 결과

```
E:₩소스₩Ch07₩07-03-8.exe
년도를 입력하시오 : 1995
1995년 乙亥年<을해년> : 돼지띠


1990년 庚午年<경오년> : 말띠
1991년 辛未年<신미년> : 양띠
1992년 壬申年<임신년> : 원숭이띠
1993년 癸酉年<계유년> : 닭띠
1994년 甲戌年<갑술년> : 개띠
1995년 乙亥年<을해년> : 돼지띠
1996년 丙子年<병자년> : 쥐띠
1997년 丁丑年<정축년> : 소띠
1998년 戊寅年<무인년> : 호랑이띠
1999년 己卯年<기묘년> : 토끼띠
2000년 庚辰年<경진년> : 용띠
```

유제 07-03-1 포인터를 이용한 문자열을 분리하는 프로그램을 작성하라.

유제 07-03-2 문자열에서 원하는 단어를 찾아 그 개수를 출력하라.

07-04. 포인터 응용

❖ 주소(address) :

- 메모리에서 데이터가 저장된 위치
- 주소연산자 : &

예제 07-04-1 배열의 인덱스를 사용하는 방법과 포인터를 사용하는 방법의 비교

```
1  #include <stdio.h>
2  #define ROWS 5
3  #define COLS 10
4
5  int multi[ROWS][COLS];
6
7  int main()
8  {
9      int row, col;
10     for (row = 0; row < ROWS; row++)
11         for (col = 0; col < COLS; col++)
12             multi[row][col] = row*col;
13     for (row = 0; row < ROWS; row++) {
14         for (col = 0; col < COLS; col++)
15             printf("\n%d ", multi[row][col]);
16         printf("\n");
17     }
18     printf("\n\n");
19     for (row = 0; row < ROWS; row++) {
20         for (col = 0; col < COLS; col++)
21             printf("%3d ", *(*(multi + row) + col));
22         printf("\n");
23     }
24 }
```

해설

2, 3: 매크로를 이용하여 행과 열을 정의

5: 전역변수로 배열 선언, 함수 밖에서 배열이나 변수를 선언할 수 있다.

10~12: 배열의 행, 열에 데이터 저장

13~17: 행렬에 저장된 값을 배열의 인덱스를 이용한 출력

18~23: 행렬에 저장된 값을 배열의 포인터를 이용한 출력

Notice 21행은 2차원 배열의 위치를 계산하는 방법을 보여준다. 다차원 배열일 때 그 위치를 정확하게 알려면 이와 같은 방법으로 찾을 수 있다.

실행 결과

E:₩소스₩Ch07₩07-04-1.exe

```
0   0   0   0   0   0   0   0   0   0
0   1   2   3   4   5   6   7   8   9
0   2   4   6   8  10  12  14  16  18
0   3   6   9  12  15  18  21  24  27
0   4   8  12  16  20  24  28  32  36


0   0   0   0   0   0   0   0   0   0
0   1   2   3   4   5   6   7   8   9
0   2   4   6   8  10  12  14  16  18
0   3   6   9  12  15  18  21  24  27
0   4   8  12  16  20  24  28  32  36
```

예제 07-04-2 2차원 정수 배열을 포인터의 포인터로 할당하는 방법 및 사용법

```
#include <stdio.h>
#include <stdlib.h>
int main( )
{
    int nrows = 5;
    int ncols = 10;
    int row;
    int **rowptr;
    rowptr = malloc(nrows * sizeof(int *));
    if (rowptr == NULL) {
        puts("\n행 포인터 공간 확보에 실패했음.\n");
        exit(0);
    }
    printf("\n\n\nIndex Pointer(hex) Pointer(dec) Diff.(dec)");
    for (row = 0; row < nrows; row++) {
        rowptr[row] = malloc(ncols * sizeof(int));
        if (rowptr[row] == NULL) {
            printf("\n행 %d에 대한 공간확보 실패\n", row);
            exit(0);
        }
        printf("\n%d %p %d", row, rowptr[row], rowptr[row]);
        if (row > 0)
            printf(" %d",(int)(rowptr[row] - rowptr[row-1]));
    }
    free(rowptr);
}
```

해설

8: 2차원 포인터 선언
9: 2차원 포인터의 메모리 공간 5개를 정수의 포인터로 확보
10~13: 포인터가 확보되지 않으면 에러메시지 출력하고 끝냄
15~24: 포인터의 포인터를 확보하고 그 내용을 출력한다.
16: 2차원 포인터 연결할 메모리 확보
17~20: 포인터가 확보되지 않으면 에러메시지 출력하고 끝냄
21: 포인터에 대한 정보 출력, 행 번호 및 행의 주소를 16진수, 10진수로 출력
23: 앞의 포인터와 뒤의 포인터 사이의 간격 출력, 동적으로 할당했기 때문에 값이 여기서의 결과가 다를 수 있다. 즉, 연속적으로 할당되지 않을 수 있다. 실제 여기서도 연속적으로 할당되지 않고, 중간에 몇 바이트 건너뛴 것을 확인할 수 있다. 실제 한 행이 40바이트인데 여기서는 48바이트 건너뛴 것이다. 또, 48바이트 간격이 12인 것은 정수로 12개만큼 차이(12*4=48)가 난다는 것이다.

실행 결과

```
E:₩소스₩Ch07₩07-04-2.exe

Index Pointer(hex) Pointer(dec) Diff.(dec)
0 003e4460 4080736
1 003e4490 4080784 12
2 003e44c0 4080832 12
3 003e44f0 4080880 12
4 003e4520 4080928 12
```

예제 07-04-3 2차원 정수 배열을 포인터의 포인터로 할당하는 방법 및 사용법

```c
#include <stdio.h>
#include <stdlib.h>
int main( )
{
    int **rptr, *aptr, *testptr;
    int k, nrows = 5, ncols = 8;
    int row, col;

    aptr = malloc(nrows * ncols * sizeof(int));        /* 전체 메모리 공간 할당*/
    if (aptr == NULL) {
        puts("\n배열 공간 확보에 실패했음.");
        exit(0);
    }

    rptr = malloc(nrows * sizeof(int *));  /* 행에 대한 포인터를 할당할 공간 확보 */
```

```
    if (rptr == NULL) {
        puts("\n배열 공간 확보에 실패했음.");
        exit(0);
    }

    for (k = 0; k < nrows; k++)  /* 포인터에 대한 포인터 설정; 행의 시작 포인터 설정 */
        rptr[k] = aptr + (k * ncols);
    /* 행의 포인터가 어떻게 증가하는지 확인한다. */
    printf("\n\n행 포인터가 어떻게 증가하는지 보여준다.");
    printf("\n\nIndex Pointer(hex) Diff.(dec)");
    for (row = 0; row < nrows; row++){
        printf("\n%d %p", row, rptr[row]);
        if (row > 0)
            printf(" %d",(rptr[row] - rptr[row-1]));
    }
    printf("\n\n배열 전체 출력\n");
    for (row = 0; row < nrows; row++) {
        for (col = 0; col < ncols; col++) {
            rptr[row][col] = row + col;              // 행렬의 요소에 값 저장
            printf("%3d ", rptr[row][col]);          // 저장된 행렬의 값 출력
        }
        putchar('\n');
    }
    puts("\n");
    /* 여기서는 2차원 배열이 메모리 블록에서 연속적으로 저장되어 있는지를
    확인하여 살펴본다. */
    printf("배열이 메모리에 연속적으로 어떻게 저장되는지 보여준다.\n");
    testptr = aptr;
    for (row = 0; row < nrows; row++) {
        for (col = 0; col < ncols; col++)
            printf("%3d ", *(testptr++));
        putchar('\n');
    }
    free(aptr);
    free(rptr);
}
```

해설

5: 2차원 포인터 및 1차원 포인터 선언

9: 2차원 배열 전체에 대한 메모리 공간 확보

15: 각 행의 포인터를 저장할 공간 확보

21, 22: 각 행의 시작 포인터의 위치를 찾아 행 포인터에 저장한다.

26~30: 각 행의 행 번호, 행의 시작 주소, 다음 행과의 차이를 보여준다. 실제 차이는 32바이트만큼 차이가 나고, 32바이트는 8개의 정수가 할당됨을 알 수 있다. 정수 하나의 바이트가 4이므로 4*8=32이다. 여기서는 연속적으로 2차원 배열을 할당하였으므로 정확하게 32바이트 차이가 나는 것을 확인할 수 있다.

32~38: 행렬의 요소에 값을 저장하고 출력해 본다.

34: 각 행렬의 요소에 값을 저장한다.

35: 저장된 행렬의 값을 출력한다.

44~48: 행렬의 값을 1차원적으로 액세스하여 출력한다. 즉, 연속적으로 저장되어 있는지 확인할 수 있다.

실행 결과

```
E:₩소스₩Ch07₩07-04-3.exe
행 포인터가 어떻게 증가하는지 보여준다.

Index Pointer(hex) Diff.(dec)
0 003e4440
1 003e4460 8
2 003e4480 8
3 003e44a0 8
4 003e44c0 8

배열 전체 출력
  0   1   2   3   4   5   6   7
  1   2   3   4   5   6   7   8
  2   3   4   5   6   7   8   9
  3   4   5   6   7   8   9  10
  4   5   6   7   8   9  10  11


배열이 메모리에 연속적으로 어떻게 저장되는지 보여준다.
  0   1   2   3   4   5   6   7
  1   2   3   4   5   6   7   8
  2   3   4   5   6   7   8   9
  3   4   5   6   7   8   9  10
  4   5   6   7   8   9  10  11
```

예제 07-04-4 3차원 배열 공간의 확보 방법

```
#include <stdio.h>
#include <stdlib.h>
#include <stddef.h>
int X_DIM=16;
```

```
int Y_DIM=5;
int Z_DIM=3;

int main( )
{
    char *space, ***Arr3D;
    int y, z;
    ptrdiff_t diff;
    /* 3차원 배열 전체에 대한 공간 확보 */
    space = malloc(X_DIM * Y_DIM * Z_DIM * sizeof(char));
    /* 포인터의 배열에 대한 공간 할당, 이들 각각은 결과적으로 2차원 배열의
       첫 번째 요소를 포인트한다. 즉, 포인터의 포인터 2차원 배열이다. */
    Arr3D = malloc(Z_DIM * sizeof(char **));
    /* 행에 대한 포인터 배열을 새로 할당된 공간에 대입한다. */
    for (z = 0; z < Z_DIM; z++) {
        Arr3D[z] = malloc(Y_DIM * sizeof(char *));
        /* 이들 각각의 공간에는 각 행의 첫 번째 요소를 포인트한다.
           즉, 원래 할당된 각 행의 배열 공간에 있는 첫 번째 요소이다. */
        for (y = 0; y < Y_DIM; y++) {          // 2차원 배열의 시작주소 계산
            Arr3D[z][y] = space + (z*(X_DIM * Y_DIM) + y*X_DIM);
        }
    }
    /* 이제, 3차원 공간이 연속적으로 어떻게 저장되는지 배열의 인덱스를
       통해서 3차원 배열공간의 각 주소를 점검해보자. */
    for (z = 0; z < Z_DIM; z++) {
        printf("배열 %d의 위치는 %p\n", z, *Arr3D[z]);
        for ( y = 0; y < Y_DIM; y++) {
            printf(" 배열 %d, 행 %d의 시작주소: %p", z, y,
                Arr3D[z][y]);
            diff = Arr3D[z][y] - space;
            printf(" diff = %4d ", diff);
            printf(" z = %d y = %d\n", z, y);
        }
    }
    free(space);
    free(Arr3D);
}
```

해설

4~6: x, y, z 공간 값 설정
10: 1차원 배열 포인터와 3차원 배열 포인터 변수 선언
14: 3차원 배열 전체 공간 확보
17: 2차원 배열의 첫 번째 주소를 저장할 포인터 공간 할당
20: 다시 2차원 배열의 공간에 대한 포인터를 할당하고
23~24: 그 공간에 다시 1차원 공간을 할당한다.
29~38: 2차원 배열의 행의 시작 주소와 각 행간의 간격을 출력한다. 행과 행간의 간격은 16, 즉 x축의 크기라고 할 수 있다. 전체 3차원 배열을 할당하고, 2차원 배열의 시작주소를 계산하고, 각 행렬이 어떻게 변하는지 확인할 수 있다.

실행 결과

```
E:₩소스₩Ch07₩07-04-4.exe
배열 0의 위치는 003e4440
 배열 0, 행 0의 시작주소: 003e4440 diff =   0  z = 0 y = 0
 배열 0, 행 1의 시작주소: 003e4450 diff =  16  z = 0 y = 1
 배열 0, 행 2의 시작주소: 003e4460 diff =  32  z = 0 y = 2
 배열 0, 행 3의 시작주소: 003e4470 diff =  48  z = 0 y = 3
 배열 0, 행 4의 시작주소: 003e4480 diff =  64  z = 0 y = 4
배열 1의 위치는 003e4490
 배열 1, 행 0의 시작주소: 003e4490 diff =  80  z = 1 y = 0
 배열 1, 행 1의 시작주소: 003e44a0 diff =  96  z = 1 y = 1
 배열 1, 행 2의 시작주소: 003e44b0 diff = 112  z = 1 y = 2
 배열 1, 행 3의 시작주소: 003e44c0 diff = 128  z = 1 y = 3
 배열 1, 행 4의 시작주소: 003e44d0 diff = 144  z = 1 y = 4
배열 2의 위치는 003e44e0
 배열 2, 행 0의 시작주소: 003e44e0 diff = 160  z = 2 y = 0
 배열 2, 행 1의 시작주소: 003e44f0 diff = 176  z = 2 y = 1
 배열 2, 행 2의 시작주소: 003e4500 diff = 192  z = 2 y = 2
 배열 2, 행 3의 시작주소: 003e4510 diff = 208  z = 2 y = 3
 배열 2, 행 4의 시작주소: 003e4520 diff = 224  z = 2 y = 4
```

예제 07-04-5 함수의 포인터 이해하기

```
#include <stdio.h>
#include <stdlib.h>
int (*in)( const char *format, ... );
int (*out)( const char *format, ... );
int main()
{
    int x, i, *array, *head;
    in = scanf;                    // scanf를 in으로 지정
    out = printf;                  // printf를 out으로 지정

    printf("배열의 크기를 입력하시오 : ");
```

```
12      in("%d", &x);                      // scanf 대신 in 사용
13      head = array = calloc(sizeof(int), x);
14      for (i=0; i<x; i++)
15          *array++ = i;                  //array[i] = i;
16      array = head;
17      for (i=0; i<x; i++)
18          out("%d ", *array++);          // printf 대신 out 사용
19      printf("\n");
20      free(head);
21      free(array);
22  }
```

해설

3, 4: 함수의 포인터를 in, out으로 지정한다. in은 scanf를 out은 printf를 지정하였다. 즉, 함수의 이름을 바꾸어 사용하고 싶을 때, 또는 동일한 원형을 가지는 함수가 여럿이 있을 때, 이들을 이름을 바꾸어 사용할 때 이 방법을 쓸 수 있다. 그러나 크게 쓸 일은 없을 듯하다. 다음 장의 함수에서 이러한 예를 하나 더 살펴보도록 한다. scanf와 printf함수의 함수 원형은 stdio.h에 정의되어 있다. 함수의 원형이 다르면 에러가 발생하므로 정확하게 쓰도록 하자.

8, 9: 함수를 함수 포인터에 할당한다. scanf는 in에, printf는 out에 할당한다.

13: 동적 메모리를 할당 받아 그 포인터를 head와 array에 대입한다. 여기서 malloc를 사용하지 않고 calloc를 사용하였다. 결과는 같지만 사용하는 방법이 좀 다르다. calloc는 매개변수가 2개인데, 첫 번째 매개변수는 기본적으로 할당할 메모리의 크기이며, 두 번째 매개변수는 첫 번째 매개변수와 같은 크기를 몇 개 할당할 것인지를 나타낸다. 따라서 여기서는 정수를 저장할 메모리를 x개만큼 할당한다는 의미이다.

14, 15: array의 포인터 위치를 변경하면서 할당된 메모리에 데이터 저장

16: 다시 array의 시작 주소를 head로 설정

17, 18: 할당된 메모리에 저장된 값들을 출력한다.

실행 결과

```
E:₩소스₩Ch07₩07-04-5.exe
배열의 크기를 입력하시오 : 50
0 1 2 3 4 5 6 7 8 9 10 11 12 13 14 15 16 17 18 19 20 21 22 23 24 25 26 27 28 29
30 31 32 33 34 35 36 37 38 39 40 41 42 43 44 45 46 47 48 49
```

예제 07-04-6 숫자를 영어로 읽기

```c
#include <stdio.h>
#include <string.h>
#include <stdlib.h>

int main()
{
    char *digits[] = { "", "One ", "Two ", "Three ",
        "Four ", "Five ", "Six ", "Seven ", "Eight ", "Nine ", "Ten ",
        "Eleven ", "Twelve ", "Thirteen ", "Fourteen ", "Fifteen ",
        "Sixteen ", "Seventeen ", "Eighteen ", "Nineteen " };
    char *tens[] = { "", "", "Twenty ", "Thirty ", "Forty ",
        "Fifty ", "Sixty ", "Seventy ", "Eighty ", "Ninety " };
    char *magnitudes[] = { "", "Thousand ", "Million ", "Billion "};

    char *st, i;
    unsigned int x, dx[4]={0,}, h, t, y, value;

    st = (char *)malloc(200);
    printf("양의 정수를 입력하시오 : ");
    scanf("%u", &x);

    if ( x == 0 )               // 0인 경우 처리
        strcpy( st, "ZERO" );
    else {
        *st = '\0';             // 처음에 널로 시작한다.
        y = x;
        for (i=0; i<4; i++){
            *(dx+i) = y%1000;
            y /= 1000;
        }
        for (i = 3; i >= 0; i--) {
            value = *(dx+i);
            if ( h = value/100 ) {
                strcat(st, *(digits+h));
                strcat(st, "Hundred ");
            }
            value %= 100;
            if (value<20)
```

```
39                strcat(st, *(digits+value));
40            else {
41                h = value/10;
42                t = value%10;
43                strcat(st, *(tens+h));
44                strcat(st, *(digits+t));
45            }
46            if (*(dx+i))
47                strcat(st, *(magnitudes+i));
48        }
49    }
50    printf("%u = %s\n", x, st);
51    free(st);
52 }
```

해설

7~13: 출력할 문자열 정의
22, 23: 0일 때 출력
27~30: 세 자리씩 끊어서 따로 저장
31~48: 세 자리씩 끊은 값에 대해서 각 자리의 문자열 출력 루틴. 세 자리씩 끊은 데이터의 끝에서부터 계산하여 문자열 만들기
33~36: 세 자리씩 끊었을 때 100의 자리 문자열에 추가
38, 39: 11에서 19 사이의 값일 때 문자열에 추가하는 부분
40~45: 1의 자리 문자열에 추가
46, 47: 세 자리씩 끊었을 때 단위를 문자열에 추가
50: 최종 만들어진 문자열 출력

실행 결과

```
E:₩소스₩Ch07₩07-04-6.exe
양의 정수를 입력하시오 : 41253212
41253212 = Forty One Million Two Hundred Fifty Three Thousand Two Hundred Twelve
```

예제 07-04-7 포인터 위치 정보를 이용하여 소수(prime number) 찾기

```
#include <stdio.h>
#include <stdlib.h>
#define SIZE 1000
#define TRUE 1
#define FALSE 0
int main()
{
    char *sieve;          /* the sieve:체(거름망) */
    char *sp, *tp;
    int number;           // 위치를 나타내는 정수값

    sieve = (char *) malloc(SIZE);
    // Set the entire sieve to TRUE.
    for ( sp = sieve; sp < sieve + SIZE; )
        *sp++ = TRUE;

    *sieve = *(sieve+1) = FALSE;    // 0과 1은 소수가 아님

    for ( number = 0, tp = sieve; tp < sieve+SIZE; tp++, number++){
        while(*tp == FALSE) {       // FALSE가 저장된 곳은 그냥 지나간다.
            tp++;
            number++;
        }                           // TRUE이면 벗어나서 작업한다.

        sp = tp;                    // 현재의 위치를 sp에 저장하고 작업을 시작한다.

        // TRUE(현재위치)의 배수가 되는 곳은 모두 FALSE로 만든다.
        while( sp += number, sp < sieve + SIZE )
            *sp = FALSE;
    }

    // TRUE가 저장된 곳의 위치를 출력한다.
    for ( number = 0, sp = sieve; sp < sieve + SIZE; number++, sp++ ){
        if ( *sp )
            printf( "%4d ", number );
    }
    free(sieve);
}
```

해설

12: 메모리 공간 확보
14, 15: 모든 숫자의 위치에 TRUE 대입
19~30: 소수의 위치가 아닌 부분을 찾아 FALSE로 설정한다. 0부터 시작하여 처음부터 찾아간다.
21: 현재 수의 위치
22: 소수의 값
28, 29: 소수의 배수는 소수가 아니므로 모두 FALSE로 설정

Notice 이 프로그램은 실제 소수를 계산하는 것이 아니고 소수의 위치를 찾는 것이다.

실행 결과

```
E:₩소스₩Ch07₩07-04-7.exe
  2    3    5    7   11   13   17   19   23   29   31   37   41   43   47   53
 59   61   67   71   73   79   83   89   97  101  103  107  109  113  127  131
137  139  149  151  157  163  167  173  179  181  191  193  197  199  211  223
227  229  233  239  241  251  257  263  269  271  277  281  283  293  307  311
313  317  331  337  347  349  353  359  367  373  379  383  389  397  401  409
419  421  431  433  439  443  449  457  461  463  467  479  487  491  499  503
509  521  523  541  547  557  563  569  571  577  587  593  599  601  607  613
617  619  631  641  643  647  653  659  661  673  677  683  691  701  709  719
727  733  739  743  751  757  761  769  773  787  797  809  811  821  823  827
829  839  853  857  859  863  877  881  883  887  907  911  919  929  937  941
947  953  967  971  977  983  991  997
```

유제 07-04-1 3차원 배열의 합을 1차원 포인터를 이용하여 계산하라.

유제 07-04-2 <유제 06-02-2>의 2차원 배열을 포인터를 이용하여 다시 작성하라.

유제 07-04-3 정수(int) 포인터(double)와 실수(double) 포인터를 적절히 활용하여 실수가 컴퓨터 내부에서 2진수로 어떻게 표현되는지 보여라. 힌트, 실수 포인터(8바이트)를 정수 포인터(4바이트)에 대입하고 두 번에 걸쳐서 2진수로 변환하면 된다. 또한 little endian이라는 것도 감안하여야 한다.

연습문제

1. 다음 프로그램을 설명하라.

```
#include <stdio.h>
int main (void)
{
    int count = 10, x;
    int *int_pointer;
    int_pointer = &count;
    x = *int_pointer;
    printf ("count = %i, x = %i\n", count, x);
}
```

2. 다음 프로그램을 설명하라.

```
#include <stdio.h>
int main (void)
{
    char c = 'Q';
    char *char_pointer = &c;
    printf ("%c %c\n", c, *char_pointer);
    c = '/';
    printf ("%c %c\n", c, *char_pointer);
    *char_pointer = '(';
    printf ("%c %c\n", c, *char_pointer);
}
```

3. 다음 프로그램을 설명하라.

```
#include <stdio.h>
int main (void)
{
    int i1, i2;
    int *p1, *p2;
    i1 = 5;
    p1 = &i1;
    i2 = *p1 / 2 + 10;
    p2 = p1;
    printf ("i1 = %i, i2 = %i, *p1 = %i, *p2 = %i\n", i1, i2, *p1, *p2);
}
```

4. 다음 프로그램을 설명하라.

```
#include <stdio.h>
int main ()
{
    char *message = "Programming in C is fun\n";
    char message2[] = "You said it\n";
    char *format = "x = %i\n";
    int x = 100;

    /*** set 1 ***/
    printf ("Programming in C is fun\n");
    printf ("%s", "Programming in C is fun\n");
    printf ("%s", message);
    printf (message);

    /*** set 2 ***/
    printf ("You said it\n");
    printf ("%s", message2);
    printf (message2);
    printf ("%s", &message2[0]);

    /*** set 3 ***/
    printf ("said it\n");
```

```
    printf (message2 + 4);
    printf ("%s", message2 + 4);
    printf ("%s", &message2[4]);

    /*** set 4 ***/
    printf ("x = %i\n", x);
    printf (format, x);
}
```

5. 배열에 int days[13] = {0,31,28,31,30,31,30,31,31,30,31,30,31};를 저장해 두고, 오늘 날짜(년, 월, 일)를 입력하면 오늘이 올해의 몇 번째 날인지 계산하는 프로그램을 포인터를 이용하여 작성하라.

```
D:₩예제교재 C소스₩ex06-5.exe
년/월/일 입력 : 2012 3 5
65
계속하려면 아무 키나 누르십시오 . . .
```

6. 정수 배열 a의 내용을 거꾸로 출력하는 프로그램을 포인터를 이용하여 작성하라. 예를 들면, a[]={1,3,5,7,9,10,50,89,90,100}라고 하면, 뒤에서부터 거꾸로 출력한다.

```
D:₩예제교재 C소스₩ex06-6.exe
100 90 89 50 10 9 7 5 3 1
계속하려면 아무 키나 누르십시오 . . .
```

7. 포인터를 이용하여 5행 5열 행렬의 전치행렬을 구하라.

```
D:₩예제교재 C소스₩ex06-7.exe
초기 행렬
 4  5  7  8  9
 5  2  4  6  2
 4  7  8  5  2
 3  5  8  9  6
 7  5  6  9  8

전치 행렬
 4  5  4  3  7
 5  2  7  5  5
 7  4  8  8  6
 8  6  5  9  9
 9  2  2  6  8

계속하려면 아무 키나 누르십시오 . . .
```

8. 영어 문장을 입력받아 영숫자 및 공백 또는 구두문자를 세는 프로그램을 포인터를 이용하여 작성하라.

```
D:₩예제교재 C소스₩ex06-8.exe
영어 문장을 입력하시오 : 5916, Holmes, Kansas City, MO, USA
영숫자의 개수 : 25
공백 또는 구두문자의 개수 : 9
계속하려면 아무 키나 누르십시오 . . .
```

9. 2진수를 문자열로 입력받아 10진수로 변환하는 프로그램을 포인터로 작성하라.

```
D:₩예제교재 C소스₩ex06-9.exe
2진수를 입력하시오<32자리 이하>
11001101

11001101 = 205
계속하려면 아무 키나 누르십시오 . . .
```

10. 다음 프로그램의 결과에 대해서 설명하라.

```c
#include <stdio.h>
int main()
{
    int a[2][3]={ {-3, 14, 5}, {1, -10, 8} };
    int *b[]={a[0],a[1] };
    int *p=b[1];
    int ar[]={10, 15, 4, 25, 3, -4};
    int *q;
    q=&ar[2];
    printf("%d\n", *b[1]);
    printf("%d\n", *(++p));
    printf("%d\n", *(*(a+1)+1));
    printf("%d\n", *(--p-2));
    printf("%d\n", *(q+1));
    printf("%d\n", q[-1]);
    printf("%d\n", (ar-q));
    printf("%d\n", ar[*p++]);
    printf("%d\n", *(ar+ar[2]));
}
```

11. 1차원 정수 배열을 포인터를 이용하여 버블 정렬하는 프로그램을 작성하라.

12. 5행 5열 2차원 double 형 배열 a, b 두 개를 선언하고 a 배열에 데이터를 저장한 다음 b 배열로 복사하는 프로그램을 포인터를 이용하여 작성하라.

13. calloc()함수를 이용하여 국어, 영어, 수학, 합계를 저장할 수 있는 정수 공간을 50명분을 확보하고 국어, 영어, 수학 점수(50~100점)를 난수를 발생하여 저장하고 합계를 구하는 프로그램을 포인터로 작성하라.

14. 1차원 배열을 calloc로 정수 100개를 저장할 수 있도록 할당하고 포인터를 이용하여 스택을 구현하라.

15. 2부터 100개의 소수(prime number)를 배열에 저장하고, 저장된 소수 중 쌍둥이 소수를 찾아 출력하는 프로그램을 작성하라(6장 연습문제 5번 문제 변형). p와 p+2가 모두 소수일 때, 이 둘을 쌍둥이 소수라고 한다. 예를 들어, 3,5; 5,7; 11,13; 17,19; 29,31 등이다.

C programming language

CHAPTER

08

함수

08-01. 사용자정의 함수

08-02. 함수에 포인터 전달

08-03. 함수에 배열 전달

08-04. 함수에 문자열 전달

08-05. 재귀함수

08-06. main 함수의 매개변수

08-07. 스토리지 클래스

08-08. 표준함수 qsort와 bsearch 사용하는 방법

08-09. 가변 인수를 사용하는 함수

08-10. 시간 관련 함수

08-11. inline 함수

CHAPTER

08 함수

08-01. 사용자정의 함수

사용자정의 함수는 표준함수 또는 컴파일러가 제공하는 함수 이외에 프로그래머가 직접 만들어 쓰는 함수이다. C언어에서 함수의 기본은 값을 직접 주고받는다. 값을 주고받는다는 의미는 원래의 값을 그대로 주고 값을 복사해서 함수로 전달하고, 그 결과 값도 마찬가지로 복사해서 전달한다. 따라서 호출하는 쪽의 원래 값에는 아무런 영향을 미치지 않는다. 그리고 함수 내부에서 정의되고, 계산된 값은 특별히 지정하지 않으면 함수가 끝나면 없어지는 것이 기본이다. 이와 관련된 내용을 **08-07**절 스토리지 클래스에서 다시 명확하게 설명할 것이다.

함수의 구성 형식

```
datatype FunctionName(ArgumentLists);
```

datatype	반환되는 데이터의 타입으로, 어떤 데이터형도 될 수 있다. 데이터형을 가질 수도 있고 가지지 않을 수도 있다. 함수에서 반환되는 값은 1개이다.
FunctionName	함수의 이름으로 키워드와 표준함수를 제외한 식별자를 사용한다. 알파벳과 underscore(_)로 시작하며, 숫자를 혼합하여 사용할 수 있다.
ArgumentLists	매개변수 리스트, 데이터를 넘겨주거나 넘겨받을 때 사용한다. 호출하는 쪽의 매개변수를 실인수, 호출 받는 쪽의 매개변수를 가인수라 한다. 실인수와 가인수의 이름은 달라도 관계없지만 데이터형은 일치하여야 한다.

예제 08-01-1 약수의 개수를 구하는 함수

```
1  #include <stdio.h>
2  int NoOfDivisor(int);    // 함수 원형
3
4  int main()
5  {
6      int i;                    // main 함수의 지역변수 선언
7      for(i=1; i<=20; i++)
8          printf("%d의 약수의 개수 = %d\n", i, NoOfDivisor(i));    // i: 실인수
9  }
10
11 // 함수 정의, 함수의 데이터형:int, 함수이름:NoOfDivisor, 매개변수: 하나의 int형
12 // 약수의 개수를 세어 그 수를 반환한다. n: 가인수
13 int NoOfDivisor(int n)
14 {
15     int count=0, i;              // NoOfDivisor함수의 지역변수 선언
16     for (i=1; i<=n/2; i++)    // 1부터 n/2까지 검사하여 약수이면 카운트
17         if (n%i == 0)
18             count++;
19     count++;            // 자기 자신 카운트
20     return count;     // 결과반환, 반환 값의 데이터 형과 함수의 데이터 형은 같아야 한다.
21 }
```

해설

2: 함수 원형 선언. 함수 원형은 이 함수가 뒤에 정의되어 있다는 것을 나타낸다. 이 함수의 반환 값은 int형이며, 함수 이름은 NoOfDivisor, 매개변수는 하나 있으며 매개변수의 데이터형은 int이다.

6: main 함수의 지역변수 선언

8: main 함수에서 사용자 정의 함수 NoOfDivisor호출, 매개변수는 i이다.

13~21: 사용자 정의 함수 NoOfDivisor 정의, 함수 원형과 형식이 모두 같아야 한다. 단 매개변수의 이름은 달라도 관계없다.

15: 함수 NoOfDivisor의 지역변수 선언, 같은 변수 이름을 사용해도 함수가 다르면 다른 변수로 취급한다.

20: 결과 값 반환. 함수의 데이터형과 반환하는 값의 데이터형이 일치하여야 한다. 이 결과 값은 어떤 정수의 약수의 개수이다.

Notice 호출하는 쪽의 매개변수를 실인수(실 매개변수)라고 하고, 호출 받는 쪽의 매개변수를 가인수라 하며, 이들은 실제 서로 다른 메모리 장소를 차지한다. 그 값만 복사하여 사용한다. 즉, 실인수에서 가인수로 값을 복사한다. 따라서 가인수의 값이 바뀌어도 실인수의 값은 바뀌지 않는다.

```
// 예제 08-01-1
#include <stdio.h>
int NoOfDivisor(int);
int mail() {
        int i;
        for (i=1; i<=20; i++)
                printf("%d의 약수의 개수 = %d\n", i, NoOfDivisor(i));
}

int NoOfDivisor(int n) {
        int count=0, i;
        for (i=1; i<=n/2; i++)
                if(n%i == 0)
                        count++;
        count++;
        return count;
}
```

실행 결과

```
E:₩소스₩Ch08₩08-01-1.exe
1의 약수의 개수 = 1
2의 약수의 개수 = 2
3의 약수의 개수 = 2
4의 약수의 개수 = 3
5의 약수의 개수 = 2
6의 약수의 개수 = 4
7의 약수의 개수 = 2
8의 약수의 개수 = 4
9의 약수의 개수 = 3
10의 약수의 개수 = 4
11의 약수의 개수 = 2
12의 약수의 개수 = 6
13의 약수의 개수 = 2
14의 약수의 개수 = 4
15의 약수의 개수 = 4
16의 약수의 개수 = 5
17의 약수의 개수 = 2
18의 약수의 개수 = 6
19의 약수의 개수 = 2
20의 약수의 개수 = 6
```

❖ 함수 원형(prototype)

- 앞의 예에서 : int NoOfDivisor(int);이 함수 원형이다.
- 함수 원형은 프로그램의 맨 처음에 정의하는 것이 보통이다.
- 함수 원형은 이러한 함수가 있다는 것을 미리 알려준다.
- 함수 원형은 그 함수의 반환 값, 함수이름, 매개변수의 데이터형 및 개수를 표시한다.

- 함수 원형과 실제 함수가 완전히 일치하여야 한다. 단, 함수 원형과 실제 함수에서 매개변수 이름은 일치하지 않아도 되며, 함수 원형에서는 매개변수 이름을 쓰지 않아도 된다.
- 함수가 사용되기 전에 정의가 되면 함수 원형을 쓰지 않아도 된다. 그러나 가급적이면 함수 원형을 프로그램의 시작 부분에 나열하는 것이 좋다.

❖ 함수 반환 값(return value)

- 함수의 반환 값은 한 개 또는 없을 수도 있다.
- 2개 이상의 값을 반환하고 싶을 때는 특별한 방법을 써야한다. 포인터를 쓰거나 배열, 전역변수를 통해 2개 이상의 값을 반환할 수 있다.
- 함수의 반환 값이 없을 경우에는 함수의 데이터형을 void로 선언한다.
- 함수의 반환 값의 데이터형은 어떤 타입이든지 가능하다.
- 함수 원형의 데이터형과 함수 프로그램 부분에서의 반환 데이터형이 일치하여야 한다.
- 여러 개의 반환 값이 필요할 때는 배열이나 포인터를 사용한다.

❖ 지역변수(local variables)

- main 함수를 포함한 모든 함수에서 지역변수를 선언할 수 있다.
- 지역변수가 없는 경우에는 선언하지 않아도 된다.
- 지역변수는 함수 내에서만 통용되는 변수이다.
- 따라서 지역변수와 다른 함수의 지역변수와 이름이 같아도 서로 다른 변수로 취급한다(앞의 예에서 i변수).
- 지역변수와 전역변수의 이름이 같을 때는 지역변수가 우선된다.
- 지역변수는 스택 영역에 생성된다.
- 지역변수는 함수가 호출될 때 만들어지고 함수의 실행이 끝나면 없어진다.
- 단, 지역변수의 값을 유지하고자 할 때는 static으로 정의한다.
- variable scope에서 설명

❖ 전역변수(global variables)

- 전역변수는 보통 main 함수가 시작하기 전에 선언한다.

- 전역변수는 선언된 이후부터 어디에서나 사용할 수 있다.
- 전역변수는 함수 밖에서 선언한다.

예제 08-01-2 밑변과 높이를 받아서 삼각형의 넓이를 구하는 함수

```
1  #include <stdio.h>
2  double CircleArea(double, double);
3  
4  int main()
5  {
6      double base=15.4, height=20.8;                    // main 함수의 지역변수
7      printf("삼각형의 면적 = %f\n", CircleArea(base, height));   // 함수 호출
8  }
9  
10 double CircleArea(double b, double h)
11 {    // 지역변수가 선언되지 않았다.
12     return ( b * h / 2.0 );             // 결과 값 반환
13 }
```

해설

2: CircleArea의 함수 원형 선언
7: main 함수에서 CircleArea함수 호출
10~13: 함수 CircleArea 정의
12: 계산 값 반환, 지역변수 선언 없이 바로 계산하여 반환한다.
Notice 지역변수는 없을 수도 있으며, 간단한 경우에는 바로 값을 계산하여 반환할 수 있다.

실행 결과

```
E:₩소스₩Ch08₩08-01-2.exe
삼각형의 면적 = 160.160000
```

예제 08-01-3 최대공약수 구하는 함수 작성

```
#include <stdio.h>
int gcd(int, int);          // 함수 원형(prototype)

int main()
{
```

```
6        int i, j;
7        printf("최대공약수를 구할 두 수를 입력하시오. ");
8        scanf("%d%*c%d", &i, &j);
9        printf("두 수의 최대공약수는 %d이다.\n", gcd(i, j));
10       printf("48과 56의 최대공약수는 %d이다.\n", gcd(48, 56));
11   }
12
13   int gcd(int a, int b)        // greatest common divisor
14   {
15       int z=1;
16       while(z != 0) {          // 나머지를 이용한 유클리드 호제법
17           z = a % b;           // a를 b로 나눈 나머지를 z에 저장
18           a = b;               // 다시 b를 a에 저장, 나머지를 계산한 뒤 큰 값을 a에
19           b = z;               // 작은 값을 b에 저장한다.
20       }
21       return a;
22   }
```

해설

2: gcd의 함수 원형 선언

9, 10: main 함수에서 gcd함수 호출

13~22: gcd함수의 정의

15: 내부 변수 선언

16~20: 두 수의 gcd를 유클리드 호제법으로 계산. 여기서는 나머지 연산을 이용하여 더 빨리 계산할 수 있게 작성되었다.

Notice 지역변수는 없을 수도 있으며, 간단한 경우에는 바로 값을 계산하여 반환할 수 있다.

실행 결과

```
E:₩소스₩Ch08₩08-01-3.exe
최대공약수를 구할 두 수를 입력하시오. 56 72
두 수의 최대 공약수는 8이다.
48과 56의 최대 공약수는 8이다.
```

예제 08-01-4 친화수(friendly number) 구하기. 친화수란 어떤 두 정수에서 한 정수의 약수의 합이 다른 정수와 같아지는 수이다.

```
#include <stdio.h>
int sum_of_exact_divisor(int);
int is_friendly_no(int, int);

int main()
{
    int i, j;
    for (i=1; i<1000; i++)
        for (j=i+1; j<1000; j++)
            if (is_friendly_no(i, j))
                printf("%d, %d는 친화수이다.\n", i, j);
}

int sum_of_exact_divisor(int x)
{
    int i, sum=0;
    for (i=1; i<=x/2; i++)
        if (x % i == 0)
            sum += i;
    return sum;
}

int is_friendly_no(int x, int y)
{
    int sum1, sum2;
    sum1 = sum_of_exact_divisor(x);
    sum2 = sum_of_exact_divisor(y);
    if ( sum1 == y && sum2 == x)
        return 1;
    else
        return 0;
}
```

해설

3: sum_of_exact_divisor의 함수 원형 선언

4: is_friendly_no의 함수 원형 선언

11: 두 정수를 매개변수로 is_friendly_no 함수로 전달

15~22: sum_of_exact_divisor함수 정의, 이 함수는 약수의 합을 구해주는 함수이다.

24~33: 두 정수의 약수의 합을 구하고, 자기 자신과 상대 수의 약수의 합이 모두 일치하면 참(1)을 반환하고, 그렇지 않으면 거짓(0)을 반환한다.

Notice 가능하면 한 개의 함수를 너무 길지 않게 작성하는 것이 좋고, 작은 단위로 만들 수 있으면 그렇게 하는 것이 프로그램 작성에 도움이 된다.

```
// 예제 08-01-4
#include <stdio.h>
int sum_of_exact_divisor(int);
int is_friendly_no(int, int);
int mail() {
        int i, j;
        for (i=1; i<1000; i++)
            for(j=i+1; j<1000; j++)
                if(is_friendly_no(i, j))
                    printf("%d, %d는 친화수이다. \n", i, j);
}

int sum_of_exact_divisor(int x)
{
        int i, sum=0;
        for (i=1; i<=x/2; i++)
                if(x%i == 0)
                        sum += i;
        return sum;
}

int is_friendly_no(int x, int y)
{
        int sum1, sum2;
        sum1=sum_of_exact_divisor(x);
        sum2=sum_of_exact_divisor(y);
        if (sum1 == y && sum2 == x)
                return 1;
        else
                return 0;
}
```

① ② ③ ④ ⑤ ⑥

실행 결과

```
E:₩소스₩Ch08₩08-01-4.exe
220, 284는 친화수이다.
```

예제 08-01-5 삼각형의 세 변의 길이 a, b, c를 인수로 전달받아 삼각형이 가능한지를 판단하는 함수를 작성하고, 이것이 삼각형이 될 때 삼각형의 면적을 구하는 함수를 헤론의 공식(Heron's formula)을 이용하여 작성하라.

heron의 공식 : $s = \frac{a+b+c}{2}$, $S = \sqrt{s(s-a)(s-b)(s-c)}$,

단, a, b, c는 삼각형의 세 변의 길이. S가 삼각형의 면적이다.

```c
#include <stdio.h>
#include <math.h>
double triangle_area(int, int, int);          /* 함수 원형(prototype) */
int is_triangle(int, int, int);

int main()
{
    int i, j, k;
    printf("첫 번째 수를 입력하시오 : ");
    scanf("%d", &i);
    printf("두 번째 수를 입력하시오 : ");
    scanf("%d", &j);
    printf("세 번째 수를 입력하시오 : ");
    scanf("%d", &k);
    if (is_triangle(i, j, k))
        printf("삼각형의 면적은 %f이다.\n", triangle_area(i, j, k));
}

double triangle_area(int x, int y, int z) {
    double s;
    s = (x+y+z)/2.0;
    return sqrt(s*(s-x)*(s-y)*(s-z));
}

int is_triangle(int i, int j, int k) {
    if ( i <= 0 || j <= 0 || k <= 0)  // 한 변이라도 0 이하이면 삼각형이 아님
        return 0;
    // 두 변의 길이의 합이 한 변의 길이의 합보다 작으면
    if ( i+j < k || i+k < j || j+k < i )
        return 0;                     // 삼각형이 아니면,
    else
        return 1;                     // 그렇지 않으면 삼각형이다.
}
```

해설

3: triangle_area의 함수 원형 선언

4: is_triangle의 함수 원형 선언

16: 세 개의 정수 매개변수를 triangle_area 함수로 전달

19~23: 세 변수를 넘겨받아 면적을 계산하여 반환한다.

25~33: is_triangle는 삼각형이 되는지 안 되는지 검사하는 함수이다. 세 변수 중 하나라도 음수이면 삼각형이 아니며, 또한 두 변수의 합이 다른 한 변수의 합보다 작으면 또한 삼각형이 아니다.

Notice 함수의 원형만 제대로 정의되어 있다면, 프로그램 파일 내에서 실제 함수의 위치는 중요하지 않다. 다만, 함수 원형을 선언하지 않을 경우 반드시 사용하기 전에 정의되어야 한다.

실행 결과

```
E:₩소스₩Ch08₩08-01-5.exe
첫 번째 수를 입력하시오 : 3
두 번째 수를 입력하시오 : 5
세 번째 수를 입력하시오 : 7
삼각형의 면적은 6.495191이다.
```

예제 08-01-6 연월일을 입력하고 그 날이 무슨 요일인지 계산하고, 해당하는 달의 달력을 출력한다.

```
#include <stdio.h>
void gregorian(int, int, int);
int valid_date(int, int, int);
void one_month_cal(int, int);
int last_day(int, int);
char day[][4]={"일", "월", "화", "수", "목", "금", "토"};  // 전역변수 선언

int main()
{
      int year, month, date;
      printf("그레고리력은 1582년 10월 15일 이후부터 계산이 가능합니다.\n");

      while(1) {
            printf("\n연도를 입력하시오(0:exit) : ");
            scanf("%d", &year);

            if ( year <= 0) {                         // 년도가 0 또는 음수이면 끝낸다.
```

```
            printf("Bye...\n");
            break;
        }
        printf("월을 입력하시오 : ");
        scanf("%d", &month);
        printf("일을 입력하시오 : ");
        scanf("%d", &date);

        if ( !valid_date(year, month, date) ) {         // 입력된 날짜 검사
            printf("날자가 잘못 입력되었으므로 다시 ");
            printf("입력하여 주시기 바랍니다.\n");
            continue;
        }
        printf("\n\n");

        // 그레고리력인지 검사
        if ( year > 1582 || (year == 1582 && month > 10 ) ||
            (year == 1582 && month == 10 && date >= 15) )
            gregorian(year, month, date);
        else if ( year < 1582 || (year == 1582 && month < 10 )
            || (year == 1582 && month == 10 && date < 15) ) {
            printf("이 날짜는 그레고리력에는 없는 날입니다.\n");
            continue;
        }
        one_month_cal(year, month);                     // 1개월 달력을 출력한다.
    }
}

/*몇 년, 몇 월, 며칠이 무슨 요일인지 검사하는 함수 */
void gregorian(int y, int m, int d) {           /* 그레고리력 계산, y:년, m:월, d:일 */
    int a, c, weekday;
    /* a:임시년도, c: 임시월, weekday: 요일계산용 변수 */
    c = m;
    a = y;
    if ( m == 1 || m == 2 ) {           /* 1월과 2월은 전년도의 13월과 14월이 된다. */
        c += 12;
        a -= 1;
    }
    /* Zeller의 공식을 이용하여 무슨 요일인지 구한다. */
    weekday = (21 * ( a/100))/4 + (5 * (a %100)) /4 + (26 * ( c+1))/10 + d - 1;
```

```
    printf("%d년 %d월 %d일은 %s요일입니다.\n\n", y, m, d, day[weekday%7]);
    return;
    /* 돌려줄 값이 없을 때는 return만 쓰거나 return이 없어도 된다.*/
}

/* 한 달을 계산하여 출력하는 함수로 return이 없고 다만 화면에 출력만 하는 함수 */
void one_month_cal(int y, int m) {                /* y: 년, m:월 */
    int i, j=0, a, c, weekday, lastday;
    /* a:임시년도, c:임시월, weekday:요일계산용 변수 */
    a=y;
    c=m;
    if ( m == 1 || m ==2 ) {
        a -= 1;
        c += 12;
    }

    /* Zeller의 함수를 이용 매월 1일이 무슨 요일인지 계산 */
    weekday = (21*(a/100))/4 + (5*(a%100))/4 + (26*(c+1))/10;
    weekday %= 7;                                 /* 7로 나눈 나머지로 요일을 계산 */
    printf("%14d년 %d월\n\n", y, m);

    for (i=0; i<7; i++)
        printf("%4s", day[i]);
    printf("\n");

    /* 매월 1일이 무슨 요일인지 알고, 앞에 몇 칸을 띄워야 할지 계산 */
    for (i=0; i < weekday; i++, j++)
        printf("%4s", "");

    /* 한 줄에 토요일까지 인쇄하고 다음 줄로 건너가서 계속 인쇄 */
    lastday = last_day(y, m);
    for (i=1; i<=lastday; i++) {
        j++;
        printf("%4d", i);
        if (j==7) {
            printf("\n");
            j=0;
        }
    }
    printf("\n");
```

```
98  }
99
100 /* 어떤 달의 마지막이 며칠인지 계산 */
101 int last_day(int y, int m)                      /* y:년, m:월 */
102 {
103     int dates_per_month[] = {29, 31, 28, 31, 30, 31, 30, 31, 31, 30, 31, 30, 31};
104
105     if (m==2 && (y%400 == 0 || (y%100 != 0 && y%4 == 0)))
106         m = 0;
107     return( dates_per_month[m] );
108 }
109
110 /* 정확한 년, 월, 일이 입력되었는지 검사 */
111 int valid_date(int y, int m, int d)             /* y:년, m:월, d:일 */
112 {
113     if ( m < 1 || m > 12 || d < 1 || d > 31 )
114         return(0);
115     if (m == 2) {
116         if ( (y%400==0 || (y%100!=0 && y%4==0)) && d <= 29)
117             return(1);
118         else if ( !(y%400==0 || (y%100!=0 && y%4==0) ) && d<=28)
119             return(1);
120         else
121             return(0);
122     }
123     else {
124         if ( (m==4 || m==6 || m==9 || m==11) && d<=30 )
125             return(1);
126         else if ( ( m==1 || m==3 || m==5 || m==7 ||
127             m==8 || m==10 || m==12 ) && d<=31 )
128             return(1);
129         else
130             return(0);
131     }
132 }
```

해설

2~5: 이 프로그램에 사용하는 함수들의 함수 원형을 선언한다. void로 선언된 함수는 반환 데이터가 없다.

6: 문자열 배열 전역변수 선언
10: main 함수의 지역변수 선언
13~43: 무한 루프를 반복하면서 계속해서 입력하는 년, 월, 일에 대해서 달력을 보여준다. 입력 년도가 0이면 프로그램을 끝낸다.
17~20: 입력 년도가 0이면 끝낸다.
26~30: valid_date함수를 호출하여 정확한 날짜가 입력되었는지 검사한 후 잘못된 데이터가 입력되었으면 다시 루프의 처음으로 돌아가서 다음 날짜를 입력받도록 한다.
34~41: 그레고리력에 해당하는 날짜가 입력되었는지 검사하여 정확한 날짜가 아니면 다시 입력받고 정확한 날짜이면 계속 진행한다.
42: 한 달 치의 달력을 출력하는 함수를 호출한다.
47~61: 입력한 날짜의 요일을 출력하는 함수이다. 반환 값은 없다.
52~55: 1월과 2월은 전년도의 13월과 14월로 계산하기 위한 처리 부분
57: Zeller의 공식을 적용하여 해당 날짜의 요일을 계산한다.
64~98: 한 달치의 달력을 출력하는 함수이다.
69~72: 1월과 2월은 전년도의 13월과 14월로 계산하기 위한 처리 부분
75: Zeller의 공식을 적용하여 해당 월의 1일이 무슨 요일인지 계산한다.
79~80: 요일 제목을 출력한다.
84~85: 1일이 시작되기 전에 공백을 출력한다.
88: 말일이 며칠인지 계산한다.
89~96: 매월 1일부터 말일까지 출력한다.
101~108: 해당 년, 월의 말일을 계산하여 반환하는 함수이다.
103: 해당 년, 월의 말일이 며칠인지 담고 있는 배열
105: 2월이고 윤년이면 29를 반환하기 위해 m을 0으로 한다. 배열 요소 0에 29가 저장되어 있다. 다른 달은 정상적으로 배열의 값을 반환한다.
111~132: 년, 월, 일의 데이터가 정확하게 입력되었는지 검사하는 함수이다. 정확한 값이 입력되었다면 참(1)을 그렇지 않으면 거짓(0)을 반환한다.

실행 결과

E:₩소스₩Ch08₩08-01-6.exe

```
그레고리력은 1582년 10월 15일 이후부터 계산이 가능합니다.

연도를 입력하시오(0:exit) : 2015
월을 입력하시오 : 8
일을 입력하시오 : 15


2015년 8월 15일은 토요일입니다.

          2015년 8월

  일  월  화  수  목  금  토
                          1
   2   3   4   5   6   7   8
   9  10  11  12  13  14  15
  16  17  18  19  20  21  22
  23  24  25  26  27  28  29
  30  31

연도를 입력하시오(0:exit) :  0
Bye...
```

예제 08-01-7 배열을 이용한 스택의 구현, push, pop, print를 함수로 작성한다.

```
#include <stdio.h>
#include <ctype.h>
#include <conio.h>
#define MAXSIZE 200

int stack[MAXSIZE];
int top;            //index pointing to the top of stack

int main()
{
    void push(int);
    void print();
    int pop();
    int will='1', i, num;

    while(will != '0') {
        printf(" 주 메뉴:\t\t1. PUSH\t\t2. POP\t\t0. 종료\n메뉴 선택: ");
        will = getch();
        switch(will) {
            case '0':
                break;
            case '1':
                printf("PUSH할 데이터 입력 : ");
                scanf("%d",&num);
                push(num);
                break;
            case '2':
                i=pop();
                if (i != -999999)
                    printf("\n......스택에서 Top에 있는 데이터 삭제: %d",i);
                break;
            default:
                printf("잘못된 선택. ");
        }
        print();
        printf("\n");
    }       // end of outer while
}           // end of main
```

```
39
40 void push(int y) {
41     printf("%d ", y);
42     if (top>MAXSIZE) {
43         printf("....STACK FULL\n");
44         return;
45     }
46     else {
47         top++;
48         stack[top]=y;
49     }
50 }
51
52 int pop() {
53     int a;
54     if (top<=0) {
55         printf("\n....STACK EMPTY: ");
56         return -999999;
57     }
58     else {
59         a=stack[top];
60         top--;
61     }
62     return(a);
63 }
64
65 void print() {
66     int i, tmp;
67     tmp = top;
68     printf(" => ");
69     for (; tmp > 0 ; tmp--)
70         printf("%d ", stack[tmp]);
71     printf("\n");
72 }
```

해설

6: 스택으로 사용할 배열을 전역변수로 선언

7: 배열의 top를 표시하기 위한 전역변수

11~13: 사용할 함수의 원형

16~37: 메뉴에 따라 스택에 저장(push)하거나 제거(pop)하고, 스택의 내용을 출력한다. '0'이 입력되면 끝낸다. 여기서는 문자로 메뉴의 번호를 입력한다.
28: 전달할 매개변수가 없는 경우 pop()와 같이 괄호만 쓴다.
40~50: 스택에 저장한다.
42~45: 스택이 모두 채워져 있는 경우 에러 메시지를 출력한다.
46~49: 스택에 데이터를 저장하는 경우 top의 위치를 하나 증가하고 그 위치에 값을 저장한다.
44: 함수 형이 void인 경우 return에 값을 적지 않는다. 그리고 함수의 마지막 문장에 도달하게 되면 자동으로 호출한 프로그램으로 돌아간다.
52~63: 스택에서 데이터를 하나 제거하는 함수
54~57: 스택에 아무것도 없는 경우 메시지를 출력하고 -999999를 반환한다.
58~61: 스택에서 하나 제거하면 top을 가리키고 있는 값이 하나 줄어든다.
65~72: 스택의 내용을 출력하는 함수
40, 65: 돌려 줄 결과 값이 없는 경우에는 함수의 데이터 형이 'void'이다.
52, 65: 매개변수가 없다. 매개변수가 없을 때는 이와 같이 괄호 속을 비워두거나, 'void'를 써 넣으면 된다.

실행 결과

```
E:₩소스₩Ch08₩08-01-7.exe
 주 메뉴:            1. PUSH        2. POP         0. 종료
메뉴 선택: PUSH할 데이터 입력 : 5231
5231  =>  5231

 주 메뉴:            1. PUSH        2. POP         0. 종료
메뉴 선택: PUSH할 데이터 입력 : 968
968  =>  968 5231

 주 메뉴:            1. PUSH        2. POP         0. 종료
메뉴 선택: PUSH할 데이터 입력 : 6321
6321  =>  6321 968 5231

 주 메뉴:            1. PUSH        2. POP         0. 종료
메뉴 선택:
......스택에서 Top에 있는 데이터 삭제: 6321 =>  968 5231

 주 메뉴:            1. PUSH        2. POP         0. 종료
메뉴 선택:
......스택에서 Top에 있는 데이터 삭제: 968 =>  5231

 주 메뉴:            1. PUSH        2. POP         0. 종료
메뉴 선택:
```

유제 08-01-1 연월을 넘겨받아 해당 월의 마지막 날이 며칠인지 알아내는 함수를 작성하라.

유제 08-01-2 어떤 정수를 넘겨주면 완전수인지 판단하여 참(1), 거짓(0)으로 값을 반환하는 함수를 작성하라.

유제 08-01-3 양의 정수를 넘겨주면 몇 자리인지 계산하는 함수를 작성하라.

유제 08-01-4 양의 정수를 넘겨주면 그 정수에 대한 구구단을 출력하는 함수를 작성하라.

08-02. 함수에 포인터 전달

C언어에서 함수는 원칙적으로 결과 값 하나를 반환하거나 반환하지 않을 수 있다. 따라서 두 개 이상의 결과 값을 반환할 수 없다. 두 개 이상의 결과 값을 반환받기 위해서는 포인터를 이용한 간접 반환 방법을 사용하여야 한다. 포인터를 이용하여 반환받기 위해서는 미리 해당하는 포인터를 함수에 넘겨주고 그 포인터를 이용하여 데이터를 처리한다. 또 다른 방법은 전역변수를 사용하는 방법도 있다. 매개변수로 포인터를 넘겨줄 때는 포인터 변수를 쓰거나 일반 변수의 주소를 넘겨주면 된다. 주소를 넘겨주면 받을 때 포인터로 받는다. 포인터를 주고받을 때는 실제 데이터를 주고받는 것이 아니므로 이런 경우 대부분은 함수가 void형이다.

포인터(주소)를 이용하여 데이터를 주고받는 것을 주소에 의한 호출(call by reference, 참조에 의한 호출)이라고 한다. 반대로 값을 직접 주고받는 경우를 값에 의한 호출(call by value)이라고 한다.

예제 08-02-1 매개변수로 포인터를 사용할 때와 그렇지 않을 때

```
#include <stdio.h>
void add_xy(int, int, int);
void add_xy_p(int, int, int *);

int main()
{
    int x, y, total;
    x = 10;
    y = 5;
    total = 0;
    printf("main 함수에서의 total = %d\n\n", total);
```

```
12      add_xy(x, y, total);
13      printf("main 함수에서의 total = %d\n\n", total);
14      add_xy_p(x, y, &total);
15      printf("main 함수에서의 total = %d\n\n", total);
16  }
17
18  void add_xy(int x, int y, int total) {
19      total = x + y;
20      printf("add_xy 함수에서의 total = %d\n", total);
21  }
22
23  void add_xy_p(int x, int y, int *total) {
24      *total = x + y;
25      printf("add_xy_p 함수에서의 total = %d\n", *total);
26  }
```

해설

11: 현재 main 함수에서 total값을 출력한다. 결과는 0이다.
12: 값을 함수 add_xy에 전달한다.
13: 현재 main 함수에서 total값을 출력한다. 결과는 0이다.
14: 값의 주소를 add_xy_p에 전달한다.
15: 현재 main 함수에서 total값을 출력한다. 결과 15이다.
18-21: 값을 받아 계산하는 함수이다. 이 때 total은 함수 내에서의 지역변수이므로 이 함수 내에서만 사용하고 없어지게 된다. 따라서 호출한 main 함수로 돌아갔을 때 main 함수의 total의 값에는 영향을 미치지 못한다. 그러므로 14번 출력에서 0이 출력됨을 알 수 있다.
20: 함수 내에서 total의 값을 출력한다. 결과 15이다.
23-26: x와 y는 값을 받고 total은 주소(포인터)를 받는다. 여기서 total은 main 함수의 주소를 받아서 그 주소에 x와 y의 값을 저장하므로 main 함수에서 total값이 바뀜을 알 수 있다. 여기서 total은 main 함수에서의 total과는 달리 지역 포인터 변수이다. 즉 변수명은 다르지만 주소로 연결되어 결국은 같은 값을 의미한다.
25: 포인터의 값을 출력한다. 결과 15이다.

실행 결과

```
E:₩소스₩Ch08₩08-02-1.exe
main 함수에서의 total = 0

add_xy 함수에서의 total = 15
main 함수에서의 total = 0

add_xy_p 함수에서의 total = 15
main 함수에서의 total = 15
```

예제 08-02-2 포인터를 이용한 두 값의 교환

```c
1  #include <stdio.h>
2  void swap(int *, int *);        // 함수의 원형
3  
4  int main()
5  {
6      int x = 15, y = 37;
7      printf("함수 실행 전 값 x = %d, y = %d\n", x, y);
8      swap(&x, &y);               // 변수가 가지고 있는 값의 주소만 넘겨준다.
9      printf("함수 실행 후 값 x = %d, y = %d\n", x, y);
10 }
11 
12 void swap(int *a, int *b)
13 {
14     printf("함수 내 실행 전 값 a = %d, b = %d\n", *a, *b);
15     *a ^= *b, *b ^= *a, *a ^= *b;       // 두 변수의 값 교환
16     printf("함수 내 실행 후 값 a = %d, b = %d\n", *a, *b);
17 }
```

해설

2: swap 함수 원형 선언, 이 함수의 반환값은 없고, 매개변수는 정수 포인터 변수 2개이다.

8: swap함수를 호출할 때 x, y의 주소를 넘겨준다.

12-17: swap 함수 정의, 이 함수는 매개변수로 포인터를 받아서 함수내부에서 포인터로 연산한다. 포인터 연산은 간접연산이므로 매개변수의 주소에 저장된 값을 간접적으로 계산한다. 따라서 호출한 쪽의 주소를 이용하므로 원래 저장되어 있던 값이 변하게 된다.

실행 결과

```
E:₩소스₩Ch08₩08-02-2.exe
함수 실행 전 값 x = 15, y = 37
함수 내 실행 전 값 a = 15, b = 37
함수 내 실행 후 값 a = 37, b = 15
함수 실행 후 값 x = 37, y = 15
```

예제 08-02-3 배열을 포인터로 함수에 전달하여 버블 정렬하는 프로그램

```c
#include <stdio.h>

void bubble(int *p, int N);
int compare(int *m, int *n);
```

```
5
6   int main(void)
7   {
8       int arr[10] = { 43, 86, 31, 52, 13, 98, 48, 18, 75, 23 };
9       int i;
10      printf("\n");
11      for (i = 0; i < 10; i++)                  // 정렬하기 전에 출력한다.
12          printf("%d ", arr[i]);
13
14      bubble(arr,10);                           // 정렬함수 호출
15      printf("\n");
16
17      for (i = 0; i < 10; i++)                  // 정렬하고 나서 출력한다.
18          printf("%d ", arr[i]);
19      printf("\n");
20  }
21
22  void bubble(int *p, int N) {                  // 버블 정렬한다.
23      int i, j, t;
24      for (i = N-1; i >= 0; i--) {
25          for (j = 1; j <= i; j++) {
26              if (compare(p+j-1, t+j)) {        // 두 수를 비교하는 함수 호출
27                  t = *(t+j-1);                 // 데이터 교환
28                  *(t+j-1) = *(t+j);
29                  *(t+j) = t;
30              }
31          }
32      }
33  }
34
35  int compare(int *m, int *n) {        // 크기를 비교하여 앞의 값이 크면 1을 그렇지 않으면
36      return (*m > *n);                // 0을 반환한다.
37  }
```

해설

3: 버블 정렬 함수 원형
4: 두 수 비교하는 함수 원형
8: 배열 선언
14: 정렬 함수 호출, 배열명과 배열의 요수의 개수를 넘겨준다. 배열명은 자체가 포인터이다.

22-33: 포인터를 이용한 버블 정렬 함수
26: 포인터를 비교함수에 전달한다. 함수의 반환 결과가 1이면 if문 내부를 수행한다.
27-29: 두 수를 교환한다.
35-37: 두 수를 비교하는 함수
36: 비교하여 m이 가리키는 곳의 값이 n이 가리키는 곳의 값보다 크면 1을 반환하고, 그렇지 않으면 0을 반환한다.

Notice 이 예제는 배열을 함수로 전달하여 포인터로 처리하는 방법을 보여준다. 다음 절에서는 배열을 전달하여 배열 그 자체를 처리하는 방법을 설명한다.

실행 결과

E:₩소스₩Ch08₩08-02-3.exe

```
43 86 31 52 13 98 48 18 75 23
13 18 23 31 43 48 52 75 86 98
```

예제 08-02-4 배열을 포인터로 함수에 전달하여 최댓값과 최솟값을 동시에 계산한다. 단, 최댓값과 최솟값에 해당하는 포인터를 함수에 전달한다.

```c
#include <stdio.h>

void MaxMin(int *array, int Number, int *maximum, int *minimum);

int main(void)
{
    int arr[10] = { 43, 86, 31, 52, 13, 98, 48, 18, 75, 23 };
    int max, min;

    MaxMin(arr, 10, &max, &min);

    printf("Max = %d, Min = %d\n", max, min);
}

void MaxMin(int *dim, int N, int *max, int *min) {
    int x;
    *max = *min = *dim;          // 최대, 최소에 대한 초깃값을 배열의 첫 요소로 지정
    for (x = 1; x < N; x++) {    // 배열의 두 번째 요소부터 비교
        dim++;                   // 포인터 이동
        if ( *max < *dim)        // 최댓값 구하기
            *max = *dim;
        if ( *min > *dim)        // 최솟값 구하기
```

```
23              *min = *dim;
24      }
25  }
```

해설

10: 배열 이름, 개수, 최댓값 변수의 주소, 최솟값 변수의 주소를 함수로 전달한다.
12: 계산된 두 값을 출력한다.
15-25: 배열에서 최댓값과 최솟값을 계산하는 함수
17: 배열의 첫 번째 요소를 최대, 최솟값의 초깃값으로 지정한다.
18: 두 번째 요소부터 비교하여 최댓값과 최솟값을 구하기 위한 루프
20-21: 최댓값을 구하는 if문
22-23: 최솟값을 구하는 if문

실행 결과

```
E:₩소스₩Ch08₩08-02-4.exe
Max = 98, Min = 13
```

예제 08-02-5 배열 포인터로 2차원 배열 전달

```c
#include <stdio.h>
int sum(int (*x)[], int, int) ;

int main(void)
{
    int p, a[2][3]={{1,2,3}, {4,5,6}};
    int b[3][3] = { {9,8,7}, {6,5,4}, {3,2,1}};
    int (*pt)[3];               // 배열 포인터

    pt = a ;                    // pt는 배열 a[0], a[1]을 가리키는 포인터
    p = sum(pt, 2, 3) ;         // sum(a, 2, 3);
    printf("%d\n", p) ;
    pt = b ;                    // pt는 배열 b[0], b[1], b[2]를 가리키는 포인터
    p = sum(pt, 3, 3) ;         // sum(b, 3, 3);
    printf("%d\n", p) ;
}

int sum(int (*x)[3], int y, int z)
{
```

```
20      int tot=0 ;
21      int i, j ;
22
23      for (i=0 ; i < y ; i++) {
24          for (j=0 ; j < z ; j++)
25              tot+= (*x)[j] ;
26          x++;                    // x의 포인터 증가
27      }
28      return tot ;
29  }
```

해설

6~7: 배열과 변수 선언
8: 배열의 포인터 선언, 3열을 가지는 배열에 대한 포인터
10: 배열 a의 주소를 pt에 대입
11: 함수 호출, 배열 포인터와 행(2), 열(3)을 전달
14: 함수 호출, 배열 포인터와 행(3), 열(3)을 전달
18: 배열 포인터 및 행, 열을 받아 처리하는 함수
23~27: 행, 열의 값을 모두 더한다.
28: 더한 결과를 반환한다.

실행 결과

```
E:₩소스₩Ch08₩08-02-5.exe
21
45
```

유제 08-02-1 정수 배열, 배열의 개수, 배열을 채울 정수 변수를 함수에 넘겨주면, 함수는 이 정수 포인터에 넘겨받은 정수 값으로 채워서 반환하는 프로그램을 작성하라.

```
void FillArray(int *array, int count, int Number);
```

array는 배열명, count는 배열 요소의 개수, Number는 배열을 채울 값이다.

08-03. 함수에 배열 전달

매개변수로 배열을 전달하는 방법을 알아보자. 정수나 실수의 전달과 문자열의 전달은 약간의 차이가 있다. 이 절에서는 수의 전달에 대해서 살펴보고 다음 절에서는 문자열의 전달에 대해서 알아본다.

예제 08-03-1 배열을 넘겨받아 최댓값을 반환하는 함수를 작성하라.

```
1  #include <stdio.h>
2  int findMaxNum(int[], int);
3
4  int main()
5  {
6      int num1[] = {5, 34, 56, -12, 3, 19};
7      int num2[] = {1, -2, 34, 207, 93, -12};
8
9      printf("numb1[]의 최댓값은 %d이다.\n", findMaxNum(num1, 6));
10     printf("numb2[]의 최댓값은 %d이다.\n", findMaxNum(num2, 6));
11 }
12
13 int findMaxNum(int number[], int elements)
14 {
15     int largest_value, i;
16     largest_value = number[0];  // 배열 첫 번째 값을 largest_value 변수에 넣는다.
17     for (i=0; i < elements; i++)
18         if (number[i] > largest_value)
19             // 배열의 값을 순차적으로 largest_value와 비교한다.
20             largest_value = number[i];
21     return largest_value;
22 }
```

해설

2: findMaxNum 함수 원형 선언, 첫 번째 매개변수가 배열임을 나타낸다.
9, 10: 매개변수로 배열과 그 배열이 가진 요소의 개수를 넘겨준다.
13-22: 배열을 받아서 최댓값을 찾아서 최댓값을 반환한다.
17-20: 배열의 처음부터 일일이 비교하여 최댓값을 찾는다.

Notice 배열의 개수를 모르면 어디까지 반복해야 하는지 알 수 없다. 따라서 숫자 배열인 경우 개수도 넘겨주어야 한다.

실행 결과

```
E:₩소스₩Ch08₩08-03-1.exe
numb1[]의 최댓값은 56이다.
numb2[]의 최댓값은 207이다.
```

예제 08-03-2 어떤 경기의 심판이 7명이다. 이중 최댓값과 최솟값을 제거하고 평균을 계산하여 출력하는 함수를 작성하라. 최댓값과 최솟값을 구하는 함수를 따로 작성하라.

```
#include <stdio.h>
double average(int[], int);
int findMaxNum(int[], int);
int findMinNum(int[], int);

int main()
{
    int num[7] = { 9, 8, 9, 7, 9, 10, 6}, i;
    printf("심판들의 점수 ");
    for (i=0; i<7; i++)
        printf(" %d  ", num[i]);
    printf("\n 이 선수의 점수 : %f\n", average(num, 7));
}

double average(int array[], int x)
{
    int i, sum=0;
    for (i=0; i<x; i++)
        sum += array[i];
    sum -= ( findMaxNum(array, 7)+ findMinNum(array, 7));  // 최댓값과 최솟값을 뺀다.
    return ((double)sum/(double)(x - 2));
}

int findMaxNum(int number[], int elements)              // 최댓값 구하는 함수
{
    int largest_value, i;
    largest_value = number[0];     // 배열 첫 번째 값을 largest_value 변수에 넣는다.
    for (i=0; i < elements; i++)
        if (number[i] > largest_value)       // 배열의 값을 순차적으로
                                             // largest_value와 비교한다.
            largest_value = number[i];
```

```
31      return largest_value;
32  }
33
34  int findMinNum(int number[], int elements)    // 최솟값 구하는 함수
35  {
36      int i, smallest_value;
37      smallest_value = number[0];  // 배열 첫 번째 값을 smallest_value 변수에 넣는다.
38      for (i=1; i<elements; i++)
39          if (smallest_value > number[i])     // 배열의 값을 순차적으로
                                                // smallest_value와 비교한다.
40              smallest_value = number[i];
41      return smallest_value;
42  }
```

해설

2~4: 세 함수의 함수 원형을 선언한다.
8: 심판들의 점수를 배열에 저장해 둔다.
12: 평균함수를 호출한다.
15~22: 평균을 구하는 함수이다.
18~19: 모든 심판들의 점수의 합을 구한다.
20: 총합에서 최댓값과 최솟값을 뺀다.
21: 최댓값과 최솟값을 뺀 평균을 구하여 반환한다.
24~32: 최댓값을 찾아주는 함수
34~42: 최솟값을 찾아주는 함수

실행 결과

```
E:₩소스₩Ch08₩08-03-2.exe
심판들의 점수 9   8   9   7   9   10   6
 이 선수의 점수 : 8.400000
```

예제 08-03-3 배열을 넘겨받아 정렬하는 함수

```
#include <stdio.h>
void sort(int[], int, int);             //배열의 이름, 개수, 정렬방법
int main() {
    int number[] = {5,34,56,-12,3,19}, loop;
    printf("소팅하기 전의 배열 : ");
    for (loop=0; loop < 6; loop++)
```

```
7           printf("%d ", number[loop]);
8
9       sort(number, sizeof(number)/sizeof(number[0]), 1);
10
11      printf("\n소팅한 후의 배열 : ");
12      for (loop=0; loop < 6; loop++)
13          printf("%d ", number[loop]);
14      printf("\n");
15  }
16
17  void sort(int number[], int elements, int up_down) {
18      int i, j, temp;
19      switch(up_down) {
20      case 0:             // 오름차순 정렬
21          for (i=0; i < elements; i++)
22              for (j=0; j <= elements; j++)
23                  if(number[i] < number[j]) {
24                      temp = number[i];
25                      number[i] = number[j];
26                      number[j] = temp;
27                  }
28          break;
29      default:            // 내림차순 정렬
30          for (i=0; i < elements; i++)
31              for (j=0; j <= elements; j++)
32                  if (number[i] > number[j]) {
33                      temp = number[i];
34                      number[i] = number[j];
35                      number[j] = temp;
36                  }
37      }
38  }
```

해설

3: sort 함수의 함수 원형을 선언한다.

4: 정렬할 배열 선언

6, 7: 정렬하기 전의 배열 값 출력

9: 정렬함수 호출. 세 번째 매개변수는 오름차순 또는 내림차순으로 정렬하기 위한 정렬방법 지정변수로 0이면 오름차순, 다른 값이면 내림차순이다.

12, 13: 정렬한 후의 배열 값 출력
17~38: 정렬 함수 sort정의
19: 정렬 방법에 따른 선택
20~28: 오름차순 정렬
29~37: 내림차순 정렬

Notice 배열은 6장에서 포인터라고 했다. 따라서 포인터를 주고받는다. 그러므로 여러 개의 값을 주고받는다고 볼 수 있다. 실제로는 시작 포인터만 주고받는 것이다. 그러므로 원래 값이 저장되어 있는 곳의 주소를 주고받으므로 원본 값이 변화가 된다. 이 예에서 보다시피 sort함수의 데이터형은 void이다. 즉, 실제 값은 주고받지 않지만 포인터로 인하여 원본 값의 변화가 발생하는 것이다.

실행 결과

```
E:₩소스₩Ch08₩08-03-3.exe
소팅하기 전의 배열 : 5 34 56 -12 3 19
소팅한 후의 배열 : 56 34 19 5 3 -12
```

유제 08-03-1 배열을 넘겨주고 산술, 조화, 기하평균을 구하는 함수를 각각 작성하라.

산술평균 : $\frac{1}{n}\sum_{i=1}^{n}x_i = \frac{1}{n}(x_1 + x_2 + x_3 + \cdots + x_n)$

기하평균 : $\left(\prod_{i=1}^{n}\right)^{1/n} = \sqrt[n]{x_1 x_2 \cdots x_n} = e^{\frac{1}{n}\sum_{i=1}^{n}\ln x_i}$

조화평균 : $\left(\frac{1}{x_1} + \frac{1}{x_2} + \cdots + \frac{1}{x_n}\right)^{-1} = n\left(\sum_{i=1}^{n}\frac{1}{x_i}\right)^{-1}$

08-04. 함수에 문자열 전달

매개변수로 문자열을 전달하는 방법을 알아보자. 정수나 실수의 전달과 문자열의 전달은 약간의 차이가 있다. 어떤 차이가 있는지 살펴보고 문자열을 전달하는 방법과 전달받아서 취급하는 방법을 살펴보자.

❖ 문자열은 배열 또는 포인터로 전달할 수 있다.

- 문자배열이나 포인터나 사실은 같은 것이라 볼 수 있다.
- 문자열의 크기는 전달할 필요가 없다.
- 문자열의 끝이 null이라는 것을 이용한다.

```
Function(char []);
function(char);
```

예제 08-04-1 문자열의 길이를 구하는 함수 작성(배열로 이용)

```
1  #include <stdio.h>
2  int StrLen(char[]);        // int StrLen(char *)
3
4  int main()
5  {
6      int len;
7      char Str[50] = "This is test.";
8      printf("%d\n", StrLen(Str));
9  }
10
11 int StrLen(char s[])       // int StrLen(char *s)
12 {
13     int length=0, i=0;
14     while(s[i]) {          // 널 문자를 만날 때까지 반복한다.
15         length++;
16         i++;
17     }
18     return length;
19 }
```

해설

2: 함수 원형 선언

8: 함수 StrLen 호출

11~19: 문자열의 길이를 구하는 함수, 함수는 설명문에 작성한 것처럼 해도 된다.

14~17: 문자열의 길이를 구하는 루프

Notice 문자열을 전달하는 함수는 문자열 포인터를 전달하는 것과 동일하다. main 함수에서는 Str이 포인터 상수로 사용되지만, StrLen함수로 포인터가 넘어가면 포인터 변수로 사용할 수 있다. 굳이 배열로 쓸 필요는 없다. 다음 예는 모두 포인터로 바꾸어 작성하였다.

실행 결과

```
E:₩소스₩Ch08₩08-04-1.exe
13
```

예제 08-04-2 문자열의 길이를 구하는 함수 작성(포인터로 사용)

```
1  #include <stdio.h>
2  int StrLen(char*);
3
4  int main()
5  {
6      int len;
7      char Str[50] = "This is test.";
8      printf("%d\n", StrLen(Str));
9  }
10
11 int StrLen(char *s)
12 {
13     int length=0;
14     while(*s++)          // *s가 NULL이 아닐 때까지 반복한다.
15         length++;
16     return length;
17 }
```

해설

2: 함수 원형 선언
8: 함수 StrLen 호출
11~17: 문자열의 길이를 구하는 함수, 포인터로 받는다.
14~15: 문자열의 길이를 구하는 루프, 루프를 한 번 반복할 때마다 포인터가 증가한다.

실행 결과

```
E:\소스\Ch08\08-04-2.exe
13
```

예제 08-04-3 문자열의 앞, 뒤에 제거할 문자를 찾아 제거한다.

```
#include <string.h>
#include <stdio.h>
#include <stdlib.h>

void rtrim(char *, char *);
void ltrim(char *, char *);
```

```
7
8  int main() {
9      char *str, *str2;
10     str = (char *)malloc(100);              // 100바이트 메모리 할당
11     str2 = (char *)malloc(100);             // 100바이트 메모리 할당
12     strcpy(str, "  This is example  ");
13
14     printf( "%s, %d\n", str, strlen(str));
15     ltrim(str, " ");                        // 문자열의 왼쪽에서 공백 삭제
16     printf("%s<\n", str);
17     rtrim(str, " ");                        // 문자열의 오른쪽에서 공백 삭제
18     printf("%s<\n", str);
19     free(str);
20     free(str2);
21 }
22
23 // 문자열의 오른쪽에서 지정된 문자를 만나면 자른다.
24 void rtrim( char * string, char * trim )
25 {
26     int i;
27     i = strlen(string) - 1;
28     for ( ; i >= 0 && strchr( trim, string[i] ) != NULL; i--)
29         string[i] = '\0';                   // 문자열의 끝에 NULL 삽입
30 }
31
32 // 문자열의 왼쪽에서 지정된 문자를 만나면 문자열을 한 칸씩 왼쪽으로 밀어 넣는다.
33 void ltrim( char * string, char * trim )
34 {
35     while ( string[0] != '\0' && strchr ( trim, string[0] ) != NULL )
36         memmove( &string[0], &string[1], strlen(string) );
37 }
```

해설

5, 6: 세 개의 함수 원형 선언
10, 11: 메모리 공간을 할당하여 문자 포인터 변수에 대입
15: 문자열의 왼쪽 공백을 자르기 위한 함수 호출
17: 문자열의 오른쪽 공백을 자르기 위한 함수 호출
19, 20: 할당받은 메모리 공간 반납

24~30: 문자열의 오른쪽에 지정된 문자가 있으면 잘라버린다. 여기서는 main 함수에서 공백을 넘겨받았으므로 공백이 있으면 자른다.

28~29: 문자열의 끝(오른쪽)에서 지정된 문자열에 해당되는 문자가 있으면 하나씩 널을 삽입한다.

33~37: 문자열의 왼쪽에 지정된 문자가 있으면 문자열을 memmove함수를 이용하여 한 칸씩 왼쪽으로 이동한다.

Try 양쪽 모두의 공백을 잘라내는 함수를 작성해 보라.

실행 결과

```
E:₩소스₩Ch08₩08-04-3.exe
 This is example  , 19
This is example  <
This is example<
```

예제 08-04-4 문자열을 거꾸로 만드는 함수

```c
#include <string.h>
#include <stdio.h>
#include <stdlib.h>
void *strrev(char *);

int main() {
    char *str, i, len, temp;
    str = (char *)malloc(100);
    strcpy(str, "This is example.");
    printf("%s\n", str);
    strrev(str);
    printf("%s\n", str);
    free(str);
}

void *strrev(char *s) {
    unsigned char len, temp, i;
    len = strlen(s);
    for (i=0; i<len/2; i++) {
        temp = *(s+i);
        *(s+i) = *(s+len-i-1);
        *(s+len-i-1) = temp;
    }
}
```

해설

4: 함수 원형 선언
8: 메모리 공간 100바이트 할당
9: 문자열 복사
11: 문자열 역전함수 호출
16~24: 문자열 역전 함수 정의
19~23: 처음부터 문자열 길이의 반까지 반복하면서 끝의 문자열과 바꾼다.

Notice 문자열 역전함수 strrev는 표준함수는 아니지만 대부분의 컴파일러에서 제공하고 있다. 여기서는 제공되는 함수가 아닌 직접 만들어 사용한다.

실행 결과

E:₩소스₩Ch08₩08-04-4.exe

```
This is example.
.elpmaxe si sihT
```

예제 08-04-5 문자열을 대문자로 바꾸는 함수

```c
#include <string.h>
#include <stdio.h>
#include <stdlib.h>
void StrUpr(char *);

int main() {
    char *str;
    str = (char *)malloc(400);
    strcpy(str, "Char string_name[size];");
    printf("%s\n", str);
    StrUpr(str);
    printf("%s\n", str);
    free(str);
}

void StrUpr(char *s) {
    while(*s++)
        if (*s >= 'a' && *s <= 'z')
            *s -= ('a'-'A');
}
```

해설

4: 함수 원형 선언
8: 메모리 공간 400바이트 할당
9: 문자열 복사
11: 문자열을 대문자로 바꾸는 함수 호출
16~20: 문자열을 대문자로 바꾸는 함수 정의
17~19: 처음부터 한 문자씩 지나가면서 소문자이면 대문자로 바꾼다.

Notice 대문자 변환 함수 strupr이란 함수도 대부분의 컴파일러에서 제공하고 있다. 그러나 표준함수는 아니다. 여기서는 제공되는 함수가 아닌 직접 만들어 사용한다.

실행 결과

E:₩소스₩Ch08₩08-04-5.exe

```
Char string_name[size];
CHAR STRING_NAME[SIZE];
```

예제 08-04-6 문자열에서 단어의 첫 글자만 대문자로 바꾸는 함수

```c
#include <string.h>
#include <stdio.h>
#include <stdlib.h>
#include <ctype.h>

void StrUprFirstChar(char *);

int main()
{
    char *str;
    str = (char *)malloc(400);
    strcpy(str, "Char string_name[size];");
    printf("%s\n", str);
    StrUprFirstChar(str);
    printf("%s\n", str);
    free(str);
}

void StrUprFirstChar(char *s) {
    int i, in_str=0;
    while(*s) {
        if (!in_str && isalnum(*s) ) {
```

```
23              if (islower(*s))
24                  *s = toupper(*s);
25              in_str = 1;
26          }
27          else if (isspace(*s) || ispunct(*s))
28              in_str = 0;
29          s++;
30      }
31  }
```

해설

6: 함수 원형 선언
11: 메모리 공간 400바이트 할당
14: 단어의 첫 글자를 대문자로 바꾸는 함수 호출
19~31: 단어의 첫 글자를 대문자로 바꾸는 함수 정의
21~30: 한 글자씩 전진하면서 단어의 첫 글자인지 검사하여 대문자로 변경
22: 포인터가 단어 속에 있지 않고 알파벳 또는 숫자이면
23: 그 문자가 소문자이면
24: 대문자로 변환
25: 단어 속으로 들어갔다는 표시를 함
27, 28: 공백이거나 구두 문자이면 단어 속이 아님을 표시

실행 결과

```
E:₩소스₩Ch08₩08-04-6.exe
Char string_name[size];
Char String_Name[Size];
```

예제 08-04-7 2진수를 32자리 이하로 입력받아 10진수로 변환한다.

```
#include <stdio.h>
#include <string.h>

int bin2dec(char *);
int is32digit_binary(char *);

int main()
{
    char a[100];
    printf("2진수 32자리 이하를 입력하시오 : ");
```

```
11      scanf("%[01]", a);                // 0과 1만 입력으로 받아들임.
12
13      if (is32digit_binary(a))
14          printf("2진수 %s의 10진수 값은 %d\n", a, bin2dec(a));
15  }
16
17  /* 2진수 배열을 10진수로 변경하는 함수 */
18  int bin2dec(char *x)
19  {
20      int i, dec=0, exp=1, size;
21      size = strlen(x);
22      for (i=size-1; i>=0; i--) {       // 2진수의 뒷자리에서부터 카운트해 준다.
23          // 해당하는 자릿수가 1일 때만 2의 해당 제곱 승을 더해준다.
24          if (x[i] == '1')
25              dec |= exp;
26          exp <<= 1;                    // 루프를 한 번씩 돌 때마다 2를 곱해준다.
27      }
28      return dec;
29  }
30
31  /* 문자열 x가 제대로 입력되었는지를 검사하는 함수 */
32  int is32digit_binary(char *x) {
33      if ( strlen(x) > 32 ) {
34          printf("32자리를 초과하였습니다!!!\n");
35          return 0;
36      }
37      return 1;
38  }
```

해설

4, 5: 함수 원형 선언
11: 문자열 입력, 0과 1만 입력받을 수 있게 한다. 다른 문자가 입력되면 직전까지만 받는다.
13: 32자리인지 확인하고,
14: 2진수 문자열을 10진수로 변환하는 함수 bin2dec를 호출한다.
18~29: 2진수로 된 문자열을 10진수로 변환하는 함수
20: exp는 1을 저장하고 루프를 회전할 때만다 왼쪽으로 한자리씩 시프트한다.
21: 문자열의 길이를 계산
22~27: 한자리씩 뒷자리부터 1이 있는지 찾아서 계산한다.
24,25: 2진수 문자열이 '1'이면 exp와 dec를 비트 OR연산을 하여 그 자리에 값을 넣는다.

26: 왼쪽으로 한자리 시프트한다. 2를 곱해주는 역할을 한다. 컴퓨터 내부의 자리를 생각해보라.
32~38: 입력된 문자열이 32자리 이하인지 검사한다.

실행 결과

```
E:₩소스₩Ch08₩08-04-7.exe
2진수 32자리 이하를 입력하시오 : 11010011101001011010
2진수 11010011101001011010의 10진수 값은 866906
```

예제 08-04-8 10진수를 2진수 문자열로 바꾸는 함수

```c
#include <stdio.h>
#include <limits.h>
#include <stdlib.h>
#include <string.h>
void dec2bin(int, char *);

int main()
{
    int x = 298420394;
    char *binary;

    binary = malloc(40);      // 넉넉하게 40자리
    dec2bin(x, binary);
    printf("%15d = %s\n", x, binary);

    x = INT_MAX;
    dec2bin(x, binary);
    printf("%15d = %s\n", x, binary);
    free(binary);
}

void dec2bin(int x, char *a) {
    int i;
    strcpy(a, "");              // 빈 문자열을 복사한다.
    // MSB부터 한자리씩 1인지 0인지 검사한다.
    for (i=0; i < 32; i++, x<<=1)
        (INT_MIN & x) ? strcat(a,"1") : strcat(a,"0");   // 문자열에 하나씩 추가
}
```

해설

5: 함수 원형 선언
12: 2진수 문자열을 저장할 메모리 확보
13: 10진수를 문자열로 바꿀 함수 호출, 10진수와 문자열 포인터를 넘겨준다.
16: INT_MAX는 정수 값 중 가장 큰 값을 지정해 둔 매크로이다. INT_MAX=0111111111111111111 1111111111111=2127483647
17: 10진수를 문자열로 바꿀 함수 호출, 10진수와 문자열 포인터를 넘겨준다.
22~28: 20진수를 2진수 문자열로 변환하는 함수
24: 빈 문자열을 a에 복사한다.
26, 27: 문자열을 하나씩 최상위 비트부터 검사하여 1이면 '1'을 0이면 '0'을 문자열에 추가한다.
27: INT_MIN은 10000000000000000000000000000000이다. 즉, x를 한자리씩 왼쪽으로 시프트하면서 맨 앞자리가 1인지 알아본다.

실행 결과

```
E:₩소스₩Ch08₩08-04-8.exe
  298420394 = 00010001110010011000100010101010
 2147483647 = 01111111111111111111111111111111
```

예제 08-04-9 itoa함수 구현, 표준함수에는 없지만 대부분의 컴파일러에서 제공한다. 이 함수는 10진수 정수를 어떠한 진수로도 바꿀 수 있게 만들었다. 최대 36진법까지 가능하다.

```c
#include <stdio.h>

void itoa(int , char *, int );

int main()
{
    int dec;
    char bin[33];

    printf("%5s|%5s |%5s |%9s\n", "10진", "16진", "8진", "2진");
    for (dec = 0; dec < 256; dec++) {          // 0부터 255까지 각 진법으로 변환
        itoa(dec, bin, 2);                     // dec를 2진수로 바꾸어 bin에 저장
        printf("%4d | 0x%02X | %04o | %08s\n", dec, dec, dec, bin);
    }
}

void itoa(int x, char *b, int r)
```

```
18 {
19     char *radix = "0123456789ABCDEFGHIJKLMNOPQRSTUVWXYZ";
20     char *sp, *ep;
21     if ( r < 2 || r > 36)
22         printf("Error, itoa()'s 3rd argument is greater than 2 "
23             "and less than 36");
24     if ( x == 0) {
25         *b = '0';
26         *++b = '\0';
27         return;
28     }
29     ep = b;
30     while(x) {                      // 나머지 계산하여 문자열 b에 저장하기
31         *ep = *(radix + x%r);       // 나머지 값에 해당되는 문자를 찾아서 저장
32         x /= r;            // 몫 계산
33         ep++;              // 포인터 하나 증가
34     }
35     *ep = '\0';            // 끝에 널 문자 삽입
36     ep--;                  // NULL 앞으로 포인터 이동
37     sp = b;                // sp를 b의 첫 번째 주소로 지정
38     while(sp < ep) {       // 문자열 거꾸로 만들기
39         *sp ^= *ep;        // 문자열 위치 바꾸기
40         *ep ^= *sp;
41         *sp ^= *ep;
42         sp++;              // 첫 포인터 증가
43         ep--;              // 마지막 포인터 감소
44     }
45 }
```

해설

3: 함수 원형 선언

11~14: 0부터 255까지 10진수, 16진수, 8진수, 2진수로 표현하는 표를 만들어 출력한다.

12: 2진수로 변환하도록 함수를 호출한다. 첫 번째 매개변수 dec는 10진수, 두 번째 매개변수 bin은 결과를 저장할 문자열 변수, 세 번째 매개변수는 변환할 진수.

13: 결과를 출력한다.

17~45: itoa 함수 구현

19: 변환할 문자 구성

20: ep: end pointer, sp: start pointer

21~23: 2부터 36진법까지만 가능하다는 메시지 표시

24~28: 입력 값이 0이면 문자열 "0"으로 만듦
29: ep를 결과를 저장할 문자열로 지정
30~34: 나머지를 계산하여 한 자리씩 문자열에 저장한다.
31: 나머지에 해당하는 문자열을 radix에서 찾아서 ep에 저장
32: 몫 계산
33: 포인터 증가
35: 문자열의 끝에 NULL 삽입
36: 끝 포인터를 하나 감소
37: 시작 포인터를 sp로 설정
38~44: 문자열을 거꾸로 만들기, 나머지를 계산하여 하나씩 문자열에 추가하였기 때문에 거꾸로 만들어야 제대로 된 결과를 얻을 수 있다.
39~41: 첫 문자와 마지막 문자를 바꾼다.
42: 시작 포인터를 증가한다.
43: 끝 포인터를 감소한다.

실행 결과

```
E:\소스\Ch08\08-04-9.exe
235 | 0xEB | 0353 | 11101011
236 | 0xEC | 0354 | 11101100
237 | 0xED | 0355 | 11101101
238 | 0xEE | 0356 | 11101110
239 | 0xEF | 0357 | 11101111
240 | 0xF0 | 0360 | 11110000
241 | 0xF1 | 0361 | 11110001
242 | 0xF2 | 0362 | 11110010
243 | 0xF3 | 0363 | 11110011
244 | 0xF4 | 0364 | 11110100
245 | 0xF5 | 0365 | 11110101
246 | 0xF6 | 0366 | 11110110
247 | 0xF7 | 0367 | 11110111
248 | 0xF8 | 0370 | 11111000
249 | 0xF9 | 0371 | 11111001
250 | 0xFA | 0372 | 11111010
251 | 0xFB | 0373 | 11111011
252 | 0xFC | 0374 | 11111100
253 | 0xFD | 0375 | 11111101
254 | 0xFE | 0376 | 11111110
255 | 0xFF | 0377 | 11111111
```

예제 08-04-10 주민등록 번호를 입력하여 남자인지 여자인지 구분하는 함수를 작성한다.

```
#include <stdio.h>
int gender(char *);

int main(void)
{
    char jumin[15], x;
```

```
7       char genders[2][5] = {"여자", "남자"};
8       printf("주민번호 입력 : ");
9       scanf("%s", jumin);
10
11      x = gender(jumin);
12      printf("%s = %s\n", jumin, genders[x]);
13  }
14
15  int gender(char *j) {
16      int s;
17      s = j[7] - '0';
18      return (s%2);
19  }
```

해설

6: 주민번호를 저장할 문자열 변수와 성별을 저장할 변수 선언
7: 2차원 문자배열 선언
9: 주민번호 입력
11: 남녀를 구분할 함수 호출
12: 함수의 반환값이 0이면 "여자"를 1이면 "남자"를 출력한다.
15: 남녀를 구분하는 함수
17: 8번째 저장된 문자에서 '0'을 뺀다. 즉 숫자화한다.
18: 이 값이 짝수이면 0, 홀수이면 1을 반환한다.

실행 결과

```
E:₩소스₩Ch08₩08-04-10.exe
주민번호 입력 : 980701-2125365
980701-2125365 = 여자
```

유제 08-04-1 문자열을 거꾸로 만드는 함수를 작성하라.

유제 08-04-2 문자열에서 지정된 단어를 찾아 그 단어가 몇 번 나오는지 검사하는 함수를 작성하라.

유제 08-04-3 어떤 정수를 출력할 때 콤마를 삽입하여 출력하는 함수를 만들어라.

유제 08-04-4 문자열에서 white space(space, tab, carriage return, vertical tab, new line 등)가 여러 개 연속으로 출현할 때 하나의 공백으로 만드는 프로그램을 함수를 사용하여 작성하라.

08-05. 재귀함수

재귀함수(recursive function)란 자기 자신을 직 · 간접적으로 호출하는 함수를 의미한다. 즉, 하나의 함수 속에서 자기 자신을 호출하는 것이다.

재귀함수를 사용할 때 주의할 점은 반드시 끝나는 시점이 있어야 한다. 그렇지 않으면 시스템이 다운될 수도 있으므로 끝나는 시점을 확실하게 정의하여야 한다. 또 너무 많이 호출하지 않도록 한다. 그렇지 않으면 속도가 느려질 뿐 아니라 문제가 발생할 소지가 있다. 따라서 이점이 없을 때는 쓰지 않는 것이 좋다.

예제 08-05-1 재귀함수를 이용하여 1부터 지정된 수까지 출력하기

```
1  #include <stdio.h>
2  void print_series(int);
3
4  int main() {
5      int x;
6      printf("정수를 입력하시오 : ");
7      scanf("%d", &x);
8      print_series(x);
9  }
10
11 void print_series(int x) {
12     if (x==0)              // 끝나는 시점 표시
13         return;
14     print_series(x-1);
15     printf("%d ", x);
16 }
```

해설

2: print_series 함수 원형 선언
8: 재귀함수 호출
11~16: 재귀함수 정의
12: 재귀함수의 종료시점 정의
14: 자기 자신을 재귀 호출한다.
15: 재귀함수에서 반환된 뒤의 작업

Notice 재귀(再歸, recursive)란 자기 자신으로 다시 돌아간다. 즉, 자기 자신을 다시 호출한다는 의미이다.

실행 결과

```
E:₩소스₩Ch08₩08-05-1.exe
정수를 입력하시오 : 25
1 2 3 4 5 6 7 8 9 10 11 12 13 14 15 16 17 18 19 20 21 22 23 24 25
```

예제 08-05-2 재귀함수를 이용하여 1부터 지정된 수까지 합 구하기

```
1  #include <stdio.h>
2
3  int sum_series(int);
4
5  int main()
6  {
7      int x;
8      printf("정수를 입력하시오 : ");
9      scanf("%d", &x);
10     printf("%d\n", sum_series(x));
11 }
12
13 int sum_series(int x) {
14     if (x==0)            // 끝나는 시점 표시
15         return 0;
16     return (sum_series(x-1)+x);
17 }
```

해설

3: sum_series 함수 원형 선언

10: 재귀함수 호출

13~17: 재귀함수 정의

14: 종료 시점 표시

16: 0이 될 때까지 자신을 다시 호출한다. 예를 들어 100이라면 sum_series(99)+100, 즉, 99까지의 합에 100을 더한다. 마찬가지로 99는 sum_series(98)+99이다. 이런 식으로 계속하여 자기 자신을 호출하게 되면 1부터 정해진 수까지의 합을 구할 수 있다. ((...((((1) + 2) + 3) + 4) + ...) + 99) + 100이 된다.

실행 결과

```
E:₩소스₩Ch08₩08-05-2.exe
정수를 입력하시오 : 100
5050
```

예제 08-05-3 재귀함수로 피보나치수열을 구한다.

```c
1  #include <stdio.h>
2  int fib(int);
3  
4  int main()
5  {
6      int ite, l;
7      printf("Enter limit : ");
8      scanf("%d",&l);
9      for (ite=0; ite<l; ite++)
10         printf("%d ", fib(ite));
11 }
12 
13 int fib(int n) {
14     if (n <= 0)
15         return 0;
16     else if (n == 1)
17         return 1;
18     return fib(n-2)+fib(n-1);
19 }
```

해설

2: fib 함수 원형 선언

10: 재귀함수 호출, 정해진 항을 한번에 구할 수 있다. 여기서는 처음부터 정해진 항까지 모두 구하는 것을 보기 위해 루프를 사용한다. 즉, ite가 10이라면 바로 10번째 항을 구할 수 있다.

13~19: 피보나치수열을 구하는 재귀함수 정의

14~17: 종료 시점 표시, 여기서는 종료 시점이 두 가지이다.

18: 피보나치수열을 앞의 두 항을 더해서 현재 항을 구한다. 따라서 항의 수가 늘어날 수로 기하급수적으로 계산할 내용이 많아지게 되므로 너무 많은 항을 입력하게 되면 아주 느려지게 된다. 40 이하의 수를 입력하기 바란다. 40을 입력해도 많은 시간이 걸리는 것을 확인할 수 있다.

실행 결과

```
E:₩소스₩Ch08₩08-05-3.exe
Enter limit : 20
0 1 1 2 3 5 8 13 21 34 55 89 144 233 377 610 987 1597 2584 4181
```

예제 08-05-4 재귀함수를 이용하여 정렬되어 있는 정수 데이터에서 값을 찾는다.

```
1  #include <stdio.h>
2  #include <stdlib.h>
3  // 정렬되어 있는 배열에서 2진 검색으로 자료를 찾음
4  int Bsearch(int v[], int x, int left, int right)
5  {
6      int mid;      // bsearch함수는 stdlib.h에 있음.
7      if (left > right)
8          return -1;
9      mid = (left+right)/2;
10     if (v[mid] == x)
11         return mid;
12     else if (v[mid] < x)
13         return Bsearch(v, x, mid+1, right);
14     else
15         return Bsearch(v, x, left, mid-1);
16 }
17
18 int main()
19 {
20     int a[] = {2, 5, 6, 7, 9, 11, 12, 15, 19, 34};
21     int x, n, num;
22     num = sizeof(a)/sizeof(a[0]);
23     printf("찾을 데이터를 입력하시오 : ");
24     scanf("%d", &x);
25     n = Bsearch(a, x, 0, num-1);
26     if ( n < 0)
27         printf("찾으시는 데이터 %d는 없습니다.\n", x);
28     else
29         printf("%d은(는) %d번째에 있습니다. \n", x, n);
30 }
```

해설

4~16: Bsearch 함수 원형 선언, 이 함수를 사용하기 전에 미리 정의하게 되면 함수원형을 선언하지 않아도 된다. 여기서는 main 함수에서 사용하며, 그 이전에 미리 정의되어 있다.

13: 자기 자신을 다시 호출. 찾고자 하는 값이 현재 위치보다 왼쪽에 있을 때, 즉 값이 작을 때.

15: 자기 자신을 다시 호출. 찾고자 하는 값이 현재 위치보다 오른쪽에 있을 때, 즉 값이 클 때.

18: main 함수 정의, main 함수는 프로그램 내에 어디에 있든지 상관없다. 다만 사용되는 다른 함수들은 함수 원형을 앞에 선언하거나 사용하기 전에 함수를 정의하여야 한다.

20: 정렬된 데이터

22: 배열의 크기 계산

25: Bsearch함수 호출, a는 배열, x는 찾고자하는 데이터, 0은 시작 위치, num-1은 끝 위치.

Notice bsearch함수는 stdlib.h에 정의되어 있는 표준함수이다. 여기서는 그 함수와는 달리 만들어 본 것이다. bsearch함수에 대해서는 좀 뒤에 알아보자. bsearch는 binary search이며 2진 검색이라 한다. 2진 검색은 데이터를 반씩 나누어서 빠르게 검색하는 방법으로서 재귀적으로 사용하기에 적당하다.

실행 결과

```
E:₩소스₩Ch08₩08-05-4.exe
찾을 데이터를 입력하시오 : 11
11은(는) 5번째에 있습니다.
```

예제 08-05-5 재귀함수를 이용하여 10진수를 2진수로 바꾸어 출력하는 프로그램

```c
1  #include <stdio.h>
2  void dec2bin(int);
3  
4  int main()
5  {
6      int data;
7      printf("정수 입력: ");
8      scanf("%d", &data);
9      dec2bin(data);
10 }
11 
12 void dec2bin(int x)
13 {
14     if ( !x )
15         return;
16     dec2bin(x/2);
17     printf("%d", x%2);
18 }
```

해설

9: 재귀함수 호출

14: x가 0이면 재귀 호출을 끝낸다.

16: 몫을 다시 재귀함수로 호출한다.

17: 2로 나눈 나머지를 출력한다.

실행 결과

```
E:₩소스₩Ch08₩08-05-5.exe
정수 입력: 253
11111101
```

유제 08-05-1 조합을 계산하는 프로그램을 재귀함수로 작성하라.

$$ {}_nC_r = \frac{n!}{r!(n-r)!} = {}_nC_{n-r} = {}_{n-1}C_{r-1} $$

유제 08-05-2 정수를 입력하면 각 자리수의 합을 구하는 프로그램을 재귀함수를 이용하여 작성하라.

유제 08-05-3 <예제 08-05-5>를 32비트 모두를 출력할 수 있도록 수정하라. 힌트, 비트 연산자(>>, &)를 사용한다.

08-06. main 함수의 매개변수

main 함수도 함수이므로 매개변수를 받을 수 있다. main 함수의 매개변수는 2개이며, 첫 번째 매개변수는 매개변수의 개수이고, 두 번째 매개변수는 입력된 매개변수의 2차원 문자배열이 된다. 실제 입력되는 매개변수는 모두 문자열로 입력된다. 매개변수는 명령어 입력 줄에서 실행할 때 입력되는 값들이다. 대부분의 통합 컴파일러 환경에서는 실행 시 통합 환경에서 매개변수를 지정할 수 있도록 되어 있다.

```
int main(int argc, char *argv[]) {
    ...
}
```

여기서 argc는 입력된 매개변수의 개수를 나타내며, argv는 입력된 매개변수가 하나씩 문자열로 저장된 문자열 배열이다. argv[0]에는 자기 자신의 실행파일이름이 저장되며, argc[1]부터 실제 입력된 문자열을 저장한다.

예제 08-06-1 argc, argv값의 출력 예

```
1 #include <stdio.h>
2 int main(int argc, char * argv[])
3 {
4     int i;
5     printf("argc = %d\n", argc);
6     for (i=0; i< argc; ++i)
7         printf("argv[%d] = %s\n",i, argv[i]);
8 }
```

해설

2: main 함수의 매개변수를 사용한다.

5: argc의 값을 출력한다.

6, 7: argv의 값을 출력한다.

Notice 실행은 명령 프롬프트에서 결과와 같이 입력하는 방법과 통합 개발환경에서 입력하는 방법이 있다. 입력되는 데이터들의 구분은 공백을 기준으로 한다. 따라서 결과에서 보는 바와 같다. argv[0]에는 자기 자신의 함수이름이 들어가고, 나머지 argv[1]부터 실제 입력된 값이 저장된다. 단 모든 값은 문자열로 저장된다.

실행 결과

명령 프롬프트

```
E:₩소스₩Ch08>08-06-1 This is arguments of main 100 200
argc = 8
argv[0] = 08-06-1
argv[1] = This
argv[2] = is
argv[3] = arguments
argv[4] = of
argv[5] = main
argv[6] = 100
argv[7] = 200
```

예제 08-06-2 main 함수의 매개변수로 16진수를 읽어 10진수로 나타낸다.

```
#include <stdio.h>
int main(int argc, char * argv[])
{
    unsigned int i, dec=0;
    if (argc !=2) {
        printf("사용방법 : \n\t mainargs 16진수\n");
        return 0;
    }
```

```
9         sscanf(argv[1], "%x", &dec);                  // 문자열 argv[1]에서 16진수를 읽음
10
11        printf("16진수 %s의 10진수 값은 %d이다.\n", argv[1], dec);
12    }
```

해설

2: main 함수의 매개변수를 사용한다.

5~8: argc가 2가 아니면 사용법을 출력하고 프로그램을 끝낸다.

9: argv[1]에서 16진수로 값을 읽어 dec에 저장한다.

Notice sscanf를 이용하여 바로 값을 변수에 읽어 들일 수 있다. 다른 방법을 사용하게 되면 프로그램이 길어지게 된다. 즉, 일일이 한 글자씩 문자열을 읽어 10진수로 바꾸려면 힘들다.

실행 결과

명령 프롬프트

```
E:₩소스₩Ch08>08-06-2 5af2d
16진수 5af2d의 10진수 값은 372525이다.
```

예제 08-06-3 main 함수의 매개변수로 2진수를 읽어 10진수로 나타낸다.

```
#include <stdio.h>
#include <string.h>
int bin2dec(char *);                                // 2진수 문자열을 10진수로 변환
int is32digit_binary(char *);                       // 32자리인지 확인하는 함수

int main(int argc, char * argv[])
{
    char a[100];
    if (argc !=2) {
        printf("사용방법 : \n\t mainargs 2진수\n");
        return 0;
    }
    sscanf(argv[1], "%[01]", a);                    // 0과 1만 입력으로 받아들임.
    if (is32digit_binary(a))
        printf("2진수 %s의 10진수 값은 %d\n", a, bin2dec(a));
}

/* 2진수 배열을 10진수로 변경시키는 함수 */
int bin2dec(char *x)
{
```

```c
21      int i, dec=0, exp=1, size;
22      size = strlen(x);
23      for (i=size-1; i>=0; i--) {      // 2진수 뒤에서부터 카운트한다.
24          // 해당하는 자릿수가 1일 때만 2의 해당 누승을 더해준다.
25          if (x[i] == '1')
26              dec |= exp;
27          exp <<= 1;                  // 루프를 한 번씩 돌 때마다 2를 곱해준다.
28      }
29      return dec;
30  } // 전에 작성했던 함수를 다시 사용
31
32  /* 문자열 x가 제대로 입력되었는지를 검사하는 함수 */
33  int is32digit_binary(char *x)
34  {
35      if ( strlen(x) > 32 ) {
36          printf("32자리를 초과하였습니다!!!\n");
37          return 0;
38      }
39      return 1;
40  }       // 전에 작성했던 함수를 다시 사용
```

해설

6: main 함수의 매개변수를 사용한다.
9~12: argc가 2가 아니면 사용법을 출력하고 프로그램을 끝낸다.
13: argv[1]에서 sscanf 함수를 이용하여 0과 1이 있는 곳까지만 읽어 들인다.
Notice 나머지 함수에 대한 설명은 앞에서 찾아보기 바란다.

실행 결과

```
명령 프롬프트
E:₩소스₩Ch08>08-06-3 1101001011001010110
2진수 1101001011001010110의 10진수 값은 431702
```

유제 08-06-1 main 함수에서 주민등록번호를 읽어 들여 생년월일과 성별을 알아내는 프로그램을 작성하라.

참고: Dev-Cpp 5.6.3에서 통합환경에서 매개변수 지정

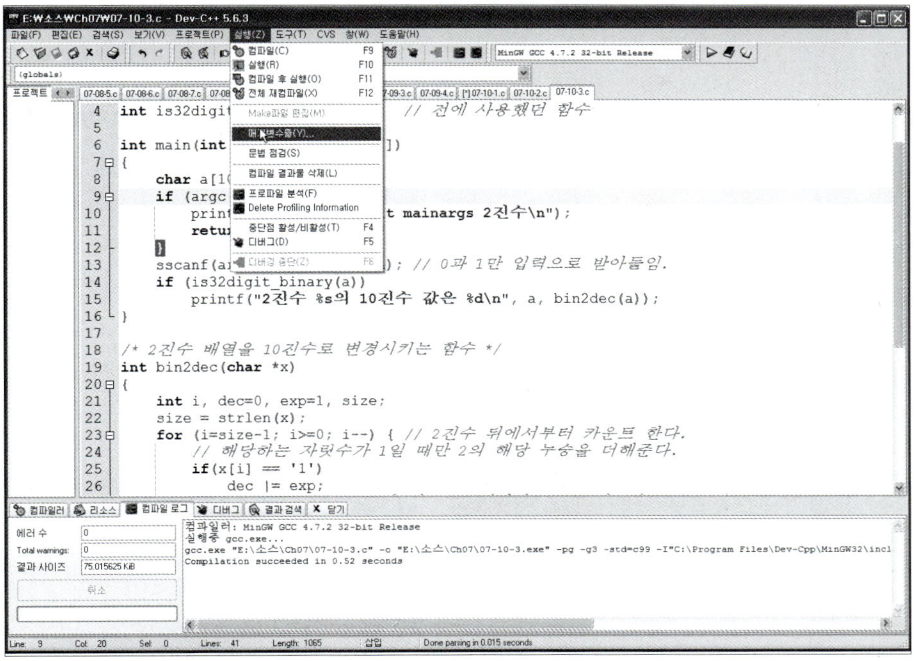

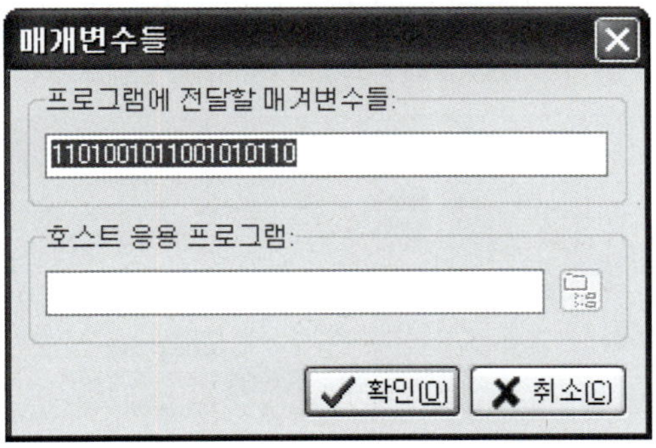

참고: visual studio 2013에서 매개변수 설정

- 솔루션 탐색기의 프로젝트 이름에 마우스 오른쪽 버튼 클릭
- 맨 아래쪽의 "속성" 클릭
- "속성"페이지가 나타나면 "구성 속성" → "디버깅" → "명령인수"에 매개변수를 기입한다.

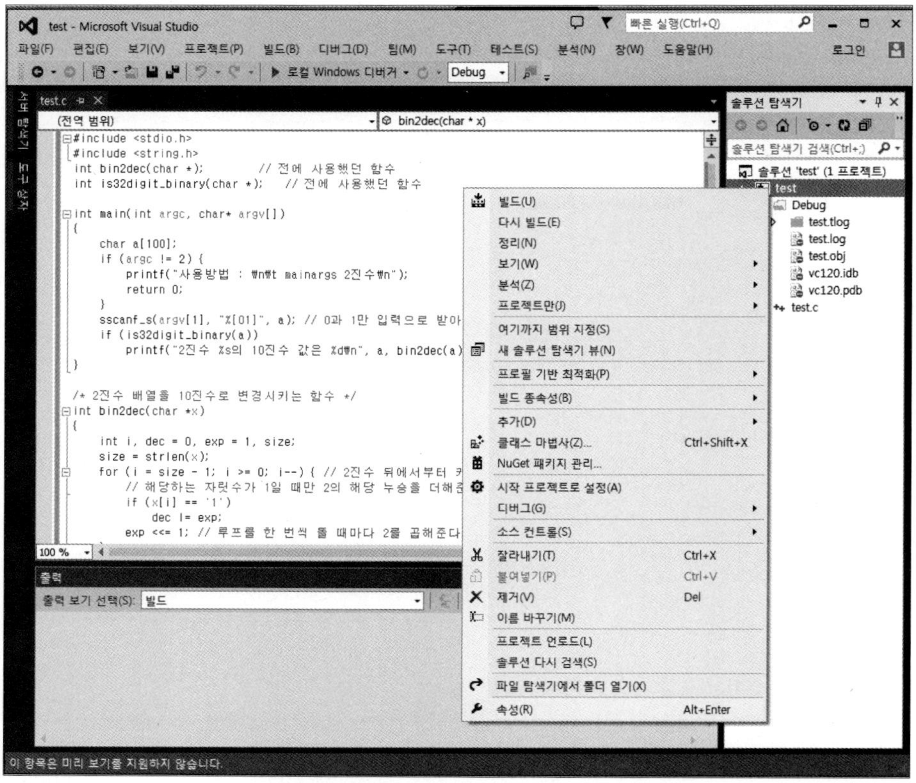

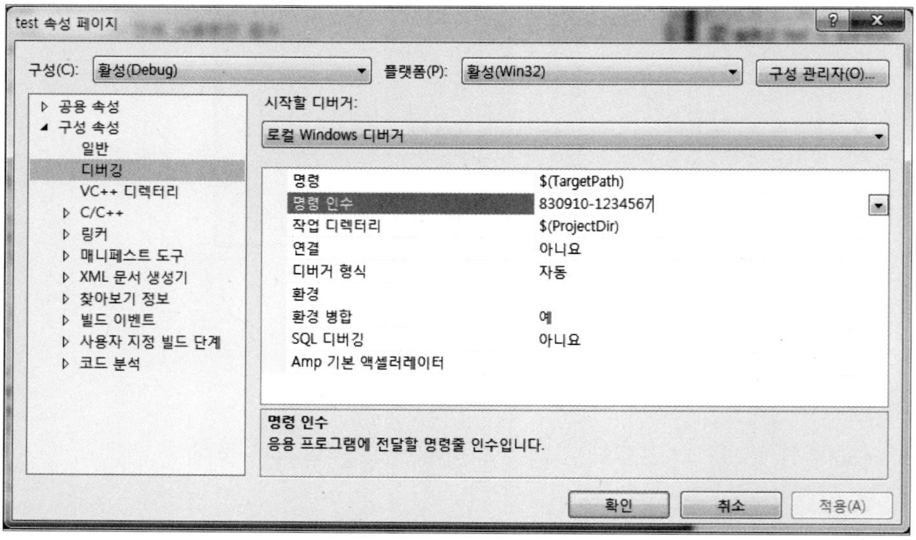

08-07. 스토리지 클래스

❖ 스토리지 클래스(Storage Class)와 변수의 통용범위

Storage Class	존속주기	통용범위	연결성	선언하는 위치와 키워드
automatic	자동 (automatic)	블록	없음	블록 내부에 선언 (키워드 auto 또는 없음)
register	자동	블록	없음	블록 내부에 선언 (키워드 register 사용)
static (외부연결)	고정 (Static)	파일	외부	모든 함수 외부에 선언 (키워드 없음)
static (내부연결)	고정	파일	내부	모든 함수 외부에 선언 (키워드 static 사용)
static (연결없음)	고정	블록	없음	블록 내부에 선언 (키워드 static 사용)

❖ 선언위치에 따른 구분

• 함수 내부 선언(지역변수:local variables)

변수 형태	설명
auto 변수	키워드 없이 선언하거나 auto 키워드 사용하여 선언한다. 함수 내에서만 참조 가능하고, 함수 종료 시 제거된다.
register 변수	키워드 register를 사용하며, 특별히 속도를 요하는 변수에 사용하며 자주 쓰지 않으며, 많은 변수를 register변수로 선언하면 의미가 없어진다.
static 변수	함수 내에서 static 키워드로 선언하며, 함수 내에서만 참조 가능하고, 함수가 종료되어도 그 값을 유지한다.

• 함수 외부 선언(전역변수:global variables)

: 전역변수는 모두 static 변수이며, 통용 범위에 따라 두 가지로 구분한다.

참조 여부	설명
외부 참조 가능	키워드 없이 선언한다. 이 변수를 다른 파일에서 참조할 때는 extern 키워드를 이용하여 연결 사용할 수 있다.
외부 참조 불가능	static 키워드 사용하여 선언하며 변수가 속한 파일 내에서만 참조 가능하다.

❖ 변수의 구분 형태

사용영역에 따른 분류	지역변수(local), 전역변수(global)
생존기간에 따른 분류	자동변수(auto), 정적변수(static)

예제 08-07-1 자동변수의 선언 및 통용범위

```
1  #include <stdio.h>
2  int main(void)
3  {
4      auto int a=5, b=10;          // 함수 내에서의 지역변수 선언
5      {                            // 블록 시작
6          int hap;                 // 블록 내에서의 지역변수 hap 선언
7          hap = a + b;
8          printf("%3d\n", hap);
9      }        // 블록 끝
10     printf("a=%d, b=%d\n", a, b);
11     printf("hap=%d\n", hap);        // 블록 밖에서는 hap변수를 사용할 수 없음. 컴파
                                         일 시 error 발생
12 }            // 자동변수는 그 변수가 속한 블록이나 함수를 벗어나면 사라짐
```

해설

3: main 함수의 매개변수에 void라고 하는 것은 매개변수가 없다는 의미이다. 여기서 void는 생략할 수 있다.
4: 자동변수 a, b 선언, auto는 보통 생략한다.
5: 블록의 시작, 이렇게 쓰는 경우는 드물지만 가능하다.
6: 블록 내에서 자동변수 선언. auto는 생략하였다.
8: 블록 내에서는 사용 가능하다.
11: 블록 밖에서 hap변수는 사용 불가능이다. 따라서 컴파일 시 변수가 선언되지 않았다고 에러가 난다.

Notice while, for, do~while, switch~case등에서 {}가 블록이다. 함수도 물론 블록에 해당한다.

실행 결과

없음. 컴파일 시 에러 발생

예제 08-07-2 레지스터 변수 사용

```
1  #include <stdio.h>
2
3  int main(void)
4  {
5      register int sum=0, i;
6      for (i=0; i<1000; i++)
7          sum += i;
8      printf("sum=%d\n", sum);
9  }
```

해설

5: 레지스터 변수 sum, i선언

6, 7: 레지스터 변수를 이용하여 0부터 999까지의 합을 구한다.

Notice 레지스터 변수는 잘 사용되지 않는다. 레지스터의 개수가 한정되어 있고, 변수의 개수가 많으면 별 의미가 없어지게 된다.

실행 결과

```
E:₩소스₩Ch08₩08-07-2.exe
sum=499500
```

예제 08-07-3 지역변수로서 자동변수와 정적변수의 차이점

```
#include <stdio.h>
void sub(void)
{
    int count=1;            // 자동(auto local) 변수
    static int s_count=1;
    // 지역변수로 선언된 정적(static local)변수
    printf("count=%d s_count=%d\n", count, s_count);
    count++;                // count 값은 함수가 끝나면 없어짐
    s_count++;              // s_count값은 그대로 유지됨
}

int main(void)
{
    int a;                  // 지역(auto local) 변수
    for (a=1; a<=5; a++)
        sub();
}
```

해설

2~10: sub함수 정의

4: 자동변수 count 선언. 자동변수는 초깃값을 주지 않으면 쓰레기 값이 지정된다. 자동변수는 함수가 호출될 때 매번 새로 생성되고 함수가 끝나면 없어진다.

5: 정적변수 s_count선언. 정적변수는 초깃값을 주지 않으면 0으로 지정된다. 정적변수는 함수가 처음 호출될 때 한 번만 생성하고 그 값을 계속 유지한다.

7: 따라서 count는 매번 호출될 때마다 1을 초깃값으로 하므로 항상 1이 된다. 그러나 정적변수는 처음에만 1이고, 계속 그 값을 유지하면서 출력한다.

8: 자동변수 count는 값이 변해도 이 함수가 끝나면 없어지고, 다시 호출되면 초깃값이 1로 설정된다.

9: 정적변수 s_count는 값이 변하면 그 값을 계속 유지한다.

16: main 함수에서 sub함수 다섯 번 호출.

실행 결과

E:₩소스₩Ch08₩08-07-3.exe

```
count=1  s_count=1
count=1  s_count=2
count=1  s_count=3
count=1  s_count=4
count=1  s_count=5
```

예제 08-07-4 전역변수 선언

```
#include <stdio.h>
void change_var();

int x;              // 전역변수

int main()
{
    x = 10;         // 전역변수 사용
    printf("x=%d\n", x);
    change_var();
    printf("x=%d\n", x);
}

void change_var()
{
    x = 20;         // 전역변수 사용
}
```

해설

4: 전역변수 선언, 전역변수는 모든 함수보다 위에 선언하는 것이 일반적이다.
8: main 함수에서 전역변수 사용
9: 전역변수 출력
10: 함수 호출
11: 전역변수 출력
16: 함수에서 전역변수 값 수정
Notice 전역변수는 그 변수가 선언된 이후부터는 어디서든지 사용할 수 있다.

실행 결과

```
E:₩소스₩Ch08₩08-07-4.exe
x=10
x=20
```

예제 08-07-5 전역변수의 선언 위치에 따른 문제

```
1  #include <stdio.h>
2  void change_var();
3  
4  int main()
5  {
6      x = 10;        // 컴파일할 때 에러 발생, 선언을 뒤쪽에 했음
7      printf("x=%d\n", x);
8      change_var();
9      printf("x=%d\n", x);
10 }
11 
12 int x;             // 전역변수, 선언된 이후부터 사용 가능
13 
14 void change_var()
15 {
16     x = 20;        // 전역변수 사용
17 }
```

해설

6: x 변수 사용, 변수가 선언되지 않았다고 에러메시지 발생
12: 전역변수 선언, 선언된 시점 이후부터 사용 가능
16: 전역변수 사용
Notice 전역변수는 그 변수가 선언된 이후부터는 어디서든지 사용할 수 있다.

실행 결과

```
없음. 컴파일 시 에러 발생
```

❖ 전역변수의 선언 위치에 따른 문제

프로젝트에 여러 파일을 사용할 때 다른 파일에 있는 전역변수를 끌어다 사용하고자 할 때도 "exterm"이란 키워드를 사용하여야 한다. 선언하지 않고 그냥 다른 파일의 전역변수를 쓸 수 없으며, 이때는 컴파일이 되지 않고 에러가 발생한다. 전역변수를 "static"으로 선언하였을 경우에는 "extern"으로도 끌어 쓸 수 없다. 전역변수를 static로 선언하면 그 파일 안에서만 사용 가능하다.

예제 08-07-6 전역변수의 선언 위치에 따른 문제

```c
#include <stdio.h>
void change_var();

int main()
{
    extern int x;
    // 전역변수가 아래쪽, 또는 다른 파일에 선언되었을 때, 공유하는 법
    x = 30;
    printf("x=%d\n", x);
    change_var();
    printf("x=%d\n", x);
}

int x;          // 전역변수 선언

void change_var()
{
    x = 20;
}
```

해설

6: 전역변수가 아래쪽에 선언된 경우 그 변수를 사용하려면 extern이란 키워드를 사용한다.
14: 전역변수 선언, 선언된 시점 이후부터 사용가능하다. 그러나 위쪽에서도 extern이란 키워드를 사용하면 사용할 수 있다.
17: 물론 아래쪽에서는 당연히 사용가능하다.
Notice 전역변수는 그 변수가 선언된 이후부터는 어디서든지 사용할 수 있다.

실행 결과

```
E:₩소스₩Ch08₩08-07-6.exe
x=30
x=20
```

❖ 정적함수(static function)

정적함수는 같은 파일내의 다른 함수에서만 사용할 수 있으며, 프로젝트 내의 다른 파일에서는 사용할 수 없다.

예제 08-07-7 정적함수의 사용 예

```
// 파일 이름: main.c
#include <stdio.h>
static void Func1(void);
void Func2(void);

int main()
{
    Func1();    // 이 함수는 정적 함수이므로 파일이 다르면 사용할 수 없다.
    Func2();    // 이 함수는 정적 함수가 아니므로 사용할 수 있다.
}
```

```
// 파일 이름: funcs.c
#include <stdio.h>

static void Func1(void) {
    puts("Func1 called");
}

void Func2(void) {
    puts("Func2 called");
}
```

해설

3, 4 : 두 함수의 원형 선언
8: 파일 이름이 다르다. 그리고 Func1은 static로 함수가 선언되었으므로, 같은 프로젝트 내라고 하더라도 파일이 다르면 사용할 수 없다. static을 제거하고 실행하면 결과와 같이 된다.
9: static이 아닌 함수로 선언된 Func2는 사용할 수 있다.

Notice 이 예에서는 두 개의 파일로 나누어 프로젝트로 생성하였다. 두 개의 파일 모두에서 static을 제거하고 컴파일하면 실행된다. 파일이 다를 때는 프로젝트에 파일을 추가하여 사용하여야 한다.

실행 결과

```
E:₩소스₩Ch08₩08-07-7.exe
Func1 called
Func2 called
```

유제 08-07-1 앞쪽의 재귀함수 중 print_series함수를 이용하여 이 함수가 몇 번 호출되는지 출력해 보라.

08-08. 표준함수 qsort와 bsearch 사용하는 방법

qsort() 함수는 퀵 소트(quick sort)를 수행하는 표준함수이며, bsearch() 함수는 2진 검색(binary search)을 수행하는 표준함수로 stdlib.h 헤더파일에 정의되어 있다. 이 함수들은 유용한 함수이지만 사용하는 방법이 조금 까다롭다. 두 함수 모두 어떠한 데이터에 대해서도 모두 사용할 수 있으나 사용되는 데이터 형에 따라 비교하는 함수를 따로 정의해야 하는 문제가 있다. 다음의 예제들을 통해서 이들 함수를 사용하는 방법을 익혀보자.

예제 08-08-1 qsort함수를 이용한 정수 배열 정렬

```
/* qsort example */
#include <stdio.h>
#include <stdlib.h>
int values[] = { 40, 10, 100, 90, 20, 25 };

```

```
6  int compare (const void * a, const void * b) {
7      return ( *(int *)a - *(int *)b );
8  }
9
10 int main ()
11 {
12     int n;
13     qsort (values, 6, sizeof(int), compare);
14     for (n=0; n<6; n++)
15         printf ("%d ",values[n]);
16 }
```

해설

3: qsort함수는 stdlib.h 헤더 파일에 정의되어 있다.

4: 정렬되지 않은 배열 선언

6~8: qsort함수는 모든 데이터에 대해서 정렬이 가능하다. qsort함수를 사용하기 전에 데이터 비교함수를 만들어야 한다. 이 함수는 정수데이터를 비교하는 함수이며, 반환 값은 두 데이터를 비교하여 대소를 나타내는 정수 값이다. 앞의 데이터가 크면 양수, 두 개가 같으면 0, 뒤의 데이터가 크면 음수를 반환하도록 만들어야 한다. 다른 데이터 형을 비교할 때도 마찬가지이다.

13: qsort함수를 호출한다. 첫 번째 매개변수는 정렬할 배열, 두 번째 매개변수는 배열에 포함된 데이터의 개수, 세 번째 매개변수는 한 데이터가 메모리에서 차지하는 크기, 네 번째 매개변수는 비교함수이다.

14, 15: 결과를 출력해 보면 데이터가 정렬되어 있음을 알 수 있다.

Notice qsort와 뒤에 설명할 bsearch함수를 잘 사용하면 아주 편리하게 데이터 정렬 및 검색을 할 수 있다.

실행 결과

```
E:₩소스₩Ch08₩08-08-1.exe
10 20 25 40 90 100
```

예제 08-08-2 qsort함수를 이용한 문자열 배열 정렬

```
#include <stdio.h>
#include <string.h>
#include <stdlib.h>
static int compare(const void *a, const void *b);

int main()
{
```

```
8      char line[1024];
9      char *line_array[] = {"grape", "pear", "banana", "apple",
10                 "orange", "grapefruit"};
11     int j = 0;
12     qsort(line_array, 6, sizeof(char *), compare);
13     while(j < 6)
14         printf("%s\n", line_array[j++]);
15 }
16
17 static int compare(const void *a, const void *b) {
18     return strcmp(*(char **)a, *(char **)b);
19 }
```

해설

4: 문자열 비교함수 원형 선언

9, 10: 정렬되지 않은 문자열 배열 선언

12: qsort함수를 호출한다. 첫 번째 매개변수는 정렬할 배열, 두 번째 매개변수는 배열에 포함된 데이터의 개수, 세 번째 매개변수는 한 데이터가 메모리에서 차지하는 크기, 네 번째 매개변수는 비교함수이다.

13, 14: 결과를 출력해 보면 데이터가 정렬되어 있음을 알 수 있다.

17: qsort에 사용할 문자열 비교함수 선언. 문자열은 단순 비교가 안 되므로 strcmp함수를 활용한다.

실행 결과

```
E:₩소스₩Ch08₩08-08-2.exe
apple
banana
grape
grapefruit
orange
pear
```

예제 08-08-3 qsort함수를 이용한 실수 배열 정렬

```
#include <stdlib.h>
#include <stdio.h>
// 실수를 비교하는 함수!
int compare_doubles (const double * x, const double * y)
{
    if (*x > *y)
        return 1;
```

```
8             return 1;
9         else if (*x < *y)
10            return -1;
11        else
12            return 0;
13    }
14
15    int main ()
16    {
17        int i=0;
18        double a[] = {29.3, 493.2, 9.89, 8393.4, 2939.4, 0.002,
19                 1929.3, 18.1};
20        qsort(a, 8, sizeof(double), compare_doubles);
21        printf("after sorting:\n");
22        for (i=0;i<8;i++)
22            printf("%f\n",a[i]);
23    }
```

해설

4~12: qsort에 사용할 실수 비교함수 선언

17, 18: 정렬되지 않은 실수 배열 선언

19: qsort함수를 호출한다. 첫 번째 매개변수는 정렬할 배열, 두 번째 매개변수는 배열에 포함된 데이터의 개수, 세 번째 매개변수는 한 데이터가 메모리에서 차지하는 크기, 네 번째 매개변수는 비교함수이다.

21, 22: 결과를 출력해 보면 데이터가 정렬되어 있음을 알 수 있다.

실행 결과

```
E:₩소스₩Ch08₩08-08-3.exe
after sorting:
0.002000
9.890000
18.100000
29.300000
493.200000
1929.300000
2939.400000
8393.400000
```

예제 08-08-4 bsearch 함수를 이용한 정수 데이터 검색

```c
1  /* bsearch example */
2  #include <stdio.h>
3  #include <stdlib.h>
4
5  int compare_ints (const void * a, const void * b)
6  {
7      return ( *(int *)a - *(int *)b );
8  }
9
10 int values[] = { 10, 20, 25, 40, 90, 100 };      // 미리 정렬이 되어 있어야 한다.
11 // 그렇지 않으면 정렬한 다음에 사용하여야 한다.
12
13 int main ()
14 {
15     int * pItem;
16     int key = 40;
17     pItem = (int *) bsearch (&key, values, 6, sizeof(int), compare_ints);
18     if (pItem!=NULL)
19         printf ("%d is in the array.\n", *pItem);
20     else
21         printf ("%d is not in the array.\n", key);
22 }
```

해설

5~8: bsearch 함수에 사용할 정수 비교함수 선언

10: 정렬되어 있는 정수 배열

17: bsearch 함수를 호출한다. 첫 번째 매개변수는 찾을 데이터, 두 번째 매개변수는 정렬되어 있는 배열, 세 번째 매개변수는 배열에 포함된 데이터의 개수, 네 번째 매개변수는 한 데이터가 메모리에서 차지하는 크기, 다섯 번째 매개변수는 비교함수이다.

18, 19: 검색이 되었다면 검색된 데이터 출력

20, 21: 검색이 되지 않았을 때 출력할 메시지

Notice bsearch는 qsort와 사용방법이 유사하다. 다만 맨 앞에 검색 키가 하나 더 들어간다.

실행 결과

```
E:\소스\Ch08\08-08-4.exe
40 is in the array.
```

예제 08-08-5 bsearch 함수를 이용한 문자열 데이터 검색

```
1  /* bsearch example with strings */
2  #include <stdio.h>
3  #include <stdlib.h>
4  #include <string.h>
5
6  char strvalues[][20] = {"some", "example", "strings", "here"};
7  // 정렬되어 있지 않으므로 정렬한 후 검색한다.
8
9  int main ()
10 {
11     char * pItem;
12     char key[20] = "example";
13     /* 문자열 배열이 정렬되어 있지 않으므로 정렬한다. */
14     qsort (strvalues, 4, 20, (int(*)(const void*, const void*)) strcmp);
15     /* 정렬된 문자열에 대해서 2진 검색을 한다. */
16     pItem = (char *) bsearch (key, strvalues, 4, 20,
17             (int(*)(const void*, const void*)) strcmp);
18
19     if (pItem!=NULL)
20         printf ("%s is in the array.\n", pItem);
21     else
22         printf ("%s is not in the array.\n", key);
23 }
```

해설

6: 문자열 배열 선언, 정렬되어 있지 않다. bsearch를 사용하기 위해서는 먼저 정렬하여야 한다.
14: 문자열을 qsort함수를 이용하여 정렬한다. 이 때 비교함수를 따로 쓰지 않고 strcmp를 바로 사용한다.
16, 17: bsearch 함수를 호출한다. 비교함수를 쓰지 않고 바로 strcmp를 이용한다.
19, 20: 검색이 되었다면 검색된 데이터 출력
21, 22: 검색이 되지 않았을 때 출력할 메시지

실행 결과

```
E:₩소스₩Ch08₩08-08-5.exe
example is in the array.
```

예제 08-08-6 qsort를 모든 데이터를 비교하기 위해 하나로 통합하여 쓴다.

```
/* qsort all in 1*/
#include <stdio.h>
#include <string.h>
#include <stdlib.h>

int (*compare) (const void *, const void *);              // 함수의 포인터
// 모든 함수를 동일함 형태로 다시 만든다.
int compare_ints (const void * a, const void * b) {
    return ( *(int *)a - *(int *)b );
}
// 모든 함수를 동일함 형태로 다시 만든다.
int compare_strings (const void *a, const void *b) {
    return strcmp(*(char **)a, *(char **)b);
}

// 모든 함수를 동일함 형태로 다시 만든다.
int compare_doubles (const void * x, const void * y) {
    if (*(double *)x > *(double *)y)
        return 1;
    else if (*(double *)x < *(double *)y)
        return -1;
    else
        return 0;
}
// 초기값, 정렬되지 않은 값을 미리 배열에 저장해 둔다.
int values[] = { 40, 10, 100, 90, 20, 25 };
char *line_array[] = {"grape", "pear", "banana", "apple", "orange", "grapefruit"};
double a[] = {29.3, 493.2, 9.89, 8393.4, 2939.4, 0.002, 1929.3, 18.1};

int main ()
{
    int i = 0;
    compare = compare_ints;                       // 함수의 포인터에 정수 비교함수 대입
    qsort (values, 6, sizeof(int), compare); // 정수 정렬
    printf("정수 정렬 :\n");
    for (i=0; i<6; i++)
        printf ("%d ",values[i]);
    printf("\n\n");

    compare = compare_strings;                    // 함수의 포인터에 문자열 비교함수 대입
```

```c
41      qsort(line_array, 6, sizeof(char *), compare);
42      printf("문자열 정렬 :\n");
43      for (i=0; i<6; i++)
44          printf("%s  ", line_array[i]);
45      printf("\n\n");
46
47      compare = compare_doubles;              // 함수의 포인터에 실수 비교함수 대입
48      qsort(a, 8, sizeof(double), compare);
49      printf("실수 정렬 :\n");
50      for (i=0;i<8;i++)
51          printf("%7.1f  ",a[i]);
52      printf("\n\n");
53  }
```

해설

6: 함수 포인터를 정의, 이 함수 포인터를 이용하여 서로 다른 비교함수를 필요에 따라 이름을 바꿔 쓴다.
8~10: 정수 비교함수 정의
12~14: 문자열 비교함수 정의
17~24: 실수 비교함수 정의
26~28: 초깃값을 가진 정수, 문자열, 실수 배열 선언
33: 함수 포인터 compare에 정수 비교함수인 compare_ints 대입
34: 정수 배열 정렬
36, 37: 정렬된 정수 배열 출력
40: 함수 포인터 compare에 문자열 비교함수인 compare_strings 대입
41: 문자열 배열 정렬
43, 44: 정렬된 문자열 배열 출력
47: 함수 포인터 compare에 실수 비교함수인 compare_doubles 대입
48: 실수 배열 정렬
50, 51: 정렬된 실수 배열 출력

실행 결과

```
E:₩소스₩Ch08₩08-08-6.exe
정수 정렬 :
10 20 25 40 90 100

문자열 정렬 :
apple  banana  grape  grapefruit  orange  pear

실수 정렬 :
    0.0     9.9    18.1    29.3   493.2  1929.3  2939.4  8393.4
```

유제 08-08-1 bsearch를 앞의 "qsort all in 1"처럼 함수 포인터를 이용하여 정수와 실수 비교함수를 이용하여 처리하는 프로그램을 작성하라.

08-09. 가변 인수를 사용하는 함수

가변 인수(매개변수)는 함수의 매개변수의 개수가 지정되지 않은 경우에 사용하는 방법이다. 가변 인수를 사용하려면 표준 헤더 파일인 stdarg.h를 포함하여야 한다. 이 헤더 파일에 가변 인수와 관련된 여러 가지 매크로가 정의되어 있다. va_list는 데이터형을 재정의한 것이며, va_start(), va_arg(), va_end()는 매크로로 정의되어 있다. va_start()는 가변 인수의 시작을 지시하며, va_arg()는 인수를 하나씩 읽어 내는 매크로이고, va_end()는 가변 인수의 처리가 끝났음을 알려준다. 이러한 가변 인수를 사용하는 표준함수로 printf, scanf, sprintf, sscanf, fprintf, fscanf 등의 입출력함수에서 찾아 볼 수 있다. 표준 헤더 파일인 stdio.h에 보면 이러한 형식으로 함수 원형이 정의되어 있는 것을 찾을 수 있다. 그러나 실제로는 가변 인수를 사용하는 경우는 많이 찾아볼 수 없다. 이러한 형태를 쓰지 않더라도 프로그램이 가능하므로 크게 신경 쓸 필요는 없을 것으로 생각된다.

예제 08-09-1 개수에 관계없이 덧셈하는 프로그램(정수)

```
#include <stdio.h>
#include <stdarg.h>

int sum(int nargs, ...);              // 가변 인수를 사용하는 함수 원형 선언

int main(void)
{
    int s1, s2;

    /* 1부터 5까지 더한 값을 s1에 저장. */
    s1 = sum(5, 1, 2, 3, 4, 5);
```

```
12
13      printf("s1 = %d\n", s1);
14      /* 100, 200, 300을 더한 값을 s2에 저장. */
15      s2 = sum(3, 100, 200, 300);
16      printf("s2 = %d\n", s2);
17  }
18
19  int sum(int nargs, ...)
20  {
21      va_list argptr;
22      int i, total = 0;
23
24      va_start(argptr, nargs);                /* 가변 인자 처리 시작 */
25
26      for (i = 0; i < nargs; i++)
27          total += va_arg(argptr, int);       /* 하나씩 가변 인자 얻기 */
28      va_end(argptr);                         /* 가변 인자 처리 끝 */
29      return total;
30  }
```

해설

2: 함수 원형 선언

8: 함수 StrLen 호출

11~19: 문자열의 길이를 구하는 함수. 함수는 설명문에 작성한 것처럼 해도 된다.

14~17: 문자열의 길이를 구하는 루프

Notice 첫 번째 매개변수는 반드시 지정되어야 한다.

실행 결과

```
E:₩소스₩Ch08₩08-09-1.exe
s1 = 15
s2 = 600
```

예제 08-09-2 개수에 관계없이 출력하는 프로그램

```
#include <stdio.h>
#include <stdarg.h>

void printargs(int arg1, ...)          /* 모든 매개변수를 출력한다. 끝은 -1이다. */
{
```

```
6      va_list ap;
7      int i;
8
9      va_start(ap, arg1);
10     for (i = arg1; i != -1; i = va_arg(ap, int))
11         printf("%d ", i);
12     va_end(ap);
13     putchar('\n');
14 }
15
16 int main(void)
17 {
18     printargs(5, 2, 14, 84, 97, 15, 24, 48, -1);
19     printargs(84, 51, -1);
20     printargs(-1);
21     printargs(1, -1);
22 }
```

해설

4: 가변 인수를 사용하는 함수 선언, 함수가 사용되기 전에 선언되면 함수원형을 쓰지 않아도 된다.
5: 가변 인수의 시작 포인터 변수 선언
9: va_start는 가변 인수의 시작을 알리는 매크로, 첫 번째 인수를 얻어 온다.
10: 두 번째 인수부터 하나씩 가져온다. 가져올 인수의 데이터형이 int임을 나타낸다. 읽어온 값이 -1이 될 때까지 계속한다.
12: 가변 인수의 처리가 끝났음을 나타낸다.

실행 결과

E:₩소스₩Ch08₩08-09-2.exe

```
5 2 14 84 97 15 24 48
84 51

1
```

예제 08-09-3 개수에 관계없이 최댓값을 구하여 출력하는 프로그램

```
#include <stdlib.h>
#include <stdarg.h>
#include <stdio.h>

int maxof(int, ...) ;
```

```
6  void f(void);
7
8  int main() {
9      f();
10 }
11
12 int maxof(int n_args, ...) {
13     register int i;
14     int max, a;
15     va_list ap;
16
17     va_start(ap, n_args);
18     max = va_arg(ap, int);
19     for (i = 2; i <= n_args; i++) {
20         if ((a = va_arg(ap, int)) > max)
21             max = a;
22     }
23
24     va_end(ap);
25     return max;
26 }
27
28 void f(void) {
29     int i = 5;
30     int j = 24;
31     printf("%d\n", maxof(3, i, j, 55));
32 }
```

해설

5: 가변 인수를 사용하는 함수 원형 선언
31: 가변 인수를 가진 함수 호출
12: 가변 인수 함수의 시작
15: 가변 인수의 시작 포인터 변수 선언
17: va_start는 가변 인수의 시작을 알리는 매크로, 첫 번째 인수를 얻어 온다.
18: 두 번째 인수를 가져와서 max의 초깃값으로 한다.
20: 그 다음부터 하나씩 가져와서 max와 비교하여 최댓값을 구한다.
24: 가변 인수의 처리가 끝났음을 나타낸다.
25: max값을 반환한다.

실행 결과

```
E:₩소스₩Ch08₩08-09-3.exe
55
```

예제 08-09-4 개수에 관계없이 덧셈하는 프로그램(실수)

```c
#include <stdio.h>
#include <stdarg.h>

double sum_series(int num, ...);

/* 가변 인수처리 함수 예: 실수 값 모두 더하기. */
int main(void)
{
    double d;

    d = sum_series(5, 0.5, 0.25, 0.125, 0.0625, 0.03125);

    printf("Sum of series is %f.\n", d);
}

double sum_series(int num, ...)
{
    double sum=0.0, t;
    va_list argptr;

    /* 첫 번째 매개변수의 포인터를 가져온다. */
    va_start(argptr, num);

    /* 두 번째 매개변수부터 모든 값을 가져와 더한다. */
    for ( ; num; num--) {
        t = va_arg(argptr, double);     /* 차례대로 하나씩 매개변수를 가져온다. */
        sum += t;
    }

    /* 매개변수의 처리를 끝낸다. */
    va_end(argptr);
    return sum;
}
```

해설

4: 가변 인수를 사용하는 함수 원형 선언
11: 가변 인수를 가진 함수 호출
16: 가변 인수 함수의 시작
19: 가변 인수의 시작 포인터 변수 선언
22: va_start는 가변 인수의 시작을 알리는 매크로, 첫 번째 인수를 얻어 온다.
26: 두 번째 인수부터 하나씩 가져온다. 가져올 인수의 데이터형이 double임을 나타낸다.
31: 가변 인수의 처리가 끝났음을 나타낸다.

실행 결과

```
E:₩소스₩Ch08₩08-09-4.exe
Sum of series is 0.968750.
```

08–10. 시간 관련 함수

시간 관련 함수도 자주 사용하는 함수들 중의 하나이다. 이 함수들도 잘 사용하면 프로그램을 작성하는 데 도움이 된다. 시간 관련 함수를 사용하려면 time.h 헤더파일을 포함하여야 한다. 다음 표는 시간 관련 함수 및 관련된 자료구조이다.

time.h

분류	이름	기능	형식
시간처리 함수	clock_t clock(void);	프로그램이 시작된 때부터의 클록 틱	함수
	double difftime (time_t time2, time_t time1);	두 시간의 차이 계산	함수
	time_t mktime (struct tm * timeptr);	tm 구조체를 time_t로 변환	함수
	time_t time (time_t * timer);	현재 시간 획득	함수
변환 함수	char* **asctime**(const struct tm *timeptr);	tm 구조체를 문자열로 변환	함수
	char* **ctime**(const time_t *timer);	time_t값을 문자열로 변환	함수
	struct tm ***gmtime**(const time_t *timer);	time_t를 tm(UTC 시간)으로 변환	함수
	struct tm ***localtime**(const time_t *timer);	time_t를 tm(현지 시간)으로 변환	함수
	size_t **strftime**(char *ptr, size_t maxsize, const char *format, const struct tm *timeptr);	time을 문자열로 변환	함수

매크로	CLOCKS_PER_SEC	1초당 클록 틱(clock tick)	macro
	NULL	널 포인터	macro
types	clock_t	클록 type	데이터형
	size_t	양의 정수 type	데이터형
	time_t	시간 type	데이터형
	struct tm	시간 구조체	데이터형

예제 08-10-1 tm 구조체 이용방법 및 각종 시간 관련함수 사용법

```
// mktime example: weekday calculator
#include <stdio.h>
#include <time.h>

int main ()
{
    time_t rawtime, user_time;
    struct tm * timeinfo;
    int year, month, day;
    char * weekday[] = { "일요일", "월요일", "화요일", "수요일", "목요일", "금요일", "토요일"};
    time ( &rawtime );
    timeinfo = localtime ( &rawtime );
    printf("오늘은 %d년 %d월 %d일 %s입니다\n", 1900+timeinfo->tm_year, 1+timeinfo->tm_mon,
            timeinfo->tm_mday, weekday[timeinfo->tm_wday]);
    printf("%s", asctime(timeinfo) );
    printf("%s", asctime(gmtime(&rawtime ) ) );
    printf("%s", ctime (&rawtime) );

    /* 사용자가 지정하는 날짜를 입력받는다. */
    printf("\n년/월/일 : ");
    scanf("%d%*c%d%*c%d", &year, &month, &day);

    /* 현재 시간을 얻어 사용자가 지정한 시간으로 바꾼다. */
    time ( &rawtime );
    timeinfo = localtime ( &rawtime );
    timeinfo->tm_year = year - 1900;        // 사용자가 입력한 년도를 지정한다.
    timeinfo->tm_mon = month - 1;           // 사용자자 입력한 월을 지정한다.
    timeinfo->tm_mday = day;                // 사용자가 입력한 일을 지정한다.

```

```
30      /* mktime함수를 이용하여 시간을 새로 만든다. */
31      user_time = mktime ( timeinfo );
32      printf ("%d년 %d월 %d일은 %s입니다.\n", year, month, day, weekday[timeinfo->tm_wday]);
    }
33
34  /* time.h에 정의되어 있는 tm 구조체
35  struct tm
36  {
37      int tm_sec;      -- 초: 0-59 (K&R says 0-61?)
38      int tm_min;      -- 분: 0-59
39      int tm_hour;     -- 24시간 표시 : 0-23
40      int tm_mday;     -- 일 : 1-31
41      int tm_mon;      -- 월 : january: 0-11
42      int tm_year;     -- 년 : Years since 1900
43      int tm_wday;     -- 요일 : Days since Sunday (0-6)
44      int tm_yday;     -- 그 해의 1월 1일부터 날짜 수 : 0-365
45      int tm_isdst;    -- 썸머타임 적용 : +1 Daylight Savings Time, 0 No DST, -1 don't know
46  };
47  */
```

해설

7: 시간 변수 선언, UTC 1970년 1월 1일 0시 0분 0초를 기준으로 하는 초 단위의 시간을 저장하는 형식이다.

8: 시간 구조체 변수 선언

11: time함수는 괄호 속의 변수(rawtime)에 현재 시간을 저장한다.

12: rawtime에 저장된 시간을 지역 시간을 기준으로 구조체로 바꾸어 timeinfo에 저장한다.

13: 구조체에 저장된 값을 출력한다. 년도는 1900년을 0으로 시작하며, 월도 1월이 0부터 시작한다.

15: asctime함수는 구조체 포인터가 가리키는 시간을 문자열로 변환한다.

16: gmtime은 현재 시간을 UTC(영국 그리니치) 시간 기준으로 구조체로 변환해 그 주소를 반환한다.

17: ctime은 시간 변수값을 문자열로 변환한다.

21: 년/월/일을 키보드에서 입력받는다.

24: 현재시간을 구한다.

25: 구조체로 변경한다.

25-28: 얻은 시간에서 년/월/일을 입력한 값으로 바꾼다.

31: mktime함수를 이용하여 변경된 값으로 시간값을 설정한다.

32: 입력된 날짜에 해당하는 요일을 찾아 출력한다.

36~47: <time.h> 헤더 파일에 정의되어 있는 시간 구조체

실행 결과

```
E:\소스\Ch08\08-10-1.exe
오늘은 2014년 5월 30일 금요일입니다
Fri May 30 20:12:46 2014
Fri May 30 11:12:46 2014
Fri May 30 20:12:46 2014

년/월/일 : 2014 10 9
2014년 10월 9일은 목요일입니다.
```

예제 08-10-2 카운트다운

```c
1  /* clock example: countdown */
2  #include <stdio.h>
3  #include <time.h>
4  
5  void wait ( int seconds )
6  {
7      clock_t endwait;
8      endwait = clock () + seconds * CLOCKS_PER_SEC ;
9      while (clock() < endwait) {}
10 }
11 
12 int main ()
13 {
14     int n;
15     printf ("Starting countdown...\n");
16     for (n=10; n>0; n--)
17     {
18         printf ("%d\n",n);
19         wait (1);
20     }
21     printf ("FIRE!!!\n");
22     return 0;
23 }
```

해설

7: 클록 틱을 저장할 변수 선언

8: clock함수는 프로그램이 시작될 때부터 지난 틱 수를 반환한다. CLOCKS_PER_SEC매크로는 1초가 몇 개의 틱으로 지정되어 있는지를 나타낸다. 이 식은 이 시점에서의 클록 틱 수를 계산한다.

9: 다시 클록 틱 수를 받아 1초가 지날 때까지 루프를 반복한다.

16~20: 10부터 1이 될 때까지 함수 wait를 반복한다. 즉 1초간 기다렸다가 값을 출력한다. 따라서 카운트다운하게 된다.

실행 결과

E:₩소스₩Ch08₩08-10-2.exe

```
Starting countdown...
10
9
8
7
6
```

예제 08-10-3 strftime 함수 이용 프로그램

```
1  /* strftime example */
2  #include <stdio.h>
3  #include <time.h>
4
5  int main ()
6  {
7      time_t rawtime;
8      struct tm * timeinfo;
9      char buffer [80];
10
11     time ( &rawtime );
12     timeinfo = localtime ( &rawtime );
13
14     strftime (buffer, 80, "현재 시간은 %I:%M%p.", timeinfo);
15     puts (buffer);
16     return 0;
17 }
```

해설

7: 시간 값을 저장할 변수 선언

8: 시간 구조체 변수 선언

9: 문자열을 저장할 문자열변수 선언

11: 시스템의 현재 시간을 얻어온다.

12: 현재 시간을 지역 시간으로 바꾸어 구조체 변수에 저장한다.

14: 시간 구조체를 문자열로 바꾸어 저장한다. 문자열로 바꿀 때 지정된 변환 문자에 따라 형식이 달라진다. 형식 변환 문자는 다음 표와 같다. 여기서 지역 설정에 대해서는 예제 08-10-4를

참고하기 바란다.
15: 바뀐 문자열을 출력한다.

형식지정	변환될 내용	예
%a	요일 이름의 약어 *	Thu, 목
%A	완전한 요일 이름 *	Thursday, 목요일
%b	월 이름의 약어 *	Aug, 8
%B	완전한 월 이름 *	August, 8월
%c	날짜와 시간 표시 *	09/07/11 14:03:06, 2011-09-07 오후 2:03:06
%d	일 표시(01-31)	23
%H	24시간제에서 시간 표시(00-23)	14
%I	12시간제에서 시간 표시(01-12)	02
%j	1년 중 오늘의 날(001-366)	235
%m	월을 숫자로 표시(01-12)	08
%M	분(00-59)	55
%p	AM 또는 PM 표시	PM
%S	초(00-61)	02
%U	1년 중 첫 번째 일요일을 기준으로 몇 번째 주인가?(00-53)	33
%w	일요일 0을 기준으로 하여 요일을 숫자로 나타낸다.(0-6)	4
%W	1년 중 첫 번째 월요일을 기준으로 몇 번째 주인가?(00-53)	34
%x	날짜 표시 *	09/07/11, 2011-09-07
%X	시간 표시 *	14:12:18, 오후 2:12:18
%y	년도, 뒤의 두 자리만(00-99)	01
%Y	년도	2001
%Z	시간지역대 이름 또는 약어	CDT, 대한민국 표준시
%%	%기호 자체를 나타낸다.	%

*은 설정된 지역에 따라 달라진다. 예에서 두 번째는 한국으로 지정되었을 경우 표시 내용

실행 결과

```
E:₩소스₩Ch08₩08-10-3.exe
현재 시간은 08:14PM.
```

예제 08-10-4 setlocale 함수 이용 프로그램

```c
/* setlocale example */
#include <stdio.h>
#include <time.h>
#include <locale.h>

int main ()
{
    time_t rawtime;
    struct tm * timeinfo;
    char buffer [80];
    struct lconv * lc;

    time ( &rawtime );
    timeinfo = localtime ( &rawtime );

    int twice=0;

    do {
        printf ("Locale is: %s\n", setlocale(LC_ALL, NULL) );

        strftime (buffer, 80, "%c", timeinfo);
        printf ("Date is: %s\n", buffer);

        lc = localeconv ();
        printf ("Currency symbol is: %s\n-\n", lc->currency_symbol);

        setlocale (LC_ALL, "");
    } while (!twice++);
    return 0;
}
```

해설

9: 시간 구조체 변수 선언

11: 지역 설정 값들을 저장할 구조체 변수 선언

19: setlocale는 사용자가 지역을 설정할 수 있다. LC_ALL은 모든 값을 다 지역에 지정된 값으로 설정한다는 의미이다. 이것만 사용하여도 된다. 즉, 시간, 화폐단위 등을 모두 지정한다. NULL은 기본적으로 C컴파일러에서 지정된 지역 설정 값이다.

21: 시간 형식을 지역 설정에 맞게 변환한다.

22: 문자열로 변환된 시간을 출력한다.

24: 지역 설정값으로 변환한다.

25: 화폐 단위를 출력한다.

27: setlocale의 두 번째 매개변수를 ""로 하면 현재 시스템에 설정된 지역을 의미한다. 두 번째 루프를 수행하면 설정된 지역으로 모든 내용을 다시 처리한다. 두 번째 실행 결과에서 현재 위치를 표시하며, 시간 값이 우리가 평소에 사용하던 형태대로 출력됨을 알 수 있다. 또한 화폐단위가 ₩로 표시됨을 알 수 있다.

실행 결과

```
E:₩소스₩Ch08₩08-10-4.exe
Locale is: C
Date is: 05/30/14 20:14:24
Currency symbol is:

Locale is: Korean_Korea.949
Date is: 2014-05-30 오후 8:14:24
Currency symbol is: ₩
```

예제 08-10-5 시간차를 초로 구하기

```c
/* difftime example */
#include <stdio.h>
#include <time.h>

int main ()
{
    time_t start, end;
    char name[256];
    double diff;

    time (&start);
    printf ("당신의 이름을 입력하시오: ");
    gets (name);
    time (&end);
```

```
15        diff = difftime (end, start);
16        printf ("안녕 %s.\n", name);
17        printf ("당신의 이름을 입력하는 데 %.2f초 걸렸습니다.\n", diff );
18        return 0;
19    }
```

해설

7: 시간 값을 저장할 변수 선언
11: 시작하기 전에 시간을 얻는다.
12, 13: 키보드에서 이름을 입력한다.
14: 이름을 입력한 다음 시간을 얻는다.
15: 두 시간의 차를 difftime함수를 이용하여 계산한다. difftime함수는 초 단위로 계산한다.
17: 계산된 시간을 출력한다. MinGW-GCC보다 TDM-GCC를 사용하기 바란다.

실행 결과

```
E:₩소스₩Ch08₩08-10-5.exe
당신의 이름을 입력하시오: Hong Kil Dong
안녕 Hong Kil Dong.
당신의 이름을 입력하는데 5.00초 걸렸습니다.
```

예제 08-10-6 밀리 초 구하기

```
/* difftime example */
#include <stdio.h>
#include <time.h>

int main ()
{
    time_t start, end;
    char name[256];
    double diff;
    clock_t t1, t2;
    t1 = clock();              // 처음 시간 구하기
    time (&start);
    printf ("당신의 이름을 입력하시오: ");
    gets (name);
    time (&end);
    diff = difftime (end, start);
    printf ("안녕 %s!\n", name);
```

```
18      printf ("당신의 이름을 입력하는 데 %.2lf초 걸렸습니다.\n", diff );
19
20      t2 = clock() - t1;          // 나중 시간 구해서 빼기
21      printf ("%.2f ms\n", (double)t2 / CLOCKS_PER_SEC);
22      printf("%ld, %ld, %ld\n", t1, t2, CLOCKS_PER_SEC);
23  }
```

해설

8: 시간 값을 저장할 변수 선언
12: 시작하기 전에 시간을 clock함수로 얻는다. 이 함수는 클록 틱으로 값을 얻는다.
21: 끝나고 난 후 시간을 clock함수로 얻어 시작 전의 값에서 뺀다.
22: 클록 틱을 이용하여 계산한다. 결과 4.76초가 걸렸음을 알 수 있다.
23: 시작 전의 클록 틱 수, 계산된 클록 틱 수, 1초당 틱의 수를 출력한다.

Notice 이 소스 코드는 08-10-5에 밀리초를 구하기 위해 추가하였다. 초와 밀리초를 구하는 방법을 비교하기 위한 예이다.

실행 결과

```
E:₩소스₩Ch08₩08-10-6.exe
당신의 이름을 입력하시오: Hong Kil Dong
안녕 Hong Kil Dong!
당신의 이름을 입력하는데 5.00초 걸렸습니다.
4.95 ms
0, 4953, 1000
```

예제 08-10-7 100일 뒤의 날짜 구하기 및 time_t의 한계

```
#include <stdio.h>
#include <time.h>
#include <stdlib.h>
#include <locale.h>

int main()
{
    char buff[100];
    time_t t=time(0), k;
    struct tm *tmptr = (struct tm*)calloc(1, sizeof(struct tm));

    tmptr = localtime(&t);          // localtime_s(tmptr, &t);

    setlocale(LC_TIME, "");
```

```
15
16      strftime(buff, sizeof buff, "오늘은 %Y년 %m월 %d일 %A", tmptr);
17      puts(buff);
18
19      tmptr->tm_mday += 100;
20      mktime(tmptr);
21
22      strftime(buff, sizeof buff, "100일째 되는 날은 %Y년 %m월 %d일 %A", tmptr);
23      puts(buff);
24
25      printf("\n현재 : %d\n", t);
26      tmptr->tm_year = 137;          // 2037년
27      tmptr->tm_mon = 11;            // +1=5월
28      tmptr->tm_mday = 25;           // 27일
29      tmptr->tm_hour = 17;           // 17시
30      tmptr->tm_min = 50;            // 50분
31      tmptr->tm_sec = 0;
32
33      strftime(buff, sizeof buff, "%Y년 %m월 %d일 %A", tmptr);
34      k = mktime(tmptr);
35      printf("%s : %d\n", buff, k);
36      free(tmptr);
37  }
38  // 1970.1.1일부터 0초에서 카운터 시작, 2038년이면 문제 발생함.
```

해설

8: 문자열 저장할 버퍼 선언
9: t는 현재 시간을 초 단위로 얻는다.
12: 초 단위의 시간을 구조체 시간으로 변환하여 tmptr에 저장한다.
14: 한국 지역(시스템)의 시간표시 단위로 세팅한다.
16: 시간 구조체를 문자열로 변환한다.
19: 날짜를 100일 뒤로 변경한다.
20: 변경된 날짜로 다시 계산한다.
22: 변경된 날짜를 버퍼에 출력한다.
25: 현재의 time_t를 출력한다.
26~31: 2037년 12월 25일 17시 50분으로 변경한다.
33~34: 변경된 날짜의 정보를 출력한다.
35: 2037년 12월 25일 17시 50분의 time_t를 출력한다. 정수형 time_t는 32비트이므로 한계 (2147483647)에 도달한 것을 확인할 수 있다.

실행 결과

```
E:₩소스₩Ch08₩08-10-7.exe
오늘은 2014년 06월 01일 일요일
100일째 되는 날은 2014년 09월 09일 화요일

현재 : 1401598900
2037년 12월 25일 화요일 : 2145343800
```

유제 08-10-1 시간함수들을 이용하여 생일을 입력하면 생일이 며칠 남아 있는지 알아내는 프로그램을 작성하라.

유제 08-10-2 어제, 오늘, 내일의 날짜를 출력하는 프로그램을 시간 함수를 이용하여 작성하라.

08-11. inline 함수

inline함수는 C99에 도입된 새로운 기능으로 간단한 기능을 하는 함수를 함수 내에 포함하는 것이다. 키워드 inline을 사용하여 함수를 정의하며 일반적인 함수와 같은 기능을 하지만 포함된 함수 내에서만 사용할 수 있다.

예제 08-11-1 inline 함수를 이용하여 두 수 중에서 큰 값 구하기

```
#include <stdio.h>

int main()
{
    int x=56, y=90, m;
    inline int max(int a, int b)                // inline 함수의 정의
    {
        return (a > b) ? a : b;
    }

    m = max(x,y);
    printf("%d\n", m);

```

```
14      int z=100;                          // C99부터는 변수 선언을 어디서나 할 수 있다.
15      m = max(m, z);
16      printf("%d\n", m);
17  }
```

해설

5~8: inline 함수 max 선언
11: inline 함수 사용
14: C99부터는 변수 선언을 어디서나 할 수 있다.
15: inline 함수의 사용

실행 결과

```
E:₩소스₩Ch08₩08-11-1.exe
90
100
```

예제 08-11-2 inline 함수를 이용하여 두 수 교환하기

```
1   #include <stdio.h>
2
3   int main()
4   {
5       int x=56, y=90;
6       inline void swap(int *a, int *b) {
7           *a = *a + *b - (*b = *a);
8       }
9
10      swap(&x, &y);
11      printf("%d, %d\n", x, y);
12  }
```

해설

5~8: inline 함수 max 선언
11: inline 함수 사용
14: C99부터는 변수 선언을 어디서나 할 수 있다.
15: inline 함수의 사용

실행 결과

```
E:₩소스₩Ch08₩08-11-2.exe
90, 56
```

예제 08-11-3 inline 함수를 이용한 두 수 교환 및 합 구하기

```
1  #include <stdio.h>
2
3  int main()
4  {
5      int x=100, y=1;
6      inline void swap(int *a, int *b) {
7          *a = *a + *b - ( *b = *a );
8      }
9
10     inline int sum(int a, int b){
11         int s = 0;
12         for (int i=a; i<=b; i++)
13             s += i;
14         return s;
15     }
16
17     if ( x > y )
18         swap(&x, &y);
19
20     printf("%d\n", sum(x, y));
21 }
```

해설

5~8: inline 함수 max 선언

11: inline 함수 사용

14: C99부터는 변수 선언을 어디서나 할 수 있다.

15: inline 함수의 사용

실행 결과

```
E:₩소스₩Ch08₩08-11-3.exe
5050
```

연습문제

1. 구의 부피 구하는 함수 만들기, double SphereVolume (double);

$$구의\ 부피 = \frac{4}{3}\pi r^3$$

2. 최대공약수(greatest common divisor)를 이용한 최소공배수(least common multiple)를 구하는 함수 lcm을 작성하라.

```
int gcd(int, int);
int lcm(int, int);
```

3. 어떤 정수를 넘겨주면 소수인지 판단하는 함수 isprime을 작성하라.

4. 두 정수의 곱셈을 비트연산자(&, |, <<, >> 등)와 덧셈 연산만으로 계산하는 함수를 작성하라.

5. 2차원 배열을 넘겨주고 그 배열의 전체 합을 구하는 함수를 작성하라.

6. 대문자 <-> 소문자로 상호 변환하는 사용자 정의 함수를 작성하라.

```
char upper2lower(char);
char lower2upper(char);
```

7. 두 정수를 넘겨주면 두 수 사이의 합을 구하여 반환하는 함수를 작성하라.

8. 문자열을 넘겨주면 거꾸로 만들어 반환하는 함수를 작성하라.

9. 다음 공식을 이용하여 배열 데이터의 표준편차 σ를 구하는 함수를 작성하라. $\overline{x}$ 는 x의 산술평균이다. 산술평균을 구하는 함수를 따로 작성하라.

$$\sigma = \sqrt{\frac{1}{n}\sum_{i=1}^{n} x_i^2 - (\overline{x})^2}$$

> 프로그램의 흐름.
>
> ① main에서 배열의 데이터를 std_dev(표준편차 구하는 함수)에 전달
>
> ② std_dev에서 위 식의 $(\overline{x})^2 = \left(\frac{1}{n}\sum_{i=1}^{n} x_i\right)^2$ 를 먼저 계산한 다음, m_mean(산술평균 구하는 함수)으로부터 산술평균값을 return 받아 나머지 계산을 한다.
>
> ③ 계산이 끝나면 main 함수로 표준편차를 return한다.

10. 화씨->섭씨, 섭씨->화씨로 바꾸는 프로그램을 switch~case와 함수로 작성하라.

$$Tf = \frac{9}{5} * Tc + 32, \quad Tc = (Tf - 32) * \frac{5}{9}$$

11. 2차 방정식 $ax^2 + bx + c = 0$ 에서 a, b, c의 값을 입력받고, 허근, 중근 또는 서로 다른 두 근이 존재하는지 여부를 검사하는 함수를 작성하고, 근이 존재할 때, 근을 구하는 함수도 작성하라.

근의 공식 = $\dfrac{-b \pm \sqrt{b^2 - 4ac}}{2a}$

12. 세 수의 최대공약수를 구하는 프로그램을 작성하라(사용자 정의 함수 사용).

13. n개의 원소 중에서 p개의 원소를 뽑는 방법의 수를 조합이라고 하며, 다음 식과 같이 계산할 수 있다. 함수로 작성하라.

$$C_n^p = \frac{n!}{p!(n-p)!}$$

$$C_{10}^3 = \frac{10!}{3!(10-3)!} = \frac{10!}{3! * 7!} = \frac{10!/7!}{3!} = \frac{10 * 9 * 8}{3 * 2 * 1} = 120$$

14. n개의 원소 중에서 r개를 선택해 일렬로 세우는 방법 수인 순열은 다음 공식을 따른다. 함수로 작성하라.

$$A_n^r = \frac{n!}{(n-r)!}, \quad A_{10}^3 = \frac{10!}{(10-3)!} = \frac{10!}{7!} = 10 * 9 * 8 = 720$$

15. 다음은 복리로 이자를 계산하는 방법이다. 원금 1,000,000원을 년 5.5%의 이율로 20년간 복리로 예치했을 경우 20년 뒤의 총금액은 얼마인가?

$$c(1+r)^n = C$$

c : 최초예금액, r = 이율, n = 예치기간
C : 예금한 이후에 발생한 이자를 포함한 새로운 예금액(원리합계)

16. 비트연산자를 이용하여 짝수를 판별하는 함수를 작성하라.

17. 10진 정수를 2진수로 변환하는 함수를 본문의 내용과 다른 방법으로 작성하라.

18. 임의의 2진수를 문자열로 입력받아서 10진수로 변환하는 함수를 본문과 다른 방법으로 작성하라.

19. 주민등록번호 체크 프로그램을 함수를 만들어 작성하라.

20. 한글이 입력될 경우 모든 공백을 지우고, 영문일 경우 앞의 공백을 지우는 프로그램을 함수로 작성하라.

21. 세 자리씩 끊어서 콤마(,)를 삽입하는 함수를 본문과 달리 작성하라.

22. 신차 구입 시 세금 계산 프로그램을 작성하라. (www.koreatax.org)에 계산법이 있다. 세 자리씩 끊어서 콤마로 자리 구분하는 함수를 이용하라.

23. BMI(Body mass index) 비만도 계산하여 출력하는 함수를 작성하라(통계적으로 계산된 비만도이므로 전적으로 믿을 필요는 없음. 나라마다 또는 인종별로 다를 수 있음).

$$BMI = \frac{\text{체중}(kg)}{\text{키}(m)^2}$$

24. 파스칼의 삼각형 출력하는 함수를 작성하라.

25. m을 n진법으로 나타내는 함수 bas_epn(m,n)을 재귀함수로 만들고 이를 이용하여 bas_epn(324,2)와 bas_epn(1234,16)을 구하라.

26. scanf()함수를 이용하여 주민등록번호(xxxxxx-xxxxxxx)를 앞의 6자리와 뒤의 7자리를 따로 입력받아 생년, 생월, 생일을 각각 나누어 출력하고 남자인지 여자인지 구별하는 프로그램을 함수로 작성하라.

27. 6장 연습문제 3번을 변경하여 본인의 생년월일을 입력하여 오늘까지 며칠을 살아 왔는지 계산하는 프로그램을 함수로 작성하라.

28. 몫과 나머지를 구하는 함수를 작성하라. 몫은 함수의 결과로 받고 나머지는 포인터로 받도록 한다.

29. 반올림을 구하는 함수를 작성하라. 정수값을 주고 어느 자리에서 반올림할 것인지를 넘겨주면 원하는 자리에서 반올림하여 돌려받는다.

30. 요금을 지불하는 프로그램을 작성하라.

```
사용자는 납입금액이
    1000원 미만이면 세율은 0%
    1000원 이상 3000원 미만이면 세율은 15%
    3000원 이상 7000원 미만이면 세율은 20%
    7000원 이상 10000원 미만이면 세율은 27%
    10000원 이상이면 35%의 세율을 적용한다.
```

요금을 지불하는 방법은 1만원, 5천원, 1천원, 500원, 100원의 지폐 또는 동전이 몇 개가 사용되는지를 결정하고 100원 미만의 요금은 절삭한다. 이때 각 화폐의 종류에 따라 개수를 결정하는 함수를 작성하라. 예를 들어 사용자의 요금이 14000원이라고 입력이 되면, 요금(14000) + 세금(4900) => 총 18900원이 되고 만원 1장, 5천원 1장, 천원 3장, 500원 동전 1개, 100원 동전 4개가 필요하다고 알린다. 계산된 각 화폐의 개수는 배열을 이용하여 전달한다.

31. 다음에 주어진 거리 환산식을 이용하여 거리 환산 프로그램을 함수로 각각 작성하라.

```
1해리(mille) = 1852m
1m = 0.5399568해리
1feet = 0.3048m
1m = 3.28084feet
```

32. 어떤 정수의 누승을 계산하는 프로그램을 작성하라. 예를 들어 두 정수 2와 3을 입력하면 2^3인 8이 나오게 하는 프로그램이다. 이때 main()함수에서 두 수를 입력받고, 별도로 정의한 누승 계산 함수를 호출하도록 한다.

33. 삼각형의 세 변을 입력받아 삼각형의 종류를 구분하는 함수 what_triangle()를 작성하라.

```
0. 삼각형이 아님
1. 정삼각형
2. 이등변삼각형
3. 직각 삼각형
4. 일반삼각형
```

위의 삼각형의 종류에 따라서 0, 1, 2, 3, 4를 반환한다.

34. 재귀함수를 이용하여 2^n 을 구하는 프로그램을 작성하라.

35. 문자(표준ASCII 7비트)를 넘겨주고 그 문자에 대한 짝수패리티를 생성하는 프로그램을 작성하라. 단, 패리티는 ASCII코드의 MSB에 저장하고, 문자를 넘겨준 뒤 패리티를 계산하여 넘겨주는 함수와 문자를 2진수로 표현하는 함수를 각각 분리 작성하라.

36. 아스키코드(8비트)를 해밍코드(12비트)로 만드는 프로그램을 작성하라. 단, 해밍코드 생성, 에러 검사, 2진수 출력 등을 함수로 만들어라.

37. 단을 입력하면 그 단에 해당하는 구구단을 출력하는 함수를 작성하라.

38. 문자열로 2진수 또는 그레이 코드를 읽은 후 그 반대로 바꾸는 함수, 즉 2진 코드를 그레이 코드로, 그레이 코드를 2진 코드로 바꾸는 함수를 각각 작성하라. 또한 2진 코드를 그레이로 바꿀 것인지, 그레이 코드를 2진 코드로 바꿀 것인지 결정하기 위해 switch ~ case를 이용하여 프로그램을 작성하라.

39. 카운트다운 프로그램을 재귀함수로 작성하라. 단, time()함수를 사용하여 1초마다 1씩 카운트다운하는 함수를 작성하고, 시작할 수를 지정한다.

40. 다음과 같이 출력하는 기능을 가지는 함수를 작성하라. 이 함수는 3개의 매개변수를 가지며, 첫 번째 매개변수는 문자, 두 번째 매개변수는 한 줄에 출력될 문자의 개수, 세 번째 매개변수는 몇 줄이 출력될 것인가를 나타낸다.

```
E:₩소스₩Ch08₩exec08-46.exe
문자 입력: U
한 줄에 출력할 개수 입력: 30
출력할 줄 수 입력: 5
UUUUUUUUUUUUUUUUUUUUUUUUUUUUUU
UUUUUUUUUUUUUUUUUUUUUUUUUUUUUU
UUUUUUUUUUUUUUUUUUUUUUUUUUUUUU
UUUUUUUUUUUUUUUUUUUUUUUUUUUUUU
UUUUUUUUUUUUUUUUUUUUUUUUUUUUUU
```

41. 다음 그림과 같이 숫자를 입력하면 삼각형을 출력하는 프로그램을 함수로 작성하라. <유제 05-09-1>참조.

```
E:₩소스₩Ch10-old₩10-06-3.exe
Enter the list length 12
           1
          2 3
         4 5 6
        7 8 9 0
       1 2 3 4 5
      6 7 8 9 0 1
     2 3 4 5 6 7 8
    9 0 1 2 3 4 5 6
   7 8 9 0 1 2 3 4 5
  6 7 8 9 0 1 2 3 4 5
 6 7 8 9 0 1 2 3 4 5 6
7 8 9 0 1 2 3 4 5 6 7 8
```

42. 부호 없는 정수(`unsigned int`)를 지정된 비트수 만큼 왼쪽으로 회전하는 함수를 작성하라. 예를 들어 `rotate(x, 4)`를 하면 왼쪽으로 4비트 이동하고, 왼쪽에서 빠져나간 4비트는 다시 오른쪽 끝에 채워진다.

43. 볼링 점수를 계산하는 프로그램을 작성하라.

44. 생년월일을 입력하면 지금까지 내가 살아온 날수를 계산하는 프로그램을 작성하라. 단, 오늘의 날짜는 컴퓨터의 날짜로 한다.

C programming language

CHAPTER 09

구조체, 공용체, 열거형

09-01. 구조체

09-02. 구조체 포인터

09-03. 열거형

09-04. 공용체

09-05. 구조체를 이용한 자료구조 표현

09-06. 구조체 비트 필드

CHAPTER 09

구조체, 공용체, 열거형

09-01. 구조체

구조체(Structure)는 같은 형의 데이터를 여러 개 또는 서로 다른 형의 데이터를 묶어서 하나의 새로운 데이터 형식을 만드는 것이다. 구조체에 포함된 데이터를 멤버라 하며, 어떠한 데이터형도 멤버가 될 수 있다. 즉, 기본 데이터형, 사용자 정의 데이터형 등 모든 데이터가 멤버가 될 수 있다.

여러 가지 정보를 하나의 데이터 형식으로 사용할 수 있게 한다. 데이터베이스에서 사용되는 형식을 C언어에서 제공하는 방식이다. 즉, 구조체는 레코드가 되고, 멤버는 필드가 된다.

❖ 구조체 변수 선언

<table>
<tr><th>구분</th><th>예</th></tr>
<tr><td>구조체 정의</td><td><pre>struct structure_name {
    구조체 멤버1;
    구조체 멤버2;
    ...
};</pre></td></tr>
<tr><td>구조체 정의 예1
도서 정보를 저장하기 위한 구조체 정의</td><td><pre>struct book {
    char title[20];
    char author[15];
    int pages;
    float price;
};</pre></td></tr>
</table>

구조체 정의 예2
<time.h>에 정의되어 있는 시간을 나타내는 구조체
	struct tm {
	int tm_sec; // seconds after the minute — [0, 60]
	int tm_min; // minutes after the hour — [0, 59]
	int tm_hour; // hours since midnight — [0, 23]
	int tm_mday; // day of the month — [1, 31]
	int tm_mon; // months since January — [0, 11]
	int tm_year; // years since 1900
	int tm_wday; // days since Sunday — [0, 6]
	int tm_yday; // days since January 1 — [0, 365]
	int tm_isdst; // Daylight Saving Time flag
	};

구조체 변수 선언	struct structure_name 일반변수, *포인터변수, 배열변수, ...;
구조체 변수 선언 예	struct book book1, book2, *book3, book_list[100]; struct tm now, *anytime;

❖ 구조체 변수의 멤버 액세스

1) 일반 구조체 변수 액세스 : 구조체변수명.멤버명

2) 포인터 구조체 변수 액세스 : 구조체변수명->멤버명

예제 09-01-1 구조체 book을 선언하고 사용하는 예

```c
#include <stdio.h>

struct book {              // 책의 정보를 저장할 구조체 선언
    char title[50];        // 책 제목
    char author[35];       // 저자
    int pages;             // 페이지 수
    int price;             // 가격
};

int main()
{
    struct book book1;                 // 구조체 변수 선언
    printf(" 도서 제목(string) : ");
    gets(book1.title);                 // 책 제목 입력, 구조체의 멤버변수 액세스 방법
    printf(" 저자명(string) : ");
    gets(book1.author);                // 저자 입력
    printf(" 전체 페이지수(int) : ");
```

```
18     scanf("%d", &book1.pages);      // 책 페이지수 입력
19     printf(" 가격(int) : ");
20     scanf("%d", &book1.price);      // 책값 입력
21
22     // 입력 받은 데이터 출력, 구조체의 멤버변수 액세스하여 출력.
23     printf("%s, %s, %dp, %d원\n", book1.title, book1.author,
24         book1.pages, book1.price);
25 }
```

해설

4~9: 구조체 struct book 정의, 멤버로 title, author, pages, price를 가진다.

12: 구조체 struct book의 변수 book1 선언

14: 구조체 변수 book1의 멤버인 title을 키보드에서 입력, 포인터 변수가 아닌 구조체 멤버의 액세스는 .을 사용한다. 즉, "구조체변수.멤버"이다.

16: 구조체 변수 book1의 멤버인 author를 키보드에서 입력

18: 구조체 변수 book1의 멤버인 pages를 키보드에서 입력

20: 구조체 변수 book1의 멤버인 price를 키보드에서 입력

23,24: 구조체 변수에 저장된 각 멤버를 출력한다.

Notice 구조체 포인터 변수일 때의 액세스는 "구조체변수->멤버"를 사용한다.

실행 결과

E:₩소스₩Ch09₩09-01-1.exe

```
 도서 제목(string) : C Language Programming
 저자명(string) : 홍길동
 전체 페이지수(int) : 235
 가격(int) : 23000
C Language Programming, 홍길동, 235p, 23000원
```

예제 09-01-2 구조체 배열 및 초기화 방법

```
#include <stdio.h>

struct score {          // 구조체 정의. struct 구조체명
    char name[30];
    int kor;
    int eng;
    int math;
    int total;
    float avr;
};
```

```
11
12 int main()
13 {
14     struct score Class[3] = { {"강아지", 95, 87, 97, },
15             { "박기동", 99, 89, 80, },
16             { "홍길동", 88, 77, 66, }}; // 구조체 배열 선언 및 초기화
17     int i;
18     for (i=0; i<3; i++) {
19         Class[i].total = Class[i].kor + Class[i].eng + Class[i].math;
20         Class[i].avr = (float)Class[i].total/3.;
21
22         printf("이름 : %s, 국어 : %d, 영어 : %d, 수학: %d, ",
23           Class[i].name, Class[i].kor, Class[i].eng, Class[i].math);
24         printf("총점 : %d, 평균 : %5.1f\n\n", Class[i].total,
25             Class[i].avr);
26     }
27 }
```

해설

3~10: 구조체 struct score 정의, 멤버로 name, kor, eng, math, total, avr을 가진다.

14~16: 구조체 변수에 초깃값을 지정한다. 구조체에 초깃값을 지정할 때는 하나의 구조체 요소를 {}로 구분해서 나타내어야 한다. 또 초깃값이 없는 뒷부분은 비워두면 된다. 그러나 가운데 부분이 없을 때는 허용되지 않는다.

19: 구조체 변수의 멤버 중 total을 계산한다.

20: 평균값 계산하여 멤버 avr에 저장한다.

22~25: 구조체 배열의 내용을 출력한다.

Notice 배열의 인덱스는 "배열명[인덱스].멤버"로 배열명 뒤에 붙인다.

실행 결과

```
E:₩소스₩Ch09₩09-01-2.exe
이름 : 강아지, 국어 : 95, 영어 : 87, 수학: 97, 총점 : 279, 평균 :  93.0

이름 : 박기동, 국어 : 99, 영어 : 89, 수학: 80, 총점 : 268, 평균 :  89.3

이름 : 홍길동, 국어 : 88, 영어 : 77, 수학: 66, 총점 : 231, 평균 :  77.0
```

예제 09-01-3 구조체에서 데이터 찾기

```
#include <stdio.h>
#include <string.h>

struct member {                // 구조체 정의
    char name[20];             // 이름
    char gender;               // 성별 : 'M', 'F'로 지정
    int age;                   // 나이
    char level[20];            // 직위
};

int main()
{
    struct member members[5]= { {"홍길동", 'M', 49, "사장"},
        {"이몽룡", 'M', 25, "사원"}, {"임꺽정", 'M', 39, "부장"},
        {"유관순", 'F', 28, "과장"}, {"김유신", 'M', 43, "이사"}};
        // 구조체 배열 선언 및 초기화
    int i;
    char name[20];

    for (i=0; i<5; i++) {       // 40세 이상의 남자 모두 찾기
        if (members[i].gender == 'M' && members[i].age >= 40)
            printf("이름 : %s \n직위 : %s\n",
              members[i].name, members[i].level);
    }
    printf("\n");

    printf("검색할 직원 이름 입력 : ");            // 찾고자 하는 직원 이름 입력
    scanf("%s", name);
    for (i=0; i<5; i++) {                          // 해당되는 직원 검색 및 출력
        if (strcmp(members[i].name, name) == 0)
           printf("이름 : %s \n직위 : %s\n나이 : %d\n",
           members[i].name, members[i].level, members[i].age);
    }
}
```

해설

4~9: 구조체 struct member 정의, 멤버로 name, gender, age, level을 가진다.
13~15: 구조체 배열에 초깃값을 지정한다.
20~24: 구조체 멤버 중에서 데이터를 검색한다.
21: 성별이 남자('M')이고, 나이(age)가 40 이상인 모든 구성원을 출력한다.
28: 직원을 검색하기 위한 이름을 입력받는다.
29~33: 직원 중에 해당하는 이름이 있는지 검색한다.
Try 직원 중 "김"씨 성을 가진 사람을 찾아보라.

실행 결과

```
E:₩소스₩Ch09₩09-01-3.exe
이름 : 홍길동
직위 : 사장
이름 : 김유신
직위 : 이사

검색할 직원 이름 입력 : 김유신
이름 : 김유신
직위 : 이사
나이 : 43
```

유제 09-01-1 구조체를 이용하여 학생 3명의 신상정보를 초기화하고 그 내용을 출력하는 프로그램을 작성하라. 멤버로는 이름(name[20]), 학번(ID_no), 학년(grade), 전화번호(tel[20]), 이메일(email[30])을 갖도록 한다.

유제 09-01-2 구조체를 이용하여 교과목 정보 5개를 저장하고 출력하는 프로그램을 작성하라. 구조체 멤버로는 교과목명(문자열), 교과목번호(정수), 분반번호(정수), 이론 또는 실습(이론, 실습, 이론+실습 등 저장, 문자형), 수강제한인원 등을 갖도록 한다.

09-02. 구조체 포인터

구조체 포인터 변수의 멤버를 액세스할 때는 "->"연산자를 사용한다. 즉, "구조체포인터변수명->멤버"로 쓴다. 포인터는 앞에서도 설명했듯이 간접적으로 데이터를 액세스한다. 구조체 포인터변수를 직접적인 방법을 이용해서 액세스할 때는 (*구조체포인터변수명).멤버로 한다.

예제 09-02-1 구조체 포인터 변수의 사용 예

```
1  #include <stdio.h>
2
3  struct student {       // 구조체 정의
4      char *name;        // 구조체 멤버로 포인터 선언
5      int korean;
6      int english;
7  };
8
9  int main()
10 {
11     struct student kdhong;          // 구조체 변수 kdhong 선언
12     struct student *sp = &kdhong;   // 구조체 포인터 변수 선언
13
14     sp->name = "홍길동";             // 구조체 포인터 변수의 멤버 액세스
15     sp->korean = 90;                // 데이터 대입
16     (*sp).english = 95;             // 직접 액세스는 (*구조체 포인터 변수).멤버
17
18     printf("이름 : %s\n", sp->name);
19     printf("국어 : %d\n", sp->korean);
20     printf("영어 : %d\n", sp->english);
21 }
```

해설

3~7: 구조체 struct student 정의

11: 구조체 변수 선언

12: 구조체 포인터 변수 선언 및 주소 대입, kdhong구조체 변수의 주소를 sp 구조체 포인터 변수에 대입

14: 구조체 포인터 변수의 멤버에 데이터 대입, name멤버가 포인터이기 때문에 바로 문자열 대입이 가능하다.

15: 구조체 포인터 변수의 멤버에 데이터 대입

16: 구조체 포인터 변수에 직접적으로 데이터 대입. 굳이 이러한 방법을 쓰는 일은 드물지만 이것도 가능하다.

18~20: 구조체 포인터 변수 멤버의 값들을 출력한다.

실행 결과

```
E:₩소스₩Ch09₩09-02-1.exe
이름 : 홍길동
국어 : 90
영어 : 95
```

예제 09-02-2 동적 메모리 할당을 통한 구조체 포인터 변수의 활용

```
1  #include <stdio.h>
2  #include <stdlib.h>
3
4  struct student {                    // 구조체 정의
5      char *name;
6      int korean, english;
7  };
8
9  int main()
10 {
11     struct student *sp;         // 구조체 포인터 변수 선언
12     sp = (struct student*)malloc(sizeof(struct student));   //메모리 할당
13     sp->name = "홍길동";        // 구조체 포인터 변수의 포인터 멤버
14     sp->korean = 90;            // 데이터 대입
15     sp->english = 95;
16     printf("이름: %s, 국어: %d, 영어: %d\n", sp->name, sp->korean, sp->english);
17     free(sp);
18 }
```

해설

4~7: 구조체 struct student 정의

11: 구조체 포인터 변수 선언

12: 구조체 포인터 변수에 동적 메모리 할당을 통하여 메모리 할당

13~15: 구조체 포인터 변수의 멤버에 데이터 대입, name은 포인터 멤버이기 때문에 문자열 대입 가능

16: 구조체 포인터 변수 멤버의 값들을 출력한다.

실행 결과

```
E:₩소스₩Ch09₩09-02-2.exe
이름: 홍길동, 국어: 90, 영어: 95
```

예제 09-02-3 함수에 구조체 변수 전달

```
#include <stdio.h>

struct student {
    char name[20];
    int korean, english;
```

```
6  };
7
8  void disp1(struct student aa) {               // 구조체 변수를 매개변수로 받음
9      printf("%s %d %d \n", aa.name, aa.korean, aa.english);
10 }
11
12 void disp2(struct student *bb) {              // 구조체 포인터를 매개변수로 받음
13     printf("%s %d %d \n", bb->name, bb->korean, bb->english);
14 }
15
16 int main()
17 {
18     struct student hong={"Hong Gil Dong", 90, 80};    // 구조체 변수 선언
19
20     disp1(hong);                              // 구조체 변수를 함수의 매개변수로 사용
21     disp2(&hong);                             // 구조체 변수를 주소(포인터)로 전달
22 }
```

해설

3~6: 구조체 struct student 정의
8~10: 구조체를 매개변수로 가지는 함수
9: 구조체를 일반 변수로 전달 받았으므로 직접 데이터를 액세스한다.
12~14: 구조체 포인터를 매개변수로 가지는 함수
14: 구조체를 포인터 변수로 전달 받았으므로 간접적으로 데이터를 액세스한다.
20: 구조체 변수를 매개변수로 전달
21: 구조체 주소(포인터)를 매개변수로 전달

실행 결과

```
E:₩소스₩Ch09₩09-02-3.exe
Hong Gil Dong 90 80
Hong Gil Dong 90 80
```

예제 09-02-4 함수에 구조체 변수 전달

```
#include <stdio.h>
#include <string.h>

typedef struct {
    char name[20];
```

```
6        int korean, english;
7    } stud; // 구조체를 새로운 데이터 형 stud로 선언
8
9    char *search(stud *aa, char *name) {            // 함수가 호출되기 전에 선언되어 있으면
10       // 함수원형을 따로 선언하지 않아도 된다.
11       int i;
12       if ( strstr(aa->name, name) )
13           return aa->name;
14       else
15           return NULL;
16   }
17
18   int main()
19   {
20       stud students[3]={ {"Hong Gil Dong", 95, 83},
21               {"Park Gi Dong", 90, 78}, {"Kim Gi Joong", 79, 77}};
22       char *name = "Dong", i;
23       char *result = (char *)malloc(50);
24
25       for (i=0; i<3; i++)        // "Dong"이 포함된 이름을 모두 찾는다.
26       {
27           result = search(&students[i], name);
28           if (result)
29               printf("%s\n", result);
30       }
31       free(result);
32   }
```

해설

4~7: 구조체를 선언하고 이 구조체를 새로운 데이터 타입인 stud로 정의한다.
9~16: 구조체와 문자열을 매개변수로 하는 함수 search 정의
12,13: 구조체 멤버인 name 중에 입력데이터인 name을 가지고 있으면 그 이름을 반환하고
14,15: 그렇지 않으면 NULL을 반환
20,21: 구조체 stud의 배열을 선언하고 배열의 요소의 값을 선언한다.
22: 검색할 문자열 선언
23: 결과를 저장할 문자 포인터 변수 선언
25~30: 배열 요소와 검색할 데이터를 함수로 전달
27: 문자열을 포함한 결과를 저장한다.
28,29: NULL이 아니면 출력한다.

실행 결과

```
E:₩소스₩Ch09₩09-02-4.exe
Hong Gil Dong
Park Gi Dong
```

예제 09-02-5 qsort 함수를 이용한 구조체 정렬

```c
#include <stdio.h>
#include <stdlib.h>
#include <string.h>
struct score {
     unsigned char name[20];
     unsigned char Kor, Eng, Math, Sci;
     unsigned int Tot;
     float Avg;
};

int cmpare(const void *a, const void *b) {
     struct score *ia = (struct score *)a;
     struct score *ib = (struct score *)b;
     return strcmp(ia->name, ib->name);
}

int main()
{
     int i=0;
     struct score st[20] = {
          {"강인한", 95, 89, 87, 90,}, {"장윤아", 90, 91, 93, 89, },
          {"김수영", 76, 87, 89, 79,}, {"민효연", 92, 91, 87, 77, },
          {"성유리", 87, 90, 78, 70,}, {"한태연", 88, 77, 68, 78, },
          {"곽서현", 88, 99, 66, 77,}, {"박규리", 79, 87, 97, 99, },
          {"강지영", 67, 69, 79, 78,}, {"한지영", 98, 78, 97, 88, },
          {"한준수", 57, 67, 65, 76,}, {"홍준호", 78, 73, 69, 79, },
          {"임찬성", 68, 78, 67, 65,}, {"강우영", 80, 90, 89, 77, },
          {"박택훈", 47, 65, 55, 67,}, {"조성권", 76, 56, 67, 87, },
          {"이창훈", 88, 89, 85, 92,}, {"정진석", 89, 90, 78, 80, },
          {"김유정", 91, 93, 89, 90,}, {"홍민수", 89, 99, 87, 93, }};

     for (i=0; i<20; i++) {
```

```
33         st[i].Tot = st[i].Kor + st[i].Eng + st[i].Math + st[i].Sci;
34         st[i].Avg = st[i].Tot / 4.0;
35     }
36
37     qsort(st, 20, sizeof(struct score), cmpare);
38
39     for (i=0; i<20; i++) {
40         printf("%s %d %d %d %d %d %f\n", st[i].name,
41             st[i].Kor, st[i].Eng, st[i].Math, st[i].Sci,
42             st[i].Tot, st[i].Avg);
43     }
44 }
```

해설

4~9: 구조체 정의
11~15: 구조체에서 이름을 비교하는 함수
20~30: 구조체 데이터 초깃값 지정
32~35: 합계와 평균을 구한다.
37: qsort함수를 이용하여 구조체 정렬
39~43: 정렬된 구조체 출력, 이름 순서대로 정렬하여 출력한다.

실행 결과

```
E:₩소스₩Ch09₩09-02-5.exe
강우영 80 90 89 77 336 84.000000
강인한 95 89 87 90 361 90.250000
강지영 67 69 79 78 293 73.250000
곽서현 88 99 66 77 330 82.500000
김수영 76 87 89 79 331 82.750000
김유정 91 93 89 90 363 90.750000
민효연 92 91 87 77 347 86.750000
박규리 79 87 97 99 362 90.500000
박택훈 47 65 55 67 234 58.500000
성유리 87 90 78 70 325 81.250000
이창훈 88 89 85 92 354 88.500000
임찬성 68 78 67 65 278 69.500000
장윤아 90 91 93 89 363 90.750000
정진석 89 90 78 80 337 84.250000
조성권 76 56 67 87 286 71.500000
한준수 57 67 65 76 265 66.250000
한지영 98 78 97 88 361 90.250000
한태연 88 77 68 78 311 77.750000
홍민수 89 99 87 93 368 92.000000
홍준호 78 73 69 79 299 74.750000
```

유제 09-02-1 구조체를 이용하여 학생 3명의 신상정보를 구조체 배열에 초기화하고 그 내용을 출력하는 프로그램을 작성하라.

조건1: typedef를 이용하여 새로운 형을 선언한다.

조건2: 구조체 포인터 변수를 하나 선언하고 거기에 배열의 주소를 저장한 뒤 포인터를 이용하여 출력하라.

멤버: 이름, 학번, 학년, 전화번호, 이메일

09-03. 열거형

열거형(enumeration)이란 데이터를 순서대로 열거하여 그 순서대로 크기를 지정하는 것을 의미하며, 열거형은 기호로 그 순서를 지정한다는 데 의미가 있다.

❖ 열거형 사용 시 고려할 점

- 정해진 범위뿐만 아니라, 그 이상, 그 이하도 실제로 값이 존재하게 된다. 따라서 <예제 09-03-2>와 같이 정확한 범위를 표현할 수 있게 프로그램에서 제어해 주어야 한다.
- 이러한 내용은 C++에서는 보완되었다.
- 열거형 자체는 정해진 수에 대한 기호라고 생각하면 편리하게 제어할 수 있다.
- 기호의 대소비교 및 연산이 가능하다는 장점이 있다.
- 가독성(readability)이 향상된다.

예제 09-03-1 열거형 예, 요일을 순서대로 기호로 지정한다.

```
#include <stdio.h>
enum day {sunday, monday, tuesday, wednesday, thursday, friday, saturday};
typedef enum day wday;          // 새로운 데이터 형 wday로 선언

int main()
{
```

```
7      wday cnt;
8      char* d_name[] = {"일", "월", "화", "수", "목", "금", "토"};
9      for (cnt=sunday; cnt<=saturday; cnt++)  //enum변수와 상수를 이용한 값의 이용
10         printf("%s요일\n", d_name[cnt]);
11 }
```

해설

2: 열거형을 정의하고 그 순서대로 기호에 값을 부여한다. 즉, sunday라는 기호에는 0을, monday라는 기호에는 1, 등과 같이 값이 부여되며, 그 크기가 결정된다.
3: 열거형 day를 새로운 데이터 타입인 wday로 재정의한다.
7: wday의 변수 cnt를 선언한다.
8: 문자열 배열 선언
9: 반복문을 sunday(0)로부터 Saturday(6)까지 1씩 증가한다.
10: 열거형을 배열의 인덱스로 사용하여 문자열의 값을 출력한다.

실행 결과

```
E:₩소스₩Ch09₩09-03-1.exe
일요일
월요일
화요일
수요일
목요일
금요일
토요일
```

예제 09-03-2 열거형

```
#include <stdio.h>

// 초깃값이 없으므로 0에서 6까지 변수 값이 대입된다.
enum day {sun, mon, tue, wed, thu, fri, sat};
typedef enum day day;
char* day_name[] = {"일", "월", "화", "수", "목", "금", "토"};

day tomorrow(day d) {                     // 내일의 요일 찾기
    return ((day)(((int)d+1)%7));         // 정확하게 제어해 주어야 한다.
}

day yesterday(day d) {                    // 어제의 요일 찾기
    return ((day)(((int)d+6)%7));         // 정확하게 제어를 해 주어야 한다.
```

```
14 }
15
16 int main()
17 {
18     day today=sun;                          // 오늘은 일요일
19     printf("어제는 %s요일\n", day_name[yesterday(today)] );
20     printf("오늘은 %s요일\n", day_name[today] );
21     printf("내일은 %s요일\n", day_name[tomorrow(today)] );
22 }
```

해설

4: 열거형을 정의하고 그 순서대로 기호에 값을 부여한다. 즉, sun이라는 기호에는 0을, mon이라는 기호에는 1, 등과 같이 값이 부여되며, 그 크기가 결정된다.
5: 열거형 day를 새로운 데이터 타입인 day로 재정의한다.
6: 문자열 배열 day_name 선언 및 초깃값 대입
8~10: 내일의 요일을 계산하기 위한 함수
9: 내일은 오늘+1이다. 그러나 7을 넘어가면 열거형의 값의 범위를 벗어나므로 다시 7로 나눈 나머지로 계산하여야 한다. 변수 d를 정수화한 다음 계산하여 다시 day형으로 변환한다.
12~14: 어제의 요일을 계산하기 위한 함수
13: 어제는 오늘-1이어야 하지만 일요일의 어제는 -1을 하게 되면 계산 범위를 벗어나므로 +6을 하여 다시 7로 나눈 나머지로 계산하여야 한다. 변수 d를 정수화한 다음 계산하여 다시 day형으로 변환한다.
19: today의 yesterday를 계산하기 위하여 함수를 호출하고 그 값을 인덱스로 가지는 문자열을 출력한다.
20: today의 인덱스에 대한 요일을 출력한다.
21: today의 tomorrow를 계산하기 위하여 함수를 호출하고 그 값을 인덱스로 가지는 문자열을 출력한다.

실행 결과

```
E:₩소스₩Ch09₩09-03-2.exe
어제는 토요일
오늘은 일요일
내일은 월요일
```

예제 09-03-3 광역자치 단체의 영문과 한글이름을 맵핑하는 프로그래밍

```
1  #include <stdio.h>
2
3  typedef enum { Seoul, Busan, Daegu, Incheon, Gwangju, Daejeon, Ulsan,
4      Gyeonggi, Gangwon, Chungbuk, Chungnam, Jeonbuk, Jeonnam,
5      Gyeongbuk, Gyeongnam, Jeju, Etc
6      } Regions;
7
8  char * NameEng[] = { "Seoul", "Busan", "Daegu", "Incheon", "Gwangju",
9      "Daejeon", "Ulsan", "Gyeonggi", "Gangwon", "Chungbuk", "Chungnam",
10     "Jeonbuk", "Jeonnam", "Gyeongbuk", "Gyeongnam", "Jeju", "Etc"};
11
12 char * NameKor[] = {"서울특별시", "부산광역시", "대구광역시", "인천광역시",
13     "광주광역시", "대전광역시", "울산광역시", "경기도", "강원도",  "충청북도",
14     "충청남도", "전라북도", "전라남도", "경상북도", "경상남도", "제주특별자치도",
15     "해외"};
16
17 int main(void)
18 {
19     Regions r;              // 열거형 변수 선언
20
21     for (r=Seoul; r<=Etc; r++)
22         printf("%s: %s\n", NameKor[r], NameEng[r]);
23 }
```

해설

3~6: 열거형을 정의하고 그 순서대로 기호에 값을 부여한다. Seoul(0)에서 Etc(16)까지 정의. 동시에 열거형의 새로운 데이터 형 Regions 선언

8~10: 열거형에 영문 이름을 맵핑하기 위한 문자열 배열 선언

12~15: 열거형에 한글 이름을 맵핑하기 위한 문자열 배열 선언

21~22: Seoul(0)에서부터 Etc(16)까지 1씩 증가하면서 한글이름과 영문이름의 지방자치단체 명칭을 출력한다.

실행 결과

```
E:₩소스₩Ch09₩09-03-3.exe
서울특별시: Seoul
부산광역시: Busan
대구광역시: Daegu
인천광역시: Incheon
광주광역시: Gwangju
대전광역시: Daejeon
울산광역시: Ulsan
경기도: Gyeonggi
강원도: Gangwon
충청북도: Chungbuk
충청남도: Chungnam
전라북도: Jeonbuk
전라남도: Jeonnam
경상북도: Gyeongbuk
경상남도: Gyeongnam
제주특별자치도: Jeju
해외: Etc
```

유제 09-03-1 무지개 색을 열거형으로 나열하고 각각에 해당하는 한글 명칭과 파장을 출력하는 프로그램을 작성하라.

유제 09-03-2 열거형과 구조체를 이용하여 trump를 52장 만들고 섞은 뒤 출력하는 프로그램을 작성하라.

09-04. 공용체

공용체(union)란 동일한 공간에 서로 다른 형태의 데이터를 저장한다. 따라서 한 시점에는 하나의 형태로만 저장된다.

int 형태로 저장된 변수를 double 형태로 읽으면 원하지 않는 결과가 출력된다. 이를 역이용하여 프로그램을 작성할 수도 있다.

공용체 선언 방법

```
enum enum_name { 멤버1, 멤버2, … };
변수 선언 : enum enum_name enum_var
```

예제 09-04-1 공용체 예, 정수와 실수를 같은 장소에 저장하기

```
1  #include <stdio.h>
2
3  typedef union int_or_float {
4      int i;
5      float f;
6  } number;
7
8  int main()
9  {
10     number n;
11     n.i = 1234;  // 정수 값 대입
12     printf("i:%10d, f:%16.10e\n", n.i, n.f); // 정수 형만 정확한 값을 보여준다.
13     n.f = 1234.0f;   // 실수 값 대입
14     printf("i:%10d, f:%16.10e\n", n.i, n.f); // 실수 형만 정확한 값을 보여준다.
15 }
```

해설

3~6: 두 개의 멤버를 가지는 공용체를 정의하고, 이 공용체를 다시 새로운 데이터 형 number로 선언한다. 두 멤버가 선언되었지만 실제로는 한 공간을 두 멤버가 공용한다. 즉, 한 시점에서는 한 멤버만 사용하게 된다.

10: 공용체 number로 변수 n을 선언

11: 공용체 n의 멤버 i에 정수값 1234 대입. 정수 값 멤버에 값이 대입되면 정수형으로 사용된다.

12: 따라서 정수값만 정상적으로 출력되고 실수는 알 수 없는 값이 출력됨을 알 수 있다. 정수와 실수는 메모리에 저장되는 방식이 다르므로 메모리에서 읽어내는 방법도 다르다. 따라서 정상적으로 저장된 값만이 정상적으로 출력된다.

13: 공용체 n의 멤버 f에 실수 값 1234.0f가 대입. 실수 값 멤버에 값이 대입되면 실수형으로 사용된다. 1234.0f에서 f는 float값이라는 것을 의미한다. f가 없으면 실수의 기본형인 double로 인식한다.

14: float값만 정상적으로 출력된다.

실행 결과

```
E:₩소스₩Ch09₩09-04-1.exe
i:      1234,  f:1.7292023050e-042
i:1150959616,  f:1.2340000000e+003
```

예제 09-04-2 실수를 2진수로 변환하여 보여주기

```
1  #include <stdio.h>
2  #include <stdlib.h>
3
4  typedef union int_or_float {
5      int i;
6      float f;
7  } number;
8
9  int main()
10 {
11     number n;
12     static char num[33];
13
14     n.i = 236523;               // 정수 대입
15     itoa(n.i, num, 2);          // itoa는 표준함수는 아니지만 거의 대부분 지원
16     printf("%10d -> %032s\n", n.i, num);
17     // 32자리로 출력하고 앞의 빈자리에 0을 출력한다.
18     n.f = 20.5f;                // 실수 대입
19     itoa(n.i, num, 2);          // 실수가 아닌 정수를 2진수로 변환
20     printf("%10.4f -> %032s\n", n.f, num);
21
22     n.f = -0.2f;                // 실수 대입
23     itoa(n.i, num, 2);          // 실수가 아닌 정수를 2진수로 변환
24     printf("%10.4f -> %032s\n", n.f, num);
25 }   // 원칙적으로 실수는 직접 2진수로 나타내기가 힘들지만 이와 같이 가능하다.
```

해설

4~7: 두 개의 멤버를 가지는 공용체를 정의하고, 이 공용체를 다시 새로운 데이터형 number로 선언한다.

12: 2진수가 문자열로 저장될 문자열 변수

14: 정수를 공용체에 대입

15, 16: itoa를 사용하여 정수를 2진수로 변환하여 출력한다.

18: 실수를 공용체에 대입

19, 20: itoa를 사용하여 정수를 2진수로 변환하여 출력한다. 실수가 아닌 정수를 2진수로 변환한다. 즉, 메모리 공간은 동일하므로 정수로 취급하여 2진수로 변환한다. itoa는 실수를 취급하지 않으므로 정수를 넘긴다. 그 결과는 메모리에 저장된 실수를 그대로 정수인 것처럼 취급하여 2진수로 변환하여 보여준다.

22, 23: 음수인 실수값을 공용체에 대입하여 결과를 2진수로 변환하여 출력한다.

> **Notice** 실수(float)가 메모리에 저장되는 순서는 부호 1비트, 지수 8비트, 가수 23비트이다. 부호는 0이면 양수, 1이면 음수, 지수는 bias 127을 더하여 표시한다. 가수는 1.××××로 표시하며, "1."은 생략한다. 예를 들어 실행 결과의 20.5를 실수로 나타내면, 부호는 0, 지수는 127이 더해져 있으므로 10000011(131)에서 01111111(127)을 빼면 4이다. 가수는 1.01001이다. "1."은 생략되어 있으므로 "1."을 넣어서 표시한다. 20.5=-1.01001×2^4

실행 결과

```
E:₩소스₩Ch09₩09-04-2.exe
 236523 -> 00000000000000111001101111101011
20.5000 -> 01000001101001000000000000000000
-0.2000 -> 10111110010011001100110011001101
```

예제 09-04-3 세 가지 종류의 물건을 하나의 공용체로 표현하기

```c
#include <stdio.h>
#include <stdlib.h>
#include <string.h>

struct Flower {                          // 꽃의 속성 설정
    char name[30];
    enum {red, white, yellow, pink, etc} color;
};

struct Fruit {                           // 과일의 속성 설정
    char name[30];
    int calories;
};

struct Vegetable {                       // 채소의 속성 설정
    char name[30];
    int calories;
    int cooking_time;
};

union flower_fruit_vegetable {           //꽃, 과일, 채소를 하나의 공용체로 선언
    struct Flower flower;
    struct Fruit fruit;
    struct Vegetable vegetable;
};

```

```
typedef struct {                    // 물건의 종류와 공용체를 저장할 수 있는 구조체로 선언
    char type;
    union flower_fruit_vegetable ffv;
} things;

enum type {flower, fruit, vegetable};
char *color[] = {"red", "white", "yellow", "pink", "etc"};

int main ()
{
    int i;
    things x[3];
    x[0].type = flower;
    strcpy(x[0].ffv.flower.name, "Sunflower");
    x[0].ffv.flower.color = yellow;
    x[1].type = fruit;
    strcpy(x[1].ffv.fruit.name, "Apple");
    x[1].ffv.fruit.calories = 52;
    x[2].type = vegetable;
    strcpy(x[2].ffv.vegetable.name, "Carrot");
    x[2].ffv.vegetable.calories = 41;
    x[2].ffv.vegetable.cooking_time = 5;
    for (i=0; i<3; i++) {
        if (x[i].type == flower)               // type이 꽃이면 꽃에 맞는 내용 출력
            printf("%s, %s\n", x[i].ffv.flower.name,
                color[x[i].ffv.flower.color]);
        else if (x[i].type == fruit)           // type이 과일이면 꽃에 맞는 내용 출력
            printf("%s, %dKcal\n", x[i].ffv.fruit.name,
                x[i].ffv.fruit.calories);
        else if (x[i].type == vegetable)       // type이 채소면 꽃에 맞는 내용 출력
            printf("%s, %dKcal, %dMin.\n",
                x[i].ffv.vegetable.name,
                x[i].ffv.vegetable.calories,
                x[i].ffv.vegetable.cooking_time);
    }
}
```

해설

5~8: 꽃에 대한 구조체 선언
10~13: 과일에 대한 구조체 선언
15~19: 채소에 대한 구조체 선언
21~25: 이들 세 가지 구조체를 모두 공용으로 사용하기 위한 공용체 선언
27~30: 공용체의 구분을 위한 type 및 공용체를 멤버로 하는 새로운 구조체 선언
32: 세 가지 type에 대한 열거형 선언
33: 색상을 나타내기 위한 문자열 배열 선언
38: 구조체 배열 선언
39~48: 각 구조체의 값 지정
49~61: type에 따른 배열에 저장된 데이터 출력

실행 결과

```
E:₩소스₩Ch09₩09-04-3.exe
Sunflower, yellow
Apple, 52Kcal
Carrot, 41Kcal, 5Min.
```

유제 09-04-1 리틀엔디안인지 빅엔디안인지 판단하는 함수를 작성하라.

09-05. 구조체를 이용한 자료구조 표현

구조체를 이용한 자료구조를 어떻게 나타내는지 예제들을 통해서 살펴보자.

다음 그림은 링크트 리스트의 예를 나타낸 것으로, head는 리스트의 처음 위치를 포인트하고 있으며, 리스트의 끝은 널이다. 데이터를 처음이나 중간, 끝에도 삽입할 수 있도록 프로그램을 작성할 수 있다. head에서만 데이터 삽입, 삭제가 가능하도록 하면 스택(Stack)이 되며, head에서는 삽입만 가능하고, 끝에서 삭제만 가능하다면 큐(Queue)가 된다. 설계하는 방법에 따라 다양하게 사용할 수 있으며, 양방향 링크트 리스트를 만들 수도 있다.

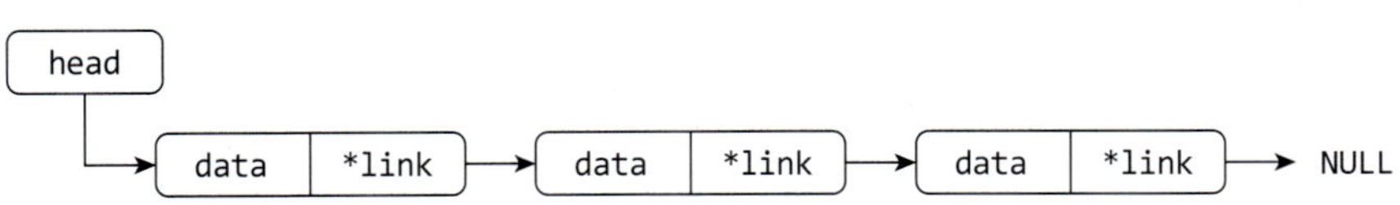

예제 09-05-1 링크트 리스트(linked list) 구현

```
#include <stdio.h>
#include <stdlib.h>
#include <conio.h>

struct node {
    int data;
    struct node *link;
};

struct node *head=NULL;

void insert(struct node *);
void print(struct node *);
void release(struct node *);

int main()
{
    int x;
    struct node *temp=NULL;

    printf("음수 값을 입력하면 프로그램을 끝냅니다.\n");
    while(1) {
        printf("정수 데이터 입력 : ");
        scanf("%d", &x);
        if (x < 0)
            break;
        else {
            temp = malloc(sizeof(struct node));      // 동적 메모리 생성
            temp->data = x;                          // 데이터 저장
            temp->link = NULL;                       // 다음 포인터는 널
        }
        insert(temp);
    }
    // 출력하면서 할당된 메모리 영역을 해제함.
    printf("\n정렬된 데이터\n");
    print(head);     // 리스트 출력
    printf("데이터가 삭제됩니다.\n");
    release(head);  // 생성된 메모리 모두 해제
```

```
}

void insert(struct node *t) {
    struct node *pos;
    if (head == NULL)                       // 데이터가 하나도 없을 때
        head = t;
    else if (head->link == NULL){           // 데이터가 하나만 있을 때
        if (head->data > t->data)           // 끝에 삽입
            head->link = t;
        else { // 앞에 삽입
            t->link = head;
            head = t;
        }
    }
    else {          // 데이터가 두 개 이상일 때
        pos = head;
        while(pos) {
            if ( pos == head && pos->data <= t->data ) {
                t->link = head;             // 맨 앞에 삽입
                head = t;
                break;
            } else if ( pos->link == NULL && pos->data >= t->data) {
                pos->link = t;              // 맨 끝에 삽입
                break;
            } else if( pos->data>=t->data && pos->link->data < t->data) {
                t->link = pos->link;        // 가운데 삽입
                pos->link = t;
                break;
            } else                  // 삽입할 위치를 찾아 다음 포인터로 이동
                pos = pos -> link;
        }
    }
}

void print(struct node *h) {
    while(h) {
        printf("%d ", h -> data);
        h = h-> link;
    }
    printf("\n");
```

```
79 }
80
81 void release(struct node *c) {
82     struct node *tmp;
83     while(c) {
84         tmp = c;
85         c = c-> link;
86         free(tmp);
87     }
88 }
```

해설

5~8: 구조체 node선언, 멤버로 데이터와 node의 포인터를 가진다.
10: head node를 선언하고 NULL을 초깃값으로 지정
12~14: 사용할 함수의 원형 선언
22~33: 음수가 입력될 때까지 하나씩 입력받아 링크에 순서대로 삽입한다.
25, 26: 음수가 입력되면 끝냄.
27~31: 음수가 아닌 값이 입력되면 동적으로 메모리 공간을 할당하고 입력된 데이터는 data멤버에 저장하고, 다음 링크는 NULL로 한다.
32: 링크트 리스트에 삽입하는 함수를 호출한다.
36: 리스트를 출력하는 함수를 호출한다.
38: 사용이 끝난 뒤 메모리를 해제하는 함수를 호출한다.
41~71: 리스트에 노드를 삽입하는 함수
43: head가 NULL이면 리스트가 비어있으므로 현재 노드는 head가 된다.
45~52: node가 하나만 리스트에 있을 때 앞에 넣을 것인지 뒤에 넣을 것인지 판단하여 해당 위치에 끼워 넣는다.
53~70: node가 여러 개 존재할 때 해당위치를 찾아 가는 루프이다.
73~79: 현재 노드를 head부터 끝까지 출력한다.
81~88: 할당한 동적 공간을 해제한다.

실행 결과

```
E:₩소스₩Ch09₩09-05-1.exe
음수 값을 입력하면 프로그램을 끝냅니다.
정수 데이터 입력 : 859
정수 데이터 입력 : 96
정수 데이터 입력 : 452
정수 데이터 입력 : -6

정렬된 데이터
859 452 96
데이터가 삭제됩니다.
```

예제 09-05-2 링크트 리스트를 이용한 큐(queue) 구현

```
#include <stdio.h>
#include <stdlib.h>

struct node {
    int data;
    struct node *next;
};

typedef struct node node;
node *head=NULL, *tail= NULL, *temp=NULL;
void insert(int);
void delete();
void print_queue();
void release();

int main()
{
    int x, d;
    do {
        printf("Queue --- 1. 삽입, 2. 삭제, 3. 출력, 0. 끝\n Input : ");
        scanf("%d", &x);
        switch(x) {
            case 1:
                printf("\n데이터 입력 : ");
                scanf("%d", &d);
                insert(d);
                break;
            case 2:
                delete();
                break;
            case 3:
                print_queue();
                break;
            case 0:
                release();
                return 0;
        }
        printf("\n\n");
```

```
    } while(1);
}

void insert(int x) {
    temp = malloc(sizeof(struct node));
    temp -> data = x;
    temp -> next = NULL;
    if (tail != NULL)
        tail -> next = temp;
    tail = temp;
    if (head == NULL)
        head = temp;

    printf("\n%d가 삽입되었습니다.\n", x);
    print_queue();
    return;
}

void delete() {
    int x;
    if (head == NULL) {
        printf("\nQueue is empty!!!\n");
        return;
    }
    temp = head;
    head = head -> next;
    if ( !head )
        tail = NULL;
    x = temp->data;
    free(temp);
    printf("%d가 삭제되었습니다.\n", x);
    print_queue();
    return;
}

void print_queue() {
    if (head == NULL) {
        printf("Queue is empty!\n");
        return;
    }
```

```
79      temp = head;
80      printf("현재 큐의 내용(Head...Tail) : ");
81      while(temp) {
82          printf("%d ", temp->data);
83          temp = temp->next;
84      }
85      return;
86  }
87
88  void release() {
89      while(head) {
90          temp = head;
91          head = head -> next;
92          free(temp);
93      }
94  }
```

해설

4~7: 구조체로 노드 선언, 데이터와 링크 포인터를 멤버로 갖는다.
9: 데이터형 정의
10: head, tail, temp 노드 선언하고 초깃값으로 NULL을 지정
11~14: 함수 원형 선언
19~39: 실행할 작업을 선택하고, 입력 값에 따라 해당 작업을 실행
23~27: 큐에 삽입
28~30: 큐에서 삭제
31~33: 큐의 내용 출력
33~36: 큐의 내용 전체 삭제 및 종료
42~55: 큐에 노드 추가하는 함수. 큐는 FIFO이므로 tail에 추가한다.
57~72: 큐에서 노드 하나 삭제. 큐의 head에서 하나 삭제한다.
74~86: 큐에 저장된 각 노드의 데이터를 출력한다.
88~94: 모든 메모리 할당된 내용을 제거한다.

실행 결과

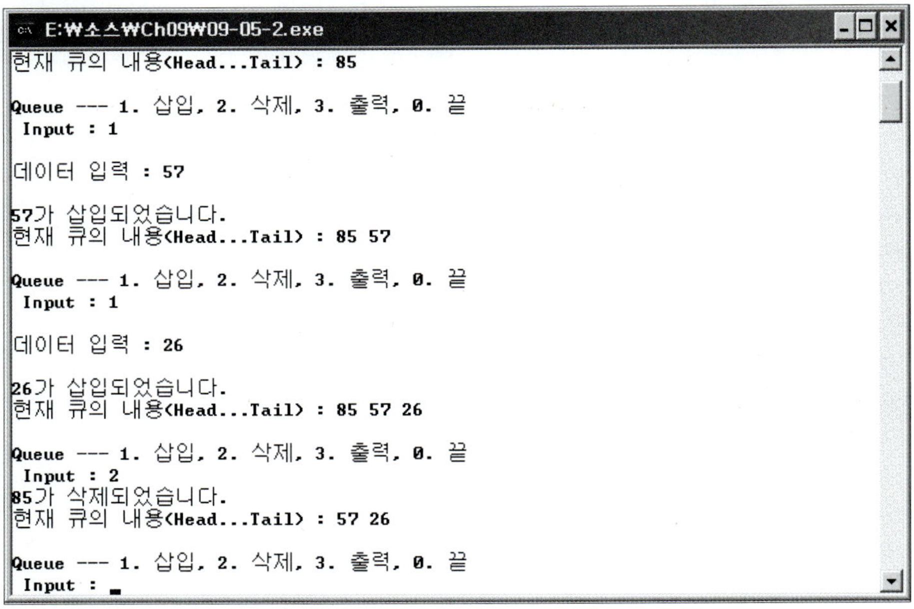

```
E:₩소스₩Ch09₩09-05-2.exe
현재 큐의 내용(Head...Tail) : 85

Queue --- 1. 삽입, 2. 삭제, 3. 출력, 0. 끝
 Input : 1

데이터 입력 : 57

57가 삽입되었습니다.
현재 큐의 내용(Head...Tail) : 85 57

Queue --- 1. 삽입, 2. 삭제, 3. 출력, 0. 끝
 Input : 1

데이터 입력 : 26

26가 삽입되었습니다.
현재 큐의 내용(Head...Tail) : 85 57 26

Queue --- 1. 삽입, 2. 삭제, 3. 출력, 0. 끝
 Input : 2
85가 삭제되었습니다.
현재 큐의 내용(Head...Tail) : 57 26

Queue --- 1. 삽입, 2. 삭제, 3. 출력, 0. 끝
 Input : _
```

예제 09-05-3 구조체를 이용한 2진 트리(tree)를 구현하고 트리에 데이터를 저장할 때 정렬이 되도록 한다. 루트를 기준으로 왼쪽 노드에는 작은 값이 오른쪽 노드에는 큰 값이 저장되도록 한다.

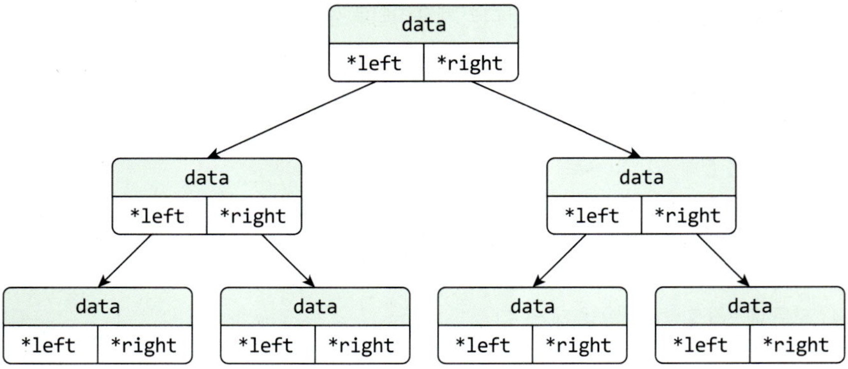


```
#include <assert.h>
#include <stdio.h>
#include <stdlib.h>
#include <time.h>

#define SIZE 10
```

```
typedef int Data;

struct node {
    Data        data;
    struct node *left;
    struct node *right;
};

typedef struct node Node;
typedef Node    *Btree;

void    add_node(Btree, Btree, Data);
Btree   new_node(Data d1);
void    inorder(Btree);
void    release(Btree);
Btree   Root = NULL;

int main() {
    Data a, tree_data[SIZE];
    int i;
    srand(time(0));

    for (i=0; i<SIZE; i++)
        tree_data[i] = rand();

    for (i=0; i<SIZE; i++)
        add_node(NULL, Root, tree_data[i]);

    printf("---Inorder binary tree traversal:\n");
    inorder(Root);
    release(Root);
}

/* Create a binary tree */
void add_node(Btree parent, Btree c_node, Data x) {
    if (Root == NULL) {
        Root = new_node(x);
        return;
    }
    else {
```

```
        if (c_node == NULL) {
            if (parent -> data >= x)
                parent -> left = new_node(x);
            else
                parent -> right = new_node(x);
        }
        else if (x >= c_node -> data )
            add_node(c_node, c_node -> right, x);
        else
            add_node(c_node, c_node -> left, x);
    }
    return;
}

Btree new_node(Data d) {            /* Create a new node. */
    Btree t;
    t = (Btree) malloc(sizeof(Node));
    assert(t != NULL);
    t -> data = d;
    t -> left = NULL;
    t -> right = NULL;
    return t;
}

void inorder(Btree tree) {          /* In-order binary tree traversal. */
    if (tree != NULL) {
        inorder(tree -> left);
        printf("%10d", tree -> data);
        inorder(tree -> right);
    }
}

void release(Btree tree) {          /* free tree */
    if (tree != NULL) {
        release(tree -> left);
        release(tree -> right);
        free(tree);
    }
}
```

해설

7: int를 Data라는 이름으로 데이터 형 재선언
9~13: 구조체 선언, 데이터와 왼쪽, 오른쪽 노드의 포인터 멤버 선언
15: 구조체 node를 Node로 새로운 형 선언
16: 구조체 Node의 포인터 Btree 선언
18~21: 함수 원형 선언
22: 트리의 Root 선언
29~30: 난수를 이용하여 데이터를 SIZE 수 만큼 초기화한다.
36: tree에 저장된 데이터를 inorder로 운행하여 출력하는 함수 호출
41~59: 데이터를 이용하여 트리를 구성한다.
42~45: root가 NULL이면 루트에 데이터 노드 삽입
48~49: 왼쪽 노드에 삽입
50~51: 오른쪽 노드에 삽입
53~54: 삽입할 노드를 오른쪽 부 트리를 찾는다.
55~56: 삽입할 노드를 왼쪽 부 트리를 찾는다.
61~69: 새로운 노드를 동적 메모리로 할당하여 포인터를 반환한다.
63: 메모리를 할당하지 못하면 에러메시지를 출력하고 끝낸다.
71~77: inorder(중위운행)하는 함수, left→root→right 순으로 운행하는 방식
79~85: 트리에 할당된 메모리 전체 해제

실행 결과

```
E:₩소스₩Ch09₩09-05-3.exe
---Inorder binary tree traversal:
     886      3069      7262     11920     17885     18981     20091     22894
   25921     32410
```

유제 09-05-1 양방향 리스트를 만들어 데이터를 삽입하라.

조건:

1. 삽입하면서 정렬한다.
2. 앞에서부터 출력하면 내림차순, 뒤에서부터 출력하면 오름차순으로 되도록 한다.

유제 09-05-2 링크드 리스트를 이용한 스택을 구현하라.

유제 09-05-3 <예제 09-05-3>에 제시된 inorder 운행 방법을 수정하여 트리의 다른 운행 방법인 preorder와 postorder를 구현하라.

09-06. 구조체 비트 필드

❖ 구조체 비트필드(bit field)란?

비트필드는 쓸데없이 많은 메모리를 차지하는 데이터를 줄여서 꼭 필요한 공간만 할당하여 메모리 공간을 절약하고자 할 때 주로 사용한다. 또는 한 비트씩 필요한 데이터를 사용하고자 할 때 사용할 수도 있다. CPU 내의 상태 레지스터와 유사한 방법으로 사용할 수도 있다. 컴퓨팅 환경이 열악한 곳, 즉 메모리 공간이 많지 않은 임베디드 시스템 같은 곳에서 사용하면 유용하다.

구조체 비트필드 선언방법

```
정의
struct 구조체명 {
    멤버데이터형 구조체멤버1:비트수
    멤버데이터형 구조체멤버2:비트수
    멤버데이터형 구조체멤버3:비트수
    ...
};
```

변수 정의는 구조체와 동일하고, 엑세스 방법도 구조체와 동일하다.

```
#include <stdio.h>
#include <stdlib.h>

typedef struct {
        unsigned int year:12;       12bit: 0~4095
        unsigned int month:4;       4bit: 0~15
        unsigned int day:5;         5bit: 0~31
        unsigned int hour:5;        5bit: 0~31
        unsigned int min:6;         6bit: 0~63
```

예제 09-06-1 구조체 비트 필드를 이용한 날짜 시간 표현

```c
1  #include <stdio.h>
2
3  typedef struct {
4      unsigned int year:12;     // 12bit: 0~4095
5      unsigned int month:4;     // 4bit: 0~15
6      unsigned int day:5;       // 5bit: 0~31
7      unsigned int hour:5;      // 5bit: 0~31
8      unsigned int min:6;       // 6bit: 0~63
9  } schedule;
10
11 int main()
12 {
13     schedule my;              // 구조체 변수 선언
14     my.year = 2001;           // 비트필드에 값 저장
15     my.month = 5;
16     my.day = 28;
17     my.hour = 12;
18     my.min = 30;
19     printf("%d년 %d월 %d일 %d시 %d분\n",
20         my.year, my.month, my.day, my.hour, my.min);
21     printf("구조체의 크기 : %dByte\n", sizeof(schedule));
22 }
```

해설

4~10: 구조체 비트 필트 선언. 각 필드를 해당하는 비트만큼만 지정한다. 이렇게 함으로써 데이터가 저장될 공간을 절약할 수 있다. 이 정도면 충분히 공간으로 사용할 수 있다. 만약 이들을 각각 int로 선언한다면 전체 공간은 20바이트가 필요하지만 여기서는 4바이트이면 충분하다.

14~18: 각 필드에 값을 저장한다.

19~20: 각 필드에 저장된 값을 출력한다.

21: 이 구조체의 크기를 출력한다. 4바이트인 것을 확인할 수 있다.

Notice 비트필드의 사용은 구조체와 동일하다. 단 비트필드 구조체를 정의할 때는 그 크기를 잘 계산하여 낭비되지 않도록 한다. 그리고 자료형도 적당히 설정한다. 여기서는 unsigned int로 하였다. 즉, 음수 값이 없으므로 모두 unsigned로 한 것이다. unsigned로 하지 않으면 2의 보수 표현 범위내에서만 데이터 값이 결정된다. 2의 보수의 표현 범위: $-2^{n-1} \sim +2^{n-1}-1$, n은 비트 수이다.

실행 결과

```
E:\소스\Ch09\09-06-1.exe
2001년 5월 28일 12시 30분
구조체의 크기 : 4Byte
```

예제 09-06-2 구조체 비트 필드를 이용한 학년, 반, 번호 표시

```
1  #include <stdio.h>
2
3  typedef struct {
4      unsigned short Grade:4;         // 학년 4비트
5      unsigned short Class:5;         // 반 5비트
6      unsigned short Number:7;        // 번호 7비트
7  } student;
8
9  int main()
10 {
11     unsigned char x;
12     student s;
13     printf("학년 입력(1~12): ");
14     scanf("%u", &x);        // 비트 필드는 개별적으로 주소가 없으므로
15     s.Grade = x;            // 다른 변수에 읽어서 다시 비트필드에 저장
16                             // 즉, 비트필드는 직접 scanf에 사용할 수 없음
17     printf("반 입력(1~31): ");
18     scanf("%u", &x);
19     s.Class = x;
20     printf("번호 입력(1~127): ");
21     scanf("%u", &x);
22     s.Number = x;
23     printf("%u학년 %u반 %d번\n", s.Grade, s.Class, s.Number);
24     s.Grade = 10, s.Class = 15, s.Number = 20;
25     printf("%u학년 %u반 %d번\n", s.Grade, s.Class, s.Number);
26     printf("구조체의 크기: %dByte\n", sizeof(student));
27 }
```

해설

3~7: 구조체 비트 필트 선언. 각 필드를 해당하는 비트만큼만 지정한다. unsigned short는 16비트이다. 이들 16비트를 3개의 비트필드로 나누어 저장한다.

12: 비트 필드 변수명 선언

14: 데이터를 읽는다.

15: 읽은 데이터를 비트 필드 멤버에 저장한다.

23: 저장된 값을 출력한다.

24~25: 다른 데이터를 저장하고, 출력한다.

26: 비트필드가 차지하는 공간의 크기가 얼마인지 출력한다.

Notice 비트 필드가 차지하는 공간보다 큰 데이터가 입력되면 앞부분이 잘려버린다. 즉, 2진수로 나타낼 때 뒷부분만 해당 비트만큼 저장된다.

실행 결과

```
E:₩소스₩Ch09₩09-06-2.exe
학년 입력(1~12): 4
반 입력(1~31): 10
번호 입력(1~127): 26
4학년 10반 26번
10학년 15반 20번
구조체의 크기: 2Byte
```

예제 09-06-3 구조체 비트 필드를 이용한 학사정보 저장

```c
#include <stdio.h>
#include <stdlib.h>

struct student {
    char name[30];
    unsigned char college:4;        // 단과대학(학부) : 4비트 : 16종류
    unsigned char major:4;          // 학과(전공) : 4비트 : 16종류
    unsigned char grade:3;          // 학년 : 3비트
    unsigned char transfer:2;
        // 편입/전과 : 2비트 : 0:해당없음, 1:전과, 2:편입, 3:재입학
    unsigned char state:3;          // 상태 : 3비트 : 0:신입학, 1:일반휴학,
        // 2:군휴학, 3:복학, 4: 졸업, 5:수료, 6:자퇴, 7:제적
    unsigned char credits:8;        // 이수학점 : 8비트
    unsigned char gender:1;         // 성별 : 1비트 ; 0:남자, 1:여자
    unsigned char military:2;       // 군 : 2비트 : 0:면제, 1:미필, 2:군필
    unsigned char region:5;         // 출신지역 : 5비트 : 32가지
        // 서울:0, 부산:1, 대구:2, 인천:3, 광주:4, 대전:5, 울산:6, 경기:7, 강원:8
        // 충북:9, 충남:10, 전북:11, 전남:12, 경북:13, 경남:14, 제주:15, 기타:16
};

typedef struct student student;
char *Col[] = {"법학", "인문", "사회과학", "경영", "자연과학", "간호", "공과",
        "농업", "미술", "사범", "생활과학", "수의과", "약학", "음악", "의과"};
enum Collages {Law, Human, SSci, Busi, NSci, Nurs, Eng, Arg, Art, Edu,
        Home, Vet, Phar, Mus, Med };
char *Gender[] = {"남자", "여자"};
enum Genders {Male, Female };
char *State[] = {"입학", "일반휴학", "군휴학", "복학", "졸업", "수료", "자퇴", "제적"};
enum States {ADM, GA, MA, RI, GR, COMP, LEV, REM};
char *Mil[] = {"면제", "미필", "군필"};
```

```
31  enum Military {Na, Incomp, Veteran};
32  char *Trans[] = {"해당없음", "전과", "편입", "재입학"};
33  enum Transfers { NA, CM, SE, RE };
34
35  char *Region[] = {"서울특별시", "부산광역시", "대구광역시", "인천광역시", "광주광역시",
36              "대전광역시", "울산광역시", "경기도", "강원도",  "충청북도", "충청남도",
37              "전라북도", "전라남도", "경상북도", "경상남도", "제주특별자치도", "해외"};
38  enum Regions { Seoul, Busan, Daegu, Incheon, Gwangju, Daejeon, Ulsan,
39      Gyeonggi, Gangwon, Chungbuk, Chungnam, Jeonbuk, Jeonnam,
40      Gyeongbuk, Gyeongnam, Jeju, Etc};
41  enum Grades { Freshman=1, Sophomore, Junior, Senior, Graduation};
42
43  int main(void)
44  {
45      student s = {"원대한", Phar, 3, Senior, NA, RI, 112, Male, Veteran, Seoul};
46
47      printf("구조체 크기: %d\n\n", sizeof(student));
48      printf("%s : ", s.name);
49      printf("%s대학, 전공:%u, %u학년, %s, %s\n",
50        Col[s.college], s.major, s.grade, Gender[s.gender], State[s.state]);
51      printf("이수학점:%u, %s, 편입/전과:%s, 출신지역:%s\n", s.credits,
52          Mil[s.military], Trans[s.transfer], Region[s.region]);
53  }
```

해설

5~20: 구조체 비트 필트 선언. 각 필드를 해당하는 비트만큼만 지정한다. 10개의 필드로 구성한다. 이름을 제외한 모든 데이터들은 비트별로 나누어 저장한다.
22: 새로운 데이터 형을 지정한다.
23~26: 단과대학별로 해당하는 이름과 열거형을 지정한다.
27~28: 성별에 대한 이름과 열거형을 지정한다.
29~30: 현재 학적 상태에 대한 이름과 열거형을 지정한다.
31~32: 병역 상태에 대한 이름과 열거형을 지정한다.
33~34: 학전 변동에 대한 이름과 열거형을 지정한다.
36~41: 주소지역에 대한 이름과 열거형을 지정한다.
42: 학년에 대한 열거형을 지정한다.
45: 비트 필드의 변수를 선언하고 초깃값을 지정한다.
47: 구조체의 크기를 출력해 본다. 이름을 제외하고 나면 4바이트이면 충분히 데이터를 저장할 수 있음을 알 수 있다.
49~52: 저장된 값을 출력한다. 해당되는 문자열을 출력한다.

Notice enum으로 선언된 모든 기호들은 같은 것이 있으면 안 된다.

실행 결과

```
E:₩소스₩Ch09₩09-06-3.exe
구조체 크기: 34

원대한 : 약학대학, 전공:3, 4학년, 남자, 복학
이수학점:112, 군필, 편입/전과:해당없음, 출신지역:서울특별시
```

유제 09-06-1 실수와 정수를 공유할 수 있도록 공용체를 정의하고, 실수는 부호, 지수, 가수를 구분하여 나타낼 수 있도록 비트필드 구조체로 나타내고, 실수를 2진수로 표시할 수 있도록 프로그래밍하라.

연습문제

1. double(64비트)을 2진수로 나타내는 프로그램을 union과 struct를 이용하여 프로그래밍하라. <예제 09-04-2>를 바꾸어 응용하면 된다. 주의할 점은 정수 2개(8바이트)를 하나의 double로 연계하여야 하며, little endian 또는 big endian에 따라 출력순서가 다르다는 것이다. 2진수 문자열로 변환하는 itoa함수를 사용한다. 단, itoa함수가 지원되지 않는 컴파일러라면 16진수로 출력하라.

2. 어떤 가게에서 다음과 같이 간단한 고객을 관리하는 프로그램을 작성하라. 고객정보는 고객ID, 구매등급, 전체 매출액, 지난 달 매출액, 이번 달 매출액으로 구성되며, 지난 달 매출액과 이번 달 매출액이 백만 원이 넘으면 구매등급을 한 단계 올려주며, 등급은 최고 10등급까지이고 등급은 매번 조정하는 것이 아니고 마지막에 끝낼 때 한다. 고객의 구조체를 만들고, 고객의 정보는 기본적으로 5명이 입력되어 있다고 가정한다. 단, 이번 달 매출액은 키보드에서 입력받는다. 이번 달 매출액이 입력되면 전체 매출액이 바뀌어야 한다. 여기서는 파일에 저장하지 않기 때문에 프로그램이 끝나면 모든 것이 원상 복귀된다. 10장에서 파일을 배우고 파일로 저장하는 방법을 생각해 보자.

```
struct customer {
    int ID, grade, Total, last_mon, this_mon;
};
struct customer c[5] = {
    { 12345, 0, 534000, 340500, },
    { 12346, 1, 1023000, 500000, },
    { 12347, 2, 4030290, 490500, },
    { 12348, 1, 1203000, 786000, },
    { 12349, 1, 1300000, 909300, }};
```

3. 어떤 홈페이지에서 회원관리를 한다고 가정하자. 회원의 정보는 ID, password, 이름, 별명을 저장한다. 이를 구조체로 작성하고, 회원의 정보를 입력받아 저장하는 프로그램을 작성하라. 단, password는 간단하게 함호화하라. 암호화 방법은 ID의 모든 자리의

값을 '0xAA'와 XOR하고 입력된 패스워드는 "0x55"와 각 자리를 XOR한다. 회원정보는 5명을 먼저 암호화하여 저장한 후 ID를 검색한다.

4. 도서관리 프로그램을 작성하자. 도서의 정보는 구조체에 저장한다. 구조체의 정의는 도서명, 보유권수, 대출권수, 도서위치로 한다. 도서정보는 5개가 저장되어 있다고 가정하고, 도서를 검색하도록 한다. 도서가 검색되었으면 대출가능 여부와 어디에 있는지 출력하고, 도서가 없으면 없다는 메시지를 출력하라.

5. 비트필드 구조체(계급 표시), 공용체(union), 열거형(계급이름을 표시)을 이용하여 각 군인의 정보를 표시하는 프로그램을 작성하라. 단 구조체는 다음과 같다.

```
struct Rank {
    unsigned char Level:3;   // 각 계층별 계급 (순서대로 0, 1, 2, 3, ..., 7)
    unsigned char Class:5;   // 계층: 장군(16:10000), 영관(8:01000), 위관(4:00100),
                             // 부사관(2:00010), 병(1:00001) (각각 1비트씩 차지)
    };

union RNK {         // 공용체: 계급을 저장할 때, 단순히 숫자로 저장하거나 계급과 계급 내
                    // 순서를 저장하도록 할 수 있게 한다.
    unsigned char rank;  // 하나의 정보로 저장, 예) 0x41이면 1000 0001이므로
                         // 앞의 5비트는 계층(10000)이므로 장군급, 뒤의 3비트는
                         // 001은 준장을 의미한다.
    struct Rank rank_s;  // 또는 두 가지 정보로 나누어서 저장
};

struct Soldier {             // 군인의 정보를 저장한다.
    unsigned int SN;         // 군번
    union RNK rank;          // 계급
    char name[30];           // 이름
    char belonging[30];      // 소속
    };

typedef struct Soldier soldier;
```

6. 모두 다른 정수를 저장하는 2진 트리를 만들어라. 같은 수가 들어오면 데이터가 있다는 메시지를 출력한다. 데이터를 검색하는 함수도 만들고, 전체 트리의 leaf node(자식 노드가 없는 노드)가 몇 개인지 출력하는 함수도 만들어라.

7. 어떤 회사에서 월급 계산을 한다고 하자. 먼저 호봉 테이블을 작성한다. 호봉은 1호봉부터 40호봉까지 있고, 직급 테이블이 있다고 하자. 직급 테이블은 사원/대리/과장/차장/부장/상무/전무/사장 등으로 하고 직급에 따른 직급 수당을 따로 정하라.
직원 10명에 대해서 구조체를 만들고 구조체에서는 이름, 부서, 직급, 호봉을 저장한다. 각 직원의 월급을 계산하는 프로그램을 작성하라. 월급은 호봉에 따른 본봉과 직급수당을 더하여 지급한다고 가정하자.

8. 복수소에 대한 구조체를 만들고 복소수의 덧셈, 뺄셈, 곱셈, 나눗셈을 계산하는 함수를 작성하라. C99에서는 복소수 데이터 형을 제공하고 있지만 없다고 생각하고 새로 만들기를 바라며, 복소수 데이터 형을 이용해서도 한번 시도해 보고 결과가 같은지 확인하라.

9. 어떤 좌표에 대한 구조체를 만들고 좌표간의 직선거리를 구하는 함수를 작성하라.

10. <예제 09-05-3>과 같이 2진 트리를 만들고 루트를 기준으로 다음과 같이 좌우를 미러링하는 함수를 작성하라. inorder 방식으로 운행을 하면 원 데이터는 오름차순 정렬되어 출력되고 미러링한 데이터는 내림차순으로 정렬되어 출력됨을 볼 수 있다. 힌트, 왼쪽 노드와 오른쪽 노드의 포인터를 교환한다.

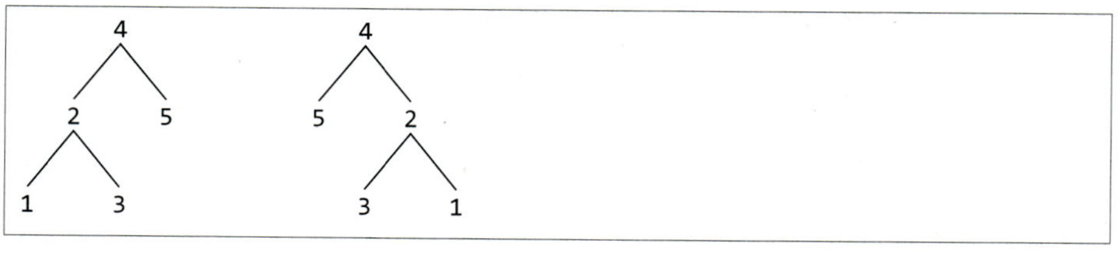

C programming language

CHAPTER 10

파일

10-01. 파일 관련 기초함수 및 파일 읽기

10-02. 파일에 데이터 쓰기

10-03. 바이너리 파일 입출력

10-04. 바이너리 파일 BMP 그림 처리하기

10-05. 파일 응용

10-06. 임시 파일 사용하기

10-07. 랜덤 파일

10-08. 기타 파일 관련함수

CHAPTER 10

파일

10-01. 파일 관련 기초함수 및 파일 읽기

❖ 파일 포인터 :

- 파일을 논리적인 장치로 인식하도록 포인터로 연결하여 액세스한다.
- 파일을 열기 전에 파일포인터를 선언한다.

```
FILE *file_pointer;
```

- 파일에서 데이터를 읽은 바이트 수만큼 파일 포인터가 이동한다.

❖ 파일 열기 : 파일을 사용하려면 파일을 열어야 한다.

```
file_pointer = fopen("파일이름", "액세스방법 지정");
```

❖ 파일 닫기 : 파일 사용이 끝나면 파일을 닫는다.

```
fclose(file_pointer);
```

<표 10-1> 파일 운영 함수<stdio.h>

함수원형	기능
FILE *fopen(const char *filename, const char *mode);	파일 열기
int fclose(FILE *fp);	파일 닫기

FILE *tmpfile(void)	임시파일 생성, 프로그램 종료 시 없어짐
char *tmpnam(char *tmp_filename);	임시파일이름 생성
FILE *freopen(const char *filename, const char *mode, FILE *fp);	열려있는 파일 포인터를 다른 이름으로 지정하고, 기존의 파일은 닫음
int rename(const char *old_filename, const char *new_filename);	파일이름 변경
int remove(const char *filename);	지정된 파일 삭제

<표 10-2> fopen()함수에 사용되는 액세스 방법 지정 문자열

텍스트모드	2진 모드	기능
r	rb	파일을 읽기(read) 모드로 열고, 파일이 없으면 NULL을 반환한다.
w	wb	파일을 쓰기 모드로 연다. 이때 해당 파일이 없으면 새로 빈 파일을 생성하고, 파일이 있으면 그 파일의 내용을 삭제하고 새로 빈 파일을 생성(create)한다.
a	ab	"w"와 기능은 같으나, 기존의 파일이 있으면 기존 내용의 끝에 추가(append)한다.
r+	rb+(r+b)	파일을 읽기와 쓰기 모드로 연다. 반드시 파일이 존재해야 한다.
w+	wb+(w+b)	파일을 읽기와 쓰기 모드로 연다. 이때 해당 파일이 없으면 새로 빈 파일을 생성하고, 파일이 있으면 그 파일의 내용을 삭제하고 새로 빈 파일을 생성(create)한다.
a+	ab+(a+b)	파일을 읽기와 추가 모드로 연다. 읽기는 임의의 위치에서 가능하지만, 쓰기는 파일의 끝에서만 가능하다. 파일이 존재하지 않으면 새로 생성한다.

Notice1 텍스트 모드 : ASCII 코드로 작성된 파일 액세스, 어떤 응용 프로그램 없이도 간단한 조작으로 내용을 볼 수 있는 파일

Notice2 2진 모드 : 2진 Mode로 작성된 파일 액세스, 특정 응용 프로그램을 이용해야 액세스할 수 있는 파일

<표 10-3> 문자 입출력 함수

함수원형	설명	표준여부
int getc(FILE *)	파일 스트림으로부터 입력, fgetc()와 동일	표준
int fgetc(FILE *)	파일 스트림으로부터 입력	표준
int putc(int, FILE *)	파일 스트림에 문자 출력, fputc()와 동일	표준
int fputc(int, FILE *)	파일 스트림에 문자 출력	표준
int getchar(void)	getc(stdin)과 동일, 엔터 키를 누르면 입력	표준
int putchar(int)	표준 출력장치에 문자 출력, putc(c, stdout)과 동일	표준

int getch(void)	키보드 입력, 에코 없음, 엔터 키를 누를 필요 없음	비표준
int getche(void)	키보드 입력, 에코 있음, 엔터 키를 누를 필요 없음	비표준
int ungetc(int, FILE *)	문자를 다시 입력레코드에 쓰기	표준

Notice getch(), getche()는 비표준으로, conio.h헤더파일에 함수원형이 있음, 나머지는 모두 stdio.h 헤더파일에 함수원형이 있음.

<표 10-4> 문자열, 형식지정, 블록단위 파일입출력 함수

분류	함수형식	기능
문자열 입출력	fgets(char *buf, int n, FILE *fp)	지정된 파일(*fp)에서 n-1개의 문자열을 읽어 문자열 포인터 buf에 기억시킨다.
	fputs(char *buf, FILE *fp)	문자열 포인터 buf가 지정한 문자열을 파일포인터(*fp)가 가리키는 파일에 출력한다.
형식지정 입출력	fscanf(FILE *fp, char *format, arg1, arg2 ...)	scanf()함수와 사용방법은 동일하며 fp를 사용하여 file로부터 데이터를 읽어 들인다는 것 이외에는 동일하다. arg1, arg2 ... : 변수
	fprintf(FILE *fp, char *format, arg1, arg2, ...)	printf()함수와 동일하며, 다만 fp를 사용하여 file에 출력한다는 것 이외에는 동일하다.
블록단위 입출력	fread(char *buffer, int size, int n, FILE *fp);	파일 포인터 fp로 지정한 파일에서 크기가 size 바이트인 데이터 블록을 n개 읽어, 버퍼에 저장한다.
	fwrite(char *buffer, int size, int n, FILE *fp);	버퍼에 저장되어 있는 블록 수만큼의 데이터를 파일 포인터 fp로 지정된 파일에 기록한다.

<표 10-5> 표준 입출력 장치의 파일 포인터

정수 값	표준 파일포인터 이름	기능	내용
0	stdin : standard input file	표준입력	키보드로 입력 받음
1	stdout : standard output file	표준출력	모니터로 결과 출력
2	stderr : standard error file	표준오류출력	모니터로 오류 메시지 출력

예제 10-01-1 파일 읽기 예(한 줄씩 읽기)

```
1  #include <stdio.h>
2  int main()
3  {
4      int x;
5      char temp[255]; // 파일에서 읽은 데이터를 저장할 문자열 변수
6      FILE *in;          // 파일 포인터 선언
7      if ( (in = fopen("score1.txt", "r")) == NULL) {              // 파일읽기
8          printf("File open error");              // 파일이 없으면 에러메시지 출력
9          return 0;                                // 프로그램의 실행을 끝냄
10     }
11     while( fgets(temp, 255, in) != NULL )       // 한 번에 최대 255문자씩 읽음
12         printf("%s", temp);
13     fclose(in);
14 }
```

읽을 파일

score1.txt - 메모장

파일(F) 편집(E) 서식(O) 보기(V) 도움말(H)

```
김길동  98 88 78
강길수  88 90 28
이진수  98 90 93
정진주  89 90 94
황성주  87 84 89
한민식  79 90 94
이수석  99 99 90
하군수  88 90 87
홍명수  88 77 66
김주민  88 99 77
```

해설

6: 파일 포인터 in 선언

7: "scoret1.txt"라는 파일을 읽기(r) 전용 모드로 열어서 file pointer "in"에 파일의 포인터를 저장한다. 파일이 없으면 NULL포인터가 반환된다. 따라서 이 파일 포인터가 널이면 프로그램을 끝낸다.

11: 파일 포인터 "in"에서 한 줄을 읽어서 temp문자열에 저장한다. 최대 255바이트를 읽을 수 있도록 지정한다. 255바이트가 되기 전에 줄 바꿈 문자를 만나면 거기까지만 읽는다. 더 이상 없으면 NULL을 읽게 된다.

12: 읽은 문자열을 모니터에 출력한다.

13: 파일을 다 사용하였으면 닫는다. 닫아주지 않으면 간혹 문제가 발생할 수가 있다.

Notice 여기서는 데이터를 한 줄씩 읽어서 바로 출력하였다.

```
E:₩소스₩Ch10₩10-01-1.exe
김길동  98 88 78
강길수  88 90 28
이진수  98 90 93
정진주  89 90 94
황성주  87 84 89
한민식  79 90 94
이수석  99 99 90
하군수  88 90 87
홍명수  88 77 66
김주민  88 99 77
```

예제 10-01-2 파일 읽기 예(데이터를 구분하여 fscanf로 읽기)

```
1  #include <stdio.h>
2  int main()
3  {
4      int x, kor, math, sci;
5      char temp[256], name[30];
6      FILE *in;
7      if ( (in = fopen("score1.txt", "r")) == NULL) {
8          printf("File open error");
9          return 1;
10     }
11     while( !feof(in) ) {
12         fscanf(in, "%s %d %d %d", name, &kor, &math, &sci);
13         printf("%s, %d, %d, %d\n", name, kor, math, sci);
14     }
15     fclose(in);
16 }
```

해설

6: 파일 포인터 in 선언

7: "scoret1.txt"라는 파일을 읽기(r) 전용 모드로 열어서 file pointer "in"에 파일의 포인터를 저장한다. 파일이 없으면 NULL포인터가 반환된다. 따라서 이 파일 포인터가 널이면 프로그램을 끝낸다.

11: feof함수는 file 포인터가 파일의 끝(NULL)이면 참(1)을 반환하고 그렇지 않으면 0을 반환한다. 즉, 파일의 끝이 아니면 루프를 계속 수행하라는 의미이다.

12: 파일에서 데이터를 하나씩 읽는다. fscanf는 scanf함수와 거의 사용법이 같으며, 단 하나 파일 포인터를 첫 번째 매개변수로 사용한다는 것만 다르다. 파일에서 공백으로 데이터가 구분되어 있으므로 여기서 공백을 구분 문자로 사용하였다.

13: 읽은 파일의 내용을 한 줄씩 출력한다.

15: 파일을 닫는다.

> **Notice** 파일에서 데이터를 제대로 읽기가 어렵다. 연습을 많이 해서 제대로 읽는 방법을 익히기 바란다. 특히 구문문자를 잘 이용하고, 문자열 읽는 방법 등을 잘 알아둔다.

실행 결과

```
E:₩소스₩Ch10₩10-01-2.exe
김길동, 98, 88, 78
강길수, 88, 90, 28
이진수, 98, 90, 93
정진주, 89, 90, 94
황성주, 87, 84, 89
한민식, 79, 90, 94
이수석, 99, 99, 90
하군수, 88, 90, 87
홍명수, 88, 77, 66
김주민, 88, 99, 77
```

예제 10-01-3 파일 읽기 예(데이터를 구분하여 sscanf로 읽기)

```c
#include <stdio.h>
#include <stdlib.h>
#include <string.h>

int main(void)
{
    FILE *fp;
    char buf[256], t[5], info[5][100], *cp;
    int i;
    fp = fopen("books.txt", "r");
    if (fp == NULL) {
        printf("File이 없습니다.\n");
        return 0;
    }
    while(1) {
        fgets(buf, 256, fp);          // 한 줄 읽기
        if (feof(fp))
            break;
        printf("%s\n", buf);
        cp = buf;
        for (i=0; i<5; i++) {         // 읽은 문자열에서 데이터 분리
            sscanf(cp, "%[^,]", info[i]);
            cp = strstr(cp, ", ") + 2;
            printf("%s \n", info[i]);
        }
    }
    fclose(fp);
}
```

```
books.txt - 메모장
파일(F) 편집(E) 서식(O) 보기(V) 도움말(H)
안드로이드 프로그래밍 정복, 김민중, 한솔미디어, 2011년 03월, 34000원
C 프로그래밍(개정판), 윤민주, 사과미디어, 2010년 11월, 25000원
ASP.NET MVC 프로그래밍, 조슈아 맥 저/김현희 역, 나이스미디어, 2011년 06월
아이폰 4 프로그래밍, 박순주/신민아 공저, 디지털미디어, 2011년 01월, 36000
안드로이드 프로그래밍 정복 2, 김민중 저, 한솔미디어, 2011년 03월, 28000원
C++ 프로그래밍 (개정판), 윤민주 저, 사과미디어, 2010년 05월, 27000원
프로그래머의 길, 데이비드 호프/에스더 리 공저/홍길동 역, 강남출판사, 2010
Visual C++ 2008 MFC 윈도우 프로그래밍, 최성중 저, 프리디지털, 2009년 02월
웹 프로그래밍 PHP와 MySQL, 루이스 사라/로라 코스트너 공저/류상중/김주희 공
프로그래밍 Objective C 2.0, 스티븐 시걸 저/박성민 역, 강남출판사, 2009년
```

해설

7: 파일 포인터 fp 선언

10: books.txt파일을 읽기모드로 열어 파일 포인터 fp에 대입

11~14: 파일이 없을 때 메시지 표시하고 끝냄

16: 파일에서 최대 256바이트를 읽어 buf에 저장. 200바이트 이전에 줄 바뀜이 나타나면 거기까지 만 읽기

17~18: 파일의 끝에 도달하면 끝냄

19: 읽은 내용을 그대로 화면에 출력

20: 문자열 포인터 cp에 buf의 주소 대입

21~25: 문자열에서 데이터를 분리하는 루프. 여기서 한 줄의 데이터는 5개의 필드로 구성되어 있음

22: 콤마 앞까지만 읽기. 한 줄의 문자열을 콤마로 구분하여 저장해 두었으므로 콤마 앞까지만 읽음

23: 콤마와 공백을 찾아서 그 뒤에 문자열의 포인터를 위치시킴

24: 콤마 앞까지 읽은 데이터를 출력함

Notice 한 줄의 데이터가 길고, 구분하여 읽기가 곤란할 때는 한 줄을 읽은 다음 문자열에서 처리하는 것도 한 가지 방법이 될 수 있다.

실행 결과

```
E:₩소스₩Ch10₩10-01-3.exe
2009년 02월
35000원

웹 프로그래밍 PHP와 MySQL, 루이스 사라/로라 코스트너 공저/류상중/김주희 공역, 정
보디지털, 2009년 08월, 30000원

웹 프로그래밍 PHP와 MySQL
루이스 사라/로라 코스트너 공저/류상중/김주희 공역
정보디지털
2009년 08월
30000원

프로그래밍 Objective C 2.0, 스티븐 시걸 저/박성민 역, 강남출판사, 2009년 09월, 3
2000원

프로그래밍 Objective C 2.0
스티븐 시걸 저/박성민 역
강남출판사
2009년 09월
32000원
```

예제 10-01-4 파일에서 단어 찾기

```c
#include <stdio.h>
#include <stdlib.h>
#include <string.h>

int main(void)
{
    FILE *fp;
    char *buf, t[5], i=0, find[20];
    int cnt;
    buf = (char *) malloc(100);
    fp = fopen("구글지갑.txt", "r");
    if (fp == NULL) {
        printf("File이 없습니다.\n");
        return 0;
    }
    printf("찾을 단어를 입력하시오 : ");
    scanf("%s", find);
    cnt = 0;
    while (1) {
        fscanf(fp, "%s", buf);       // 한 단어씩 읽기
        if(feof(fp))
            break;
        while (strstr(buf, find)){  // 단어 속에 찾고자하는 문자열이 있는지 검사
            cnt++;
            printf("%s\n", buf);
            buf += sizeof(find);    // 문자열에서 포인터 이동
        }
    }
    printf("\n단어\"%s\"의 개수는 %d개이다.\n", find, cnt);
    fclose(fp);
}
```

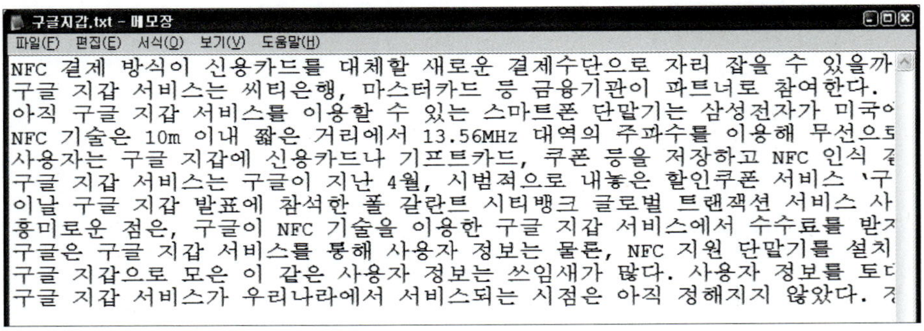

해설

7: 파일 포인터 fp 선언

10: buf에 100바이트 메모리 공간 확보하여 포인터 대입

11: "구글지갑.txt"파일을 읽기모드로 열어 파일 포인터 fp에 대입

12~15: 파일이 없을 때 메시지 표시하고 끝냄

17: 찾고자 하는 단어 키보드에서 입력

19~28: 파일에서 한 단어씩 읽어 키보드에서 입력한 단어와 같은 것이 있는지 검사하는 루프

20: 파일에서 한 단어 읽기, 공백으로 구분함. fscanf에서 %s로 읽으면 공백이전까지만 읽음

23~27: 읽은 문장에서 단어 찾기, strstr함수를 이용하여 단어 찾기

25: 단어를 찾았으면 그 문장 전체를 출력

26: 단어가 있으면 다음 단어가 있는지 다시 찾기 위해 문자열 내의 포인터 이동

실행 결과

예제 10-01-5 한자, 뜻, 한글 음을 파일에서 읽어 들여 구조체에 저장하고 출력하는 프로그램을 작성하라.

```
#include <stdio.h>
#include <stdlib.h>
#include <assert.h>

struct Hanja {
    unsigned char hanja[4];
```

```
7       unsigned char meaning[10];
8       unsigned char korean[4];
9   };
10
11  int main()
12  {
13      int i=0;
14      struct Hanja *c;
15      FILE *fp;
16      fp = fopen("8급선정한자훈음표.txt", "r");
17      assert(fp);
18
19      c = malloc(sizeof(struct Hanja));
20
21      do {
22          fscanf(fp, "%s %s %s", c->hanja, c->meaning, c->korean);
23          printf("%s\t%s\t%s\n", c->hanja, c->meaning, c->korean);
24      } while(!feof(fp));
25      fclose(fp);
26  }
```

해설

6~10: 구조체 정의
14: 구조체 포인터 선언
15: 파일 포인터 선언
16: 파일 열기
17: 에러가 있으면 에러 메시지 출력하고 끝냄
19: 구조체 포인터에 메모리 할당함
22: 파일에서 한자, 뜻, 음을 구조체의 멤버변수에 읽는다.
23: 읽은 내용을 출력한다.

실행 결과

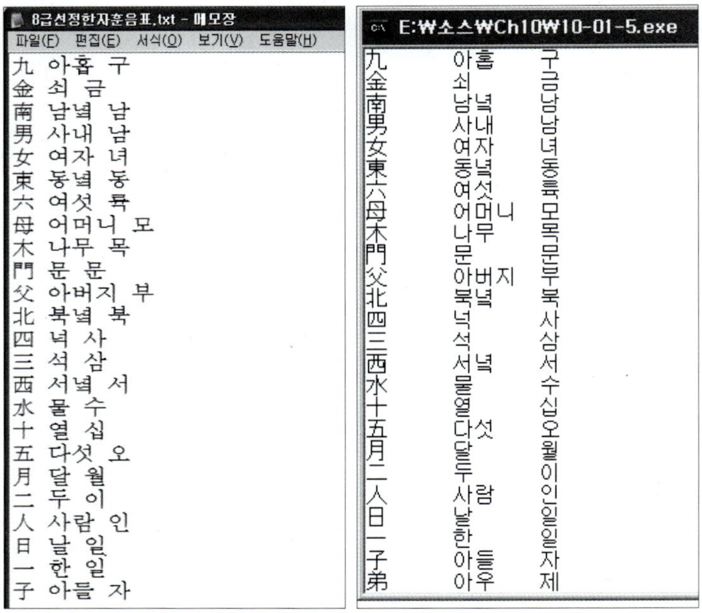

유제 10-01-1 학생 3명의 신상정보를 파일에서 읽어서 구조체에 저장한 다음, 그 내용을 출력하는 프로그램을 작성하라. 단, 각 파일에 저장된 데이터들 간의 구분은 콤마나 공백으로 구분한다.

구조체 멤버의 구성 : 이름, 학번, 학년, 전화번호, 이메일

10-02. 파일에 데이터 쓰기

예제 10-02-1 19×19단을 만들어 파일에 쓰기

```
#include <stdio.h>
#include <stdlib.h>
#include <assert.h>

int main()
{
    int dan, cnt, col;
    FILE *fp;
```

```
9       fp = fopen("구구단.txt", "w");
10      assert(fp);
11      for (dan = 2; dan<20; dan+=4) {                      // 한 줄에 4단씩 출력하기
12          for (col=dan; col<dan+4; col++)                  // 단의 머리글 쓰기
13              fprintf(fp, "%7d 단%7s", col, "");
14          fprintf(fp, "\n");
15          for (cnt = 1; cnt<20; cnt++) {                   // 각 단은 19까지 계산하기
16              for (col=dan; col<dan+4; col++)              // 4칸씩 쓰기
17                  fprintf(fp, "%3d * %3d = %3d  ", col, cnt, col*cnt);
18              fprintf(fp, "\n");
19          }
20          fprintf(fp, "\n");
21      }
22      fclose(fp);
23  }
```

해설

9: 파일 "구구단.txt"를 쓰기 모드로 열어 파일 포인터 fp에 대입

10: 파일을 열 수 없을 때 assert함수를 이용하여 에러 메시지 출력하고 끝낸다.

11~21: 파일에 한 줄에 4개씩 출력하여 21단까지 출력한다.

12~13: 각 단이 시작할 때 4개의 단 제목을 한 줄에 출력한다.

14: 줄을 바꾼다.

15~19: 1부터 19까지 1씩 변화시키면서 계산하여 출력하기 위한 루프

16~17: 한 줄에 4단씩 출력한다.

18: 한 줄이 출력되면 줄을 바꾼다.

20: 19까지 모두 계산하여 출력한 다음 줄을 바꾼다.

22: 파일을 닫는다.

Notice 파일의 출력 결과는 메모장이나 워드패드를 이용하여 확인해 본다.

실행 결과

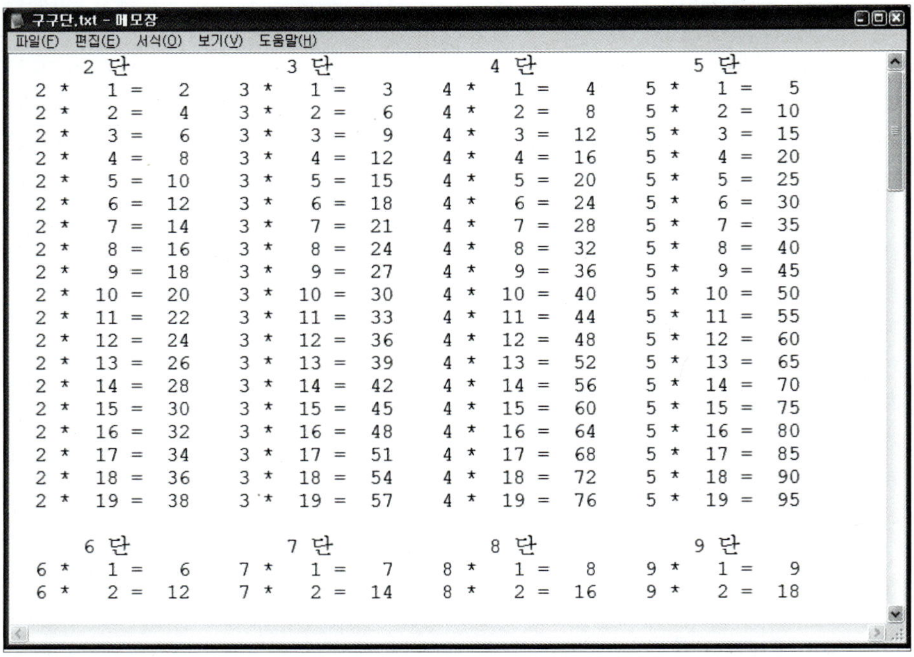
구구단.txt - 메모장
파일(F) 편집(E) 서식(O) 보기(V) 도움말(H)

```
     2 단                  3 단                  4 단                  5 단
 2 *   1 =   2        3 *   1 =   3        4 *   1 =   4        5 *   1 =   5
 2 *   2 =   4        3 *   2 =   6        4 *   2 =   8        5 *   2 =  10
 2 *   3 =   6        3 *   3 =   9        4 *   3 =  12        5 *   3 =  15
 2 *   4 =   8        3 *   4 =  12        4 *   4 =  16        5 *   4 =  20
 2 *   5 =  10        3 *   5 =  15        4 *   5 =  20        5 *   5 =  25
 2 *   6 =  12        3 *   6 =  18        4 *   6 =  24        5 *   6 =  30
 2 *   7 =  14        3 *   7 =  21        4 *   7 =  28        5 *   7 =  35
 2 *   8 =  16        3 *   8 =  24        4 *   8 =  32        5 *   8 =  40
 2 *   9 =  18        3 *   9 =  27        4 *   9 =  36        5 *   9 =  45
 2 *  10 =  20        3 *  10 =  30        4 *  10 =  40        5 *  10 =  50
 2 *  11 =  22        3 *  11 =  33        4 *  11 =  44        5 *  11 =  55
 2 *  12 =  24        3 *  12 =  36        4 *  12 =  48        5 *  12 =  60
 2 *  13 =  26        3 *  13 =  39        4 *  13 =  52        5 *  13 =  65
 2 *  14 =  28        3 *  14 =  42        4 *  14 =  56        5 *  14 =  70
 2 *  15 =  30        3 *  15 =  45        4 *  15 =  60        5 *  15 =  75
 2 *  16 =  32        3 *  16 =  48        4 *  16 =  64        5 *  16 =  80
 2 *  17 =  34        3 *  17 =  51        4 *  17 =  68        5 *  17 =  85
 2 *  18 =  36        3 *  18 =  54        4 *  18 =  72        5 *  18 =  90
 2 *  19 =  38        3 *  19 =  57        4 *  19 =  76        5 *  19 =  95

     6 단                  7 단                  8 단                  9 단
 6 *   1 =   6        7 *   1 =   7        8 *   1 =   8        9 *   1 =   9
 6 *   2 =  12        7 *   2 =  14        8 *   2 =  16        9 *   2 =  18
```

예제 10-02-2 RGB색상 표를 HTML형식의 파일로 만들어 저장한다.

```
#include <stdio.h>
#include <stdlib.h>

FILE *fp;
int rgb, font;

void PrintHead(void);
void PrintBody(int, int, int);
void PrintTail(void);

int main()
{
    int r, g, b;
    fp = fopen("rgb.html", "w");
    PrintHead();
    for (r=0; r<0x100; r+=0xf) {
        for (g=0; g<0x100; g+=0xf) {
            fprintf(fp, "\n<TR>\n");
```

```
            for (b=0; b<0x100; b+=0xf)
                PrintBody(r, g, b);
        }
    }
    PrintTail();
    fclose(fp);
}

void PrintHead(void)     /* print head */
{
    fprintf(fp, "<HTML>\n");
    fprintf(fp, "<HEAD></HEAD>\n");
    fprintf(fp, "<BODY>\n");
    fprintf(fp, "<H1> RGB 테이블</H1>\n");
    fprintf(fp, "<TABLE CELLPADDING=0, CELLSPACING=0 BORDER=0>");
}

void PrintBody(int r, int g, int b)
{
    char *format0 = "<TH HEIGHT=65 WIDTH=200 BGCOLOR=#%06x>";
    char *format1 = "<FONT SIZE=-1 COLOR=#%06X>";
    char *format2 = "R:%02X<br>G:%02X<br>B:%02X</FONT></TH>";

    rgb = (r<<16)+(g<<8)+b;
    font = rgb ^ 0xffffff;    // 보색을 만들어 주는 부분, 바탕색과 글자색 구분을 위해서
    fprintf(fp, format0, rgb);
    fprintf(fp, format1, font);
    fprintf(fp, format2, r, g, b);
    fprintf(fp, "\n");
}

void PrintTail(void)     /* print tail */
{
    fprintf(fp, "</TR>");
    fprintf(fp, "</TABLE>");
    fprintf(fp, "</BODY>\n");
    fprintf(fp, "</HTML>\n");
}
```

```
48 }
49
50 void PrintTail(void) /* print tail */
51 {
52     fprintf(fp, "</TR>");
53     fprintf(fp, "</TABLE>");
54     fprintf(fp, "</BODY>\n");
55     fprintf(fp, "</HTML>\n");
56 }
```

해설

4: 파일 포인터 선언, 모든 함수에서 공유하기 위해 전역변수로 선언한다.
5: 전역변수 선언, 다른 함수들에서도 공유한다.
7~9: 함수 원형 선언
14: 파일 "rgb.html"를 쓰기 모드로 열어 파일 포인터 fp에 대입
15: html파일의 앞부분인 head를 출력하기 위한 함수 호출
16~22: 파일의 body부분을 하나씩 만들어 출력하기 위한 루프
16: red 색상을 0부터 255까지 15씩 증가시킨다.
17: green 색상을 0부터 255까지 15씩 증가시킨다.
18: 테이블 레코드 부분이 시작됨을 알린다.
19: blue 색상을 0부터 255까지 15씩 증가시킨다.
20: RGB 색상을 이용하여 표를 만드는 함수를 호출한다.
23: html파일의 마무리 부분인 tail을 출력하기 위한 함수 호출
24: 함수의 사용이 끝났으므로 닫는다.
27~34: 파일의 헤더 부분 출력하는 함수
29~33: 파일의 헤더부분은 한 번만 출력하게 된다. html의 기본 태그를 조금만 익히면 누구나 알 수 있는 부분이다.
36~48: 실제 색상 테이블을 만들어 출력하는 함수이다.
38~40: 파일로 출력할 형식을 지정하는 문자열이다.
42: RGB색상을 24비트로 만든다. r을 16비트 왼쪽으로 시프트, g를 8비트 왼쪽으로 시프트한 다음, r,g,b를 모두 더하면 24비트 rgb색상을 가진 데이터가 만들어진다. 이 RGB색상은 바탕색(bgcolor)이 된다.
43: 폰트(font)의 색상을 RGB의 색상과 반대로 만든다.
44~46: 바탕색과 폰트의 색상, r, g, b의 값을 html의 표로 출력한다.
47: 줄을 바꾼다.
50~56: html의 꼬리 부분을 출력한다.

Notice 파일의 길이가 매우 길기 때문에 출력 내용은 워드패드를 이용하여 확인해 본다. 결과를 확인하기 위해 인터넷 브라우저를 이용한다. HTML 태그들은 그대로 fprintf를 이용하여 출력하면 된다. 다만 값의 변화가 있는 부분만 적절히 처리하여 출력한다.

실행 결과: rgb.html

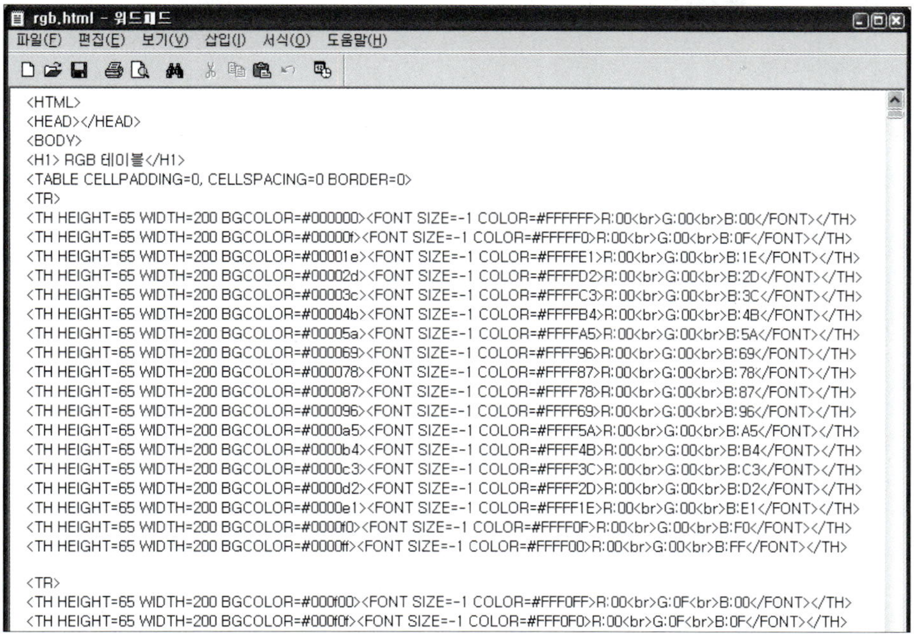

```
<HTML>
<HEAD></HEAD>
<BODY>
<H1> RGB 테이블</H1>
<TABLE CELLPADDING=0, CELLSPACING=0 BORDER=0>
<TR>
<TH HEIGHT=65 WIDTH=200 BGCOLOR=#000000><FONT SIZE=-1 COLOR=#FFFFFF>R:00<br>G:00<br>B:00</FONT></TH>
<TH HEIGHT=65 WIDTH=200 BGCOLOR=#00000f><FONT SIZE=-1 COLOR=#FFFFF0>R:00<br>G:00<br>B:0F</FONT></TH>
<TH HEIGHT=65 WIDTH=200 BGCOLOR=#00001e><FONT SIZE=-1 COLOR=#FFFFE1>R:00<br>G:00<br>B:1E</FONT></TH>
<TH HEIGHT=65 WIDTH=200 BGCOLOR=#00002d><FONT SIZE=-1 COLOR=#FFFFD2>R:00<br>G:00<br>B:2D</FONT></TH>
<TH HEIGHT=65 WIDTH=200 BGCOLOR=#00003c><FONT SIZE=-1 COLOR=#FFFFC3>R:00<br>G:00<br>B:3C</FONT></TH>
<TH HEIGHT=65 WIDTH=200 BGCOLOR=#00004b><FONT SIZE=-1 COLOR=#FFFFB4>R:00<br>G:00<br>B:4B</FONT></TH>
<TH HEIGHT=65 WIDTH=200 BGCOLOR=#00005a><FONT SIZE=-1 COLOR=#FFFFA5>R:00<br>G:00<br>B:5A</FONT></TH>
<TH HEIGHT=65 WIDTH=200 BGCOLOR=#000069><FONT SIZE=-1 COLOR=#FFFF96>R:00<br>G:00<br>B:69</FONT></TH>
<TH HEIGHT=65 WIDTH=200 BGCOLOR=#000078><FONT SIZE=-1 COLOR=#FFFF87>R:00<br>G:00<br>B:78</FONT></TH>
<TH HEIGHT=65 WIDTH=200 BGCOLOR=#000087><FONT SIZE=-1 COLOR=#FFFF78>R:00<br>G:00<br>B:87</FONT></TH>
<TH HEIGHT=65 WIDTH=200 BGCOLOR=#000096><FONT SIZE=-1 COLOR=#FFFF69>R:00<br>G:00<br>B:96</FONT></TH>
<TH HEIGHT=65 WIDTH=200 BGCOLOR=#0000a5><FONT SIZE=-1 COLOR=#FFFF5A>R:00<br>G:00<br>B:A5</FONT></TH>
<TH HEIGHT=65 WIDTH=200 BGCOLOR=#0000b4><FONT SIZE=-1 COLOR=#FFFF4B>R:00<br>G:00<br>B:B4</FONT></TH>
<TH HEIGHT=65 WIDTH=200 BGCOLOR=#0000c3><FONT SIZE=-1 COLOR=#FFFF3C>R:00<br>G:00<br>B:C3</FONT></TH>
<TH HEIGHT=65 WIDTH=200 BGCOLOR=#0000d2><FONT SIZE=-1 COLOR=#FFFF2D>R:00<br>G:00<br>B:D2</FONT></TH>
<TH HEIGHT=65 WIDTH=200 BGCOLOR=#0000e1><FONT SIZE=-1 COLOR=#FFFF1E>R:00<br>G:00<br>B:E1</FONT></TH>
<TH HEIGHT=65 WIDTH=200 BGCOLOR=#0000f0><FONT SIZE=-1 COLOR=#FFFF0F>R:00<br>G:00<br>B:F0</FONT></TH>
<TH HEIGHT=65 WIDTH=200 BGCOLOR=#0000ff><FONT SIZE=-1 COLOR=#FFFF00>R:00<br>G:00<br>B:FF</FONT></TH>

<TR>
<TH HEIGHT=65 WIDTH=200 BGCOLOR=#000f00><FONT SIZE=-1 COLOR=#FFF0FF>R:00<br>G:0F<br>B:00</FONT></TH>
<TH HEIGHT=65 WIDTH=200 BGCOLOR=#000f0f><FONT SIZE=-1 COLOR=#FFF0F0>R:00<br>G:0F<br>B:0F</FONT></TH>
```

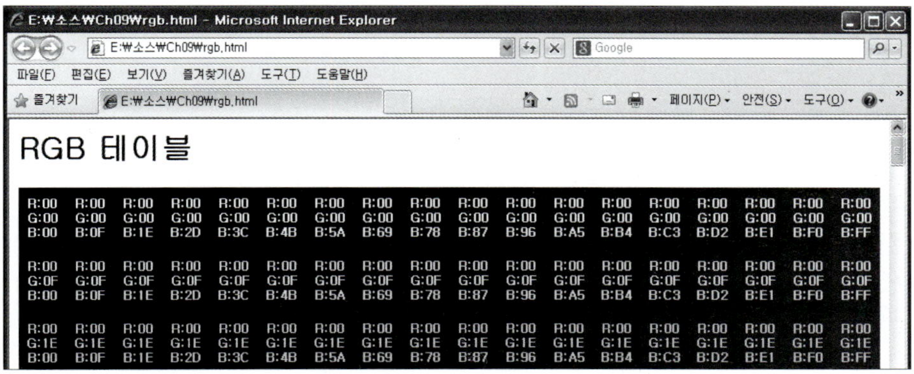

R:00 G:00 B:00	R:00 G:00 B:0F	R:00 G:00 B:1E	R:00 G:00 B:2D	R:00 G:00 B:3C	R:00 G:00 B:4B	R:00 G:00 B:5A	R:00 G:00 B:69	R:00 G:00 B:78	R:00 G:00 B:87	R:00 G:00 B:96	R:00 G:00 B:A5	R:00 G:00 B:B4	R:00 G:00 B:C3	R:00 G:00 B:D2	R:00 G:00 B:E1	R:00 G:00 B:F0	R:00 G:00 B:FF
R:00 G:0F B:00	R:00 G:0F B:0F	R:00 G:0F B:1E	R:00 G:0F B:2D	R:00 G:0F B:3C	R:00 G:0F B:4B	R:00 G:0F B:5A	R:00 G:0F B:69	R:00 G:0F B:78	R:00 G:0F B:87	R:00 G:0F B:96	R:00 G:0F B:A5	R:00 G:0F B:B4	R:00 G:0F B:C3	R:00 G:0F B:D2	R:00 G:0F B:E1	R:00 G:0F B:F0	R:00 G:0F B:FF
R:00 G:1E B:00	R:00 G:1E B:0F	R:00 G:1E B:1E	R:00 G:1E B:2D	R:00 G:1E B:3C	R:00 G:1E B:4B	R:00 G:1E B:5A	R:00 G:1E B:69	R:00 G:1E B:78	R:00 G:1E B:87	R:00 G:1E B:96	R:00 G:1E B:A5	R:00 G:1E B:B4	R:00 G:1E B:C3	R:00 G:1E B:D2	R:00 G:1E B:E1	R:00 G:1E B:F0	R:00 G:1E B:FF

예제 10-02-3 ASCII코드 표를 HTML형식의 파일로 만들어 파일에 저장한다.

```c
#include <stdio.h>
#include <stdlib.h>

FILE *fp;
int rgb, font;

void PrintHead(void);
void PrintBody(void);
```

```
void PrintTail(void);

int main()
{
    fp = fopen("code.html", "w");
    PrintHead();
    PrintBody();
    PrintTail();
    fclose(fp);
}

void PrintHead(void) /* print head */ {
    int i;
    fprintf(fp, "<HTML>\n");
    fprintf(fp, "<HEAD>");
    fprintf(fp,"<meta http-equiv=\"Content-Type\" content=\"text/html; "
        "charset=utf-8\" />");
    fprintf(fp,"<meta http-equiv=\"Content-Style-Type\" content=\"text/css\" /> ");
    fprintf(fp, "<title>Code View</title>");
    fprintf(fp, "</HEAD>\n");
    fprintf(fp, "<BODY>\n");
    fprintf(fp, "<H1> code Table</H1>\n");
    fprintf(fp, "<BLOCKQUOTE>\n");
    fprintf(fp, "<TABLE CELLPADDING=0, CELLSPACING=0 BORDER=1>\n");
    fprintf(fp, "<TR>");
    for (i=0; i<4; i++)
        fprintf(fp, "<TH width=100>HTML<br>Code"
            "<TH width=100>Browser<br>View</TH>\n");
    fprintf(fp, "</TR>");
}

void PrintBody() {
    int i=33, j, code;
    while(i<89) {
        fprintf(fp, "<TR>\n");
        for (j=0; j<4; j++) {
          if ( code = i+56*j < 256 ) {
            fprintf(fp, "<TD align=center>&amp;#%d; </TD> ", i+56*j);
            fprintf(fp, "<TD align=center>&#%d; </TD> ", i+56*j);
          }
```

```
49             else
50                 fprintf(fp, "<TD>   </TD><TD>   </TD>");
51         }
52         fprintf(fp, "\n</TR>\n");
53         i++;
54     }
55 }
56
57 void PrintTail(void)     /* print tail */
58 {
59     fprintf(fp, "</TR>");
60     fprintf(fp, "</TABLE>");
61     fprintf(fp, "</BLOCKQUOTE>\n");
62     fprintf(fp, "</BODY>\n");
63     fprintf(fp, "</HTML>\n");
64 }
```

해설

4: 파일 포인터 선언, 모든 함수에서 공유하기 위해 전역변수로 선언한다.
5: 전역변수 선언, 다른 함수들에서도 공유한다.
7~9: 함수 원형 선언
13: 파일 "code.html"를 쓰기 모드로 열어 파일 포인터 fp에 대입
14: html파일의 앞부분인 head를 출력하기 위한 함수 호출
15: 파일의 body부분을 출력하기 위한 함수 호출
16: html파일의 마무리 부분인 tail을 출력하기 위한 함수 호출
17: 함수의 사용이 끝났으므로 닫는다.
20~38: 파일의 헤더 부분 출력하는 함수
4~55: 실제 ASCII 코드 테이블을 만들어 출력하는 함수이다.
41: ASCII코드는 33부터 출력한다. 그 이전의 ASCII코드는 제어문자이므로 출력이 되지 않는다.
42: 세로줄을 88까지 반복한다.
44: 한 줄에 4칸씩 출력한다.
45~48: 가로줄에 출력할 값을 계산하고, 칸이 채워지는 부분에 데이터를 만들어 파일로 출력한다.
49~50: 마지막에 칸이 남는 부분이 있는데 그 부분에 공백을 출력하기 위한 부분이다. 그렇지 않으면 표가 조금 이상하게 나타날 수 있다.
57~64: html의 꼬리 부분을 출력한다.

Notice 결과를 확인하기 위해 인터넷 브라우저를 이용한다. HTML 태그들은 그대로 fprintf를 이용하여 출력하면 된다.

실행 결과: code.html

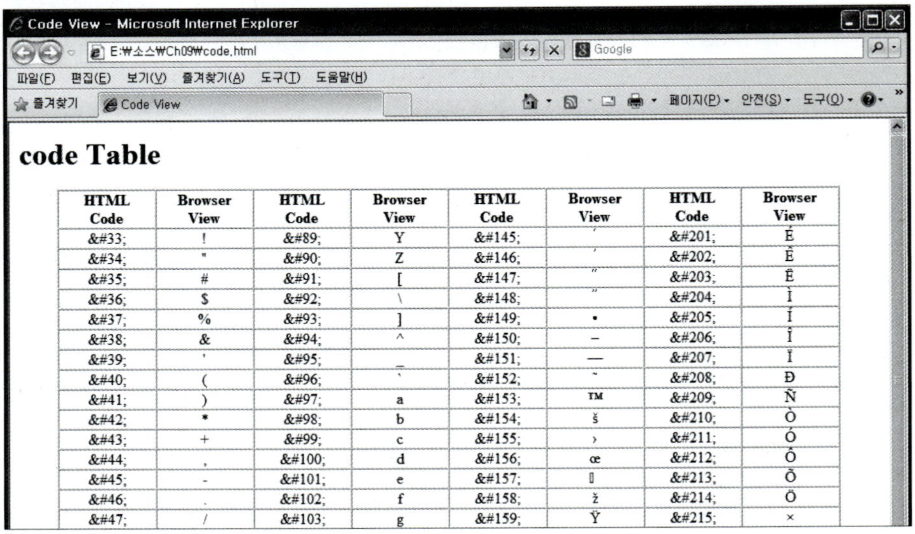

code Table

HTML Code	Browser View	HTML Code	Browser View	HTML Code	Browser View	HTML Code	Browser View
!	!	Y	Y	‘	‘	É	É
"	"	Z	Z	’	’	Ê	Ê
#	#	[	[	“	“	Ë	Ë
$	$	\	\	”	”	Ì	Ì
%	%	]	]	•	•	Í	Í
&	&	^	^	–	–	Î	Î
'	'	_	_	—	—	Ï	Ï
(	(	`	`	˜	˜	Ð	Ð
)	)	a	a	™	™	Ñ	Ñ
*	*	b	b	š	š	Ò	Ò
+	+	c	c	›	›	Ó	Ó
,	,	d	d	œ	œ	Ô	Ô
-	-	e	e		▯	Õ	Õ
.	.	f	f	ž	ž	Ö	Ö
/	/	g	g	Ÿ	Ÿ	×	×

예제 10-02-4 정수 데이터를 무작위로 발생하여 정렬하여 파일에 저장하기

```
#include <stdio.h>
#include <stdlib.h>
#include <time.h>

int cmpare(const void *a, const void *b) {
    return (*(int *)a - *(int *)b);
}

int main()
{
    FILE *fp;
    int i, j, *d, Number;
    char filename[30];
    printf("파일이름 입력: ");
    scanf("%s", filename);
    printf("생성할 데이터 개수 : ");
    scanf("%d", &Number);
    d = (int *) malloc(Number*4);              // 메모리 공간 할당

    fp = fopen(filename, "w");
    srand(time(0));
```

```c
22
23      for (i=0; i<Number; i++)
24          d[i] = rand() + rand();      // 0부터 65534까지 난수 발생
25
26      qsort(d, Number, sizeof(int), cmpare);
27
28      for (i=0; i<Number; i++)
29          fprintf(fp, "%d\n", d[i] );
30
31      free(d);
32      fclose(fp);
33  }
```

해설

5~7: 정수 비교함수
15: 저장할 파일 이름 입력
17: 생성할 데이터의 개수 입력
18: 저장할 정수의 배열 공간 확보
20: 파일 생성
21: 난수 초기화 함수 실행
23~24: 난수를 입력한 수의 개수만큼 발생하여 배열 메모리에 저장한다. 포인터를 써도 된다.
26: qsort함수를 이용하여 발생한 난수를 정렬한다.
28~29: 파일에 배열의 내용을 모두 저장한다. 즉, 정렬되어 있는 데이터를 저장한다.

실행 결과

```
E:₩소스₩Ch10₩10-02-4.exe
파일이름 입력: rand_no.txt
생성할 데이터 개수 : 200
```

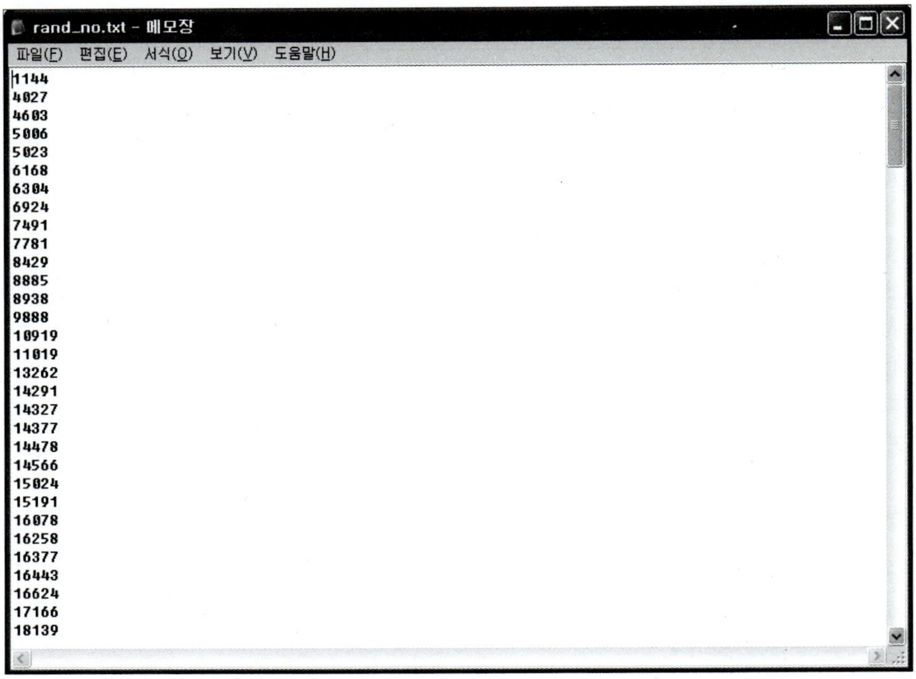

예제 10-02-5 문자열 데이터를 무작위로 발생하여 정렬하여 파일에 저장하기

```c
#include <stdio.h>
#include <stdlib.h>
#include <time.h>
#include <string.h>
#define MAX 20           // max number of characters of string
int cmpare(const void *a, const void *b) {
    return strcmp(*(char **)a, *(char **)b);
}

int main()
{
    FILE *fp;
    int i, j, Number, Nos;                // nos = number of characters of string
    char **s, **t, *p, filename[30];

    printf("파일이름 입력: ");
    scanf("%s", filename);
    printf("생성할 데이터 개수 : ");
    scanf("%d", &Number);
    fp = fopen(filename, "w");
```

```
21      srand(time(0));
22      // 2차원 포인터 확보
23      t = s = malloc(sizeof(char *) * Number);
24      for (i=0; i<Number; i++, t++)               // n개의 문자열 공간 확보
25          *t = (char *) malloc(sizeof(char) * (MAX+1) );
26
27      t = s;
28      for (i=0; i<Number; i++, *t++) {
29          // 발생시킬 문자의 개수를 지정
30          Nos = rand() % (MAX -1) + 2;
31          for (j=0, p=*t; j<Nos; j++, p++)
32              *p = rand()%26 + 'a';               // 문자화
33          *p = 0;                                 // NULL 삽입
34      }
35
36      qsort(s, Number, sizeof(char *), cmpare);
37      t = s;
38      for (i=0; i<Number; i++, *t++)
39          fprintf(fp, "%s\n", *t);
40
41      t = s;
42      for (i=0; i<Number; i++, *t++)
43          free(*t);
44
45      free(s);
46      fclose(fp);
47  }
```

해설

6: 한 문자열의 최대 길이 설정
7~9: 문자열 비교함수
17: 저장할 파일 이름 입력
19: 생성할 데이터의 개수 입력
23: 2차원 포인터 확보, 문자열의 배열이므로 2차원 포인터이다.
24~25: 개수만큼 문자열 공간 확보
28~34: 개수만큼 문자열 생성
30: 한 개의 문자열의 길이 무작위로 생성
31~32: 문자열의 길이만큼 무작위로 문자 생성
32: 생성될 문자는 'a'부터 26개이다. 즉, 소문자 'a'부터 소문자 'z'까지 중의 하나를 발생한다.

33 : 문자열의 마지막에 널 문자 삽입
36 : 발생한 문자열 정렬
38~39 : 발생한 문자열 모두 파일에 저장
42~43 : 초기에 생성한 문자열 공간 해제
45 : 2차원 포인터 공간 해제

실행 결과

```
E:\소스\Ch10\10-02-5.exe
파일이름 입력: strings.txt
생성할 데이터 개수 : 100
```

```
strings.txt - 메모장
파일(F) 편집(E) 서식(O) 보기(V) 도움말(H)
acvhkkrlsgl
aycnxvwokfydcgvutv
brdvrcgn
bs
bvzrrqvubhtaycl
cdsdpswutyjrn
cfcjho
cnothhpb
crpiqcjlirsxl
dbecxdkuakl
dgyfjmgvgdmgk
dpr
eogduudltnrdiiogjzip
eomaquzgupvtaqremnjq
exfywgxpyzy
exz
fivjpexjt
fminwpbtfa
fsrvuiwfuydfzb
fyoouhgyhfybb
fzmoietz
gcunuy
gjoihpqbpwkbawxc
guc
hkfupxezr
hl
hnszgumvn
hoqblaqpaefnopljf
hpldyizwqn
hyaxaobqptxvfbkrl
hzbqhudz
```

유제 10-02-1 10진수 0부터 255까지를 10진, 16진, 8진, 2진수로 변환하고, 파일에 저장하는 프로그램을 작성하라.

유제 10-02-2 예금 통장 관리 프로그램을 작성하라. 파일은 2종류를 만든다. 하나는 고객관리 파일이고, 다른 하나는 고객의 통장 입출금 내역을 관리하는 파일이다. 먼저 고객을 찾고, 그 고객에 대한 입출금 내역을 출력하는 프로그램을 작성한다. 따라서 통장 입출금 내역은 고객별로 하나씩 만들어야 한다. 고객을 3명 만들고 각 고객에 따라 통장의 내역을 보여주어야 한다. 단, 고객은 3명만 초깃값으로 등록되어 있다고 가정하고, 입출금 내역은 입금과 출금에 대해서 입력하여 관리할 수 있도록 한다. 구조체로 만들고 관리한다. 구조체도 적당히 설계하라.

10-03. 바이너리 파일 입출력

예제 10-03-1 바이너리 파일로 저장하기(fwrite)

```c
#include <stdio.h>
#include <stdlib.h>
struct score {
    unsigned char name[20];
    unsigned char Kor, Eng, Math, Sci;
    unsigned int Tot;
    float Avg;
};

int main()
{
    int i=0;
    struct score st[20] = {
            {"강인한", 95, 89, 87, 90, }, {"장윤아", 90, 91, 93, 89, },
            {"김수영", 76, 87, 89, 79, }, {"민효연", 92, 91, 87, 77, },
            {"성유리", 87, 90, 78, 70, }, {"한태연", 88, 77, 68, 78, },
            {"곽서현", 88, 99, 66, 77, }, {"박규리", 79, 87, 97, 99, },
            {"강지영", 67, 69, 79, 78, }, {"한지영", 98, 78, 97, 88, },
            {"한준수", 57, 67, 65, 76, }, {"홍준호", 78, 73, 69, 79, },
            {"임찬성", 68, 78, 67, 65, }, {"강우영", 80, 90, 89, 77, },
            {"박택훈", 47, 65, 55, 67, }, {"조성권", 76, 56, 67, 87, },
            {"이창훈", 88, 89, 85, 92, }, {"정진석", 89, 90, 78, 80, },
            {"정운태", 91, 93, 89, 90, }, {"홍민수", 89, 99, 87, 93, }};
    struct score *sp;
    FILE *fp;

    if ( (fp = fopen("score.bin", "wb")) == NULL) {
        printf("File open error");
        return 1;
    }
    for (i=0; i<20; i++) {
        st[i].Tot = st[i].Kor + st[i].Eng + st[i].Math + st[i].Sci;
        st[i].Avg = st[i].Tot / 4.0;
        sp = &st[i];
        fwrite(sp, sizeof(struct score), 1, fp);
    }
    fclose(fp);
}
```

해설

3~8: 구조체 선언
13~23: 구조체에 초깃값 설정
24: 구조체 포인터 선언
25: 파일 포인터 fp 선언
27~30: 파일을 생성할 수 없는 경우 처리 과정
31~36: 구조체 하나씩 계산하여 파일에 저장
32: 합계 계산
33: 평균 계산
34: 포인터에 현재 구조체 배열의 주소를 대입
35: 바이너리 파일에 데이터 출력, 블록단위의 데이터를 출력할 때는 fwirte함수를 사용한다.
37: 파일 닫기

Notice 블록 단위의 파일은 메모리 블록을 그대로 파일로 출력하므로 2진 형태로 저장된다. fwrite 함수의 첫 번째 매개변수는 블록의 주소, 두 번째 매개변수는 블록의 크기, 세 번째 매개변수는 저장할 블록의 개수, 네 번째 매개변수는 파일 포인터이다.

실행 결과: score.bin

예제 10-03-2 바이너리 파일에서 읽기(fread)

```c
#include <stdio.h>
#include <stdlib.h>

struct score {
    unsigned char name[20];
    unsigned char Kor, Eng, Math, Sci;
    unsigned int Tot;
    float Avg;
};

int main()
{
    int i=0;
    struct score *sp=(struct score*)malloc(sizeof(struct score));
    FILE *fp;

```

```
17      if ( (fp = fopen("score.bin", "rb")) == NULL) {
18          printf("File open error");
19          return 1;
20      }
21      while(1) {
22          fread(sp, sizeof(struct score), 1, fp);
23          if (feof(fp))
24              break;
25          printf("%s, 국어:%u, 영어:%u, 수학:%u, 과학:%u, 합계:%u, 평균:%f\n",
26              sp->name, sp->Kor, sp->Eng, sp->Math, sp->Sci, sp->Tot, sp->Avg);
27      }
28      fclose(fp);
29  }
```

해설

4~9: 구조체 선언
14: 구조체를 저장할 메모리 공간 확보 및 포인터 대입, 메모리 공간은 구조체의 크기만큼 확보
15: 파일 포인터 fp 선언
21~27: 파일에서 구조체를 하나씩 읽어서 화면에 출력
22: 구조체 크기만큼의 블록을 파일에서 하나 읽는다(fread). 블록 단위로 파일에서 읽는 함수는 fread이다. 첫 번째 매개변수는 블록의 주소, 두 번째 매개변수는 블록의 크기, 세 번째 매개변수는 읽을 블록의 개수, 네 번째 매개변수는 파일 포인터이다.
23,24: 파일의 끝에 도달하면 끝낸다.
25,26: 파일에서 읽은 데이터를 모니터에 출력한다.
27: 파일 닫기

실행 결과

```
E:\소스\Ch10\10-03-2.exe
강인한, 국어:95, 영어:89, 수학:87, 과학:90, 합계:361, 평균:90.250000
장윤아, 국어:90, 영어:91, 수학:93, 과학:89, 합계:363, 평균:90.750000
김수영, 국어:76, 영어:87, 수학:89, 과학:79, 합계:331, 평균:82.750000
민효연, 국어:92, 영어:91, 수학:87, 과학:77, 합계:347, 평균:86.750000
성유리, 국어:87, 영어:90, 수학:78, 과학:70, 합계:325, 평균:81.250000
한태연, 국어:88, 영어:77, 수학:68, 과학:78, 합계:311, 평균:77.750000
곽서현, 국어:88, 영어:99, 수학:66, 과학:77, 합계:330, 평균:82.500000
박규리, 국어:79, 영어:87, 수학:97, 과학:99, 합계:362, 평균:90.500000
강지영, 국어:67, 영어:69, 수학:79, 과학:78, 합계:293, 평균:73.250000
한지영, 국어:98, 영어:78, 수학:97, 과학:88, 합계:361, 평균:90.250000
한준수, 국어:57, 영어:67, 수학:65, 과학:76, 합계:265, 평균:66.250000
홍준호, 국어:78, 영어:73, 수학:69, 과학:79, 합계:299, 평균:74.750000
임찬성, 국어:68, 영어:78, 수학:67, 과학:65, 합계:278, 평균:69.500000
강우영, 국어:80, 영어:90, 수학:89, 과학:77, 합계:336, 평균:84.000000
박택훈, 국어:47, 영어:65, 수학:55, 과학:67, 합계:234, 평균:58.500000
조성권, 국어:76, 영어:56, 수학:67, 과학:87, 합계:286, 평균:71.500000
이창훈, 국어:88, 영어:89, 수학:85, 과학:92, 합계:354, 평균:88.500000
정진석, 국어:89, 영어:90, 수학:78, 과학:80, 합계:337, 평균:84.250000
정운태, 국어:91, 영어:93, 수학:89, 과학:90, 합계:363, 평균:90.750000
```

예제 10-03-3 비트필드 구조체를 2진 파일로 저장 및 읽기

```c
#include <stdio.h>
#include <stdlib.h>
struct student {            // 비트필드 구조체 정의
    char name[16];          // 16Byte
    unsigned int year:12, month:4, day:5, gender:1, dad:1, mom:1,
        gdad:1, gmom:1, sibling:4, etc:2;              // 4Byte
    unsigned int height:8, weight:8, Grade:4, Class:5, Number:7;   // 4Byte
};

typedef struct student student;                // 새로운 데이터형으로 정의

int main()
{
    student s[15] = {                          // 구조체 배열에 초깃값 저장
    { "강인한", 1987,  8, 15, 0, 1, 1, 0, 1, 1, 1, 175, 63, 5, 12, 1},
    { "김구라", 1987,  3, 27, 0, 1, 1, 0, 0, 1, 0, 165, 66, 5, 12, 2},
    { "김민주", 1987,  5,  2, 1, 0, 1, 0, 0, 2, 0, 166, 70, 5, 12, 3},
    { "나힘찬", 1987,  7, 21, 0, 1, 1, 1, 1, 0, 0, 177, 65, 5, 12, 4},
    { "마동탁", 1987,  1, 12, 0, 1, 1, 0, 0, 0, 0, 179, 66, 5, 12, 5},
    { "박차고", 1987, 11, 15, 0, 1, 1, 1, 1, 0, 1, 182, 69, 5, 12, 6},
    { "박하나", 1987, 10, 22, 1, 1, 0, 1, 0, 1, 1, 180, 62, 5, 12, 7},
    { "서신고", 1987,  1, 27, 0, 1, 1, 1, 0, 1, 0, 166, 59, 5, 12, 8},
    { "신나라", 1987,  4, 15, 1, 0, 1, 0, 1, 1, 0, 178, 61, 5, 12, 9},
    { "심심해", 1987,  3,  9, 0, 1, 0, 1, 1, 2, 1, 162, 67, 5, 12, 10},
    { "이기자", 1987,  5, 11, 1, 1, 0, 0, 1, 0, 1, 167, 70, 5, 12, 11},
    { "이성공", 1987,  6, 16, 0, 1, 1, 0, 0, 0, 0, 180, 59, 5, 12, 12},
    { "차보람", 1987,  8, 17, 1, 1, 1, 0, 0, 0, 0, 171, 68, 5, 12, 13},
    { "한충성", 1987,  9,  9, 0, 1, 0, 0, 0, 1, 0, 178, 54, 5, 12, 14},
    { "홍길동", 1987, 11, 13, 1, 1, 1, 1, 0, 2, 1, 169, 61, 5, 12, 15} };

    student *sp = (student *)malloc(sizeof(student));
    unsigned int i;
    FILE *fp;
    fp = fopen("student.bin", "wb");           // 저장할 2진 파일 포인터 선언
    printf("구조체의 크기 : %d\n", sizeof(student)); // 구조체의 크기가 얼마인지 출력
    for (i=0; i<15; i++) {
        sp = &s[i];         // 구조체 배열을 구조체 포인터에 대입
        printf("%s, 생년월일:%u,%u,%u, 성별:%u\n아빠:%u, 엄마:%u, "
            "할아버지:%u, 할머니:%u, 형제:%u, 기타:%u\n",
```

```
40                 sp->name, sp->year, sp->month, sp->day, sp->gender,
41                 sp->dad, sp->mom, sp->gdad, sp->gmom, sp->sibling, sp->etc);
42             printf("몸무게:%u, 키:%u, %u학년 %u반 %u번\n",
43                 sp->height, sp->weight, sp->Grade, sp->Class, sp->Number);
44             fwrite(sp, sizeof(student), 1, fp);  // 파일에 블록 단위로 저장
45         }
46         fclose(fp);                              // 파일 닫기
47 
48         fp = fopen("student.bin", "rb");         // 파일을 다시 2진 읽기 모드로 열기
49         while(1) {
50             fread(sp, sizeof(student), 1, fp);   // 파일에서 1블록 읽어오기
51             if ( feof(fp))
52                 break;              // 파일포인터가 끝이면 루프 벗어나기
53             printf("%s, 생년월일:%u,%u,%u, 성별:%u\n아빠:%u, 엄마:%u, "
54                 "할아버지:%u, 할머니:%u, 형제:%u, 기타:%u\n",
55                 sp->name, sp->year, sp->month, sp->day, sp->gender,
56                 sp->dad, sp->mom, sp->gdad, sp->gmom, sp->sibling,
57                 sp->etc);
58             printf("몸무게:%u, 키:%u, %u학년 %u반 %u번\n",
59               sp->height, sp->weight, sp->Grade, sp->Class, sp->Number);
60         }
61         fclose(fp);                 // 파일 닫기
62         free(sp);                   // 할당된 메모리 해제
63 }
```

해설

3~8: 구조체 선언
10: 새로운 데이터형 정의
14~29: 구조체 비트필드 배열 정의 및 초깃값 지정
31: 구조체 포인터 선언
33: 파일 포인터 fp 선언
34: 파일을 쓰기 모드로 열기
35: 구조체의 크기 화면에 출력
36~45: 구조체 배열을 하나씩 파일로 저장하기
37: 구조체 배열을 포인터 변수 sp에 대입
38~43: 화면에 출력하기
44: 파일로 한 블록 저장
46: 파일 닫기
48: 파일 읽기 모드로 다시 열기, 좀 전에 저장한 파일을 이번에는 읽기 모드로 연다.

49~59: 파일에서 읽어서 하나씩 화면에 출력한다.
50: 파일에서 한 블록 읽기
51~52: 파일의 끝에 도달하면 끝낸다.
53~59: 블록으로 읽은 구조체를 멤버별로 하나씩 화면에 출력한다.
61: 파일 닫기
62: 동적 메모리 sp 해제

실행 결과

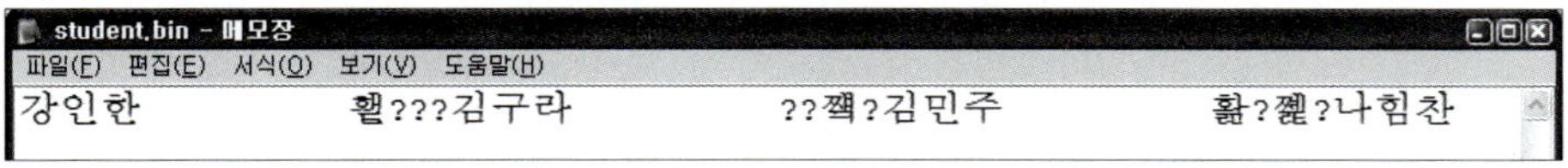


```
E:₩소스₩Ch10₩10-03-3.exe
신나라, 생년월일:1987,4,15, 성별:1
아빠:0, 엄마:1, 할아버지:0, 할머니:1, 형제:1, 기타:0
몸무게:178, 키:61, 5학년 12반 9번
심심해, 생년월일:1987,3,9, 성별:0
아빠:1, 엄마:0, 할아버지:1, 할머니:1, 형제:2, 기타:1
몸무게:162, 키:67, 5학년 12반 10번
이기자, 생년월일:1987,5,11, 성별:1
아빠:1, 엄마:0, 할아버지:0, 할머니:1, 형제:0, 기타:1
몸무게:167, 키:70, 5학년 12반 11번
이성공, 생년월일:1987,6,16, 성별:0
아빠:1, 엄마:1, 할아버지:0, 할머니:0, 형제:0, 기타:0
몸무게:180, 키:59, 5학년 12반 12번
차보람, 생년월일:1987,8,17, 성별:1
아빠:1, 엄마:1, 할아버지:0, 할머니:0, 형제:0, 기타:0
몸무게:171, 키:68, 5학년 12반 13번
한충성, 생년월일:1987,9,9, 성별:0
아빠:1, 엄마:0, 할아버지:0, 할머니:0, 형제:1, 기타:0
몸무게:178, 키:54, 5학년 12반 14번
홍길동, 생년월일:1987,11,13, 성별:1
아빠:1, 엄마:1, 할아버지:1, 할머니:0, 형제:2, 기타:1
몸무게:169, 키:61, 5학년 12반 15번
```

유제 10-03-1 파일 크기를 바이트, 킬로바이트, 메가바이트 단위로 계산하여 출력하라.

유제 10-03-2 파일을 읽어 16진수로 dump하는 프로그램을 작성하라.

10-04. 바이너리 파일 BMP 그림 처리하기

예제 10-04-1 그림파일인 BMP를 읽어 원래 그림의 역상을 파일로 저장하기

```
#include <stdio.h>
#include <stdlib.h>

int main()
{
    int i, n, adr;
    unsigned char tt[60], buf[16], file[20];
    FILE *fpi, *fpo;

    printf("입력할 파일이름 : ");
    scanf("%s", file);

    if ((fpi = fopen(file, "rb")) == NULL) {
        printf("File not found\n", file);
        exit(0);
    }

    if ((fpo = fopen("reverse.bmp", "wb")) == NULL) {
        printf("File cannot create\n");
        exit(0);
    }

    fread(tt, 54, 1, fpi);
    fwrite(tt, 54, 1, fpo);

    while( fread(buf, 16, 1, fpi) != 0 ) {
        for (i=0; i < 16; i++)
            buf[i] = ~buf[i];
        fwrite(buf, 16, 1, fpo);
    }
    printf("File created!\n");
    fclose(fpi);
    fclose(fpo);
}
```

해설

8: 파일 포인터 fpi, fpo 선언
11: 읽을 파일 이름을 키보드에서 받는다.
13~16: 파일을 2진 읽기 모드로 열고, 파일이 존재하지 않으면 에러 메시지를 출력한다.
18~21: 파일을 2진 쓰기 모드로 열고, 파일을 만들 수 없으면 에러 메시지를 출력한다.
23: 파일에서 BMP의 헤더 54바이트를 읽는다.
24: 파일에 BMP의 헤더 54바이트를 쓴다.
26~30: 16바이트씩 읽은 다음 한 바이트씩 역상을 만들어 다른 파일에 저장한다.
26: 16바이트를 NULL이 아닌 동안 읽는다.
28: 한 바이트씩 역상을 만든다.
29: 16바이트를 출력 파일에 저장한다.
32~33: 읽기, 쓰기 파일을 닫는다.

실행 결과

```
E:₩소스₩Ch10₩10-04-1.exe
입력할 파일이름 : dragon.bmp
File created!
```

예제 10-04-2 BMP파일 두 개를 비트 &연산을 하여 새 파일로 저장하기

```
#include <stdio.h>
#include <stdlib.h>

int main()
{
    int i, n, adr;
    unsigned char tt[60], buf[32], buf2[32], file[20];
    FILE *fp1, *fp2, *fpo;

    if ((fp1 = fopen("t1.bmp", "rb")) == NULL) {
        printf("File not found\n", file);
        exit(0);
    }

    if ((fp2 = fopen("t2.bmp", "rb")) == NULL) {
        printf("File not found\n", file);
        exit(0);
    }

    if ((fpo = fopen("t1_AND_t2.bmp", "wb")) == NULL) {
        printf("File cannot create\n");
        exit(0);
    }

    fread(tt, 54, 1, fp1);
    fread(tt, 54, 1, fp2);
    fwrite(tt, 54, 1, fpo);
    while( fread(buf,32,1,fp1) != 0 && fread(buf2,32,1,fp2) != 0) {
        for (i=0; i < 32; i++)
            buf[i] &= buf2[i];
        fwrite(buf, 32, 1, fpo);
    }
    printf("File created!\n");
    fclose(fp1);
    fclose(fp2);
    fclose(fpo);
}
```

해설

8: 파일 포인터 fp1, fp2, fpo 선언

10~13: "t1.bmp" 파일을 2진 읽기 모드로 열고, 파일이 존재하지 않으면 에러 메시지를 출력한다.

15~18: "t2.bmp" 파일을 2진 읽기 모드로 열고, 파일이 존재하지 않으면 에러 메시지를 출력한다.

20~23: "t1_AND_t2.bmp"파일을 2진 쓰기 모드로 열고, 파일을 만들 수 없으면 에러 메시지를 출력한다.

25,26: 읽기 파일에서 BMP의 헤더 54바이트를 읽는다.

27: 출력 파일에 BMP의 헤더 54바이트를 쓴다.

28~32: 32바이트씩 2 개의 파일에서 읽어서 이 둘을 비트 AND 연산을 한 다음 출력 파일에 기록한다.

34~36: 읽기, 쓰기 파일을 닫는다.

Notice 입력 파일은 여러분이 윈도우즈 그림판에서 아무렇게나 그려서 두 개의 파일을 따로 만들면 된다. 단, 여기서는 이 두 개의 파일의 사이즈가 동일해야 제대로 처리가 된다.

실행 결과

```
E:₩소스₩Ch10₩10-04-2.exe
File created!
```

유제 10-04-1 BMP 컬러 파일을 읽어 흑백(그레이)로 바꾸는 프로그램을 작성하라.

10-05. 파일 응용

예제 10-05-1 html파일을 읽어 html 태그를 모두 제거한다.

```
#include <stdio.h>
#include <stdlib.h>

int main()
{
```

```
6       int i=0, is=0;
7       FILE *fpi, *fpo;
8       char c;
9
10      if ( (fpi = fopen("test.html", "r")) == NULL) {
11          printf("File open error");
12          return 1;
13      }
14      if ( (fpo = fopen("test_h.txt", "w")) == NULL) {
15          printf("File create error");
16          return 1;
17      }
18
19      do {
20          c = fgetc(fpi);
21          if ( c == '<' && is == 0) {
22              is = 1;
23          } else if (is == 0)
24              fputc(c, fpo);
25          else if (c == '>')
26              is = 0;
27      } while (c != EOF);
28      fclose(fpi);
29      fclose(fpo);
30  }
```

해설

7: 입출력 파일 포인터 선언
10~13: 입력 파일에 대한 처리
14~17: 출력 파일에 대한 처리
19~27: 파일을 읽어서 태그는 버리고 태그가 아닌 부분만 출력파일에 저장한다.
20: 입력 파일에서 한 문자 읽는다.
21~22: 읽은 문자가 태그의 시작 문자인 '<'이고, is 가 0이면, is를 1로 한다. is가 0이란 현재 파일 포인터가 태그 밖에 있다는 의미이며, is가 1이면 태그 속에 있다는 의미이다.
23~24: 파일 포인터가 태그의 밖(is가 0이면)에 있으면, 현재 문자를 파일로 저장한다.
25~26: 읽은 문자가 '>'이라 태그가 끝나는 문자이면 is를 0, 즉 태그 밖으로 나간다는 의미이다.
27: End Of File(EOF)까지 반복한다.

Notice 태그 안에 있으면 저장하지 않고, 태그 밖에 있으면 저장한다.

실행 결과

test.html - 메모장

```
<!DOCTYPE HTML PUBLIC "-//W3C//DTD HTML 4.01 Transitional//EN">
<html>
<head>
<meta http-equiv="Content-Type" content="text/html; charset=UTF-8">
<title>fputc - C++ Reference</title>
<style type="text/css">.hierarchy DIV {width:100px; height:24px; text-ali
<link rel="shortcut icon" type="image/x-icon" href="/favicon.ico">
<link rel="stylesheet" type="text/css" href="/main29d.css">
<script src="/main29d.js" type="text/javascript"></script>
<script type="text/javascript">
new LoginBox('CH_boxLogin',1);</script>
</head>
<body>
<div id="CH_header">
        <a href="/"><img src="/img/cpp-logo.png" alt="cplusplus.com" widt
        <div id="CH_bar">
                <b><a href="/">C++</a> : <a href="/reference/">Reference<
        </div>

        <div id="CH_searchbox">
                <form id="search" action="/search.do" method="get">
                Search: <input name="q" size="13" class="txt"> <input typ
                </form>
        </div>
```

test_h.txt - 메모장

```



fputc - C++ Reference
.hierarchy DIV {width:100px; height:24px; text-align:center; padding-top:




new LoginBox('CH_boxLogin',1);





                C++ : Reference : C Library : cstdio (stdio.h) : fputc




                Search:
```

예제 10-05-2 우편번호 검색 프로그램

```
#include <stdio.h>
#include <stdlib.h>
#include <string.h>

int main()
{
    FILE *zt;
    char zipcode[10], size, temp[150], d[5], find[20];
    char si_do[10], si_gun_gu[20], up_myon_dong[80];
    char rhee[80], full_addr[80];

    zt = fopen("zipcode2.txt", "r");

    while(1) {
        printf("\n\n동(리) 입력(q:끝) : ");
        scanf("%s", find);
        if (*find == 'q')
            break;
        size = strlen(find);
        while(1) {
            fgets(temp, 150, zt);    // 엔터 문자까지 읽어 들임.
            sscanf(temp, "%[^;]%[;]%[^;]%[;]%[^;]%[;]"
                   "%[^;]%[;]%[^;]%[;]%[^\n]",
                zipcode, d, si_do, d, si_gun_gu, d,
                up_myon_dong, d, rhee, d, full_addr);
            if (strlen(rhee) > 2) {
                if (strncmp(rhee, find, size)==0)
                    printf("%s, %s\n", zipcode, full_addr);
            } else if (strlen(up_myon_dong) > 2) {
                if (strncmp(up_myon_dong, find, size)==0)
                    printf("%s, %s\n", zipcode, full_addr);
            } else if (strlen(si_gun_gu) > 2) {
                if (strncmp(si_gun_gu, find, size)==0)
                    printf("%s, %s\n", zipcode, full_addr);
            }
            if (feof(zt))
                break;
        }
```

```
39         rewind(zt);      // 파일 포인터 위치를 맨 처음으로 옮김.
40     }
41     fclose(zt);
42 }
```

해설

7: 입력 파일 포인터 선언

8~10: 각종 데이터를 저장할 변수 선언

12: 입력 파일 열기

14~40: 파일에서 데이터를 읽어서 검색한 다음 해당하는 동(리)이 있으면 출력하기

16: 찾을 문자열 입력

17: 문자열의 첫 글자가 'q'이면 끝낸다.

19: 문자열의 길이를 구한다.

21: 한 줄을 읽어 temp 문자열에 저장한다.

22~25: 한 줄 읽은 문자열에서 ';'을 기준으로 각 필드를 분리한다.

26~35: 가장 먼저 리(rhee)의 길이가 2보다 크면(공백일 수 있음) 리에서 찾고, 공백이면 읍면동에서 찾고, 읍면동도 공백이면 시군구에서 찾는다. 우편번호에 보면 공백이 있는 부분이 있음을 알 수 있다.

27,30,33: 문자열에 해당하는 문자가 있는지 검사한다.

36~37: 파일 끝까지 해당하는 문자열이 있는지 검색한다. 끝이면 다시 루프를 반복한다.

39: 파일 포인터를 다시 파일의 맨 처음 위치로 옮김.

Notice 이 우편번호는 우체국 사이트에 가면 구할 수 있다. 원본은 엑셀로 되어 있는데, 텍스트 파일로 바꾸었다. 텍스트 파일로 바꿨지만 실제 내용은 아래의 zipcode.txt와 같이 된다. 이 파일을 한 번 더 처리하여 zipcode2.txt로 새로 만들었다. 원본 텍스트 파일에서는 공백이 일정하지 않아 정확하게 처리하기 위하여 새로 만든 것이다. 여러분도 프로그램으로 한번 작성해 보기 바란다. 파일이 매우 커서 메모장에서는 읽기가 힘들어 워드패드로 읽는 것이 좋다.

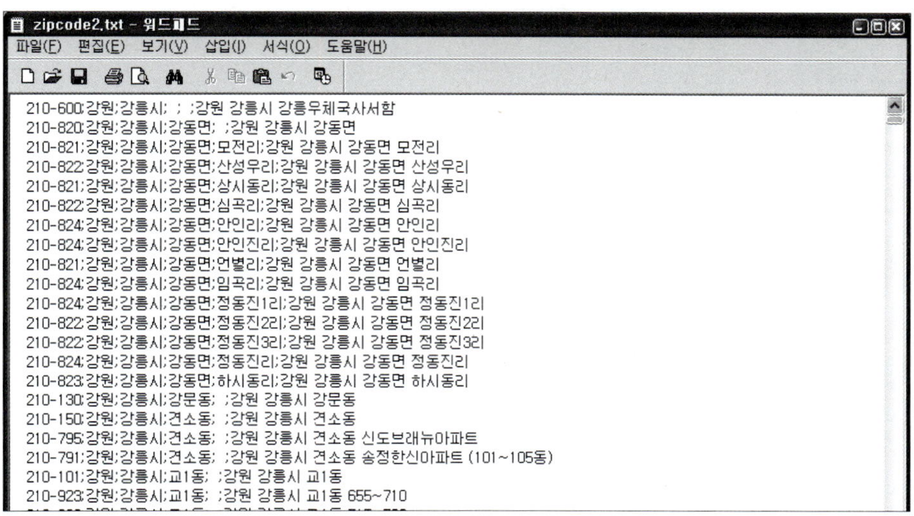
zipcode2.txt - 워드패드
파일(F) 편집(E) 보기(V) 삽입(I) 서식(O) 도움말(H)

210-600;강원;강릉시; ; ;강원 강릉시 강릉우체국사서함
210-820;강원;강릉시;강동면; ;강원 강릉시 강동면
210-821;강원;강릉시;강동면;모전리;강원 강릉시 강동면 모전리
210-822;강원;강릉시;강동면;산성우리;강원 강릉시 강동면 산성우리
210-821;강원;강릉시;강동면;상시동리;강원 강릉시 강동면 상시동리
210-822;강원;강릉시;강동면;심곡리;강원 강릉시 강동면 심곡리
210-824;강원;강릉시;강동면;안인리;강원 강릉시 강동면 안인리
210-824;강원;강릉시;강동면;안인진리;강원 강릉시 강동면 안인진리
210-821;강원;강릉시;강동면;언별리;강원 강릉시 강동면 언별리
210-824;강원;강릉시;강동면;임곡리;강원 강릉시 강동면 임곡리
210-824;강원;강릉시;강동면;정동진1리;강원 강릉시 강동면 정동진1리
210-822;강원;강릉시;강동면;정동진2리;강원 강릉시 강동면 정동진2리
210-822;강원;강릉시;강동면;정동진3리;강원 강릉시 강동면 정동진3리
210-824;강원;강릉시;강동면;정동진리;강원 강릉시 강동면 정동진리
210-823;강원;강릉시;강동면;하시동리;강원 강릉시 강동면 하시동리
210-130;강원;강릉시;강문동; ;강원 강릉시 강문동
210-150;강원;강릉시;견소동; ;강원 강릉시 견소동
210-795;강원;강릉시;견소동; ;강원 강릉시 견소동 신도브래뉴아파트
210-791;강원;강릉시;견소동; ;강원 강릉시 견소동 송정한신아파트 (101~105동)
210-101;강원;강릉시;교1동; ;강원 강릉시 교1동
210-923;강원;강릉시;교1동; ;강원 강릉시 교1동 655~710

```
zipcode.txt - 워드패드
파일(F) 편집(E) 보기(V) 삽입(I) 서식(O) 도움말(H)

210600 강원	강릉시			강원 강릉시 강릉우체국사서함
210820 강원	강릉시	강동면		강원 강릉시 강동면
210821 강원	강릉시	강동면	모전리	강원 강릉시 강동면 모전리
210822 강원	강릉시	강동면	산성우리	강원 강릉시 강동면 산성우리
210821 강원	강릉시	강동면	상시동리	강원 강릉시 강동면 상시동리
210822 강원	강릉시	강동면	심곡리	강원 강릉시 강동면 심곡리
210824 강원	강릉시	강동면	안인리	강원 강릉시 강동면 안인리
210824 강원	강릉시	강동면	안인진리	강원 강릉시 강동면 안인진리
210821 강원	강릉시	강동면	언별리	강원 강릉시 강동면 언별리
210824 강원	강릉시	강동면	임곡리	강원 강릉시 강동면 임곡리
210824 강원	강릉시	강동면	정동진1리	강원 강릉시 강동면 정동진1리
210822 강원	강릉시	강동면	정동진2리	강원 강릉시 강동면 정동진2리
210822 강원	강릉시	강동면	정동진3리	강원 강릉시 강동면 정동진3리
210824 강원	강릉시	강동면	정동진리	강원 강릉시 강동면 정동진리
210823 강원	강릉시	강동면	하시동리	강원 강릉시 강동면 하시동리
210130 강원	강릉시	강문동		강원 강릉시 강문동
210150 강원	강릉시	견소동		강원 강릉시 견소동
210795 강원	강릉시	견소동		강원 강릉시 견소동 신도브래뉴아파트
210791 강원	강릉시	견소동		강원 강릉시 견소동 송정한신아파트 (101~105동)
210101 강원	강릉시	교1동		강원 강릉시 교1동
210923 강원	강릉시	교1동		강원 강릉시 교1동 655~710
210923 강원	강릉시	교1동		강원 강릉시 교1동 715~720
210923 강원	강릉시	교1동		강원 강릉시 교1동 725~786
210923 강원	강릉시	교1동		강원 강릉시 교1동 815~906
210924 강원	강릉시	교1동		강원 강릉시 교1동 908~1270
210924 강원	강릉시	교1동		강원 강릉시 교1동 1279~1519
210924 강원	강릉시	교1동		강원 강릉시 교1동 1525~1600
210924 강원	강릉시	교1동		강원 강릉시 교1동 1689~1911
```

실행 결과

```
E:₩소스₩Ch10₩10-05-2.exe
137-760, 서울 서초구 서초4동 현대4차아파트 <101~301동>
137-778, 서울 서초구 서초4동 롯데캐슬클래식아파트 <101~115동>
137-929, 서울 서초구 서초4동 서초교대e편한세상아파트 <101~106동>
137-070, 서울 서초구 서초동
340-852, 충남 예산군 광시면 서초정리


동<리> 입력<q:끝> : 명동
250-871, 강원 홍천군 남면 명동리
656-811, 경남 거제시 연초면 명동리
621-872, 경남 김해시 한림면 명동리
626-250, 경남 양산시 명동
645-440, 경남 창원시 진해구 명동
645-803, 경남 창원시 진해구 명동 1~580
645-804, 경남 창원시 진해구 명동 산1~385
645-702, 경남 창원시 진해구 명동 오리엔탈정공
100-021, 서울 중구 명동1가
100-022, 서울 중구 명동2가
100-809, 서울 중구 명동2가 1~33
100-810, 서울 중구 명동2가 34~105
526-813, 전남 영암군 신북면 명동리
390-050, 충북 제천시 명동


동<리> 입력<q:끝> : _
```

유제 10-05-1 파일 복사하는 프로그램을 작성하라.

유제 10-05-2 다음과 같이 새 도로명 주소를 입력받아 검색하는 프로그램을 작성하라. 이 주소도 우체국 사이트에 가면 구할 수 있다. 새 주소는 파일

이 너무 커서 각 광역시도별로 따로 파일이 지정되어 있으므로 입력 받아서 광역시도별로 파일을 선택하고, 검색하도록 하여야 한다.

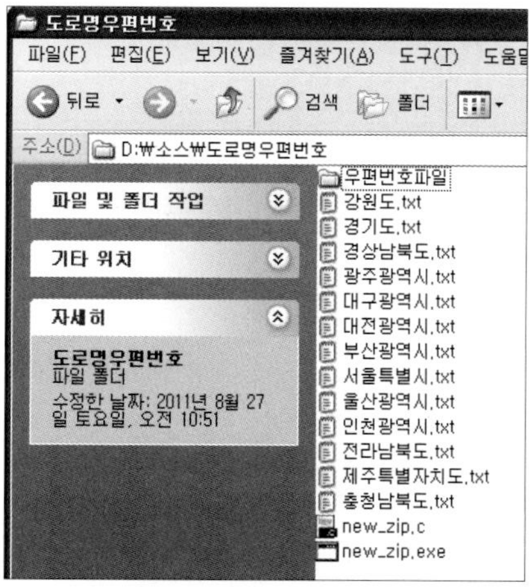

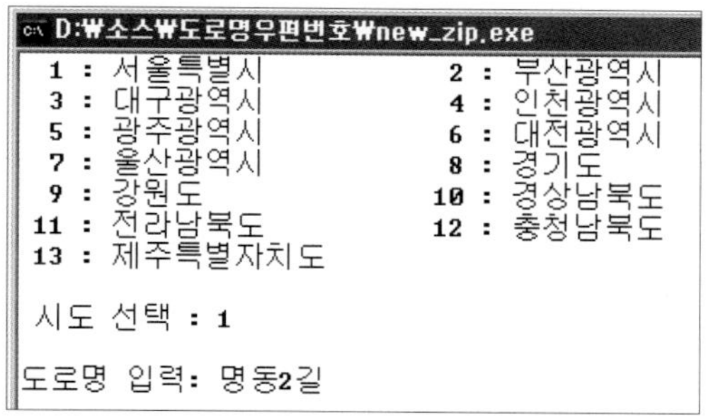

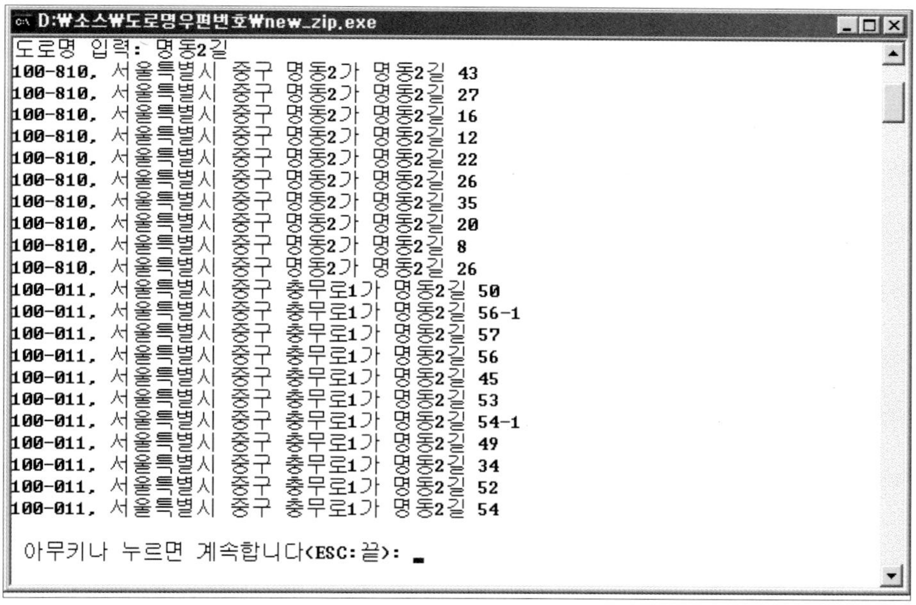

10-06. 임시 파일 사용하기

❖ 임시 파일이란?

- 디스크에 임시로 파일을 만들고 프로그램이 끝나면 없어진다.
- 임시 파일은 "wb+"로 생성된다.
- 윈도우에서 임시 파일의 생성 위치는 stdio.h에 매크로 P_tmpdir에 정의되어 있다.

예제 10-06-1 파일을 읽어 뒷부분에 그대로 추가하기 - 임시 파일 이용

```
#include <stdio.h>
#include <stdlib.h>
#include <ctype.h>

FILE *gfopen(char *filename, char *mode);

int main()
{
    FILE *fp, *tmp_fp;
    int c;
    char fn[30];
    printf("파일이름 입력 : ");
    scanf("%s", fn);

    fp = gfopen(fn, "r+");
    tmp_fp = tmpfile();
    while( (c=getc(fp)) != EOF)
        putc(toupper(c), tmp_fp);
    rewind(tmp_fp);
    fprintf(fp, "---\n");
    while( (c=getc(tmp_fp)) != EOF)
        putc(c, fp);
}

FILE *gfopen(char *filename, char *mode) {
    FILE *fp;
```

```
27      if ( (fp = fopen(filename, mode)) == NULL) {
28          fprintf(stderr, "Cannot open %s - bye!\n", filename);
29          exit(0);
30      }
31      return fp;
32  }
```

해설

5: 함수 원형 선언
9: 파일 포인터 선언. fp는 읽을 파일, tmp_fp는 임시파일 포인터.
13: 읽을 파일의 이름을 입력한다.
15: 파일 읽기 검사하는 함수 gfopen호출, r+모드는 읽기 및 추가 모드이다. 추가는 파일의 끝에서 이루어진다.
16: 임시 파일 포인터 생성. 임시 파일을 디스크에 생성되면, 그 위치는 stdio.h에 정의되어 있다.
17~18: 읽기 파일에 데이터를 모두 읽어 임시 파일에 저장한다.
19: 임시 파일의 위치를 다시 처음으로 돌린다. 파일을 읽고 쓸 때 파일 포인터의 위치가 변경된다.
20: 원래 파일의 끝에 추가한다.
21~22: 원래 파일의 끝에 임시파일에 저장된 내용을 그대로 저장한다. 즉, 임시파일은 원 파일의 내용이므로 원래 파일의 끝에는 내용이 그대로 복사되어 추가된다.
25~32: 파일의 열기를 함수로 따로 만들어 처리한다.
28: stderr은 모니터를 지정한 것이며, 에러가 발생했을 때 메시지를 모니터로 출력하라는 의미이다.

실행 결과

```
E:₩소스₩Ch10₩10-06-1.exe
파일이름 입력 : score1.txt
```

```
score1.txt - 메모장
파일(F) 편집(E) 서식(O) 보기(V) 도움말(H)
김길동  98 88 78
강길수  88 90 28
이진수  98 90 93
정진주  89 90 94
황성주  87 84 89
한민식  79 90 94
이수석  99 99 90
하군수  88 90 87
홍명수  88 77 66
김주민  88 99 77
```

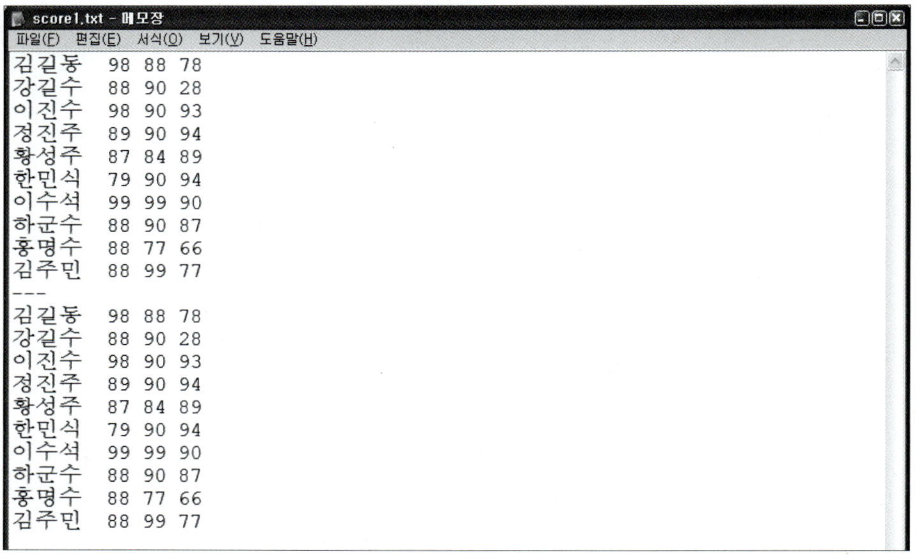


```
김길동  98 88 78
강길수  88 90 28
이진수  98 90 93
정진주  89 90 94
황성주  87 84 89
한민식  79 90 94
이수석  99 99 90
하군수  88 90 87
홍명수  88 77 66
김주민  88 99 77
---
김길동  98 88 78
강길수  88 90 28
이진수  98 90 93
정진주  89 90 94
황성주  87 84 89
한민식  79 90 94
이수석  99 99 90
하군수  88 90 87
홍명수  88 77 66
김주민  88 99 77
```

예제 10-06-2 임시 파일을 이용하여 우편번호 검색하기

```c
#include <stdio.h>
#include <stdlib.h>
#include <string.h>

int main()
{
    FILE *zt, *tfp;
    char zipcode[10], size, temp[150], d[5], find[20], c, i;
    char si_do[10], si_gun_gu[20], up_myon_dong[80], rhee[80], full_addr[80];

    zt = fopen("zipcode2.txt", "r");
    tfp = tmpfile();
    while( (c = getc(zt)) != EOF)            // 디스크 파일을 임시파일로 옮김
        putc(c, tfp);
    fclose(zt);

    while(1) {
        rewind(tfp);
        printf("\n\n동(리) 입력(q:끝) : ");
        scanf("%s", find);
        if (*find == 'q')
```

```
22              break;
23          size = strlen(find);
24          do {
25              i = 0;
26              while( (*(temp+i) = getc(tfp)) != '\n' ) {    // 한 줄씩 읽어 들임.
27                  i++;
28                  if ( feof(tfp) )
29                      break;
30              }
31              *(temp + i) = '\0';
32              sscanf(temp, "%[^;]%[;]%[^;]%[;]%[^;]%[;]"
33                  "%[^;]%[;]%[^;]%[;]%[^\n]",
34                  zipcode, d, si_do, d, si_gun_gu, d,
35                  up_myon_dong, d, rhee, d, full_addr);
36              if (strlen(rhee) > 2) {
37                  if (strncmp(rhee, find, size)==0)
38                      printf("%s, %s\n", zipcode, full_addr);
39              } else if (strlen(up_myon_dong) > 2) {
40                  if (strncmp(up_myon_dong, find, size)==0)
41                      printf("%s, %s\n", zipcode, full_addr);
42              } else if (strlen(si_gun_gu) > 2) {
43                  if (strncmp(si_gun_gu, find, size)==0)
44                      printf("%s, %s\n", zipcode, full_addr);
45              }
46          } while( !feof(tfp) );
47      }
48      fclose(tfp);
49  }
```

해설

7: 입력 파일 포인터 및 임시 파일 포인터 선언
8~9: 각종 데이터를 저장할 변수 선언
11: 입력 파일 열기
13~14: 읽기 파일에서 임시 파일로 모든 데이터 옮김
15: 그런 다음 읽기 파일을 닫는다.
17~47: 임시 파일에서 데이터를 읽어서 검색한 다음 해당하는 동(리)이 있으면 출력하는 루프
18: 임시 파일의 포인터를 처음으로 가져간다.
20: 찾을 문자열 입력
21: 문자열의 첫 글자가 'q'이면 끝낸다.

23: 문자열의 길이를 구한다.

26: 한 줄을 읽어 temp 문자열에 저장한다. 여기서는 줄 바꿈 문자를 만날 때까지 한 줄 읽음

31: 문자열 끝에 널을 삽입

32~35: 한 줄 읽은 문자열에서 ';'을 기준으로 각 필드를 분리한다.

36~45: 가장먼저 리(rhee)의 길이가 2보다 크면(공백일 수 있음) 리에서 찾고, 공백이면 읍면동에서 찾고, 읍면동도 공백이면 시군구에서 찾는다. 우편번호에 보면 공백이 있는 부분이 있음을 알 수 있다.

37, 40, 43: 문자열에 해당하는 문자가 있는지 검사한다.

46: 파일 끝까지 해당하는 문자열이 있는지 검색한다. 끝이면 다시 처음으로 가서 루프를 반복한다.

Notice 이 우편번호는 우체국 사이트에 가면 구할 수 있다. 원본은 엑셀로 되어 있는데, 텍스트 파일로 바꾸었다. 텍스트 파일로 바꿨지만 실제 내용은 아래의 zipcode.txt와 같이 된다. 이 파일을 또 한 번 처리하여 zipcode2.txt로 다시 만들었다. 원본 텍스트 파일에서는 공백이 일정하지 않아 정확하게 처리하기 위하여 새로 만든 것이다. 여러분도 프로그램으로 한번 작성해 보기 바란다. 파일이 매우 커서 메모장에서는 읽기가 힘들어 워드패드로 읽는 것이 좋다.

실행 결과

```
E:₩소스₩Ch10₩10-06-2.exe
동<리> 입력<q:끝> : 명동
250-871, 강원 홍천군 남면 명동리
656-811, 경남 거제시 연초면 명동리
621-872, 경남 김해시 한림면 명동리
626-250, 경남 양산시 명동
645-440, 경남 창원시 진해구 명동
645-803, 경남 창원시 진해구 명동 1~580
645-804, 경남 창원시 진해구 명동 산1~385
645-702, 경남 창원시 진해구 명동 오리엔탈정공
100-021, 서울 중구 명동1가
100-022, 서울 중구 명동2가
100-809, 서울 중구 명동2가 1~33
100-810, 서울 중구 명동2가 34~105
526-813, 전남 영암군 신북면 명동리
390-050, 충북 제천시 명동


동<리> 입력<q:끝> :
```

유제 10-06-1 ASCII 텍스트 파일을 하나 임시파일로 읽어 들여 이 파일을 암호화하여 원래 파일의 끝에 추가하는 프로그램을 작성하라. 암호화 방식은 한 글자씩 읽은 다음 0xAA와 XOR하는 것으로 한다.

10-07. 랜덤 파일

❖ 랜덤(random) 파일이란?

- 파일의 위치 이동을 마음대로 할 수 있도록 한다.
- 위치 이동 함수

```
fseek, fgetpos, fsetpos, ftell
```

❖ 기타 관련 함수

```
freopen, fflush, ferror, ungetc
```

- fseek : 지정된 위치로 이동한다.

```
int fseek ( FILE * stream, long int offset, int origin );
```

- offset : 상대적인 위치, +:순방향, -:역방향
- origin : 이동 기준 위치
    - SEEK_SET : 파일의 맨 처음 위치
    - SEEK_CUR : 파일에서의 현재 위치
    - SEEK_END : 파일의 맨 끝 위치

- fgetpos : 파일에서의 현재 포인터의 위치 값 획득

```
int fgetpos ( FILE * stream, fpos_t * position );
```

- fsetpos : 파일에서 지정된 포인터로 이동

```
int fsetpos ( FILE * stream, const fpos_t * position );
```

• ftell : 파일에서의 현재 위치를 알려 줌

```
long int ftell ( FILE * stream );
```

• freopen : 파일 포인터 재설정한다.

```
FILE * freopen ( const char * filename, const char * mode, FILE * stream );
fflush
    int fflush ( FILE * stream );
```

- 입력 파일일 경우 : 버퍼를 지운다. 출력파일일 경우 저장되지 않은 버퍼에 있는 데이터를 모두 저장한다.

• ferror : 파일에 에러가 있는지 검사한다.

```
int ferror ( FILE * stream );
```

• ungetc : 한 글자를 가상으로 파일에 다시 저장

```
int ungetc ( int character, FILE * stream );
```

즉, 한 글자를 안 읽은 것으로 한다.

예제 10-07-1 파일을 읽어서 거꾸로 출력하기

```
// 파일 거꾸로 읽기
#include <stdio.h>
#define  MAXSTRING  100

int main()
{
    char fname[MAXSTRING];
    int c;
    FILE *ifp;

    fprintf(stderr, "\nInput a filename:  ");
```

```
12      scanf("%s", fname);
13      ifp = fopen(fname, "rb");          // 2진 모드로 파일 읽기
14      fseek(ifp, -1, SEEK_END);          // 끝에서 역방향으로 한 글자 이동
15      while ( 1 ) {
16          c = getc(ifp);                 // 한 글자 읽음 : 한 글자 순방향으로 이동
17          putc(c, stdout);
18          fseek(ifp, -2, SEEK_CUR);      // 역방향으로 두 글자 이동
19          if ( ftell(ifp) <= 0 )
20              break;
21      }
22      c = getc(ifp);                     // 마지막 문자(맨 앞 글자) 읽기
23      putc(c, stdout);                   // 마지막 문자 출력
24      printf("\n");
25  }
```

해설

9: 읽기 파일 포인터 선언

11: 표준 에러 장치, 즉 모니터로 메시지 출력, printf와 동일하지만, stderr이란 장치로 방향 전환

12: 입력할 파일 이름을 입력한다.

13: 파일을 2진 읽기 모드로 연다.

14: 파일의 끝으로 파일 포인트 이동한다.

15~21: 파일의 처음으로 이동할 때까지 하나씩 읽어서 화면에 출력한다.

16: 한 글자 읽는다.

17: 모니터에 읽은 문자 출력한다.

18: 현재 파일 포인트에서 역방향으로 2칸 이동한다. 파일에서 한 문자 읽으면 순방향으로 한 칸 이동하므로 거꾸로 읽기 위해서는 역방향으로 다시 2칸 이동하여야 한다.

19~20: 파일의 처음 위치까지 갔는지 확인하고 처음 위치 보다 작으면 루프를 끝낸다.

22: 2바이트씩 거꾸로 이동하므로 파일의 맨 처음 문자는 읽지 못하므로 마지막에 하나 더 읽는다.

23: 마지막 읽은 문자를 출력한다.

Notice 파일에서 데이터를 읽으면 자동적으로 순방향으로 읽은 바이트수 만큼 포인트가 이동한다.

실행 결과

E:₩소스₩Ch10₩10-07-1.exe

```
Input a filename:  engtxt.txt
.gnitirw dna gnidaer neewteb hctiws ot swolla keesf ot llac a ,)etirw+daer( etad
pu rof nepo smaerts nO
.gninoitisoper detcepxenu ot dael nac hcihw selif txet htiw rucco snoitamrofsnar
t tamrof emos smroftalp emos no taht dnim ni raeb ,lletf htiw deveirter seulav r
o orez naht rehto seulav tesffo htiw selif txet no keesf gnisu nehW
.depprod era ctegnu ot sllac suoiverp morf stceffe lla dna ,noitcnuf siht ot lla
c a retfa deraelc si maerts eht fo rotacidni lanretni eliF-fo-dnE ehT
.nigiro yb deificeps noitisop ecnerefer a ot tesffo gnidda yb denifed noitisop w
en a ot maerts eht htiw detaicossa rotacidni noitisop eht steS
```

예제 10-07-2 한글 파일을 읽어서 거꾸로 출력하기

```
#include <stdio.h>
#include <stdlib.h>
#include <ctype.h>

FILE *gfopen(char *filename, char *mode);

int main()
{
    FILE *fp, *tmp_fp;
    int c, c2, size=0;
    char fn[30];
    printf("파일이름 입력 : ");
    scanf("%s", fn);
    fp = gfopen(fn, "r+");
    tmp_fp = tmpfile();   // 임시파일은 2진 파일이다.
    while( (c=getc(fp)) != EOF) {
        putc(c, tmp_fp);
        size++;
    }

    fprintf(fp, "---\n");
    fseek(tmp_fp, -1, SEEK_CUR);
    while( size > 0 ) {
        c = getc(tmp_fp);
        size--;
        if ( c & 0x80 ) {
            fseek(tmp_fp, -2, SEEK_CUR);
            c2 = getc(tmp_fp);
            size--;
            putc(c2, fp);
            putc(c, fp);
        }
        else
            putc(c, fp);
        fseek(tmp_fp, -2, SEEK_CUR);
    }
    fclose(fp);
}

```

```c
40 FILE *gfopen(char *filename, char *mode) {
41     FILE *fp;
42     if ( (fp = fopen(filename, mode)) == NULL) {
43         fprintf(stderr, "Cannot open %s - bye!\n", filename);
44         exit(0);
45     }
46     return fp;
47 }
```

해설

9: 읽기 파일 포인터 및 임시 파일 포인터 선언
13: 읽을 파일 이름 입력
14: 파일 열기 함수 호출
15: 임시 파일 포인터 만들기
16~19: 읽기 파일에서 임시 파일로 모든 데이터 읽기
21: 원 파일의 내용과 구분하기 위한 구분선 넣기
22: 임시 파일 포인터를 거꾸로 2바이트 이동
23~36: 글자를 읽어 원 파일에 거꾸로 저장하기
24: 한 글자 읽기
25: 파일의 크기에서 1 빼기, 즉 읽은 바이트 수만큼 감소
26~32: 읽은 글자의 최상위비트가 1이면 한글이므로 한글에 대한 처리를 하는 루프
27: 한글은 2바이트이므로 한 바이트 더 읽음
30~31: 두 바이트를 순서대로 저장. 한글 한 글자를 저장한다.
33~34: 한글이 아니면 그냥 저장한다.
35: 파일 포인터를 거꾸로 2바이트 이동한다.

Notice 여기서 ASCII코드는 7비트라고 가정하였다. 물론 확장 ASCII코드가 있으면 이 프로그램을 정상적으로 동작하지 않을 수도 있다. 만약 확장 ASCII코드, 즉 그래픽 문자가 있다면 처리 방식을 달리해야 할 것이다. 그 프로그램도 작성해 보라.

실행 결과

```
E:₩소스₩Ch10₩10-07-2.exe
파일이름 입력 : score.txt
```

```
score.txt - 메모장
파일(F)  편집(E)  서식(O)  보기(V)  도움말(H)
한준수, 57, 67, 65, 76, 265, 66.25
홍준호, 78, 73, 69, 79, 299, 74.75
임찬성, 68, 78, 67, 65, 278, 69.50
강우영, 80, 90, 89, 77, 336, 84.00
박택훈, 47, 65, 55, 67, 234, 58.50
조성권, 76, 56, 67, 87, 286, 71.50
이창훈, 88, 89, 85, 92, 354, 88.50
정진석, 89, 90, 78, 80, 337, 84.25
정운태, 91, 93, 89, 90, 363, 90.75
홍민수, 89, 99, 87, 93, 368, 92.00
---

00.29 ,863 ,39 ,78 ,99 ,98 ,수민홍
57.09 ,363 ,09 ,98 ,39 ,19 ,태운정
52.48 ,733 ,08 ,87 ,09 ,98 ,석진정
05.88 ,453 ,29 ,58 ,98 ,88 ,훈창이
05.17 ,682 ,78 ,76 ,65 ,67 ,권성조
05.85 ,432 ,76 ,55 ,56 ,74 ,훈택박
00.48 ,633 ,77 ,98 ,09 ,08 ,영우강
05.96 ,872 ,56 ,76 ,87 ,86 ,성찬임
57.47 ,992 ,97 ,96 ,37 ,87 ,호준홍
52.66 ,562 ,67 ,56 ,76 ,75 ,수준한
52.09 ,163 ,88 ,79 ,87 ,89 ,영지한
52.37 ,392 ,87 ,97 ,96 ,76 ,영지강
```

유제 10-07-1 랜덤 파일 함수 fseek를 이용하여 앞에서 작성한 2진 파일로 저장된 학생 파일 score.bin을 읽어, 몇 번째 학생을 출력할 것인지를 입력하여 그 학생을 출력하는 프로그램을 작성하라.

10-08. 기타 파일 관련함수

❖ 기타 관련 함수

freopen, fflush, ferror, ungetc

예제 10-08-1 fgetpos 함수 예

```
/* fgetpos example */
#include <stdio.h>
int main ()
{
```

```
5      FILE * pFile;
6      int c, n;
7      fpos_t pos;
8
9      pFile = fopen ("myfile.txt", "r");
10     if (pFile==NULL)
11         perror ("Error opening file");
12     else {
13         c = fgetc (pFile);
14         printf ("1st character is %c\n", c);
15         fgetpos (pFile, &pos);
16         for (n=0;n<3;n++) {
17             fsetpos (pFile, &pos);
18             c = fgetc (pFile);
19             printf ("2nd character is %c\n", c);
20         }
21         fclose (pFile);
22     }
23 }
```

해설

5: 파일 포인터 선언

7: fpos_t 데이터 형은 fgetpos함수를 이용하여 파일의 위치 정보를 가져오고, fsetpos함수를 사용하여 파일내의 위치를 설정한다.

9: 파일 열기

10~11: 파일이 없을 때 에러메시지 출력

13: 파일에서 문자하나 읽기

15: 파일내의 현재 위치 pos 변수에 읽어오기

16~20: 3번 반복하여 작업하기

17: 위치를 전에 읽어온 곳으로 변경

18: 문자 하나 읽기, 문자를 하나 읽으면 위치가 변경된다. 변경된 위치를 다시 17행에서 원위치로 되돌린다.

실행 결과

```
E:₩소스₩Ch10₩10-08-1.exe
1st character is t
2nd character is h, 1
2nd character is h, 1
2nd character is h, 1
```

예제 10-08-2 freopen 함수 예

```c
1  /* freopen example: redirecting stdout */
2  #include <stdio.h>
3
4  int main ()
5  {
6      int dan, iteration;
7      freopen ("freopen.txt", "w", stdout);
8      printf ("이 출력은 파일로 방향을 바꾸어 출력된다.\n");
9      printf ("즉, 모니터(표준출력장치)가 아닌 파일로 출력하게 된다.\n\n");
10     for (dan=2; dan<10; dan++) {
11         printf("%5d 단\n", dan);
12         for (iteration=1; iteration<10; iteration++)
13             printf("%2d * %2d = %2d\n", dan, iteration, dan*iteration);
14         printf("\n");
15     }
16     fclose(stdout);
17 }
```

해설

7: freopen은 파일을 세 번째 매개변수와 관련된 파일을 닫고 새로이 열게 된다. 여기서는 표준출력장치 파일을 닫고 방향을 바꾸어 "freopen.txt"란 파일에 데이터를 저장하기 위해서 연다.

8: 이후부터 표준출력장치로 출력되는 모든 내용은 지정된 파일로 저장된다.

16: 지정된 파일포인터를 닫는다. 즉, 표준출력장치에서 지정된 방향(파일)으로 출력되는 것을 해제한다.

실행 결과

freopen.txt - 메모장

파일(F) 편집(E) 서식(O) 보기(V) 도움말(H)

```
이 출력은 파일로 방향을 바꾸어 출력된다.
즉, 모니터(표준출력장치)가 아닌 파일로 출력하게 된다.

   2 단
 2 *  1 =  2
 2 *  2 =  4
 2 *  3 =  6
 2 *  4 =  8
 2 *  5 = 10
 2 *  6 = 12
 2 *  7 = 14
 2 *  8 = 16
 2 *  9 = 18

   3 단
 3 *  1 =  3
 3 *  2 =  6
 3 *  3 =  9
 3 *  4 = 12
 3 *  5 = 15
 3 *  6 = 18
 3 *  7 = 21
 3 *  8 = 24
 3 *  9 = 27
```

예제 10-08-3 ftell 함수 예

```c
/* ftell example : getting size of a file */
#include <stdio.h>
int main ()
{
    FILE * pFile;
    long size;
    pFile = fopen ("myfile.txt","rb");
    if (pFile == NULL)
        perror ("Error opening file");
    else {
        fseek (pFile, 0, SEEK_END);
        size = ftell (pFile);
        fclose (pFile);
        printf ("Size of myfile.txt: %ld bytes.\n", size);
    }
}
```

해설

5: 파일 포인터 선언
7: 파일 열기
11: 파일의 맨 끝으로 이동한다.
12: ftell함수를 이용하여 그 위치를 알아낸다.
14: 그 값을 출력한다. 위치 값이란 파일의 처음부터 그 위치까지의 바이트 수를 의미한다.

실행 결과

```
E:₩소스₩Ch10₩10-08-3.exe
Size of myfile.txt: 38 bytes.
```

예제 10-08-4 fflush 함수 예

```
1  /* fflush example */
2  #include <stdio.h>
3  char mybuffer[80];
4  int main()
5  {
6      FILE * pFile;
7      pFile = fopen ("myfile.txt","r+");
8      if (pFile == NULL)
9          perror ("Error opening file");
10     else {
11         fputs ("test", pFile);
12         fflush (pFile);            // flushing or repositioning required
13         fgets (mybuffer, 80, pFile);
14         puts (mybuffer);
15         fclose (pFile);
16     }
17 }
```

해설

6: 파일 포인터 선언
7: 파일을 "r+"(읽기+추가) 형식으로 열기
11: 파일의 현재 위치에 "test"를 출력한다.
12: 다음 데이터를 읽기 전에 현재 위치를 상기시킨다. 이 함수가 없다면 다음의 동작들이 제대로 일어나지 않을 수 있다.
13: 현재 포인터 뒤의 문자들을 읽는다.

14: 그것을 화면에 출력한다.

Notice fflush는 현재 파일 스트림이 쓰기 상태이고 마지막 동작이 출력이면 아직 저장되지 않은 내용이 출력 버퍼에 있으면 파일로 저장한다. 만약 읽기 전용으로 열려 있고 마지막 동작이 읽기였다면 이 동작을 컴파일러의 라이브러리에 따라 달라진다. 어떤 컴파일러에서는 이 동작이 입력 버퍼를 지우는 역할을 하는 경우도 있는데, 이는 표준이 아니다. 만약 매개변수가 없다면(NULL) 모든 열려 있는 파일을 상기시킨다.

실행 결과

예제 10-08-5 ferror 함수 예

```
1  /* ferror example: writing error */
2  #include <stdio.h>
3  int main ()
4  {
5      FILE * pFile;
6      pFile=fopen("myfile.txt", "r");
7      if (pFile==NULL)
8          perror ("Error opening file");
9      else {
10         fputc ('x', pFile);
11         if (ferror (pFile))
12             printf ("Error Writing to myfile.txt\n");
13         fclose (pFile);
14     }
15 }
```

해설

5: 파일 포인터 선언

6: 파일을 "r"(읽기)형식으로 열기

10: 파일에 문자 'x'를 기록한다. 읽기 모드로 열었으므로 쓰기가 되지 않음을 알 수 있다.

11~12: 이 때 에러가 발생하므로 에러메시지를 출력하도록 한다.

실행 결과

```
E:₩소스₩Ch10₩10-08-5.exe
Error Writing to myfile.txt
```

예제 10-08-6 perror 함수 예

```
1  /* perror example */
2  #include <stdio.h>
3
4  int main ()
5  {
6      FILE * pFile;
7      pFile=fopen ("unexist.ent", "rb");
8      if (pFile==NULL)
9          perror ("The following error occurred");
10     else
11         fclose (pFile);
12 }
```

해설

6: 파일 포인터 선언

7: 파일을 "rb"(2진 읽기)형식으로 열기, 파일 읽기에 문제가 있으면 에러 번호가 발생하게 된다.

8~9: 파일이 열리지 않으면 파일 포인터는 NULL이 되며 이 때 perror를 이용하여 에러 번호에 해당하는 에러메시지를 출력하도록 한다. 출력 문자열 뒤에 콜론(:)과 공백이 출력되고 메시지가 출력되고, 메시지 출력한 다음에는 줄 바꿈이 이루어진다.

Try 에러 번호는 0번부터 42번까지 지정되어 있다. 컴파일러마다 다를 수도 있다. 에러번호에 따른 에러 메시지를 출력해 보도록 하라. 에러 번호에 따른 에러 메시지 출력은 strerror 함수를 이용한다. 에러 번호는 errno.h에 정의되어 있다.

```
for(i=0; i<43; i++) printf("%d : %s\n", i, strerror(i));
```

실행 결과

```
E:₩소스₩Ch10₩10-08-6.exe
The following error occurred: No such file or directory
```

유제 10-08-1 두 개의 파일에 정렬된 정수 값이 저장되어 있다. 이들 두 파일을 읽어서 하나의 파일에 결합하여 정렬된 내용을 저장하는 프로그램을 작성하라.

입력파일은 data1.txt, data2.txt, 결과는 data3.txt로 한다.

fsetpos, fgetpos함수를 이용하라.

유제 10-08-2 두 개의 파일에 정렬된 문자열이 저장되어 있을 때 결합하는 프로그램을 작성하라. 입력 파일은 sdata1.txt, sdata2.txt, 결과는 sdata3.txt로 한다.

strcmp 함수를 이용하라.

연습문제

1. 텍스트 파일을 읽어서 다른 파일에 한 줄을 띄워서 저장하는 프로그램을 작성하라.

2. 텍스트 파일을 읽어서 소문자는 모두 대문자로 바꾼 후 원래의 문서에 추가하는 프로그램을 작성하라.

3. 데이터 파일에서 정수를 읽어서 다른 파일에 정렬하여 저장하는 프로그램을 작성하라.

4. 실수 데이터를 파일에 저장한 다음, 다시 읽는 프로그램을 작성하라.

5. 텍스트 파일(data.txt)에 저장되어 있는 학생의 이름을 오름차순 정렬하여 새로운 파일(sdata.txt)에 저장하는 프로그램을 main함수의 매개변수를 이용하여 작성하라. 만약 -d라는 옵션이 들어가면 내림차순 정렬한다.

```
ex) sort -d data.txt sdata.txt
```

6. 텍스트 파일을 읽어서 줄 번호를 넣은 다음 다른 파일에 저장하는 프로그램을 작성하라.

7. 아파트의 동, 호수 및 전기 사용량을 파일에서 읽어 전기요금을 계산하여 다른 파일에 저장하는 프로그램을 작성하라. 단, 전기요금 계산 방식은 한전 사이버 지점 홈페이지에서 찾아서 작성하라. 일반 가정에 누진세만 적용하고, 기타 조건은 무시하라.

입력 파일

```
electricity.txt - 메모장
파일(F) 편집(E) 서식(O) 보기(V) 도움말(H)
101     101     180
101     102     571
101     103     585
101     104     559
101     105     297
101     106     495
101     201     132
101     202     123
101     203     100
101     204     569
101     205     216
101     206     393
```

출력파일

```
charge.txt - 메모장
파일(F) 편집(E) 서식(O) 보기(V) 도움말(H)
 101동    101호    180Kwh           17900원
 101동    102호    571Kwh          177030원
 101동    103호    585Kwh          187470원
 101동    104호    559Kwh          168060원
 101동    105호    297Kwh           40160원
 101동    106호    495Kwh          115730원
 101동    201호    132Kwh           11560원
 101동    202호    123Kwh           10370원
 101동    203호    100Kwh            6820원
 101동    204호    569Kwh          175530원
 101동    205호    216Kwh           24360원
 101동    206호    393Kwh           69880원
```

8. 인터넷 브라우저에서 그레이(Gray) 컬러를 확인할 수 있도록 테이블을 작성하여 gray.html 파일에 저장하는 프로그램을 작성하라. 본문의 RGB html파일을 작성하는 프로그램을 수정하여 사용하여도 된다.

9. 한글 유니코드 테이블을 html로 만드는 프로그램을 작성하라. 유니코드 사이트를 참고하라.

10. EUC-KR 코드 표를 텍스트 파일로 저장하는 프로그램을 작성하라.

11. 파일에 전화번호부 파일을 만들어 놓은 다음, 이름 또는 전화번호로 검색하는 프로그램을 작성하라.

12. 강의 시간표를 텍스트 파일에서 읽어 웹에서 볼 수 있도록 HTML 파일로 저장하는 프로그램을 작성하라. 입력파일의 형식은 다음과 같다.

```
time.txt
수 3 자료구조
수 4 자료구조
월 3 컴퓨터구조론
월 4 컴퓨터구조론
월 6 마이크로프로세서
월 7 마이크로프로세서
월 8 마이크로프로세서
수 7 C프로그래밍
수 8 C프로그래밍
목 1 컴퓨터네트워크
목 2 컴퓨터네트워크
금 2 논리회로
금 3 논리회로
금 4 논리회로
금 7 디지털시스템설계
금 8 디지털시스템설계
```

13. 오늘의 명언이 텍스트 파일에 번호가 붙여져 저장되어 있다. 오늘이 올해의 몇 번째 날인지를 검사하여 오늘의 명언을 화면에 보여주는 프로그램을 작성하라. 단, 오늘의 날짜는 컴퓨터의 날짜로 한다.

14. <유제 `08-04-4`>를 이용하여 파일에서 데이터를 읽어 `white space`을 제거한 다음 다른 파일에 저장하는 프로그램을 작성하라. 단, 하나의 `new line('\n')`이 있는 경우는 남겨두고, 여러 개의 `new line`이 있는 경우에는 하나만 남겨둔다. <예제 `10-05-1`>에서 HTML 태그를 제거한 파일을 샘플 입력 예제로 이용하면 좋을 것이다.

15. <유제 `10-02-2`>에서 고객이 없으면 고객 명단에 추가하는 함수를 만들어라.

16. 정수가 저장된 파일을 읽어 다음 그림과 같이 히스토그램을 작성하여 다른 파일에 저장하는 프로그램을 작성하라.

17. 다음과 같이 시스템의 날짜를 기준으로 실행하여 현재 달의 달력을 출력하고, 기념일을 출력할 수 있도록 한다. 또한 방향키를 입력하여 월 또는 년도를 이동할 수 있게 한다. 좌우 방향키를 누르면 월이 이동하고, 상하 방향키를 누르면 년도가 이동하도록 한다. 기념일은 따로 파일에 저장해 둔다.

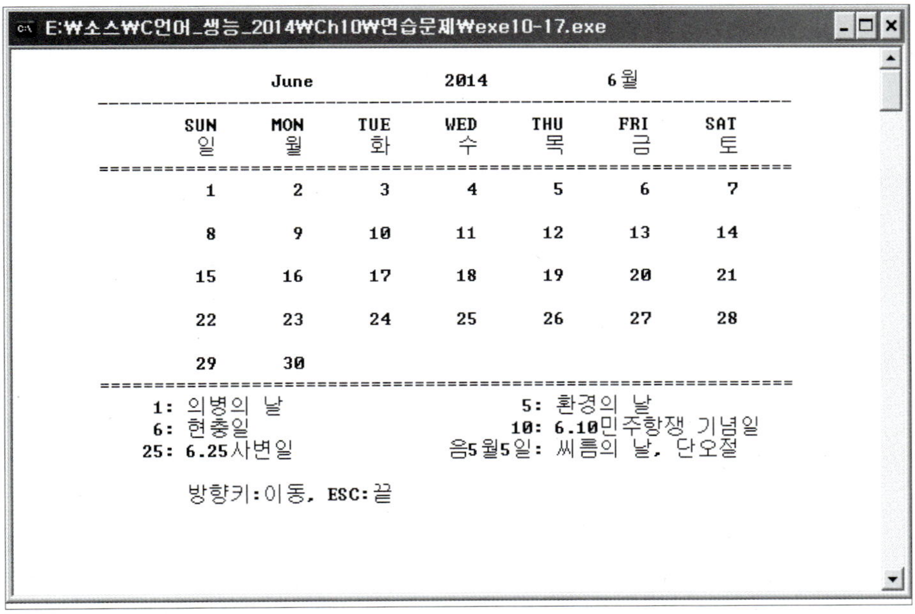

18. 아래 왼쪽 그림과 같이 성적 파일이 있을 때, 이 파일을 읽어서 성적의 평점을 산출하여 다른 파일에 저장하는 프로그램을 작성하라.

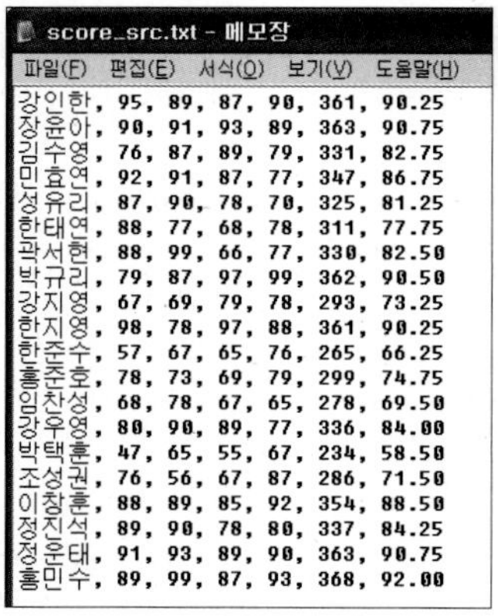
score_src.txt - 메모장
파일(F) 편집(E) 서식(O) 보기(V) 도움말(H)

```
강인한, 95, 89, 87, 90, 361, 90.25
장윤아, 90, 91, 93, 89, 363, 90.75
김수영, 76, 87, 89, 79, 331, 82.75
민효연, 92, 91, 87, 77, 347, 86.75
성유리, 87, 90, 78, 70, 325, 81.25
한태연, 88, 77, 68, 78, 311, 77.75
곽서현, 88, 99, 66, 77, 330, 82.50
박규리, 79, 87, 97, 99, 362, 90.50
강지영, 67, 69, 79, 78, 293, 73.25
한지영, 98, 78, 97, 88, 361, 90.25
한준수, 57, 67, 65, 76, 265, 66.25
홍준호, 78, 73, 69, 79, 299, 74.75
임찬성, 68, 78, 67, 65, 278, 69.50
강우영, 80, 90, 89, 77, 336, 84.00
박택훈, 47, 65, 55, 67, 234, 58.50
조성권, 76, 56, 67, 87, 286, 71.50
이창훈, 88, 89, 85, 92, 354, 88.50
정진석, 89, 90, 78, 80, 337, 84.25
정운태, 91, 93, 89, 90, 363, 90.75
홍민수, 89, 99, 87, 93, 368, 92.00
```

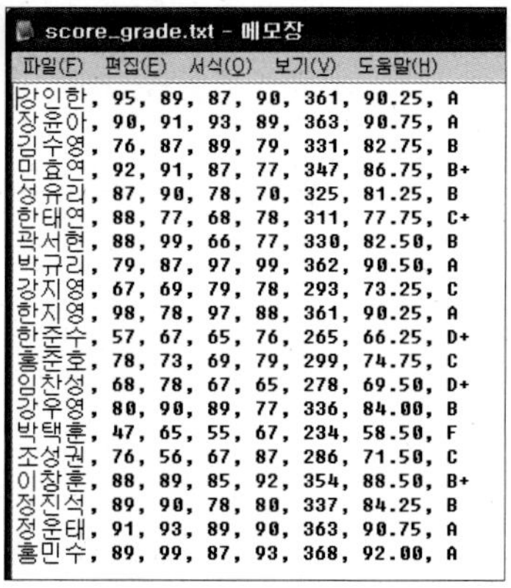
score_grade.txt - 메모장
파일(F) 편집(E) 서식(O) 보기(V) 도움말(H)

```
강인한, 95, 89, 87, 90, 361, 90.25, A
장윤아, 90, 91, 93, 89, 363, 90.75, A
김수영, 76, 87, 89, 79, 331, 82.75, B
민효연, 92, 91, 87, 77, 347, 86.75, B+
성유리, 87, 90, 78, 70, 325, 81.25, B
한태연, 88, 77, 68, 78, 311, 77.75, C+
곽서현, 88, 99, 66, 77, 330, 82.50, B
박규리, 79, 87, 97, 99, 362, 90.50, A
강지영, 67, 69, 79, 78, 293, 73.25, C
한지영, 98, 78, 97, 88, 361, 90.25, A
한준수, 57, 67, 65, 76, 265, 66.25, D+
홍준호, 78, 73, 69, 79, 299, 74.75, C
임찬성, 68, 78, 67, 65, 278, 69.50, D+
강우영, 80, 90, 89, 77, 336, 84.00, B
박택훈, 47, 65, 55, 67, 234, 58.50, F
조성권, 76, 56, 67, 87, 286, 71.50, C
이창훈, 88, 89, 85, 92, 354, 88.50, B+
정진석, 89, 90, 78, 80, 337, 84.25, B
정운태, 91, 93, 89, 90, 363, 90.75, A
홍민수, 89, 99, 87, 93, 368, 92.00, A
```

C programming language

부록

1. ASCII 코드표
2. 2진수 정수의 표현 방법
3. 실수의 표현 방법
4. printf() 함수: 형식 변환 출력
5. scanf() 함수: 형식지정 입력
6. C Standard Library header files

부록

1. ASCII 코드표

<부록표-1> 표준 ASCII 코드표

*	0	1	2	3	4	5	6	7	8	9	A	B	C	D	E	F
0	NUL	SOH	STX	ETX	EOT	ENQ	ACK	BEL	BS	TAB	LF	VT	FF	CR	SO	SI
1	DLE	DC1	DC2	DC3	DC4	NAK	SYN	ETB	CAN	EM	SUB	ESC	FS	GS	RS	US
2	SP	!	"	#	$	%	&	'	(	)	*	+	,	-	.	/
3	0	1	2	3	4	5	6	7	8	9	:	;	<	=	>	?
4	@	A	B	C	D	E	F	G	H	I	J	K	L	M	N	O
5	P	Q	R	S	T	U	V	W	X	Y	Z	[	\	]	^	_
6	`	a	b	c	d	e	f	g	h	i	j	k	l	m	n	o
7	p	q	r	s	t	u	v	w	x	y	z	{	|	}	~	DEL

<부록표-2> 확장 ASCII 코드 표(글꼴 세트에 따라서 달라질 수 있음)

*	0	1	2	3	4	5	6	7	8	9	A	B	C	D	E	F
8	Ç	Ü	é	â	ä	à	å	ç	ê	ë	è	ï	î	ì	Ã	Å
9	É	æ	Æ	ô	ö	ò	Û	Ù	ÿ	Ö	Ü	¢	£	¥	Pt	ƒ
A	á	í	ó	Ú	ñ	Ñ	ª	º	¿	⌜	⌟	½	¼	¡	«	»
B	░	▒	▓	│	┤	╡	╢	╖	╕	╣	║	╗	╝	╜	╛	┐
C	└	┴	┬	├	─	┼	╞	╟	╚	╔	╩	╦	╠	═	╬	╧
D	╨	╤	╥	╙	╘	╒	╓	╫	╪	┘	┌	█	▄	▌	▐	▀
E	α	β	Γ	π	Σ	σ	µ	τ	Φ	Θ	Ω	δ	∞	ø	ε	∩
F	≡	±	≥	≤	⌠	⌡	÷	≈	°	•	·	√	^{n}	^{2}	■	

2. 2진수 정수의 표현 방법

2진수 정수는 비트 수에 따라 8, 16, 32, 64비트가 있다. 0과 양수만 표현할 수도 있으며, 2의 보수로 표현할 수도 있다. 컴퓨터에서 2진수의 음수와 양수를 표현하는 방법은 2의 보수를 사용한다. 부호와 절댓값, 1의 보수 표현 방법도 있지만 표준은 2의 보수이다.

0과 양수만으로 표현할 때의 표현 범위는 $0 \sim 2^{n}-1$이다.

비트 수	표현 범위	C언어에서 선언
8	0 ~ 255 ($0 \sim 2^{8}-1$)	unsigned char
16	0 ~ 65,535 ($0 \sim 2^{16}-1$)	unsigned short int
32	0 ~ 4,294,967,295 ($0 \sim 2^{32}-1$)	unsigned int
64	0 ~ 18,446,744,073,709,551,615 ($0 \sim 2^{64}-1$)	unsigned long long(C99)

2의 보수는 음수, 0, 양수를 모두 표현할 때 사용하며 표현 범위는 $-2^{n-1} \sim 2^{n-1}-1$이다.

2의 보수를 사용하는 경우에는 앞의 0과 양수만 사용하는 경우에서 unsigned를 빼고 char, short int, int, long long로 변수를 선언하여 사용한다. C언어에서 정수를 표현할 때 표준은 2의 보수이다.

비트 수	
8	-128 ~ 127 ($-2^{7} \sim 2^{7}-1$)
16	-16,384 ~ 16,383 ($-2^{15} \sim 2^{15}-1$)
32	-2,147,483,648 ~ 2,147,483,647 ($-2^{31} \sim 2^{31}-1$)
64	-9,223,372,036,854,775,808 ~ 9,223,372,036,854,775,807 ($-2^{63} \sim 2^{63}-1$)

2의 보수는 부호를 표시하여 음수와 양수를 모두 표시할 수 있도록 하기 위한 것이며, 부호는 MSB(Most Significant Bit, 최상위비트)에 나타낸다. 즉, 항상 부호의 위치가 같은 곳에 있다. 따라서 비트의 크기가 다른 데이터끼리 연산을 할 때는 크기가 큰 비트에 맞추어 데이터의 부호비트 위치가 조정된다. 2의 보수

를 사용하는 이유는 컴퓨터 하드웨어로 간단하게 표시할 수 있기 때문이며, 계산을 편리하게 하기 위한 목적으로 2의 보수를 사용한다.

Windows의 계산기를 사용해서 10진수, 2진수, 8진수, 16진수를 상호 변환할 수 있다. 계산기의 [보기]에서 프로그래머용을 선택하고 'Hex', 'Dec', 'Oct', 'Bin'을 선택하면 16진수, 10진수, 8진수, 2진수를 입력하고 계산할 수 있으며, 'Qword', 'Dword', 'Word', 'Byte'를 선택하면 64비트, 32비트, 16비트, 8비트로 계산할 수 있다.

실제로 컴퓨터 내부에 저장되는 2진수 형태로 볼 수 있다. '±' 버튼을 누르면 2의 보수를 취한다. 2의 보수를 취한다는 의미는 부호를 바꾼다는 의미이며, 양수를 음수로 또는 음수를 양수로 바꾼다. 여러 가지 테스트를 해 보기 바란다.

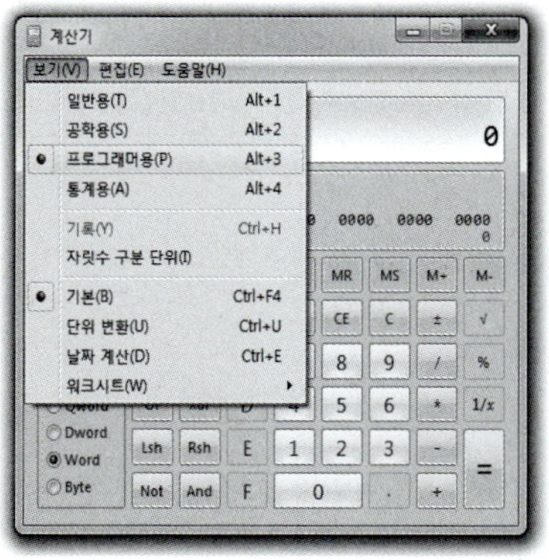

'보기→프로그래머용' 선택

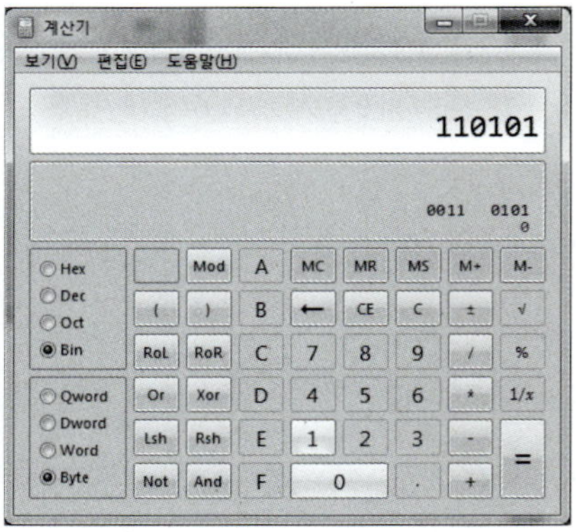

8비트 2진수 데이터 입력

3. 실수의 표현 방법

컴퓨터에서 실수는 IEEE754 표준에 정의된 형태로 표시한다. 앞의 계산기에서는 실수를 2진수로 표시할 수 없다. 따라서 여러분이 본문에서 몇 가지 예제를 이용하여 실제 컴퓨터에서 표시하는 실수는 어떻게 표시되는지 알아보기 바란다. 한 가지 주의할 점은 정수는 2의 보수체계를 사용하지만 실수는 2의 보수 체계를 사용하지 않는다는 것이다.

IEEE754 표준 부동소수점수의 표기 방식은 다음과 같으며, C 언어에서 float는 32비트 표준이고, double은 64비트 표준이다.

32비트 표준은 MSB가 부호이고, 그 다음 8비트는 지수, 나머지 23비트는 가수이다. 64비트 표준은 MSB가 부호이고, 그 다음 11비트는 지수, 나머지 52비트는 가수이다.

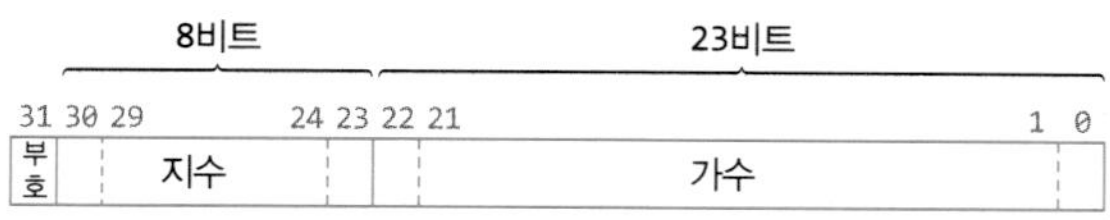

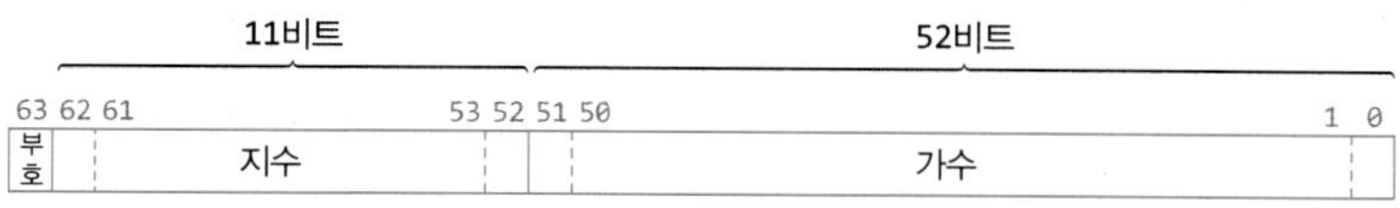

예를 들어 35.625를 IEEE754 표준 32비트로 표현하는 과정은 다음과 같다. 먼저 2진수로 바꾸고 정규화한 다음 내부 저장형태에 저장한다. 35.625를 정규화하면 다음과 같다.

$35.625 = 100011.101^2 = 1.00011101 \times 2^5$

부호는 양수이므로 0, 지수는 5인데 표준 규정에서는 127(바이어스)을 더하여 지수를 나타낸다. 64비트 표준에서 바이어스는 1023이다. 따라서 지수는 127(01111111)에 5(101)을 더하면 132(10000110)이다. 0을 제외한 모든 2진수를 정규화하면 항상 1.xxx로 표시되므로 1.을 컴퓨터 내부에 저장하지 않는다. 따라서 가수는 00011101이며 뒤의 빈 곳에는 모두 0으로 채워 넣으면 된다. 즉, 다음과 같이 35.625는 컴퓨터 내부에 표시된다. 본문의 예를 이용하여 실제로 이와 같이 나타나는지 확인해 보라.

부호	지수								가수																						
0	1	0	0	0	0	1	1	0	0	0	0	1	1	1	0	1	0	0	0	0	0	0	0	0	0	0	0	0	0	0	0

4. printf() 함수: 형식 변환 출력

1. 함수 원형 (〈stdio.h〉에 정의)

```
int printf(const char *format, ...)
```

이 함수의 반환(return) 값은 출력된 문자의 개수(여백<whitespace> 포함)이며, 오류가 발생하였을 경우에는 음수 값이 반환된다.

2. 형식지정문자열

형식지정문자열의 구성은 다음과 같다.

```
% [플래그] [필드 폭] [.소수이하 자리 수] [길이 변환형식] 변환문자
```

여기서 []은 생략할 수 있다. 최소한 %와 변환문자는 있어야 한다(예, %i).

3. 플래그

이들은 순서에 관계없이 사용할 수 있다.

플래그	의미
-	출력은 필드 내에서 왼쪽 정렬된다. 기본은 오른쪽 정렬이다.
+	부호가 있는 수인 경우 항상 부호를 표시한다(+ 또는 -).
space	양수인 경우 공백이 앞에 추가된다(음수는 -부호가 추가된다).
0	숫자 형식인 경우 필드의 폭 만큼 0을 앞에 채운다.
#	다양한 형식으로 출력한다. o(8진수)형에서는 첫 번째 자리는 '0'. x 또는 X(16진수)형일 때 0이 아닌 결과 값에 대해서 "0x" 또는 "0X"을 앞에 출력한다. e, E, f, F, g 및 G형에 대해서는 항상 소수점을 출력하고; g와 G형에 대해서는 뒤에 이어지는 0들을 제거하지 않는다.

4. 필드 폭

출력될 매개 변수의 폭은 최소한 이 값보다는 크거나 같아야 한다. 출력할 변수의 폭이 지정된 길이 보다 작을 때에는 왼쪽(또는 오른쪽: 왼쪽정렬일 때)에 다른 문자가 채워진다. 채워질 문자는 일반적으로 ' '(공백, space)이며, 플래그가 0일 때는 '0'으로 채워진다.

필드 폭이 숫자가 아닌 *으로 지정될 때에 필드 폭은 변수로 지정되며 정수이어야 한다. 예를 들어 printf("%*d\n", 5, x);는 x변수를 출력하되 필드 폭은 5칸으로 한다.

5. 소수 이하 자리 수

점 '.'뒤에는 소수 이하 자리 수를 지정한다. 이것도 *로 지정할 수 있으며 마찬가지로 변수로 지정하며, 정수이어야 한다. 예를 들어 printf("%*.*f\n", 10, 5, pi);는 전체 자리수가 10자리이며, 소수이하 자리 수를 5자리로 지정하고, pi를 출력한다.

변환문자	의미
s	문자열을 출력할 때 소수이하 자리가 지정되면 지정된 자리만큼의 문자만 출력한다.
e, E, f	소수점 뒤에 출력될 자리수를 지정한다.
g, G	소수이하 가수의 자리수를 지정한다.
d, i, o, u, x, X	최소한의 자리 수만 출력한다. 필드 폭만큼 빈자리는 0으로 채워진다.

6. 길이변환 형식(Length modifier)

문자	의미
h	값은 short 또는 unsigned short로 출력된다.
l	d, i, o, u, x 또는 X 변환: 매개 변수는 int가 아니라 long이다.
L	e, f, g 또는 G 변화: 매개변수는 long double이다.

7. 변환 문자(Conversion character)

문자	의미
d, i	부호가 있는 10진수 형식으로 정수를 출력한다.
o	부호가 없는 8진 형식으로 정수를 출력한다(0을 앞에 출력하지 않는다).
u	부호가 없는 10진수 형식으로 정수를 출력한다.
x, X	부호가 없는 16진 형식으로 정수를 출력한다(앞에 0x 또는 0X을 출력하지 않는다). x는 소문자 형식으로, X는 대문자 형식으로 출력한다.
c	하나의 문자를 출력한다(부호가 없는 정수형으로 변환한 후에).
e, E	double 또는 float(double로 변환한 후에) 과학적 표기방법으로 출력한다. e는 소문자 형식으로, E는 대문자 형식으로 출력한다.
f	10진 형식으로 double 또는 float(double로 변화한 후에)을 출력한다.
g, G	g는 e 또는 f 형식으로 출력한다. 값의 크기와 지정된 소수 이하 자리 수에 따라 자동적으로 선택된다. G도 마찬가지이며 E 또는 F형식으로 출력한다.
n	아무것도 출력되지 않는다. 해당되는 매개변수는 반드시 정수변수에 대한 포인터이어야 하며, 변환된(출력된) 문자의 개수가 이 변수에 저장된다.
s	문자열을 출력한다. 매개변수는 문자 포인터이다. 문자는 '\0'을 만날 때까지 출력하거나 지정된 소수이하 자리 수까지만 출력한다(단말 문자인 '\0'는 출력되지 않는다).
p	포인터를 출력한다(to any type).
%	%를 출력한다.

5. scanf() 함수: 형식지정 입력

1. 함수원형(〈stdio.h〉에 정의)

```
int scanf(const char *format, ...)
```

이 함수의 반환 값은 입력된 값의 개수이거나 'EOF'이다. 'EOF'는 파일의 끝에 도달했거나 변환이 일어나기 전에 오류가 발행한 경우이다.

2. 형식지정 문자열

형식지정 문자열은 입력을 어떻게 변환할 지를 알려준다. 다음과 같은 것들이 있다.

공백과 탭은 무시되지만 가독성을 위해서 삽입할 수 있다.

입력에서 일반문자들은 여백이 아닌 문자들에 대하여 연결된다(여백 문자는 공백(' '), 탭('\t'), 새줄 문자('\n', newline), 캐리지 리턴('\r', carriage return), 수직 탭('\v') 및 종이 넘김('\f')등이다). 나머지 모든 문자는 여백이 아니다. 문자 %는 특별한 문자이다(아래 참조).

하나 이상의 변환 지정문자가 있어야 하며, 각각은 다음 형식과 같다.

```
% [*] [필드 폭] [길이 변환형식] 변환문자
```

여기서 []는 생략할 수 있다. 최소한 %와 변환문자는 있어야 한다(예, %i). 일반적으로 하나의 변수에 대해 하나의 변환지정자가 있어야 한다. 변환과정은 형식지정문자가 끝나거나 입력에 형식변환에 문제가 발생했을 때 멈춘다.

입력 필드는 여백이 아닌 문자들로 정의된다.

3. 대입 억제 플래그 *

* 플래그가 포함되면 대입이 되지 않는다. 즉, 입력 필드는 지정된 형식에 따라 변환이 되지만 변수에 대입은 되지 않는다. 그 이외에는 해당되는 매개변수에 대입되며, 이 때 해당되는 매개변수는 포인터이어야 한다.

4. 필드의 폭

입력 필드(여백이 포함되지 않은 문자열)는 이후의 여백 문자나 지정된 필드 폭(지정되어 있다면)이 될 때까지 간다. 따라서 scanf는 입력받기 위해서 라인의 끝까지 검색할 것이다. 왜냐하면 newline이 여백이기 때문이다.

5. 길이변환 형식(Length modifier)

문자	의미
h	d, i, o, u 또는 x 변환에 대해서 입력 값은 int가 아니라 short이다.
l	d, i, o, u 또는 x 변환에 대해서 입력 값은 int가 아닌 long이 된다. e, f 또는 g 변환에 대해서 입력 값은 float가 아니라 double이 된다.
L	e, f 또는 g 변환에 대해서 입력 값은 long double이 된다.

6. 변환 문자(Conversion character)

문자	의미
d	10진 정수 입력; 매개변수는 반드시 int *이어야 한다.
i	정수 입력; 매개변수는 반드시 int *이어야 한다. 정수는 8진수(0으로 시작) 또는 16진수(0x 또는 0X로 시작) 일수도 있다.
o	8진수 정수 입력(0이 앞에 있어도 되고 없어도 된다); 매개변수는 반드시 int *이어야 한다.
u	부호 없는 10진 정수; 매개변수는 반드시 int *이어야 한다.
x	16진 정수 입력(0x 또는 0X가 앞에 있어도 되고 없어도 된다); 매개변수는 반드시 int *이어야 한다.
c	하나 이상의 문자 입력; 매개변수는 반드시 char *이어야 한다. 문자는 배열에 저장되며, 주어진 필드 폭까지 저장된다(단말 문자인 '\0'이 추가되지 않는다). 필드 폭이 주어져 있으면, 여백을 건너뛰지 않는다. 필드 폭이 주어져 있지 않으면, 하나의 문자만 입력된다(바로 다음에 여백이 아닌 문자를 읽으려면 %1s를 사용한다).
s	여백이 아닌 문자열 입력; 매개변수는 반드시 char *이어야 한다. 단말 문자인 '\0'이 추가된다.
e, f, g	부동소수점 수 입력; 매개변수는 반드시 float *이어야 한다. 입력 형식은 숫자열(소수점을 포함할 수 있음) 이며 부호는 옵션이고, 지수 필드는 옵션으로서 E나 e뒤에 필요한 자리수를 정수(부호가 있어도 됨)로 지정한다. 따라서 입력으로 가능한 수는 10진수나 과학적 표기 방법으로 표현된 수이다.
p	포인터 값을 입력받는다. 매개변수는 반드시 void *이어야 한다.
n	입력이 없다. 대신, 이 입력이 읽혀지기 전까지 받아들인 문자의 수를 매개변수에 저장한다; 매개변수는 반드시 int *이어야 한다.
[...]	문자열 입력; 매개변수는 반드시 char *이어야 한다. 단말 문자인 '\0'이 추가된다. 괄호 [] 속에 나열된 문자들만 받아들인다. 괄호 속에 해당되지 않는 문자를 만나면 정지한다. ']'를 입력으로 받기 위해서는 []...]로 시작하면 된다.
[^...]	문자열 입력; 매개변수는 반드시 char *이어야 한다. 단말 문자인 '\0'이 추가된다. 괄호 속에 나열되지 않는 문자까지만 입력으로 받아들이다. 입력은 일치하지 않는 문자까지만 받아들이거나 필드 폭까지만 받아들인다. ']'문자를 받아들이지 않으려면 [^]...]로 시작한다.
%	문자 %; '%'문자를 읽어 들인다. 할당은 되지 않는다.

6. C Standard Library header files

<assert.h>	매크로, 논리오류 및 디버깅 시 오류 형 등 지원
<complex.h> (C99~)	복소수의 산술연산과 관련된 매크로, 함수 정의
<ctype.h>	문자 데이터가 조건에 맞는지 검사하는 함수 정의
<errno.h>	오류의 내용을 알려주는 매크로
<fenv.h> (C99~)	부동소수점수와 관련된 상태 플래그, 예외 사항 등을 정의
<float.h>	부동소수점수의 표현 범위 지정
<inttypes.h> (C99~)	정수형 데이터의 형 변환
<iso646.h> (C99~)	대체 연산자 및 매크로 정의
<limits.h>	기본 데이터 형의 크기 정의
<locale.h>	지역화 도구
<math.h>	일반 수학 함수
<setjmp.h>	비지역 분기와 관련
<signal.h>	프로그램 실행 중 발생하는 다양한 신호
<stdalign.h> (C11~)	Type alignment control
<stdarg.h>	가변 매개변수 관련
<stdatomic.h> (C11~)	Atomic types
<stdbool.h> (C99~)	불 데이터 형 지원 매크로
<stddef.h>	일반적인 매크로 정의
<stdint.h> (C99~)	고정폭 정수형
<stdio.h>	입출력 함수 관련
<stdlib.h>	일반적인 유틸리티: 메모리 관리, 프로그램 유틸리티, 문자열 변환, 난수 등
<stdnoreturn.h> (C11~)	반환 값 없는 함수
<string.h>	문자열 관련
<tgmath.h> (C99~)	math.h와 complex.h와 관련된 공용 데이터용 수학함수
<threads.h> (C11~)	스레드 라이브러리
<time.h>	시간/날짜 유틸리티
<uchar.h> (C11~)	UTF-16과 UTF-32 문자 유틸리티
<wchar.h> (C99~)	멀티바이트와 광폭 문자 유틸리티
<wctype.h> (C99~)	광폭 문자 분류와 맵핑 유틸리티

찾아보기

ㄱ

가독성 38
가변 길이 76
가변 인수 410
감소연산자 52
결합 순서 53
고정소수점 41
공용체 27, 454
관계연산자 134
구조적 프로그래밍 26
구조체 27, 438
구조체 변수 439
구조체 비트필드 470
구조체 포인터 443
근의 공식 63

ㄴ

나머지 연산자 52, 56
난수 205
널 257
논리연산자 96, 134

ㄷ

다중 if문 113
단일정밀도 43
단항 연산자 52
대입연산자 39, 104
데니스 리치 14
데이터형 32
동적 메모리 445
동적메모리 301
둘레 60
들여쓰기 28, 38
등차수열 61
디지털 근 199

ㄹ

라디안 59
라이브러리 23
랜덤 파일 525
레이블 127
레지스터 변수 397
레코드 438
로그함수 59
루프 167
리틀 엔디안 300
링커 19
링크 17
링크트 리스트 459
링킹 19

ㅁ

매개변수 33
매크로 25, 146
메모리 할당 299
명시적 형 변환 79
목적 코드 29
무한 루프 172
묵시적 형 변환 79
문자 40
문자배열 257
문자열 40, 48, 256
문자열 입출력 함수 84
문자열 포인터 313
문자열함수 270
문자 입출력 함수 83
문자함수 265

ㅂ

바이너리 파일 504
반복문 166

배열 27, 238
변수 26, 32, 35, 41, 43
변수 교환 105
복수정밀도 43
부동소수점 41
분할 정복 28
불쾌지수 62
브라이언 커니건 14
비교연산자 96, 134
비트연산자 102, 134
빅 엔디안 299

ㅅ

사용자 정의 함수 26
사용자정의 함수 342
산술연산자 52, 133
삼각함수 59
상수 26, 32, 35
섭씨 60
세미콜론 47
소수점 36
소스 코드 29
수학함수 58
스택 459
스토리지 클래스 395
시간 관련 함수 415
시프트 102
식별자 43
실수상수 36
실수 연산 58
실수 포인터 308
실수형 41
실행 파일 17
쌍곡선 함수 59

ㅇ

연산자 26
열거형 27, 450
오류 23
우선순위 53, 136
원의 면적 60
의사난수 205
인덱스 238
인터프리터 28, 29
임시 파일 520
입출력함수 32

ㅈ

재귀함수 384
전역변수 345, 395
전처리기 24, 25, 146
정수상수 35
정수 포인터 300
정수형 41
정적변수 397
제어문 26
제어문자 77
조건부 매크로 152
조건연산자 99
주석 27
주소 298
주소연산자 323
줄 바꿈 34
중첩 if문 113
중첩 루프 177
증가연산자 52
지수 36, 59
지역변수 345, 395
진법 46

ㅊ

축약형 대입연산자 107
출력형식지정자 73

ㅋ

캐스트 79
컴파일 16
컴파일러 19, 28
큐 459
키워드 32

ㅌ

통합 개발 환경 19
특수문자 36

ㅍ

파워함수 59
파일 480
파일 디스크립터 27
파일 포인터 27, 480
편집기 18
포인터 27, 298
포인터 변수 298
포인터 상수 298
표준 C 14
표준입력함수 66
표준함수 342
피보나치 196
피연산자 52
피타고라스 203

ㅎ

함수 24
함수 원형 344
함수형 매크로 159
헤더 파일 25
헤더파일 33
형식지정문자 34, 35
화씨 60

A

AND연산 102
ASCII코드 40

B

break 172
bsearch 402

C

C89 14
C90 14
C99 14
char 42
continue 172
Cygwin gcc 23

D

debugging 23
Dev-C++ 20
double 36
do ~ while 182

E

enum 42

F

fflush 72
float 36
for 189

G

goto 127

H

Heron의 공식 62

I

IEEE 754 43
if문 109
int 42

K

Keywords 25

L

long 42
long double 50
long long 42
long long int 50

M

main 26

N

NULL 257

O

OR연산 102

P

printf 32, 33

Q

qsort 402

R

readability 28

S

scanf 66

short 42

sizeof 49

sprintf 87

sscanf 87

static 400

stderr 482

stdin 85, 482

stdout 85, 482

switch ~ case 122

T

typedef 156

U

underscore 44

UNIX gcc 23

V

Visual C++ 21

W

while 167

X

XOR연산 102

Z

Zeller의 공식 185

%lf 68

번호

1의 보수 102

2진 트리 466

2항 연산자 52

4칙연산 51

8진수 38

10진수 38

16진수 38